光伏照亮扶贫路

——光伏扶贫案例研究

中国扶贫发展中心　组织编写

向德平　等　著

GUANGFU ZHAOLIANG FUPIN LU

人民出版社

教育部哲学社会科学研究重大课题攻关项目"中国特色反贫困理论与脱贫攻坚精神研究"（21JZD015）阶段性成果

编 写 说 明

    2021年2月25日，习近平总书记在全国脱贫攻坚总结表彰大会上庄严宣告，经过全党全国各族人民共同努力，在迎来中国共产党成立一百周年的重要时刻，我国脱贫攻坚战取得了全面胜利，现行标准下9899万农村贫困人口全部脱贫，832个贫困县全部摘帽，12.8万个贫困村全部出列，区域性整体贫困得到解决，完成了消除绝对贫困的艰巨任务，创造了又一个彪炳史册的人间奇迹！

    党的十八大以来，以习近平同志为核心的党中央把脱贫攻坚摆在治国理政的突出位置，把脱贫攻坚作为全面建成小康社会的底线任务，组织开展了声势浩大的脱贫攻坚人民战争。党和人民披荆斩棘、栉风沐雨，发扬钉钉子精神，敢于啃硬骨头，攻克了一个又一个贫中之贫、坚中之坚，脱贫攻坚取得了重大历史性成就。新时代脱贫攻坚深刻改变了贫困地区落后面貌，有力推动了中国农村的经济社会发展进程，为实现全面建成小康社会目标任务作出了关键性贡献，为全面建设社会主义现代化国家、实现第二个百年奋斗目标奠定了坚实基础。脱贫攻坚，取得了物质上的累累硕果，也取得了精神上的累累硕果，脱贫群众精神风貌焕然一新，增添了自立自强的信心勇气。党在农村的执政基础更加牢固，党群关系、干群关系得到极大巩固和发展。脱贫攻坚伟大斗争，锻造形成了"上下同心、尽锐出战、精准务实、开拓创新、

1

攻坚克难、不负人民"的脱贫攻坚精神。创造了减贫治理的中国样本，为全球减贫事业作出了重大贡献，走出了一条中国特色减贫道路，形成了中国特色反贫困理论，丰富了人类文明新形态的探索。

为贯彻落实习近平总书记"脱贫攻坚不仅要做得好，而且要讲得好"的重要指示精神，各地区各部门全面总结脱贫攻坚经验。为记录好脱贫攻坚这场伟大的人民战争，原国务院扶贫办党组就脱贫攻坚成就和经验总结工作作出专项安排。中国扶贫发展中心在原国务院扶贫办党组的领导指导及各司各单位的配合支持下，具体牵头承办25个典型案例总结工作。发展中心精心组织工作推进，分区域、专题、层次召开了30多次讨论会，编印脱贫攻坚案例总结项目指南和驻扎式调研实施方案及有关规范要求，公开遴选25个机构组成由国内知名专家担纲的团队，深入210多个县，开展进村入户、深入县乡村访谈座谈，累计在基层一线驻扎938天。历时半年，形成了一批符合规范、较高质量的典型案例并通过了党组组织的评审，报告成果累计400多万字、视频成果16个。

西藏、四省涉藏州县、新疆南疆四地州、四川省凉山州、云南省怒江州、甘肃省临夏州、陕西省延安市、贵州省毕节市、宁德赣州湘西定西四市州、河南省兰考县、江西省井冈山市、宁夏回族自治区永宁县闽宁镇、云南省贡山县独龙江乡、河北省阜平县骆驼湾村和顾家台村、湖南省花垣县十八洞村等15个区域案例研究成果，全面呈现了这些典型贫困地区打赢脱贫攻坚战的艰苦历程，结合各地方特色，系统分析了不同地方脱贫攻坚取得的历史性成就、主要做法、遇到的困难问题、产生的经验启示，基于实地观察提出了相关建议，提炼了一批鲜活生动的脱贫故事。这些典型区域脱贫攻坚案例成果，对于巩固拓展脱贫攻坚成果，接续推动脱贫地区发展，进一步推动发展不平衡不充分问题的解决，具有重要理论价值和实践意义。

驻村帮扶、东西部扶贫协作、易地扶贫搬迁、建档立卡、扶贫小额信贷、光伏扶贫、扶贫车间、学前学会普通话、生态扶贫、电商扶贫等10个专题案例研究成果，以不同地方具体个案作为支撑，生动反映国家减贫治理中有特色、有成效的探索创新，在分析专项政策举措带来发展变化的基础上，归纳提炼其特色做法、突出成效、实践经验，分析存在的问题和挑战，提出相关建议。这些专题案例研究成果，为全面展示精准扶贫的顶层设计和生动实践，讲好中国脱贫故事提供了鲜活素材。

脱贫摘帽不是终点，而是新生活新奋斗的起点。脱贫攻坚取得全面胜利后，全面推进乡村振兴，这是"三农"工作重心的历史性转移，其深度、广度、难度不亚于脱贫攻坚。我们相信，本丛书汇集的这批脱贫攻坚典型案例所揭示的方法论意义，对于巩固拓展脱贫攻坚成果、全面推进乡村振兴、加快农业农村现代化、建设农业强国具有重要借鉴价值，对于促进实现人的全面发展和全体人民共同富裕具有重要启示。

在各书稿编写过程中，中国扶贫发展中心邀请文军、田毅鹏、刘学敏、孙久文、杜志雄、李重、吴大华、吴建平、汪向东、张莉琴、陆航、林万龙、荣利颖、胡宜、钟涨宝、贺东航、聂凤英、徐勇、康沛竹、鲁可荣、蒲正学、雷明、潘颖豪、戴焰军（以姓氏笔画排序）等专家给予了精心指导，为丛书出版提供了专业支持。

编委会

2022 年 6 月

目 录

CONTENTS

前　言

　　光伏扶贫是指在具备实施条件的贫困地区建设光伏电站，以光伏发电收益分配的形式壮大贫困村集体经济、补贴贫困户个人收入的产业扶贫方式。光伏扶贫是新能源与脱贫攻坚有机结合的一项开创性工作，目前已经成为脱贫攻坚的一大亮点和优良品牌。

　　作为政府投资的资产收益扶贫项目，光伏扶贫项目收益全部用于扶贫。贫困村通过收益形成村集体经济，设置公益岗位，发展小型公益事业，开展奖励补助扶贫等，有效激发了包括非贫困户在内的村民内生动力，显著提升了贫困村的治理水平，为脱贫成果巩固拓展与乡村振兴的有效衔接打下了坚实的基础。

　　为总结脱贫攻坚经验，受国务院扶贫办和国家乡村振兴局的委托，华中科技大学减贫发展研究中心在对山西天镇、甘肃渭源、安徽金寨、湖北秭归进行实地调研的基础上，细致梳理光伏扶贫工作的顶层设计、政策部署，生动展现光伏扶贫的实践历程，集中呈现光伏扶贫的主要做法和成功经验，分析光伏扶贫面临的问题和挑战，探索稳定脱贫成果、实现脱贫攻坚与乡村振兴战略衔接的路径。

序

　　光伏扶贫案例专题总结是精准扶贫案例总结的重要组成部分。通过国家层面梳理总结光伏扶贫工作的顶层设计和决策部署、研究分析具有典型意义的地方实践样本，形成高质量的光伏扶贫典型案例，有利于为全国脱贫攻坚全面总结提供典型案例支撑，为脱贫攻坚宣传、讲好中国脱贫攻坚故事提供素材，为各省开展本地的典型总结提供方法和范本。在光伏扶贫项目实践中，光伏扶贫是利用贫困地区的太阳能资源，建设光伏发电项目，项目收益用于扶贫。习近平总书记曾于2015年7月评价，光伏发电扶贫，一举两得，既扶了贫，又发展了新能源，要加大支持力度。后于2017年6月再次给予肯定，在具备光热条件的地方实施光伏扶贫，建设村级光伏电站，通过收益形成村集体经济，开展公益岗位扶贫、小型公益事业扶贫、奖励补助扶贫。这些都是解决深度贫困的好办法。在习近平总书记有关光伏扶贫工作重要论述指引下，在政府部门的主导下（中央政府部门统筹、省市负总责、县市部门具体落实），在社会各界力量的协助下，目前适合发展光伏扶贫的地区坚持开展光伏扶贫。当前，全国有8万多座村级光伏扶贫电站，规模达1500万千瓦，每年发电收益130多亿元，有力地推动了贫困地区经济社会发展，助推脱贫攻坚战略的实施和目标实现。

　　光伏扶贫是精准扶贫的重要内容，也是产业扶贫的重要组成部分。因此，本研究项目主要依托于实践中光伏扶贫的具体经验，围绕光伏扶贫项目运作和减贫、带贫、益贫问题展开总结分析。作为一项经验研究，本研究项目采用了实地研究方法。在具体研究过程中，课题组分为3个小组，分别赴湖北秭归县、安徽金寨县、山西天镇县、甘肃渭源县进行调查，收集有关光伏扶贫项目运作的情况资料。在每个调研县，调查小组都进行了为期1个星期左右的调查，调查流程采取先赴调研县，然后再到调研县所在省级政府部门，调查采用了座谈、访谈、观察等实地研究的方法，调研内容主要涉及光伏扶贫项目的运作，具体包括光伏扶贫项目站点建设、光伏扶贫项目站点运维、光伏扶贫项目资产收益分配等问题，收集到了从中央到地方的有关光伏扶贫项目的各类政策规范以及各调研点脱贫攻坚总结和光伏扶贫项目经验汇报等文本资料，各层级政府部门负责人、光伏扶贫项目的参与者、受益农户和非受益农户等的访谈资料等。丰富的经验资料为本书的撰写提供了坚实的基础。

本书从脱贫攻坚经验总结和研究的整体目标出发，主要围绕光伏扶贫项目的减贫、带贫、益贫等问题，具体操作化为在阐述光伏扶贫项目的建设、运维和分配经验中讨论光伏扶贫项目的资产管理、资产建设、收益分配等问题，如何保障光伏扶贫项目资产不流失、如何提升光伏扶贫项目的社会经济效益，如何重构光伏扶贫项目资产收益方案等，进而对光伏扶贫工作的顶层设计、政策部署、创新实践、经验做法等进行深度总结和研究。在第一章，主要讨论了光伏扶贫项目是什么。在具体阐述中，以光伏扶贫项目为整体，立足于中国决胜脱贫攻坚战的宏观背景，介绍光伏扶贫项目的形成条件；光伏扶贫项目的制度安排与设置；光伏扶贫项目的类型与特征等；光伏扶贫项目的发展阶段。在第二章，主要讨论了光伏扶贫项目的具体做法及主要成效。湖北秭归等四个调研点在国家政策制度大框架引导和支持下，分别立足自身资源禀赋、地理环境状况和地区发展特点，行政化管理与市场化运维并行，牢牢把握发展契机，充分发挥主体优势，牢固树立新发展理念，分别在建设、管理、运维、效益分配和"光伏＋"等环节探索创新，形成了各具特色、各有侧重且颇具成效的地方光伏扶贫模式，不仅提升了光伏产业的发电总量和经济效益，还完善利益分配机制，增强光伏资金益贫效应，多措并举产生叠加效果，扩发光伏扶贫政策辐射范围，充分释放光伏扶贫政策红利。在第三章，结合现有关于光伏扶贫的做法，从调研的四个具体县中进行总结和提炼，形成具有一般性的经验。目前总结了 6 个方面的成功经验，其中：前两条经验务虚，从思想、理念层面进行总结；中间两条，分别从面上的管理方式、点上的问题解决来总结；最后两条，从外部的资源组织、内部的发展道路进行总结。在第四章，根据调研点光伏扶贫项目运作的实际经验，分析光伏扶贫项目在运维管理、收益分配、后续发展等各环节存在的问题、面临的挑战及应对挑战的路径。在第五章，一方面根据光伏扶贫项目存在条件讨论时空环境的变动，尤其是进入后脱贫攻坚时期，光伏扶贫项目的发展趋势，重点强调光伏扶贫项目的积极发展态势；另一方面，结合光伏扶贫项目面临的问题和挑战，重点促进光伏扶贫项目的前景发展目标得以实现，如实现脱贫攻坚成果巩固与乡村振兴战略衔接等，提出相应的政策建议。

第一章 光伏扶贫案例总结总报告

第一节 光伏扶贫的实践历程

光伏扶贫是指通过政府性投资在具备条件的贫困地区建设光伏电站，以光伏发电收益分配的形式壮大贫困村集体经济的产业扶贫方式。作为一种精准扶贫的政策措施，光伏扶贫项目于 2014 年被提出、2015 年被国务院扶贫办确定为"十大精准扶贫工程"之一，随后在全国光伏扶贫重点实施地区开展并推广，包括前期试点和光照条件较好的 16 省的 471 个国家级贫困县，以及"三区三州"深度贫困地区。[①] 经过六年共三个阶段的实践探索，光伏扶贫项目已经形成较为完善的运行管理体系，包括选址条件、制度安排、电站类型等方面。良好的设施和制度条件能够为光伏电站的良性运转提供有益环境和保障措施，从而达到推进光伏扶贫项目有效运行的目标。

一、光伏扶贫项目的基础条件

光伏扶贫电站的选址需要考虑建设地区的条件，包括当地的自然条件和

[①] 国家能源局新能源和可再生能源司、国务院扶贫办开发指导司：《光伏扶贫工作百问百答》，2020 年。

社会经济条件。优越的地理条件可以保证电站的发电时数、发电水平和经济收益，促进经济和社会效益的最大化。

（一）自然资源优势

光伏电站选址的自然条件包括太阳能资源和地形条件等方面。我国地域面积广阔，自然地理条件差异巨大。在太阳能资源方面，太阳能能量的强度具有较大的周期性和不确定性，即受天气的影响程度较大，[①] 但总体而言我国太阳能资源较为丰富。[②] 以年等效利用小时数为标准，全国被划分为三类太阳能资源区，分别执行不同的光伏标杆上网电价。三类资源区的划分标准及具体包括的地区见表1-1。

表1-1 三类资源区划分标准及地区

资源区类型	划分标准	地区
一类资源区	年等效利用小时数大于1600小时	宁夏全省、青海（海西）、甘肃（嘉峪关、武威、张掖、酒泉、敦煌、金昌）、新疆（哈密、塔城、阿勒泰、克拉玛依）、内蒙古（呼和浩特、包头、乌海、鄂尔多斯、巴彦淖尔、乌兰察布、锡林郭勒）
二类资源区	年等效利用小时数在1400—1600小时之间	北京、天津、黑龙江、吉林、辽宁、四川、云南、内蒙古（赤峰、通辽、兴安盟、呼伦贝尔）、河北（承德、张家口、唐山、秦皇岛）、山西（大同、朔州、忻州）、陕西（榆林、延安）、青海（西宁、海东、海北、黄南、海南、果洛、玉树）、甘肃（兰州、天水、白银、平凉、庆阳、定西、陇南、临夏、甘南）、新疆（乌鲁木齐、吐鲁番、喀什、和田、昌吉回族、博尔塔拉蒙古、伊利哈萨克、克孜勒苏柯尔克孜自治州）
三类资源区	年等效利用小时数在1200—1400小时之间	一、二类之外的其他地区

---

① 沈飞、梁雪春：《大力支持太阳能产业的可行性分析》，《生态经济》2006年第11期。

② 王峥、任毅：《我国太阳能资源的利用现状与产业发展》，《资源与产业》2010年第2期，第89—92页。

资料来源：国家能源局新能源和可再生能源司、国务院扶贫办开发指导司发布的《光伏扶贫工作百问百答》。

由太阳能资源的区域划分可见，西北地区为全国太阳能资源较为丰富的地区，东北、北方地区次之，南方地区光照条件有限。光伏电站的发电量与太阳辐射直接相关，在太阳电池组件转换效率一定的情况下，光伏系统的发电量由太阳辐射强度所决定，两者呈正相关关系，因此太阳辐射强度是光伏扶贫电站选址的重要影响因素。

除太阳能资源外，气温、湿度、地质等条件也对电站的建设和运行效率有一定影响。气温方面，光伏组件的发电功率受温度影响，包括外界环境温度和组件在运作过程中产生的热量，环境温度的升高会使光伏组件的发电功率降低，影响发电效率，因此适宜的环境温度有利于光伏组件的运转。湿度方面，光伏组件不适宜长期在潮湿的环境中运转，安装在室外的光伏系统受雨雪天气影响较大，较大的湿度会使水汽透过背板渗透至组件内部，致使组件性能衰减，出现发电量下降的现象。地质方面，电站的建设应考虑选址地的地质条件，选择开阔、较为平坦且无遮挡的地带开展建设，如荒山、荒地等，此外还应考虑选址地的水文水系、地质灾害情况等。

（二）技术发展条件

技术水平的改进推动了光伏产业的整体发展。新能源技术不断更新换代，在有效提高电站发电水平的同时降低了建设成本，使光伏电站的发电效率和经济效益得到明显提升。

2015年6月，国家能源局、工信部、认监委三部委联合发布的《关于促进先进光伏技术产品应用和产业升级的意见》（国能新能〔2015〕194号）明确提出，国家将支持高效电池等先进光伏技术产品的应用，在政策设计层面强调了光伏技术创新的重要性。太阳电池（又称光伏组件）是通过光生伏特（PV）效应（简称光伏效应，也称为光生电动势效应）将太阳辐射直接转变为电能的半导体部件。① 经过半个多世纪的改进，晶硅太阳能电池拥有较高的效率和稳定性，成为当前主导的太阳能电池类型，但受材料、技术等条件的限制，其转换率仍然有限，在目前的技术水平下，晶硅电池的转化率在20%—30%之间。② 在政策支持和技术创新的双重驱动下，我国的光伏电池技术创新能力近年来得到显著提升：光伏扶贫项目鼓励使用达到"领跑者"技术指标的产品，如多晶硅和单晶硅电池组件的光电转换效率应分别达到17%和17.8%以上，③ 而天合光能有限公司研发的太阳能电池转换率达到22.6%，曾于2016年创下太阳能电池光电转换效率的世界纪录；2018年，鑫华半导体材料科技有限公司自主研发的电子级多晶硅实现小批量出口，标志着我国突破多晶硅生产技术封锁。2016年我国的多晶硅产量已达到全球总产量的40%左右，光伏组件产量达到全球总产量的70%左右。技术进步和生产规模扩大使"十二五"时期光伏组件价格较之前下降了60%以上，提高了光伏发电的经济效益。④

（三）市场完善条件

市场的完善一方面为光伏产业的发展提供了必要的技术支持，如太阳能电池、逆变器等硬件设施。长期以来，欧美国家对我国采取的技术封锁策略使我国的高纯晶硅高度依赖进口；2012年欧美对中国光伏企业开展反倾销、反补贴调查，导致光伏市场受到重大影响，多晶硅市场价格骤降，国内超过90%的多晶硅生产企业由于市场价低于成本而停产。在此背景之下，国内企

---

① 王峥、任毅：《我国太阳能资源的利用现状与产业发展》，《资源与产业》2010年第2期，第89—92页。

② 梁启超、乔芬、杨健等：《太阳能电池的研究现状与进展》，《中国材料进展》2019年第5期，第505—511页。

③ 国家能源局新能源和可再生能源司、国务院扶贫办开发指导司：《光伏扶贫工作百问百答》，2020年。

④ 国家发展改革委：《可再生能源发展"十三五"规划》，2016年。

业以自主研发打破发展瓶颈，在多晶硅、硅片、电池和组件等组件的核心技术方面均取得了较大突破，实现了生产效率的提升和生产成本的下降。此外，第三方企业自主开发的软件系统也在光伏电站的信息监测方面发挥了重要作用。

除了带来技术优势外，较为完善和成熟的市场也制造了新能源的消费需求。在影响光伏扶贫电站选址的因素中，电网消纳能力也是重点考虑的条件。国家发展改革委和国家能源局于 2018 年印发了《清洁能源消纳行动计划（2018—2020 年）》（下称《计划》），其中提出："到 2020 年确保光伏发电的利用率高于 95%，弃光率低于 5%。"[1]《计划》旨在通过提高清洁能源的消纳能力推动能源结构的转变，建设清洁高效的能源体系。2020 年 5 月，在防控新冠疫情的背景下，国家电网与全国新能源消纳监测预警中心对经营区域内各省 2020 年风电、光伏发电新增消纳能力开展了测算论证工作，提出在完成《计划》提出的光伏发电利用率目标的前提下，释放新能源消纳能力。表 1-2 为国家电网测算的 2020 年光伏发电新增消纳能力。

表 1-2 国家电网经营区 2020 年光伏发电新增消纳能力

地区		新增光伏发电（万千瓦）
国家电网经营区		3905
华北		
	北京	25
	天津	65
	冀北	100
	冀南	230
	山西	235
	山东	440
东北		
	辽宁	140
	吉林	60

① 国家发展改革委、国家能源局：《清洁能源消纳行动计划（2018—2020 年）》，2018 年。

续表

地区	新增光伏发电（万千瓦）
黑龙江	100
蒙东	80
西北	
陕西	230
甘肃	100
青海	300
宁夏	125
新疆	120
华东	
上海	40
江苏	325
浙江	250
安徽	160
福建	130
华中	
湖北	150
湖南	90
河南	150
江西	180
西南	
四川	75
重庆	5
西藏	0

资料来源：国家电网有限公司关于发布2020年风电、光伏发电新增消纳能力的公告。

从分布地区上看，光伏发电新增消纳规模较大的地区集中于华北、东北和华东部分地区。支持新能源消费的相关政策为光伏产业的发展提供了良好的环境，以促进能源结构变革为目的提高清洁能源电网消纳能力的举措在客观上促进了光伏市场的扩大。

（四）精准扶贫政策条件

在精准扶贫的背景下，光伏产业经历了从市场化向公益性扶贫项目的转变，光伏与扶贫的结合在推广清洁能源、促进能源结构转型的同时，起到了积极的带贫效应。光伏扶贫项目的公益性体现在以下几个方面：电站建设资金方面，早期的政策规定可以由政府、企业和金融机构等共同投资，根据投资比例分红，政府投资部分对应村集体和贫困户收益；然而企业分红大量挤占了贫困户的收益，因此后期光伏扶贫电站的投资由各地根据财力筹集，明确规定不得负债建设，企业不得投资入股，一些地方也由此开始了电站产权置换与回收的实践。电价方面，光伏扶贫项目的发电收入为上网电价与发电量的乘积，其中上网电价包括燃煤标杆电价对应的基础电费和光伏发电财政补贴两部分，补贴标准按照国务院价格主管部门的相关文件执行。[①] 国家补贴资金来自于国家可再生能源基金。收益分配方面，收益全部用于建档立卡贫困村和贫困户，通过调查摸底，了解当地贫困人口的基本情况，以村民自愿和村内评议相结合的方式，结合村内公示、乡镇审核开展监督，选定符合条件的受益对象。电网消纳水平方面，以政策规定的方式要求光伏扶贫项目的优先调度和电量全额消纳，由电网公司制定并网运行和消纳方案，率先保障贫困人口的权益。

二、光伏扶贫项目的制度安排

经过六年的探索与实践，光伏扶贫项目形成了独特的制度安排和运行体系，这些制度层面的规定为项目运转提供了良好的政策环境，使各个部门和各个环节得以相互配合，共同推动政策目标的完成。

---

① 《光伏扶贫工作百问百答》指出，纳入国家"十三五"第一批、第二批项目计划的村级光伏扶贫电站（含联村电站），对应的Ⅰ—Ⅲ类资源区上网电价分别按照每千瓦时0.65元、0.75元、0.85元执行。

（一）光伏扶贫项目的目标设置

作为一项具体的社会政策，光伏扶贫项目实行"中央统筹、省负总责、市县落实"的管理体制。中央层面进行顶层设计，将光伏扶贫确定为精准扶贫的一项重要措施，明确了该项目的公益属性，且在光伏扶贫与其他扶贫项目、政府与市场的关系、光伏收益的用途等方面做了宏观规定；省级层面主要负责协调和监督政策的执行。

在政策落实层面，市县政府是光伏扶贫项目的责任主体。在公益属性的要求之下，地方政府以市场化运作的形式提高电站的经济效益，以兼顾公平和效率为原则进行收益分配增进项目的社会效益，将光伏扶贫作为改善贫困户生活水平、提高基层治理能力的重要手段。在电站建设期间，县级政府负责资金的筹集工作，资金来源包括财政资金、东西协作、定点帮扶和社会捐赠资金等。在电站运维期间，负责监督第三方运维公司的工作，为了促进运维的专业化和管理的统一化，许多地方采取成立市场主体的形式，用统一招投标的方式引进专业机构办理；建设形式以村级电站为主，并鼓励有条件的地方充分利用板下空间发展立体经济，带动村集体产业发展，并实现土地的集约化利用。在收益分配的过程中，县级政府在政策规定的范围内对公益岗位的设置数量、设置内容进行细化；分配的原则方面，早期以平均分配为标准，每位扶贫对象每年分得3000元现金收入，后遵循按劳分配的原则，辅以奖励补助的方式，既防止了泛福利化，同时保障了特殊困难群体的基本生活，兼顾了公平与效率；收益分配的对象以建档立卡贫困户为主，以村民大会的形式决定公益岗位归属，充分尊重和发挥村民的自主性，村集体留存部分可以发展小型公益事业，促进乡村人居环境的改善。

（二）光伏扶贫项目的分工要求

1.光伏扶贫项目职责部门

在现行管理体制下，中央、省市和县级政府相关部门各司其职、各尽其能。国务院扶贫办负责建立协调推进机制，确定和审核扶贫对象及范围，建立和管理全国光伏扶贫电站信息管理系统、全国光伏扶贫电站信息监测系统，进一步明确光伏扶贫电站建设资金来源，指导光伏扶贫收益分配；国家能源局主要负责电站建设计划和管理，协调光伏扶贫电站实施中存在的问题，明确建设实施要求，协调提供相应的政策支持和保障；财政部门主要负责相关财政补贴优先发放，保障光伏电站建设到收益环节资金补贴到位；国家发展改革委主要负责提供价格政策支持；电网公司负责在建设过程中进行电网建设实施、改造升级和电网消纳，制定合理的光伏电站并网运行和电量消纳方案，保障光伏扶贫项目的定点调度与消纳；国土部门和林业部门负责协调光伏扶贫项目建设用地，对其提供政策支持。[①] 省级政府建立光伏扶贫领导小组，由能源局和扶贫办主管部门对光伏电站进行统筹管理，编制光伏扶贫电站实施方案和管理细则，并对补贴目录进行审核，组织光伏扶贫电站的验收评估工作，指导地方合理分配光伏扶贫收益。县级政府主要负责协调相关部门及政策支持，落实光伏扶贫电站建设实施、运行维护以及光伏扶贫收益分配工作。[②]

2.光伏扶贫项目实施要求

在光伏扶贫项目建设发展过程中，国家政策制度对其中建设实施、运行维护、收益分配等关键环节都做出了明确的操作要求和分工安排，遵循"规划、设计、施工、验收、运维"五统一的原则，进行规范建设，保证光伏扶

[①] 国家能源局新能源和可再生能源司、国务院扶贫办开发指导司：《光伏扶贫工作百问百答》，2020年。

[②] 国家能源局、国务院扶贫办：《光伏扶贫电站管理办法》，2018年。

贫项目从初始建设阶段到光伏发电收益分配的各个环节得到有效落实。

在光伏扶贫电站的建设过程中，国家能源局在其中进行主要计划指导、电站管理、明确建站实施要求，提供相应政策保障。光伏电站实施政策制度明确规定了要因地制宜确定光伏扶贫模式、选择光伏扶贫建设场址，采用资产收益扶贫的制度安排，保障贫困户稳定增收；在建设资金上，明确地方政府可整合产业扶贫和相关涉农资金，统筹解决光伏扶贫电站建设的资金问题。对村级光伏扶贫电站给予贷款贴息，集中式光伏扶贫电站在资金筹措上可享受银行贷款优惠政策，从而缓解其资金筹措压力；在建站技术层面，规定光伏扶贫项目应采购先进技术、经过国家检测认证机构认证的产品，光伏扶贫项目设计和施工单位人员应具备相关资质和经验，其发电技术指标及安全防护应满足接入电网的有关技术要求，并接受电网运行远程监测和调度。[①]

在光伏扶贫电站运行维护上，为保证光伏电站有效运行，光伏扶贫电站实施政策中提出要建立长期可靠的项目运行管理体系。地方政府应依法指定光伏扶贫电站的运维及运维企业，对于村级光伏扶贫电站，可由县级政府统一选择承担运营管理或技术服务的企业，通过招标形式进行公开选择，优中选优，确保运维企业的专业性和有效性。县级政府可委托运维企业对全县范围内村级光伏扶贫电站的工程设计、施工管理进行统一管理。其中运维管理费用依据法律规定进行协议约定，从光伏扶贫电站收益中提取。在光伏扶贫收益分配上，国务院扶贫办主要进行收益分配政策指导，从光伏扶贫项目实施之初到2020年，光伏扶贫收益分配政策已进行了多次调整，使光伏扶贫收益分配更加合理完善，对激发贫困户内生动力起到更大的促进作用。2016年出台《关于实施光伏发电扶贫工作的意见》，该意见规定各贫困县所在的

[①] 国家发展和改革委员会、国务院扶贫办、国家能源局、国家开发银行、中国农业发展银行：《关于实施光伏发电扶贫工作的意见》，2016年。

市（县）政府应建立光伏扶贫收入分配管理办法，原则上应保障每位扶贫对象获得年收入 3000 元以上①。在 2017 年国务院扶贫办出台的《村级光伏扶贫电站收益分配管理办法》中，明确规定光伏扶贫发电收益形成村集体经济，用以开展公益岗位扶贫、小型公益事业扶贫、奖励补助扶贫等②，由村集体按照实际村情进行合理分配，不再直接将光伏扶贫收益资金分配到扶贫对象。2020 年财政部印发《关于积极应对新冠疫情影响切实做好光伏扶贫促进增收工作的通知》，对光伏扶贫资金收益分配比例作出了进一步调整，该通知规定将光伏发电收益的 80% 及以上用于公益岗位的设置和小型公益事业劳务支出，以此积极应对疫情影响产生的返贫风险。

（三）光伏扶贫项目的政策支持

1. 用地补贴政策

2017 年原国土资源部、国务院扶贫办、国家能源局印发《关于支持光伏扶贫和规范光伏发电产业用地的意见》明确提出，对深度贫困地区脱贫攻坚中建设的光伏发电项目，以及国家能源局、国务院扶贫办确定下达的全国村级光伏扶贫电站建设规模范围内的光伏发电项目，变电站及运行管理中心、集电线路杆塔基础用地按建设用地管理，各地在编制土地利用总体规划和年度土地利用计划中应予以重点保障，并依法办理建设用地审批手续；场内道路用地可按农村道路用地管理；光伏方阵使用永久基本农田以外的农用地的，在不破坏农业生产条件的前提下，可不改变原用地性质；采用直埋电缆方式敷设的集电线路用地，实行与项目光伏方阵用地同样的管理方式。③

---

① 国家发展和改革委员会、国务院扶贫办、国家能源局、国家开发银行、中国农业发展银行：《关于实施光伏发电扶贫工作的意见》，2016 年。

② 国务院扶贫办：《村级光伏扶贫电站收益分配管理办法》，2017 年。

③ 原国土资源部、国务院扶贫办、国家能源局：《关于支持光伏扶贫和规范光伏发电产业用地的意见》，2017 年。

用地补贴政策的出台，有力保障了光伏扶贫项目用地需求，同时为光伏扶贫项目落实提供了政策倾斜，推动实现光伏扶贫效益最大化。

2. 电价补贴政策

在光伏扶贫电价补贴上，政策也予以了一定程度的倾斜。2017 年国家发展改革委下达《关于 2018 年光伏发电项目价格政策支持的通知》，该通知决定调整 2018 年光伏发电标杆上网电价政策，降低了 2018 年 1 月 1 日之后投运的光伏电站标杆上网电价，Ⅰ—Ⅲ类资源区标杆上网电价分别调整为每千瓦时 0.55 元、0.65 元、0.75 元（含税）。自 2019 年起纳入财政补贴年度规模管理的光伏发电项目全部按投运时间执行对应的标杆电价。村级光伏扶贫电站（0.5 兆瓦及以下）标杆电价、户用分布式光伏扶贫项目度电补贴标准保持不变，即对应的Ⅰ—Ⅲ类资源区上网电价保持不变，仍分别按照每千瓦时 0.65 元、0.75 元、0.85 元执行。[①] 电价补贴政策的调整为脱贫攻坚的具体实践增添了强大的助推力，更好地保障了贫困户的收益。

3. 接网消纳政策

2018 年国家能源局、国务院扶贫办印发了《光伏扶贫电站管理办法》，该办法明确规定光伏扶贫电站不参与竞价，而是执行国家制定的光伏扶贫价格政策。在接网上，要求电网公司负责建设配套接入电网工程，将光伏扶贫电站接网工程优先纳入电网改造升级计划，确保村级扶贫电站和接入电网工程同步建成投产。对集中式光伏扶贫电站，电网企业将其接网工程纳入绿色通道办理。在电网消纳上，要求电网公司保障光伏扶贫项目优先调度与全额消纳。[②] 光伏扶贫项目在接网消纳上的政策支持有效保障了光伏发电效益获取的及时性和充分性，进而为贫困户相关收益的获取提供了坚实的保障。

---

① 国家发展改革委：《关于 2018 年光伏发电项目价格政策的通知》，2017 年。
② 国家能源局、国务院扶贫办：《光伏扶贫电站管理办法》，2018 年。

4.财政金融支持政策

2016 年国家发展和改革委员会、国务院扶贫办、国家能源局、国家开发银行、中国农业发展银行印发《关于实施光伏发电扶贫工作的意见》，该意见在统筹落实实施项目资金上做出了规定，地方政府可整合产业扶贫和其他相关涉农资金，统筹解决光伏扶贫工程建设资金问题，政府筹措资金可折股量化给贫困村和贫困户。对村级光伏扶贫电站，贷款部分可由到省扶贫资金给予贴息，贴息年限和额度按扶贫贷款有关规定由各地统筹安排。集中式电站由地方政府指定的投融主体与商业化投资企业共同筹措资本金，其余资金则由国家开发银行、中国农业发展银行为主提供贷款优惠，根据资金来源成本情况在央行同期贷款基准利率基础上适度下浮。[①] 财政金融支持政策的出台为光伏扶贫电站的投资提供了相当的优惠补贴，有效减轻了光伏扶贫项目建设发展的资金筹措压力，使得光伏扶贫项目得以持续壮大发展，创造更多的发电收益，覆盖更广泛的贫困地区。

三、光伏扶贫项目的类型

（一）光伏扶贫项目的类型

光伏扶贫是产业扶贫的有效途径之一，是在具备光和热等相关条件的地区，通过财政投资等方式，因地制宜建设光伏扶贫电站，进而将全部发电收益用于扶贫的有效方式。在光伏扶贫项目建设实施过程中，光伏扶贫电站主要包括户用分布式光伏扶贫电站、村级光伏扶贫电站、地面集中式光伏电站以及"光伏＋"扶贫电站 4 种类型。

[①] 国家发展和改革委员会、国务院扶贫办、国家能源局、国家开发银行、中国农业发展银行：《关于实施光伏发电扶贫工作的意见》，2016 年。

1. 户用分布式光伏扶贫电站

户用分布式光伏电站是指将光伏太阳能电池板设置在家庭住宅屋顶或者院落内，建设小型光伏发电系统，将光照的辐射能量通过光伏发电系统转换为电能从而进行发电。户用光伏系统安装规模较小、安装点多且较为分散，并网操作相对简便。户用分布式电站的安装主要面向建档立卡贫困户，其房屋屋顶结构及其安装条件需经过专业认定，只有符合户用光伏发电系统的安装条件才可准许建设安装。该类型光伏扶贫电站投资模式为政府补贴、银行贷款和农户自筹三种方式相结合，户用分布式光伏扶贫电站所产生的发电效益以及电站资产归贫困户所有。

2. 村级光伏扶贫电站

村级光伏扶贫电站是指在具备光照、资金、土地、接网、消纳等条件的贫困村建设，且被纳入国家光伏扶贫计划的电站。村级光伏扶贫电站单体规模 300 千瓦以下，具备就近接入条件的可放大至 500 千瓦，不具备建设单村电站的建档立卡贫困村可以联建方式建设联村扶贫电站。[①] 村级光伏电站是目前最为重点建设的电站模式，其光伏电站资产归村集体所有。联村电站是村级电站的一种建设形式，即根据地理位置的分布等整合不具备建设光伏扶贫电站条件的贫困村，择一合适地块将此部分村落的村级扶贫电站进行联建，形成大型联村电站，通过合理的确权方式，将光伏扶贫电站资产精准确权到村。

3. 地面集中式光伏电站

地面集中式光伏电站建设采用大规模集中建设、集中管理和集中并网送电的模式，因地制宜充分利用未开发地、废弃地、荒地荒坡等空旷地带进行大规模集中建设，建站规模容量庞大，能够充分利用光照资源，实现稳定发电。集中电站所需投资规模较大，建设周期较长，其电站资产归投资方共

---

① 国务院扶贫办：《村级光伏扶贫电站收益分配管理办法》，2017 年。

有，收益按比例进行分成，单独划分出固定数额的发电收益用作扶贫资金，由当地政府分配给贫困户。

4."光伏+"扶贫电站

"光伏+"扶贫电站的建站规模以及建站容量较大。具体指将光伏扶贫电站与当地特色产业相结合，一方面通过棚顶光伏系统实现高效清洁发电与最终并网供电，另一方面利用板下空间以农光互补、林光互补、渔光互补等形式因地制宜推动农业产业发展，过程中有效开发当地农业资源、林业资源、牧业资源。"光伏+"创新了光伏扶贫的建站模式以及产业增收模式，充分利用了土地资源，实现了光伏扶贫项目与农业产业发展的叠加效益。

(二)光伏扶贫项目类型的同质性分析

1.实现稳定增收

光伏扶贫电站主要建设在太阳能、光照资源充足的地区，且目前光伏发电技术日渐成熟完善，发电效率不断提升，大大降低了一般产业扶贫项目本身不可避免的自然风险、市场风险等造成的收益风险。技术的日渐完善使得在保证光伏电站高质量建设的前提下，不断缩减建站周期，使得光伏电站能够早日投产运行。通过将光伏电站所发的电全部接入并网，来获得持续稳定的资金收益，帮助贫困户实现脱贫增收，保证光伏电站发电效益最大化，保障贫困户能够持续稳定获得20—25年的光伏收益。

2.保证清洁高效

光伏扶贫项目充分发挥了清洁能源的效益，一定程度上起到了环境保护、节能减排的作用。光伏发电是以太阳能源、光照资源为依靠，利用半导体界面的光伏效应将光能直接转变为电能，发电的过程中没有副产物的出现，极大地减少了污染排放。同时太阳能源作为可再生能源，具有绝佳的清洁性、绝对的安全性、高质量性和相对的广泛性。在光照充足、太阳辐射强、具备光伏电站建设的地区进行建站实施，可以实现高效、持续、稳定、清洁的发电。

3. 促进多重效益

光伏扶贫项目能够带来附加经济效益和社会效益。结合光伏电站建设，推动实施农村电网改造，有利于农村能源改造。在一些基础条件较好的地区，发展农光互补、渔光互补、牧光互补等，充分利用土地资源，与当地特色产业相结合，促进产业效益最大化，助推了产业扶贫的深度和广度；在落实光伏扶贫项目的同时，也向农村地区输送了清洁能源和新能源的相关理念，促进当地能源资源利用和使用在观念上的转变，使清洁能源、绿色能源得以进一步推广与发展，打造出扶贫事业与生态建设共进的发展模式。

4. 助力乡村振兴

光伏扶贫能够有效提升村民自治、乡村治理水平。光伏扶贫电站发电收益依照收益分配管理办法而被按规定确权到村、确权到户，确权到村的部分光伏收益将统一收归为村集体经济，由村集体进行管理与分配，村集体将拥有更大的自主性，能够充分发挥其主观能动性，通过集体的智慧来合理使用收益资金，从而提升村民参与乡村自治的积极性，激发乡村发展的内生动力，与进一步的乡村振兴相对接。

（三）光伏扶贫项目类型的异质性分析

1. 规模效益

4 种不同光伏扶贫电站类型在规模和效益上存在着较大差异，户用分布式光伏扶贫电站仅限于在农户屋顶上建设安装，规模一般为 5—7 千瓦，户用电站所产生的发电效益相较于其他类型电站较小；村级电站以村为单位，依据村级贫困程度、贫困人口规模进行建站容量设置，村级光伏电站规模最高 500 千瓦，电站规模设置相对适中；联村光伏电站是将不具备建设条件的村级电站进行联建，形成多村一站格局的建站模式，联村规模较村级规模更大，综合发电效益更大；集中电站是四种电站类型中规模最庞大的电站，以兆瓦为建设单位，大面积覆盖，电站发电将直接并网进行远程供电，实行商业化运作，发电收益在 4 种电站类型中最高。

2. 投资模式

4 种电站类型存在着三种电站投资模式，户用是光伏扶贫电站，其投资模式为政府补贴一部分、银行贷款一部分、农户自筹一部分，其中资金筹集比例以当地情况为依据；村级电站和联村电站通过政府财政投资进行建设，资金主要来自扶贫资金、专项资金、涉农资金等；集中电站以企业投资为主，通过市场化、商业化模式进行运作。

3. 收益确权

不同类型电站发电的最初收益确权方式也存在着差异，户用式光伏扶贫电站发电收益直接归贫困户所有，贫困户可直观了解光伏电站每天所产生的收益，其收益资金直接打到贫困户账户上；村级光伏电站收益归村集体所有，通过村集体进行二次分配，按照收益分配管理办法将光伏电站收益进行合理运用；联村电站为多存一站式，覆盖村级数较多，其电站收益分配将依据贫困村经济发展状况、贫困程度、贫困规模等进行精确划分，保证光伏发电收益公平准确到村；集中电站由企业、政府投资建设或企业政府合资建设。该类型电站是将发电收益中的部分收益用于扶贫资金，交由当地政府进行统一分配。

4. 运行维护

在电站运行维护上，根据电站规模及类型进行划分，主要分为自行运行维护、专业运维公司运维以及市场化运维三种类型。其中户用式光伏扶贫电站运行维护相对简单，农户通过简单学习就可进行运维操作，当电站故障过大，农户不能自行解决时，可通过专业运维公司进行解决，户用电站通过自行维护的方式可减少运维成本，保证最大发电效益；村级电站和联村电站由政府出资建设，通过专业的第三方运维公司进行专业运维，以全国光伏信息监测系统为重要工具，及时发现故障、排除故障，保证电站高效运行；集中电站是以市场化运作为主，投资企业大多有配套运维系统和运营团队，全程负责该电站运行维护工作。

四、光伏扶贫项目的发展阶段

对光伏扶贫政策推进的历程进行回顾，可大致将其分为三大阶段：一是以鼓励探索为导向、开启试点工作的初期探索阶段，二是以鼓励发展为导向的全面铺开建设阶段，三是以解决发展问题和完善发展体系为导向的规范发展与可持续发展阶段。表 1-3 为国家就光伏扶贫工作所出台的相关重要政策文件。

表 1-3　光伏扶贫项目政策梳理

时间	政策文件	主要内容
试点 （2014— 2015）	国家能源局、国务院扶贫办《关于实施光伏扶贫工程工作方案》（2014）	计划用 6 年的时间开展光伏发电扶贫产业工程，在 6 个省市 30 个县开展首批光伏试点项目
	国家能源局《关于下达 2015 年光伏发电建设实施方案的通知》（2015）	安排 150 万千瓦规模专门用于光伏扶贫试点县的配套光伏电站项目
全面 发展 （2016— 2019）	中共中央、国务院《关于打赢脱贫攻坚战的决定》（2015）	探索资产收益扶贫；加快推进光伏扶贫工程，支持光伏发电设施接入电网运行；支持光伏农业发展
	国家能源局《关于加快贫困地区能源开发建设推进脱贫攻坚的实施意见》（2015）	继续实施农村电网改造升级工程；扩大光伏扶贫实施范围；细化光伏扶贫项目清单和需求测算，扩大光伏扶贫项目资金来源
	国家发展改革委、国务院扶贫办等五部门《关于实施光伏扶贫工作的意见》（2016）	在光照条件较好的 16 个省份 471 个县约 3.5 万个建档立卡贫困村，以整村推进的方式发展光伏产业，鼓励贫困村开展多种形式的"光伏 +"应用
	国家能源局《关于在能源领域积极推广政府和社会资本合作模式的通知》（2016）	在光伏扶贫项目领域推广政府和社会资本合作模式，对符合财政投资补贴条件的分布式光伏发电能源及光伏扶贫等 PPP 项目实行补贴倾斜

时间	政策文件	主要内容
	国家能源局《关于加快贫困地区能源开发建设推进脱贫攻坚的实施意见》（2016）	以光伏扶贫合作为内容做好定点扶贫以及对口支援工作
	国家能源局、国务院扶贫办《关于下达第一批光伏扶贫项目的通知》（2016）	下达516万千瓦光伏扶贫项目，分布在河北、河南等14个省，其中村级电站（含户用）共计218万千瓦，集中式地面电站共计298万千瓦
	国家发展改革委《可持续能源发展"十三五"规划》（2016）	按照"技术进步、成本降低、扩大市场、完善体系"的原则，全面推进分布式光伏和"光伏+"综合用工程，促进光伏与其他产业有机融合
	国家能源局《2017年能源工作指导意见的通知》（2017）	提出精准实施光伏扶贫工程，进一步优化光伏扶贫工程布局，优先支持村级扶贫电站建设
	国家能源局《关于可再生能源发展"十三五"规划实施的指导意见》（2017）	各省（区、市）2017年度新增建设规模优先建设光伏扶贫电站，提前使用2017年建设规模超过50万千瓦的省份新增建设规模全部用于建设光伏扶贫电站，总规模450万千瓦
	国家能源局、国务院扶贫办《关于下达"十三五"第一批光伏扶贫项目计划的通知》（2017）	下达14个省（区）、236个县的8689个村级光伏扶贫电站，总规模419万千瓦
	国务院扶贫办《关于"十三五"时期光伏扶贫计划编制有关事项的通知》（2017）	明确"十三五"时期将以村级光伏扶贫电站为主要建设模式
规范发展（2018—2020）	《光伏扶贫电站管理办法》（2018）	规定：利用政府性资金投资建设的光伏电站，其产权归村集体所有，全部收益用于扶贫；光伏扶贫电站不得负债建设，企业不得投资建站
	国家发展改革委、财政部、国家能源局《关于2018年光伏发电有关事项的通知》（2018）	合理把握发展节奏，优化光伏发电新增建设规模；加快光伏发电补贴退坡，降低补贴强度；进一步加大市场化配置项目力度
	国家能源局《关于印发2018年能源工作指导意见的通知》（2018）	优化可再生能源电力发展布局，优先发展分布式光伏扶贫；加强"十三五"光伏扶贫计划，加强光伏扶贫项目管理

续表

时间	政策文件	主要内容
	国家能源局、国务院扶贫办《关于下达"十三五"第二批光伏扶贫项目计划的通知》（2019）	下达15个省（区）、165个县的3961个村级光伏扶贫电站，总规模167万千瓦

注：上表为笔者据国家相关政策文件整理而成。

依据相关政策所下达的规模指标以及发展规划，我国光伏扶贫项目的发展历程也可划分为三个阶段：一为初期阶段，即建站初期的试点探索时期；二为发展阶段，即试点工程结束、正式推进建设各类光伏扶贫项目的全面铺开时期；三为再发展阶段，即脱贫攻坚决胜期以及实现全面脱贫、与乡村振兴相对接的规范完善与政策调整时期。

（一）初期阶段

2013年国家曾发布关于分布式光伏电站的政策，规范分布式光伏发电项目管理，在国家宏观政策的支持下，全国范围内开始大规模地建立以家庭为单位的分布式光伏电站，越来越多的农户逐渐认识到光伏发电可以带来可观的收入，开始自发投身于光伏项目工程建设，为后续光伏扶贫工作的展开奠定了良好的基础。2014年10月，国家能源局和国务院扶贫办印发《关于实施光伏扶贫工程工作方案》，提出计划用6年的时间开展光伏发电扶贫产业工程。一是在片区县以及贫困县实施分布式光伏扶贫，另外同时鼓励支持有条件的贫困地区利用荒山荒坡、农业大棚或设施农业等建设光伏电站，决定于山西、甘肃、青海等6个省市30个县开展首批光伏扶贫试点项目。[①]以此政策的出台为标志，我国光伏扶贫项目正式开启建设。

2015年1月，国务院扶贫办将光伏扶贫正式列入精准扶贫十大工程，

---

① 国家能源局、国务院扶贫办：《关于印发实施光伏扶贫工程工作方案的通知》，2014年第447号文件。

同时出台政策文件引导光伏扶贫工程的发展，要求在光热条件较好的贫困县开展贫困村光伏扶贫试点，整村推进在建档立卡贫困村、户安装分布式光伏发电系统，同时因地制宜开展光伏农业。[①] 表1-4为2015年光伏扶贫试点县配套光伏电站项目建设实施方案。

表 1-4　2015 年光伏发电建设实施方案

地区	2015 年新增光伏电站建设规模（万千瓦）	专门用于光伏扶贫试点县的配套光伏电站项目建设规模（万千瓦）
河北	120	30
山西	65	20
安徽	100	40
甘肃	50	25
青海	100	15
宁夏	100	20
合计	535	150

资料来源：国家能源局《关于下达 2015 年光伏发电建设实施方案的通知》。

试点阶段的光伏电站建设模式以户用分布式发电系统以及单村电站为主。以山西省天镇县以及安徽省金寨县为例：在被正式确立为光伏扶贫工作试点县后，天镇县结合本县的贫困状况、太阳能源充足的优势、基础设施的完善、地区区域优势等，开展了总规模为 1MW 的 10 座村级电站的指标电站建设；金寨县一方面推进建成 5795 座 3 千瓦户用分布式光伏扶贫电站并实现并网发电，另一方面开始着手村集体式光伏扶贫电站的建设，分村建设装机规模为 60—100 千瓦的村集体式光伏扶贫电站，为贫困户带来了稳定可观的发电收入。

在实践探索之中，光伏扶贫工程沿两个方向推进展开。一为进一步探索户用分布式光伏扶贫，此模式下，贫困户可通过出租屋顶等方式以占有一定产权的形式获取收益；二为建立集中式电站，贫困户可通过股权、产权等利

---

① 国务院扶贫办：《国务院扶贫办 2015 年工作要点》，2015 年第 1 号文件。

益分配而获取收益。在光伏扶贫工程的建设过程中，各地也探索出了不同的光伏扶贫模式，依据不同的资金结构、运作模式进行划分，大致可整理出如表 1-5 所示的几种比较典型的模式。

表 1-5　几种试点成熟的光伏扶贫模式比较

模式	代表地区	实践案例
扶贫资金＋农户贷款	云南红河县	建设 300 户 3kW 户用光伏发电系统项目总投资 900 万元，其中，政府出资 600 万元，由政府担保、农户从信用社贷款 300 万元，并享受农村信用社的贴息贷款
扶贫资金＋地方财政配套＋企业垫付	山西临汾县	建设 100kW 光伏地面电站约需要 80 万元，由山西光伏扶贫项目专项资金承担 50 万元，临汾扶贫项目开发资金承担 10 万元，剩余 20 万元，本着自愿原则采取企业垫资或者直接捐资等方式解决
县政府＋光伏企业＋农户贷款	安徽金寨县	每户安装 3kW 的光伏系统需投资 2.4 万元，县政府出资 8000 元，信义光伏出资 8000 元，无力自筹的贫困户资金则由银行提供无息贷款，后期用发电收益来分期还款（分 6 年还清）
扶贫资金＋企业投资	安徽泗县	建设 36 个贫困村为主的 5000 户贫困户户用 3kW 光伏发电系统，总投资 1.2 亿元。该项目由当地政府出资 70%，光伏企业垫付 30%，后期农户以发电收益分期偿还投资公司
企业捐献	河北黑崖沟	黑崖沟光伏扶贫项目一期 50 套户用发电系统，由泰联新能源、三晶电气、晶科、易事特等爱心企业捐赠设备、现金、义务建设外加国家中央财政支持的模式帮助建设扶贫电站
政府全额出资购买服务	安徽岳西县	阳光电源为岳西县建设 5000 个 3kW 户用扶贫光伏电站、40 个 60kW 村级扶贫光伏电站，配置 50MW 配套光伏电站建设指标，形成"户＋村＋地面电站"光伏电站体系，由阳光电源负责户用项目、村级电站、光伏电站的投融资、建设、运行维护

资料来源：https://news.solarbe.com/201609/15/102668.html（经笔者整理所得）。

此阶段，光伏扶贫达成了光伏项目与精准扶贫内涵的统一，初步解决了在贫困瞄准的机制之下与后续扶贫步骤相对接的问题，光伏扶贫项目的建设全部以试点形式展开，目的主要在于发现和培养一些可复制、可推广、具有脱贫效应的建站模式和机制，为下一阶段扶贫项目建设的展开摸清道路。

（二）发展阶段

在全面铺开建设阶段，光伏扶贫工程于国家政策领导下快速落地。2016
年3月，国家发展改革委、国务院扶贫办等五部门联合出台《关于实施光伏
扶贫工作的意见》，将之前在6个试点省区试行的光伏扶贫模式与经验正式
推向全国。2017年，国家能源局、国务院扶贫办下达文件指导开展"十三五"
第一批光伏扶贫项目建设，且由国务院扶贫办发布《关于"十三五"时期光
伏扶贫计划编制有关事项的通知》，要求新建电站以村级光伏扶贫电站为主
要模式，可适当考虑在贫困人口居住分散的地方由地方政府按农光互补等模
式建设集中式光伏电站。表1-6为"十三五"第一批光伏扶贫项目建设计划
汇总。

表1-6　"十三五"第一批光伏扶贫项目建设计划汇总

省份	县（个）	建档立卡贫困村（个）	帮扶户数（户）	电站数量（个）	建设规模（千瓦）
山西	35	4478	163117	2859	1029461.04
青海	39	1627	68086	97	471600
宁夏	4	310	23598	306	99670
吉林	4	182	8523	120	53257
海南	1	5	189	5	1146
黑龙江	18	998	62305	724	349320.26
陕西	15	898	43846	468	244579.92
甘肃	29	1432	74240	767	428462
安徽	14	708	45172	662	253686.5
内蒙古	17	925	77134	755	367633
四川	16	423	3540	17	16996
河北	23	2006	90843	1412	61506.132
新疆	15	432	33335	378	197924
云南	6	132	16833	119	56996
合计	236	14556	710751	8689	418237.852

资料来源：国家能源局、国务院扶贫办《关于下达"十三五"第一批光伏扶贫项目计划的通知》。

　　"十三五"第一批光伏扶贫项目计划于山西、青海、甘肃等 14 个省（自治区）、236 个光伏扶贫重点县展开，建设共 8689 个村级电站，总装机规模达 418237.852 千瓦，目标带动共 14556 个建档立卡贫困村的 710751 户贫困户，新建电站全部为村级光伏扶贫电站，建站资金采取多方筹措形式。具体以渭源县为例，2018 年 2 月，渭源县正式下达"十三五"第一批光伏扶贫项目指标，依据国家规定，该批电站全部采用村级电站的形式，共计涉及 49 个贫困村 2357 户贫困户；建站资金来自财政资金，整合县级财政、扶贫、易地扶贫搬迁和东西部帮扶资金等投入。整合全国情况来看，在国家政策的支持与指导之下，光伏扶贫发电新增规模也在持续扩大，如图 1-1 所示。

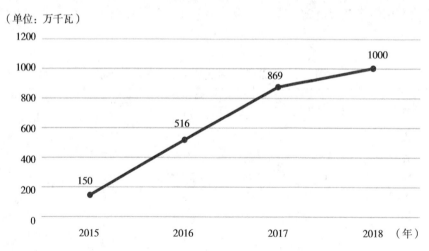

（单位：万千瓦）

图 1-1　2015—2018 年光伏扶贫电站建设规模变化图
资料来源：国家扶贫办、国家能源局官方网站，经笔者汇总整理后所得。

　　将 2015 年到 2018 年国家能源局就光伏扶贫项目所下发的电站建设指标数据进行整理，可发现自光伏扶贫项目正式发展建设以来，电站建设规模不断扩大，实现了跨越式的增加。

　　另外，除建站规模的增量外，此阶段光伏扶贫的模式也探索出了多样化发展的道路。2016 年，国家能源局发布《关于在能源领域积极推广政府和社会资本合作模式的通知》，在光伏扶贫项目领域推广政府与社会资本合作模式，对符合财政投资补贴条件的分布式光伏发电能源及光伏扶贫等 PPP 项目实行补贴倾斜，鼓励贫困村积极探索"光伏＋"模式的发展道路，以整村推进的方式发展光伏产业。以金寨县为例，在相关政策的扶持与引导之下，2016 年，金寨县大力发展光伏板下经济，完成改造光伏板下发展产业电站 266 座，利用板下土地发展土鸡、白鹅等养殖业 500 亩，发展灵芝、中药材、苗木、茶叶等种植业 1800 亩。初步形成了"光伏＋种植、光伏＋养殖、光伏＋林业、光伏＋菌药"等农光互补产业模式，进一步拓宽了贫困户增收渠道。

这一阶段，在光伏扶贫电站建设规模不断增大的同时，光伏扶贫项目也开始向模式、目标与内涵的多样化演进，其功能更是从最初的扶贫脱贫向带动光伏产业同步发展、带动农村整体发展以及促进能源结构改革等多个方面发展，为下一步光伏扶贫项目的发展指明了方向。

（三）再发展阶段

1.规范完善，促进成果巩固

自 2018 年以来，光伏扶贫项目再次迈入了以规范完善为核心特征的发展阶段。2018 年，国务院扶贫办和国家能源局联合印发《光伏扶贫电站管理办法》，明确指出"光伏扶贫电站是以扶贫为目的。光伏扶贫是资产收益扶贫方式的有效方式，也是产业扶贫的有效途径"。[①] 此文件一方面对光伏扶贫进行了再一次的定位，强调了光伏产业在扶贫工作中的重要作用；另一方面也对光伏电站发电收益主要作用于扶贫脱贫的目标与功能作出了进一步的明确。光伏扶贫被调整向促进村集体经济发展、形成村级资产收益的方向转化，将前一阶段多模式发展的路径引向特定的、更为成熟且更具普适性扶贫效益的方向。同年 6 月，中共中央、国务院发布的《关于打赢脱贫攻坚战

---

① 国家能源局、国务院扶贫办：《光伏扶贫电站管理办法》，2018 年第 29 号文件。

三年行动的指导意见》指出，"在条件适宜地区，以贫困村村级光伏扶贫电站建设为重点，有序推进光伏扶贫。支持贫困县整合财政涉农资金发展特色产业。"[1]此政策着重强调了光伏扶贫作为一种资产收益扶贫的功能，为带动村集体、贫困户的增收提供了方向指引。在政策指引之下，秭归县因地制宜，将光伏扶贫与农业产业发展相结合，探索出了绿色资源综合开发的新路子，充分利用光伏板下土地资源发展茶叶、食用菌、花卉以及矮植喜阴中药材等经济作物，不仅拓宽了贫困群众增收渠道，增加了经济收益，还改善了电站周边环境，产生了良好的生态效益、经济效益。

另外，文件中尤其指出扶贫电站"不得负债建设""企业不得建站"，严禁企业入股获利，电站产权全部归村集体所有。在此政策要求之下，各地均逐渐开启了对光伏电站产权进行回收置换的工作。以渭源县为例，在第一批电站的建设初期，渭源县采取吸引企业共建的方式筹资，后则依据国家规定回收产权并确权至村，具体步骤包括：其一，由正源扶贫开发有限公司（后文均简称"正源公司"）[2]委托具有资质的第三方公司对光伏扶贫一期工程展开全面质量检测和工程结算审计，将核算的企业实际工程量与其自筹部分的建设金额作为置换工作的基础；其二，根据审计所得结果，利用政府财政资金、东西部扶贫协作、定点帮扶、社会捐赠资金和项目发电收益来置换企业自筹垫付的资金；其三，将正源公司确立为负责扶贫电站收益结转与项目流转土地经营的主体；其四，解除正源公司前期与企业签订的不符合国家最新政策规定的合同协议，将正源公司指定为全县光伏扶贫电站的统一运营管理和农业设施经营主体。通过以上工作的展开，渭源县光伏扶贫项目中不再有企业涉入，充分保障了村集体扶贫收益的分配落实，也为其进一步地自主发

---

① 中共中央、国务院：《关于打赢脱贫攻坚战三年行动的指导意见》。

② 正源扶贫开发有限公司为渭源县专门负责全县光伏扶贫电站收益结转的单位，具体工作为上报各类资料文件与省、市、县电力部门进行沟通协调，接收发电收益并按确权比例下发至各村。

展奠定了基础。

为助力打赢脱贫攻坚战、实现全面脱贫，继续巩固发展光伏扶贫项目，2019 年，国家能源局、国务院扶贫办联合下发《"十三五"第二批光伏扶贫项目计划》，共下达至 15 个省区、165 个贫困县，计划建设 3961 个村级光伏扶贫电站，总装机规模为 1673017.43 千瓦，带动 3859 个建档立卡贫困村的 301773 户建档立卡贫困户。表 1-7 为"十三五"第二批光伏扶贫项目计划汇总表。

表 1-7　"十三五"第二批光伏扶贫项目计划汇总

省份	县（个）	村（个）	户数（户）	电站数量（个）	规模（千瓦）
河北	18	697	51489	702	348575
山西	14	143	37192	144	232102
内蒙古	25	275	54455	278	278957
黑龙江	2	10	1918	10	10409
安徽	3	4	1239	5	8660
河南	1	51	2880	51	19540
广西	1	45	7238	45	2700
海南	2	49	1820	70	8672.5
四川	7	57	3230	57	18280.93
云南	54	2225	63660	2271	319953
西藏	6	24	2061	24	9985
陕西	5	15	10418	15	37400
甘肃	22	183	55090	204	314586
宁夏	1	39	2738	39	19022
新疆	4	42	6345	46	44175
合计	165	3859	301773	3961	1673017.43

资料来源：国家能源局、国务院扶贫办关于下达《"十三五"第二批光伏扶贫项目计划的通知》。

"十三五"第二批光伏扶贫电站的建设严格依照此前下发的各项文件规定进行，严谨企业入股投资建设，电站产权全部归村集体所有，进一步带动了大批贫困村、户的发展与增收，深化巩固了光伏扶贫项目建设成果。

2. 调整规划，对接乡村振兴

2019 年"十三五"第二批光伏扶贫项目计划下发并建设完成后，光伏扶贫项目的建设便完全收口，国家明确将不再下达新的光伏扶贫计划。此阶段的工作焦点主要有三大方面，一为保障光伏电站的运行与推进先进技术、降低发电成本与对扶贫电站的长效管理；二为深化发展光伏产业扶贫，将光伏收益的经济效益与社会效益有机结合，充分挖掘光伏扶贫项目的带动效益；三为引导地方将光伏扶贫收益与扶贫扶智扶志相结合，巩固脱贫成果。

在电站的运维管理方面，光伏扶贫电站的建设质量以及后期的运维管理是其产生收益、充分发挥扶贫效益的基础与保障。目前全国光伏扶贫信息监测系统已建成完善，可对各地光伏电站的发电能力进行分析，方便对各村级电站发电情况的动态监测以及全生命周期管理。2019 年 7 月，金寨县成功实现了将其村级光伏扶贫电站数据全部接入全国光伏扶贫信息监测系统，成为首批云端协同试点地区。借助光伏扶贫信息平台，全国村级光伏扶贫电站平均发电效率与运维效率得到提升。

在推进光伏产业扶贫方面，扶贫办、农业农村部等相关部门继续加大对贫困地区的产业扶持力度，鼓励支持贫困地区因地制宜重点发展对贫困户增收有明显带动效应的特色产业，进一步推动"光伏＋"发展模式的完善与创新，强化光伏扶贫产业的带贫益贫效应，保障脱贫农户持续增收。在政府投资支持之下，渭源县共建成 3 个农光互补食用菌产业园，总面积达 1217 亩，带动 16 个合作社、3125 户贫困群众参与经营，多渠道增加了贫困群众收入。

在优化光伏扶贫资金配置方面，尤其重视扶贫资金溢出效益的发挥。一是增强就业扶持。扶贫办、人力资源和社会保障部等相关部门持续因时因式指导各地对接农村公益岗位政策。2020 年初新冠疫情暴发，为减小疫情对务工的影响，2 月 19 日国务院扶贫办综合司、财政部办公厅联合下发《关于积极应对新冠疫情影响切实做好光伏扶贫促进增收工作的通知》，明确将 2020 年光伏扶贫发电收益的 80% 用于贫困人口的参加公益岗位和公益事业建设的工资及劳务费用。截至 2020 年 8 月底，中西部 22 个省份共设置 114.96 万个扶贫公益岗位安置贫困人口，拓宽贫困户稳定持续增收渠道。二是加强帮扶政策的引导，重点发展村级光伏扶贫电站，灵活将发电收益形成的村集体经济用以进行小型公益事业建设、发展奖励补助扶贫等，减少直接发钱发物的行为，培养贫困户的发展内生动力，减少其返贫可能。

在后脱贫时期，光伏扶贫项目将更注重其长效带动效应的发挥，同时促进其单纯的"输血式"帮扶功能逐步向带动"造血式"发展功能升级，协同培养乡村发展内生动力，与乡村振兴战略实现有效对接。

第二节　光伏扶贫的具体做法及主要成效

光伏扶贫是践行绿色发展、绿色减贫理念的有益探索，也是将生态资源禀赋转化为经济发展动力的重要路径。特别是在一些生态环境脆弱、经济发展基础薄弱、基础设施和公共服务落后、远离经济发达地带和带动作用较强的中心城市、区域优势不明显的贫困地区，可以光伏扶贫为中介，带动其他产业的发展。光伏扶贫是创新精准扶贫的有效途径，是一项造福贫困地区和贫困群众的重要民生工程，破解了村集体经济发展难题，为部分无劳力、无资源、无稳定收入来源的贫困户稳定脱贫提供了有力支撑，为防止贫困户因突发情况返贫增加了一道保障线，为村级公益事业管护、社会事务治理提供了资金保障，为贫困地区生态环境保护、绿色发展开辟新道路，为实施乡村振兴注入了新动力。

自实施光伏扶贫政策以来，各地区在国家光伏政策制度大框架引导和支持下，分别立足自身资源禀赋、地理环境状况和地区发展特点，行政化管理与市场化运维并行，牢牢把握发展契机，充分发挥主体优势，牢固树立新发展理念，分别在建设、管理、运维、效益分配和"光伏 +"等环节探索创新，形成了各具特色、各有侧重且颇具成效的地方光伏扶贫模式，不仅提升了光伏产业的发电总量和经济效益，还完善了利益分配机制，增强了光伏资金益贫效应，多措并举产生叠加效果，扩展光伏扶贫政策辐射范围，充分释放了光伏扶贫政策红利。同时，通过使用光伏资金加强公共基础设施和公共基本服务建设，健全光伏与非贫困户和非贫困村的利益连带机制，在巩固拓展脱贫攻坚成果的同时，增强了光伏扶贫的生态效益和社会效益，推动当地经济社会全面发展，为推进巩固拓展脱贫攻坚成果与乡村振兴战略有效衔接奠定了制度和物质基础。

一、因地制宜，科学谋划光伏电站建设

各地区坚决贯彻精准扶贫理念，注重源头治理，在电站建设初期便以科学性、整体性和全过程的管理思维，严格把控，因地因村因户制宜，通过多元化筹资、科学化选址、示范化建设、明晰化确权，助推电站优化设计，争取一次整体规划设计到位，提升发电效益的同时也降低了电站建设、管理的物质资本和人力成本，实现了效率与质量的同时兼顾。

（一）多渠道筹集资金

光伏扶贫是资产收益扶贫的有效方式，利用扶贫资金投资建设光伏电站，不仅能够充分利用丰富的太阳能资源促进生态环保建设，还能够最大限度发挥扶贫资金的成效。光伏扶贫对于扶贫投资具有放大效应，为贫困群众和贫困村集体带来可持续性强、稳定性高的收益。因此，具有光伏扶贫实施条件的地区主动利用脱贫攻坚战略机遇，在专项扶贫、行业扶贫和社会扶贫三位一体的大扶贫格局下，争取政府、市场和社会等多元贫困治理主体的资金支持，通过各方面整合、多渠道筹措，形成了光伏扶贫资金渠道的多元化。通过市县负责统筹安排财政专项扶贫资金、整合财政涉农资金、发放扶贫小额信贷，支持企业、帮扶单位捐赠，为光伏建设和运维提供了强有力的资金保障。

首先是政府财政资金支持。政府的投入是光伏扶贫电站资金的主要来源，各地积极争取国家和省市的光伏发电指标和立项，通过中央、省、市、县四个层级的财政投入，整合利用专项扶贫资金、东西部协作资金、中央单位定点扶贫资金等，因地制宜建设不同模式、不同规模的光伏电站。

其次是社会资金参与。各地通过动员和凝聚社会力量积极参与光伏站点投资和建设，通过整合企业捐赠资金用于光伏站点建设，或者企业全部出资建成光伏电站后整体捐赠，有效解决资金建设困难问题，比如安徽金寨动员社会力量为全县 30 个贫困村建成 3141 千瓦村级光伏扶贫电站。同时，为保障贫困户的后期资金安全，与保险公司协商开发产业特色新型险种，提倡参与光伏扶贫产业资金投入的贫困户购买商业保险，每户出资 30 元，在光伏板出现故障、零件老化或外在因素破坏的情况下，由保险公司一次性给付不超过 1 万元的赔偿，以提高贫困户的抗风险能力。

最后是贫困户和贫困村自筹资金。部分地区在政府投资的基础上，通过引入贫困村和贫困户自身的发展资金来建设村级或者户用电站，以按比例入股的形式，扩大光伏扶贫的受益群体范围。

（二）多要素选择站址

光伏电站的选址直接关系到其发电效益、土地资源的利用和生态环境的保护，各地方因地制宜，充分考虑到光伏发电所需的光照、海拔、温度、地形、接入等自然条件，尽量选择未利用地、牧草地、集体建设用地等，充分利用荒山荒坡，反复对比论证、优中选优。比如湖北秭归县严格坚持"三靠一不、一优一好"原则严格选址，即靠近公路、靠近居民点、靠近主电网，少占或不占农田，优选荒山石山，光源好无遮挡。坚持以村内选址为主，村内确实无适宜的地方，实行镇内统筹、异地建设。按照"选址合理、面积够用、方便接网、光照最好"的要求精选地块，加大用地的协调力度。山西天镇县结合地区实际，认真把握光照时间充足、节约集约用地、就近并网接入、便于管理维护四条原则，依据相关规划要求，组织有关部门人员，通过实地查看、多方论证，进行电站选址建设。

（三）多模式建设电站

光伏扶贫电站按照建设方式、建设地点以及建设规模主要划分为户用分布、单村建设和集中联建三种类型。户用式光伏扶贫电站是对具备光照、承压、方位等条件的贫困户，在其屋顶或房前屋后空闲地建设户用光伏扶贫电站，产权归贫困户所有。单村建设包括在村内建设和异地建设两种方式，单村建设是以村为单位、产权归单个村集体所有，在符合光伏电站建设条件的村内或者邻近村建设的光伏扶贫电站。集中联建则是出于节约利用土地资源或者扩大受益面，采取乡（镇）、村协调选址、集中统一建设光伏扶贫电站方式，集中联建既克服了贫困村无适宜建设用地、非贫困村有适宜建设用地却无建设资金和建设项目投资的困境，也通过规模的扩大产生资金聚合效应。

各地从贫困户、贫困村发展实际状况出发，基于地形地势、光照条件、运维成本等因素综合考虑，采取多种模式相结合的方式建设光伏电站。金寨县强调"适度规模、统筹资源、集中联建、确保收益"的原则，采取户用分布式、村集体式、联户式、集中式光伏扶贫电站4种建设模式，4种模式的综合利用为地区内脱贫事业提供强大的合力作用，为贫困群体提供长效稳定的收益。

（四）多形式明确产权

为防止集体资产流失，有效规避资产模糊、管理不到位的情况，各地均按照"村级扶贫电站资产确权给村集体，联村扶贫电站资产按比例确权至各村集体"的要求，对光伏扶贫电站进行确权登记。户用式光伏扶贫电站产权归贫困户所有，一次投资，长期收益，发电收益全部直接归贫困户所有。金寨县光伏电站采取全额上网模式，根据光伏补贴政策，全县户用式光伏电站发电电价由国家电网、国家财政补贴，按照每度电 1 元、0.98 元的标准收购，每户每年大约增收 3000 元。单村建设电站则将光伏扶贫的产权划归到各个贫困村村集体，天镇光伏扶贫领导小组制作并发放给各个贫困村固定资产管理确认书，注明该村所属电站资产的容量、建设地点及阵列编号、固定资产账目代持、运营管理等内容。

对于集中联建光伏电站的权属问题，山西天镇按照"单村归本村、联村分因素、精确到阵列、确权证到村、显示屏到村"的方式，确权标的精确到阵列，不足或超出的部分，以四舍五入的办法取整。山西省和顺县在 10 个乡镇分别设立扶贫电站乡镇公司，进行确权量化，动态调整，并统一设账，进行规范化管理，实现了村集体产权归属清晰化，为各村集体依照出资比例行使权力和对扶贫净收益依法合理分配奠定基础。安徽省金寨联户式光伏扶贫电站产权归县级所有，收益分配采取"入股分红"模式，构建了精准、动态、可持续的入股分红机制。电站发电收益扣除土地租金、运维管理等必要费用后，剩余资金用于形成贫困村集体经济收入及贫困户入股分红。贫困户可连续享受 4 年每年 3000 元的分红，4 年后股金返还给贫困户。

二、专业运维，提升光伏电站规范管理

（一）集中化管理

为确保光伏扶贫项目各项政策落地落实落细，各县乡镇成立光伏扶贫工作领导小组，做好光伏扶贫工作的引导和调度工作；牵头定期召开单位联席会议，协调相关部门共同做好光伏电站的管理和维护，组织相关部门指导乡镇人民政府依规进行电站收益分配管理，对各乡镇落实光伏扶贫的情况进行考核；每年组织对各县各乡镇分管领导、扶贫办主任、专管员、电站站长、

看护员、代理会计进行集中培训。将光伏电站建设作为各县一项重点工作，并纳入全县综合目标考核。组织召开村级光伏电站项目建设专题办公会，切实解决项目推进中的困难和问题。

（二）综合化运行

科学管理运维模式是提升光伏扶贫成效的重要保障，光伏电站能否维持良好的运行状态关系着其持续发电和收益能力。光伏电站主要有市场化运行和自主化运行两种方式。一部分地区采取市场化运行方式，委托给第三方公司运维。山西天镇县光伏扶贫电站的管理服务工作采取政府主导、市场化运行模式，将光伏电站的维护管理问题交由天镇县保利光伏产业开发有限公司负责，从2015年光伏扶贫电站建设以来，保利公司参与了天镇县光伏扶贫电站项目设计、建设实施、运维管理和收益分配的全过程，建立了"专业队伍管理、保利公司全权负责的"运行维护管理机制，专门组建了一支专业队伍，来进行光伏扶贫电站的运行维护，团队成员均具备电力入网许可证、高压电工证、电力调度等证件，为进行电站维护提供了专业保障。湖北秭归县政府针对本县山高路远的实际、培养本土技术力量的需要和做大做强县内国有公司的考虑，委托本县紫昕国投公司为运维主体，全权负责全县50个光伏电站的运营维护。按照出钱买服务的原则，对紫昕公司运维工作实行合同管理，电站发电效率达到80%以上的，按照当年电费收入5%的标准支付运维管理费用。另一种是自主化运行，打造专业运维队伍。安徽金寨成立县光伏扶贫管理服务中心，依托县供电公司完备的人力技术资源和专业的技术支撑，组建了拥有210人的专业运维班组共19个，分区管理，责任到人。建立快速响应机制，由运维中心根据监测分析结果，统一下发运维工单，各运维班组立即到村到户到现场排查，消除故障。制定运维管理工作制度，规范运维流程，实行运维班组"周报表"、运维中心"月报告"制度，及时向主管单位汇报运维结果，寻求支持，协商解决难题。

（三）规范化管护

首先是加强制度建设。各地区分别在国家扶贫政策和制度的基础上制定光伏扶贫电站运维管理办法、光伏扶贫电站收益分配实施细则、光伏扶贫电站财务管理和会计核算办法等，各乡镇、村、电站逐级建立了村级光伏电站安全生产责任制，分别签订了村级清扫看护合同和运维管理合同。2018年4月，湖北秭归制定了《秭归县村级光伏电站运维管理细则》，全县形成了一套完整的村级光伏扶贫电站运维管理制度体系，进一步明确各部门的人员配备和职能职责，建立了数据分析与利用机制、联系沟通机制、考核追责机制等，将电站的运维管理关键细节责任到部门、到岗位、到具体人，为电站规范化管护提供制度支撑。

其次是增强队伍管护。湖北秭归探索了"站长＋看护员"日常管护模式，实行站长负责制。各村由一名村"两委"班子成员担任电站站长，站长的主要职责是监测电站日常运行、维护设备安全、加强成本管理、协助做好收益分配。电站看护员按照"四有一就近"原则选聘，即有一定文化水平、有一定农电基础知识、有较强的责任心、有时间从事管护工作，就近居住，在同等条件下优先从建档立卡贫困户及在全国扶贫开发信息系统中标注的边缘易致贫户家庭中择优选用，先培训后上岗。通过明确电站站长、看护员的责、权、利，做到专人负责，确保电站从"建起来"到"用起来"。

最后是加强标准考核。每年底各地区扶贫办联合发改、农业农村、供电公司等相关部门对各乡镇村级光伏电站管理工作进行考核，其考核结果直接运用到全县精准扶贫目标责任制考核；县扶贫办牵头对运维公司进行年度绩效考核，考核结果按照合同约定直接和运维管理费用挂钩；镇村联合对站长和看护员进行年度考核，考核结果直接与劳务报酬挂钩。同时，对光伏电站实行"半年一自查整改、全年一考核整改、一年一审计整改"，自查整改由乡镇政府负责，考核整改由县扶贫办负责，审计整改由县审计局负责。用考核的指挥棒倒逼责任落实、绩效提高。

（四）一体化运维

各地通过依托自发系统与国网系统的双重实时监测，实现扶贫电站实时运行数据的全国联网监控，能够及时发现电站故障信息，提高回应故障信息的效率，缩短发现问题、回应问题的时间，为及时进行故障检修节约了时间成本，推进线上线下一体化运维。安徽金寨依托全国光伏扶贫信息系统运维平台进行数据分析，初步排查全县村集体（含联户式）电站发电异常情况。借助供电"用采系统"每日监测电站发电情况，对辖区内光伏扶贫电站运行发电情况进行监测梳理，将异常数据上报运维中心，由运维中心与平台比对，初步确定故障电站。同时通过生产、调度等系统，每天对大型联户光伏电站开展监测。开通400免费热线，畅通故障报修渠道，安排专人值班，接听电话，详细记录报修信息，及时解答用户咨询。

山西天镇县光伏扶贫电站作为首批电站接入全国光伏扶贫信息管理系统，设立了光伏扶贫电站监控中心，在天镇县阳光智慧云运营管理系统基础上结合国家级运营管理系统，对分布在全县各处的地面集中电站、村级电站、户用电站进行远程集中统一监控管理，并进行完整的记录存档和统计分析。实现24.8兆瓦光伏扶贫电站、497台逆变器、9.69万块光伏组件运行情况、发电收益透明化，各设备投运率100%。及时准确定位发生故障的设备或装置，大大提升了维修响应速度，减少了电站故障停机时间，节约运维成本，最大程度上保证了光伏扶贫电站的运营效益。

（五）全方位监督

强化监督考评，将光伏扶贫电站管理工作纳入脱贫攻坚评价的重要内容，明确乡（镇）、村职责，充分发挥村级光伏看护员作用，建立管护工作与公益岗位报酬挂钩的奖惩机制，切实压实管护责任。结合督查、督导、暗访等工作，对发现光伏电站管护不到位的情况，及时指出，限时整改到位。调动运维公司积极性，不定期检查运维公司运维管理工作，对贫困户投诉多、维修时间长等问题，采取下达整改通知书、罚款、约谈等方式，督促其立即整改；对运维效果好、群众满意度高的，可在下一年度适当增加运维费用。

一是强化乡镇监管。以村为单位设立统一的账簿和会计科目，实行专账管理，专款专用。乡镇人民政府负责具体监管责任，指导村级光伏电站收益资金财务管理工作，对资金使用实行全过程监督和检查；二是强化部门联合监管。县农村经营管理中心负责业务指导和监管，审计部门对财务进行年度审计。对未按照规定的收益分配对象及分配范围进行分配的、村干部优亲厚友的、简单直接打卡发钱发物的、未遵守议事决策制度的、使资金闲置账上的等各种情形予以追责问责；三是强化网上监管。已将各村村级光伏扶贫电站收益分配资金使用情况录入了全国光伏扶贫信息监测系统。通过系统可实时提取收益分配资金使用情况，测算分配比例，督促各乡镇各村按照要求及时分配。

三、多措并举，拓展光伏多元收益链条

光伏扶贫为贫困地区和贫困人口脱贫致富提供了一个新的政策选项，以光伏电站光伏收益资金为基础，以"光伏＋产业"为载体，继续延长光伏扶贫产业链条，拓展光伏扶贫多元收益渠道，增强光伏扶贫的经济效益。

（一）提升光伏发电收益

电能并网收费是光伏产业的主要收益来源。各地通过以精准科学的理念、全过程管理的思维，采取多种方式，减少光伏电站的建设成本和运维成本，保障光伏电站平稳运行，提升光伏电站的发电效益。首先是及时进行故障检修节约了时间成本，依托严格规范的运维管理制度，制定了详细具体的

故障处理机制，从监测系统中故障信息的提示、故障自动派单到运维人员系统接单再到现场维修最后进行系统验收，提升了运维人员的工作效率，减少了平均故障恢复时间，降低了电站的发电损耗，为光伏扶贫电站的运行争取更多的时间。金寨县利用其全国高比例可再生能源示范县的优势，建设了大量光伏扶贫站点，同时，紧扣国家光伏补贴政策，在 2017 年 6 月 30 之前完成了全部光伏扶贫站点建设。根据光伏补贴政策，在 2017 年 6 月 30 日及以前并网的光伏发电价格为每度电 0.98 元，之后并网的则重新开始竞价，后期竞价电价均在 0.9 元以下，金寨县的光伏扶贫产业因而占据了一定的电价优势。截至 2019 年底，金寨县累计并网光伏扶贫电站 20.11 万千瓦，实现综合收益 5.6 亿元。

（二）提升电站开发收益

在光伏电站建设当中，贫困户把承包的滩涂地和荒坡地作为光伏建设用地，流转给光伏扶贫电站和地面商业光伏电站建设，每亩每年可获得数额不等的土地流转收益，增加了贫困户的收入。此外，在前期光伏电站收益和租金基础上，利用光伏扶贫电站板下空地，大力发展"板下经济"，探索发展农业种植、药菌类栽培、养殖、苗木培育等产业，提高光伏扶贫电站综合效益。形成"光伏＋种植、光伏＋养殖、光伏＋林业、光伏＋菌药"的农光互补产业模式，引导贫困户通过发展板下经济获得生产性收益，提高了光伏扶贫电站综合效益。

四、精准分配，增强光伏资金益贫效应

光伏扶贫电站作为村集体资产，将源源不断产生集体经济收入，源源不断产生扶贫资金。如何让这笔集体经济在防致贫、防返贫和解决相对贫困方面持续发挥效益，是各地区始终深入研究的课题。各地收益分配着眼长远，分配制度根据实际情况和发展需要不断调整和及时完善，在坚持大原则基础

上，因村、因户施策，因时、因势而变，不断完善收益分配机制，确保光伏扶贫收益资金的合理用度，发挥光伏扶贫收益的最大效益，提升脱贫质量，进一步实现巩固拓展脱贫攻坚成果与乡村振兴的有效衔接。

（一）公益岗位扶贫，拓宽增收渠道

农村公益岗位的设置，取代传统救济式扶贫直接"发钱给物"的方式，鼓励贫困群众用劳动换取财富，增强贫困群众的自主脱贫意识和自主脱贫能力，在增加贫困户收入、维护农村道路畅通、保障饮水安全、改善农村卫生环境等方面发挥了重要作用。各地鼓励各村结合村情户情和实际需要选设公益岗位，使公益岗位与完成脱贫攻坚目标任务、巩固拓展脱贫攻坚成果、治理村庄环境、管护公益设施等方面有机结合，同时明确每一类公益岗位的岗位职责和考核细则，确定岗位人员工资，签订用工协议，做到人岗相适，激发公益岗位人员工作积极性和内生动力，拓展脱贫贫困群众稳定增收渠道，夯实稳定脱贫基础。各地开发了不同类型的公益岗位，甘肃渭源县各村主要设置 13 个公益岗位：保洁员、电站管理员、道路维护员、绿化员、自来水管维修员、安全员、信息员、公共设施维护员、交通协管员、网格员、护理员、宣传员、管水员，各岗位工作的技能要求低，上岗门槛低，可使贫困户切实受益。金寨县因地因需、科学合理开发了小型水利工程管护、农村安全饮用水水源地保护、联户式光伏电站管护、村庄环境保洁巡逻、村组公路养护、红色遗址管护、油茶管护员、新增耕地维护员、联户式光伏电站管护、五保户、无监护人的重度残疾人看护、学校辅助性后勤劳务等村级公益劳务岗位 12546 个。公益岗位全部聘用建档立卡居家贫困劳动力，单个公益岗位可带动户均增收 6000 元。特别是 2020 年为应对疫情影响，公益岗位的数量和规模进一步扩大，有效解决贫困户疫情过后就业难和收入锐减的问题，为贫困户提供就近的工作岗位，拓宽贫困户增收的途径。

（二）公益事业建设，加强村域治理

光伏扶贫的资金有效扩充了乡村公益事业建设的资金来源。结合村级实际需求进行组织实施，通过村民决议需要进行开展的小型公益事业，涉及需要临时性用工的岗位，也优先考虑有劳动能力的贫困户。通过设置公路、沟渠、小型环卫设施等维护维修补助，解决了饮水安全、农村交通、小型水利等公益设施维修的资金难题；因事设岗、"因人"设岗，解决了村级公益事业无人管、无钱管的问题；通过对改房、改厕、建水池等设置具体条件进行奖补，改善村庄环境卫生条件；通过合理设置岗位职责和管理办法，实现公益岗位与弱劳动力贫困户、特殊困难贫困户的精准对接，通过"有劳有获"，充分调动贫困户"做事挣钱"、勤劳致富的积极性和"我要脱贫"的主动性。

光伏收益村通过完善村内小型公益事业和基础设施建设，有效解决群众关注、关切的问题。硬化路的基础建设、阳坡缺水地区的入户管网与分散用水的引水管，阳坡硬化公路培塌方修复等等均得到及时有效的解决，切实帮助百姓解决一些操心事、烦心事和揪心事，进一步提升了村"两委"的号召力、向心力、凝聚力，村域治理能力有效增强。甘肃渭源县利用光伏收益积极进行农村环境卫生整治、村级基础设施建设和公共服务建设、积美超市建设等，有效带动了乡村的整体性发展。

（三）贫困对象救助，有效减贫防贫

按照贫困发生的动态性和阶段性特征，各地区结合自身实际，光伏扶贫收益分配以有劳动能力的贫困户为主要对象，重点关注收入骤减、支出骤增贫困户和全国扶贫开发信息系统中标注的脱贫不稳定户、边缘易致贫户。对老弱病残等无劳动能力、突发意外急需关照的贫困户进行救助，保障了贫困群众收入，夯实了脱贫基础，充分发挥光伏扶贫资金救急、暖心、雪中送炭作用，有效巩固脱贫成果，进一步增强了抵御防贫和新增贫困风险的能力。

（四）贫困对象奖励，激发内生动力

光伏扶贫资金除了用于公益岗位和小型公益事业外，还用于贫困对象奖励补助扶贫，包括产业发展、教育助学、道德示范奖补等。奖励补助设置了条件，明确了标准，规范了流程。奖励补助起到了救急、暖心、雪中送炭的作用，发挥了激励、奋进、扬善等正能量的效果。通过设置产业发展补助，建立了困难群众与市场主体的利益联结机制，调动了贫困群众发展产业的积极性；光伏扶贫鼓励有劳动能力的贫困人口积极参与生产和创收活动，以增强脱贫致富的主观能动性并提高贫困户的劳动能力和劳动技能。一方面可以避免一部分贫困农户坐享收益分配而形成负面激励，对扶贫政策和扶贫资金产生依赖，从而陷入"福利陷阱"，也能有效缓解直接收益分配带来贫困村与非贫困村、贫困户与非贫困户之间的"悬崖效应"；另一方面有利于从直接收益分配和间接收益分配两个方面推动弱能贫困家庭脱贫。

对于贫困村而言，教育扶贫是扶贫工作的重中之重。许多地区在奖励项目中设置了就学奖励，提供教育扶持。这一举措鼓励了这些优秀学生朝着更好的方向发展，为当地培养更多的优秀人才，振兴当地教育，助力教育脱贫。在光伏扶贫的推动下，通过集体经济的壮大，对优秀创业人才和技术人才进行奖励奖助，激发其内生动力，充分发挥创业就业先锋、种植能手等致富带头人的作用，引导更多的村民共同发展产业，核心聚力，实现主动脱贫、技术脱贫、带头脱贫。通过优秀人才培养带动集体发展，壮大集体实力，助力人才培养，实现良性的双向互动。此外，部分地区还将光伏资金收益用于良好道德文明风尚的鼓励，比如渭源县通过光伏资金收益建立道德集美超市体系和开展五星级文明户的评选，改善群众精神文明风貌，有效推动乡风文明建设。

五、发挥实效，提升光伏扶贫溢出效应

（一）富民强村，推动集体经济快速发展

在光伏扶贫开展之前，很多村庄处于村集体经济为零或者村集体经济收入极其薄弱的状态。光伏扶贫开展以后，贫困村集体电站资产权属全部或者按要素归于贫困村集体，光伏电站也成为村集体资产，其收益成为村集体收入的重要组成部分甚至是主要部分，作为持续稳定的收入来源，集体经济有效盘活。光伏扶贫产业的发展，实现了村集体经济收入的几何式增长，甚至部分村突破了零集体经济的状态，改变了无集体财产、无集体企业、无集体资源、无集体收入的"四无"村和"空壳村"现象，为村集体公共基础设施建设、村庄人居环境改善、村集体活动开展奠定了良好的物质基础和提供了重要的经济保障。部分光伏收益村为了发挥光伏收益资金效益的最大化，提升光伏扶贫的可持续性，将光伏收益资金用于支持村集体产业发展，扩大村集体产业的规模，既助力了村集体产业的规模化和持续性发展，提升了光伏收益资金发展效益，又通过村集体产业的快速发展助推村集体经济组织的成长，构建相互带动的良性循环发展结构。

（二）实施"光伏+"，推动产业结构优化升级

各地区在充分发挥光伏电站发电效益的同时，坚持因地制宜，将光伏扶贫与特色产业发展相结合，探索绿色资源综合开发新路子，实行"农光互补"，充分利用光伏板下土地资源，既拓宽了贫困群众增收渠道，增加了经济收益，又美化了电站周边环境，产生了良好的生态效益、经济效益。推动光伏扶贫与产业发展结合，将"农光互补"的产业链条增粗拉长，以一村一品建设为契机，通过农光互补的发展实现产业振兴，提高土地综合利用率，增加农业和相关产业收益，带动当地群众实现小康。

渭源县在大力发展光伏项目的同时，抓准机遇，推进农业生产项目以及光伏项目的同步规划与建设，建成农光互补产业园园区，大力发展"光伏＋蔬菜""光伏＋食用菌""光伏＋中药材育苗""光伏＋养殖"等农光互补产业，以"光伏＋农业"的发展模式构建起新型全产业链光伏扶贫发展体系。截至2020年10月，在8家龙头企业的引领之下，全县共建立了3个农光互补食用菌园区，总面积达1217亩，带动16个合作社3125户贫困群众参与经营，多渠道增加了贫困群众收入。

金寨县积极推广农光互补、渔光互补、光养互补、林光互补等模式，充分利用光伏板下的空地、水域等空间，大力发展光伏板下经济，再根据各地资源优势和经济情况发展特色种植、畜禽养殖、水产养殖、苗木培育、药菌类栽培等项目，提高土地利用效率。以光伏"板下经济"为依托，围绕"一乡一业""一村一品"，合理布局特色产业，协调产业发展，形成产业联动效应，对接乡村振兴，追求可持续化发展，让贫困户长期稳定受益。截至2020年，金寨县已在266个光伏扶贫电站进行了产业发展，其中，家禽、龙虾等养殖业占地面积500亩，灵芝、黄精、茶树等种植业占地面积1800亩，有效拓宽了光伏扶贫产业的收益链条。

（三）绿色减贫，促进能源经济良性发展

我国太阳能资源丰富，适合发展光伏发电的地区约占全国总面积的九成以上。光伏发电清洁高效、技术可靠、建设期短、收益稳定，可保证贫困户持续稳定获得发电收益，相对一般性的产业扶贫手段优势明显。各地充分利用农村屋顶资源、荒坡，因地制宜开发分布式光伏，促进贫困地区群众就业，拓展国内光伏应用市场，改善农村用能条件，增加当地农民收益，是绿色减贫的新途径，极大提升了扶贫的生态效应。

光伏本身是一种绿色清洁能源，在一定范围内推动了能源领域供给侧结构性改革，是改善生态环境的重要举措，也是落实绿色发展理念的具体体现。实施光伏扶贫是实现绿色发展、促进产业升级的重要抓手。发展光伏发电将太阳能直接转变为电能，同时大多利用的是荒山荒坡和屋顶，环保节能，既加快贫困地区的脱贫速度，又体现了绿色发展理念，充分体现了扶贫过程中"生态就是资源、生态就是生产力"。同时，利用太阳能光电转化技术，开发利用绿色、清洁、丰富的太阳能资源，可提高再生能源应用比重，促进能源结构调整，助推节能减排，有利于促进保护和改善环境，真正实现绿色发展。

相比于火电煤电等发电形式，光伏发电有效地规避了发电过程中可能会出现的安全隐患，其发电过程更加安全可靠。光伏扶贫电站的收益分配大部分用于公益岗位的设置，许多县级部门下达护林员岗位的指标，在村镇设置护林员的岗位，村级公益岗位的设置中也安排了相对较多的护林员和保洁员、防火安全员等岗位，自上而下地推进了生态绿化工作。

光伏产业引领的新能源行业的崛起推动了安徽金寨县产业结构多元化发展。在金寨县，以光伏扶贫为代表的新能源产业从源头上降低了环境污染，从根本上促进了全县经济发展的低碳化转型，产生的生态效益和环境效益要远远大于其经济效益，低碳可持续发展能力显著增强。

（四）社区营造，奠定乡村振兴坚实基础

社区营造是一个社区自我组织、自我管理、自我建设的过程。社区总体营造注重精神层面的建设和社区精神培育，通过打造"社区共同体"意识营造参与的多元化主体。光伏扶贫是乡村社区营造的重要契机，通过光伏收益资金的综合化运用，乡村的人居环境得到有效改善，乡风文明建设稳步推进，村民综合素质有所提高，参与社区治理的意愿也有了进一步的提升。

党的十九届五中全会提出，"走中国特色社会主义乡村振兴道路，全面实施乡村振兴战略，强化以工补农、以城带乡，推动形成工农互促、城乡互补、协调发展、共同繁荣的新型工农城乡关系，加快农业农村现代化。实施乡村建设行动，深化农村改革，实现巩固拓展脱贫攻坚成果同乡村振兴有效衔接。"精准扶贫战略和乡村振兴战略都是我国实现"两个一百年"奋斗目标的重要战略，是化解发展不平衡不充分突出问题、不断满足人民日益增长的美好生活需要的重要途径。2020 年我国打赢脱贫攻坚战后，光伏扶贫的工作重心也要逐步向推进巩固拓展脱贫攻坚成果与乡村振兴的有效衔接目标上发展。

实施光伏扶贫为乡村振兴奠定了坚实的基础。光伏扶贫电站从建设到运行维护乃至收益的分配，各个环节都有群众的参与，促使群众不断坚定脱贫内生动力，主动参与到脱贫攻坚战中，物质生活水平和精神文明程度都得到提高；村集体经济收入不断增加，村容村貌发生了巨大变化；充分运用光伏电站的收益致力于促进本村产业发展、社会治理等方面建设，为全面实施乡村振兴奠定了坚实的基础，正在朝向乡村振兴战略提出的"产业兴旺、生态宜居、乡风文明、治理有效、生活富裕"20 字方针总要求前进。

第三节　光伏扶贫的成功经验

一、立足精准扶贫大格局，为光伏扶贫提供根本遵循

（一）立足精准扶贫大格局推进光伏扶贫

中共中央、国务院发布的《关于打赢脱贫攻坚战三年行动的指导意见》要求"在条件适宜地区，以贫困村村级光伏电站建设为重点，有序推进光伏扶贫"[①]。各地从自身经验性探索的层面，证明了村级光伏电站相对于户用

---

① 《中共中央　国务院关于打赢脱贫攻坚战的决定》，2018 年 6 月 15 日，见 http://www.gov.cn/zhengce/2018-08/19/content_5314959.htm。

式、集中式光伏电站有独特的发展优势，探索了村级光伏扶贫电站的可持续模式并提供了可资借鉴的范例。

发挥光伏扶贫在打赢脱贫攻坚战中的服务作用，需要做好统筹谋划，需要完善自上而下的、科学的、合理的顶层设计以及自下而上的行动呼应。一是国家做好有关精准扶贫项目的顶层设计工作，为乡村基层的参与做好制度保障；二是贫困主体主动参与扶贫项目的实施过程，以保障国家顶层设计的落实，要在政府与地方基层之间构建起良好的互动关系。

打通光伏扶贫与全领域扶贫的联系，需要坚持高点站位，需要将光伏扶贫工程与农业产业扶贫、电商扶贫、党建扶贫、基层治理创新、美丽乡村建设等脱贫攻坚、乡村振兴举措有机结合，这可以为巩固脱贫攻坚成果、衔接乡村振兴奠定基础。从各地的实践经验可以看出，立足精准扶贫的大背景，把握精准扶贫的好机会，可以有力助推光伏扶贫的发展与壮大。

（二）依据精准扶贫精准脱贫基本方略推进光伏扶贫

《关于实施光伏发电扶贫工作的意见》（发改能源〔2016〕621号）指出，光伏扶贫是资产收益扶贫的重要方式，在光照资源条件较好的地区因地制宜地开展光伏扶贫，既符合精准扶贫、精准脱贫战略，又符合国家清洁低碳能源发展战略；既有利于扩大光伏发电市场，又有利于促进贫困群众稳定增收。[1]

要发挥光伏扶贫在打赢脱贫攻坚战中的有效力量，需要深入贯彻国家精准脱贫方略，这是解决扶贫问题的一把金钥匙。其基本要求是实现"六个精准"：扶贫对象精准，光伏扶贫项目要与贫困人口精准对应；项目安排精准，要根据贫困人口分布和光伏建设条件确定项目建设规模和布局；资金使用精

---

[1] 国家发展改革委等：《关于实施光伏发电扶贫工作的意见》（发改能源〔2016〕621号），2017年1月12日，见 http://www.xixia.gov.cn/sitesources/xxxrmzf/page_pc/bmxxgk/xxgkml/zcfg/articlef06bf55cdb6f41b69a83c5b13e004e2d.html。

准，要最大限度地提高光伏扶贫资金的使用效率；措施到户精准，要对贫困户逐村逐户制订光伏扶贫帮扶计划；因村派人精准，要切实发挥出农村基层党组织的战斗堡垒作用；脱贫成效精准，要发挥出贫困群体自身的主观能动作用，进而真正摆脱贫困。

精准脱贫方略的主要途径是"五个一批"：发展生产脱贫一批、易地扶贫搬迁脱贫一批、生态补偿脱贫一批、发展教育脱贫一批、社会保障兜底一批。发展光伏扶贫工程属于"五个一批"范畴，它要立足当地光伏资源，实现就地脱贫。发展光伏等清洁能源还能加大贫困地区生态保护修复力度。

精准脱贫方略最终要解决好"四个问题"：扶持谁，明确光伏扶贫的对象是谁；谁来扶，明确光伏扶贫的责任主体是谁；怎么扶，明确光伏促进贫困户脱贫的途径是什么；如何退，明确贫困户的脱贫退出机制是什么。

二、创新探索合适道路，为光伏扶贫提供根本动力

（一）创新光伏扶贫的筹资模式，促成光伏扶贫电站的建设

多渠道整合资金是光伏产业扶贫有序推进的保障，可统筹财政专项扶贫资金、整合财政涉农资金、发放扶贫小额信贷、支持企业和帮扶单位捐赠等各路资金。

不同类型的光伏扶贫电站有不同的资金筹集模式，一是户用式光伏电站，可使用"三个三分之一"筹资形式，即由各级财政扶持、企业捐资、贫困户自筹来安装小型家庭分散式光伏电站。也可以按2:7:1的资金比例投入，政府投资20%，银行贷款70%，农户个人自筹10%。

二是村级光伏电站，其筹资形式一种是动员社会力量，由社会捐资；一种是村集体自筹资金；一种全部为财政资金投入，主要是中央、省、市、县四个层级的财政投入；一种是使用财政资金，整合县级财政、扶贫、易地扶贫搬迁和东西部帮扶资金等投入。

三是联户式光伏电站，其资金来源于多方筹集，包括县财政自筹，整合财政、扶贫和东西部资金等。

四是集中式电站，其筹资形式一种由企业出资全权投入；另一种是由各级财政资金注入、光伏企业让利和贫困户资金入股等方式募集资金。

（二）创新光伏扶贫的运维管理模式，保障光伏扶贫的稳定收益

在光伏扶贫的运维管理实践中，部分地区曾经出现过操作不当和技术欠缺的问题、管理缺乏统一规范的问题和运维不及时、运维低效率的问题。在运维管理方面形成的专业化的运维技术团队、高效的排障速度、制度化的检修规章、智能化的管理系统可以确保光伏扶贫电站故障的及时解决，确保电站的高质量、可持续发展，从而保障了光伏扶贫电站的稳定收益。一是确保专业化的运维技术团队，坚持市场化运营、合同化管理，注重强化培训管理，为更好地开展运维管理工作打下了基础。二是使用智能化的管理系统，确保了光伏扶贫电站故障的及时解决。三是确保制度化的检修规章，使电站发挥出了最大的运营效益。四是保障高效的排障速度，追求实现最小的平均故障恢复时间，即光伏电站从出现故障到恢复完成所使用的时间，包括维修团队的响应时间、获得设备的时间、将设备重新投入使用的时间等，以提高运维管理的及时性。及时发现问题并及时解决问题，以最快的速度排除故障，以降低电站故障带来的发电效益损失。

（三）创新和丰富"光伏＋"扶贫项目，提高光伏扶贫的收益

根据不同光伏电站所处的土地、气候及光照资源等特点，可积极推广"光伏＋"扶贫项目，通过加高光伏板支架，充分利用光伏板下的空地、水域，实现农光互补、渔光互补、光养互补等立体经济模式。一是将光伏产业与种植业相结合，发展"光伏＋蔬菜""光伏＋食用菌""光伏＋中药材育苗""光伏＋观赏性植物""光伏＋茶叶"等产业。二是将光伏产业与家

禽或水产养殖业相结合，发展"光伏＋土鸡""光伏＋白鹅""光伏＋龙虾"等产业。

"光伏＋"的发展模式可构建起新型全产业链光伏扶贫发展体系，在有效节约土地资源的同时释放光伏扶贫电站综合效益。将光伏发展与产业扶贫相结合，不仅能增加光伏电站的收益，同时部分电站还需要招收劳动力进行种植、加工等，为贫困群众提供了务工岗位。

三、全生命周期规范管理，为光伏扶贫提供重要前提

（一）在光伏扶贫项目从立项到退出的全生命周期的科学管理

光伏扶贫项目从立项到退出可使用 PDCA 闭环管理模型实现科学管理，即各项工作要按照做出计划、实施计划、检查实施效果、肯定成功经验并改进存在问题的顺序进行，对于没有解决的问题，交由下一个 PDCA 循环去解决。一是要根据试点经验做出合理规划，因地制宜确定建站形式和规模，严格招标建设、统一验收评估，确保每个参建单位具备应有的专业能力和资质，确保每个电站具备应有的质量水平。二是要分步实施光伏电站建设项目，发挥政府的主导作用，成立光伏扶贫专项团队，下设规划选址、信息核查、项目资金、建设安装、供电服务等工作组，密切配合推进工作有效开展。三是动员多方利益主体积极参与，明确政府、施工企业、供电企业、贫困户之间的权责利益关系，促成构建相关方利益联结机制、责任联动机制和带贫减贫长效机制，让各方主体能够实现有效互动，全面推进项目落地。四是定期检查电站发电收益和扶贫效果，用好用活全国光伏扶贫信息监测系统。五是做好总结工作，推广光伏扶贫发展的成功经验，勇于突破项目实施中出现的痛点难点，并为后续光伏项目的立项实施提供经验教训。

（二）在光伏扶贫电站运维流程的各个环节做好精心维护

光伏电站运营维护专业性、技术性强，安全性、时效性要求高，在光伏扶贫电站运维流程的各个环节做好精心维护是电站正常运转、持续稳定受益的重要保障。可进一步规范运维管理，建立健全"政府监管、专业运营、群众参与"的管理构架。

一是发挥政府的监管作用，负责运维机制的设计、建设、实施和监管，确保有人管、管得住、管得好。二是激发专业机构发挥主体作用，实施市场化运维模式，通过政府采购服务等形式遴选优质的专业机构全权负责光伏电站的运营维护，使用其专业化的运维团队和智能化的运维检测系统全面履行运维管理责任。实行发电业绩与运维费用、运维费率挂钩的动态机制，激发专业运维机构的主动性。三是发动贫困群众的参与积极性。聘用贫困劳动力作为管护人员参与适宜的运维工作，带动贫困群众增收，节省运维成本，增强村民爱护电站的意识。

四、及时破解关键难题，为光伏扶贫提供关键举措

（一）明确光伏扶贫突出矛盾和问题的解决原则

面对光伏扶贫项目推进中存在的突出矛盾和问题，要遵循以下解决原则。

一是坚持问题导向和目标导向相统一原则。坚持问题导向，在光伏扶贫实践中，要学会发现问题，抓准主要矛盾和矛盾的主要方面；要准确分析问题，通过潜心思考找准问题发生的源头和规律；要着力解决问题，有政治勇气和责任担当来采取系列解决举措。坚持目标导向，要把光伏扶贫的发展愿景转化为具体行动。必须深刻把握光伏扶贫目标内涵，切实增强目标意识并贯彻落实到各项具体工作中。

二是坚持基层探索和顶层设计相结合原则。光伏扶贫基层探索的实践活动具有试验性、创造性的特点，是顶层设计的理论基础和源头活水。光伏扶贫的顶层设计是在准确科学地把握发展规律的基础上设计的实践方案，为基层实践活动提供了指导思想和实践方向。顶层设计总体规划、统筹协调，使各方面、各层次的实践活动及其相互关系协同推进，形成实践合力。

三是坚持试点先行和全面推进相促进原则。开展光伏扶贫试点工作，探索产业扶贫的新模式，总结工程建设经验，建立光伏扶贫管理体系，可为全面推进光伏扶贫工作奠定基础。试点先行要和全面推进相促进，按照"统筹规划、分步实施、社会动员、合力推进、完善标准、保障质量"的总体原则推进。

（二）勇于破解光伏扶贫工作中的一系列痛点难点

光伏扶贫项目的实践中存在着一系列的痛点和难点，应勇于推动系列措施的实施以破解难题。

一是在项目运维上，存在运维管理不到位、运维低效率和光伏产品更新换代带来的运维成本压力问题。面对这些痛点，可完善监测系统，解决国家监测系统与地方监测系统的对接问题，同时坚持光伏扶贫项目的市场化运作形式，建立健全管理构架，确保光伏扶贫电站全生命周期健康运行。

二是在收益分配上，存在部分电站效益低、收益资金使用效率不高、贫困户收益不均衡和财政补贴流程不合理带来的发电收益支付挑战。解决这些问题，要坚持光伏扶贫项目的公益属性，兼顾其公益效益和经济效益，改变收益分配制度约束方式，实施动态调整分配方案，提高资金使用的效率，确保资金分配的合理性。

三是在可持续发展方面，存在着光伏板下土地利用不足导致的资源浪费问题、行业发展不经济导致的市场竞争力不足问题和行业长远规划不清带来的生存发展空间隐患。解决以上难点，要保持光伏政策的相对稳定性，拓展光伏收益的使用渠道，深入挖掘光伏扶贫的综合价值，促进光伏产业发展，接续助力乡村振兴。

五、积极参与主动担责，为光伏扶贫提供有力保证

（一）全社会各方力量不畏难、不避险，勇于担当、积极作为

在推进光伏扶贫工作中，各部门、各单位、各主体通过明确相互之间权责利益关系，促成构建相关方利益联结机制、责任联动机制和带贫减贫长效机制，推进各环节工作有效开展，确保光伏扶贫效益有效发挥。组织好人员做事，充分调动各方主体的积极性，是光伏产业扶贫有效开展的根本条件。在光伏扶贫电站的网点选址、建设实施、日常运维和收益分配等多环节中，在关键问题的把控和重点细节的推敲上凝结各方力量。各成员单位各司其职，分工协作，密切配合推进工作有效开展，各地在实际操作中形成了适应自身发展的模式。

（二）建立透明沟通渠道，及时回应相关方的合理期望诉求

光伏扶贫工作从项目立项到终端贫困户受益，中间涉及国家有关部门、地方各级党委和政府、群众、建设企业、光伏生产企业和运维企业等利益相关方，沟通链条长，推进难度大。为了推进光伏扶贫工作的顺利开展，以及有效处理光伏扶贫过程中的问题，各地形成了一套分工明确、沟通通畅的透明渠道，相互之间积极与相关方进行沟通，有效回应相关方的期望和诉求，提高相关方的满意度。各环节及时畅通的合作形成了高效合理的沟通渠道。

相关政府部门作为光伏扶贫项目的沟通中介，及时、高效地对各利益相关方做出回应。一是对接中央政策部署，以推进有关光伏扶贫工作具体安排的落地，规范项目实施和相关建设。二是达成与光伏扶贫项目的相关生产企业、建设企业和运维企业等的高效合作，确保光伏扶贫电站资产安全，实现

科学规范管理。三是密切联系群众，为广大贫困群众提供严格的光伏扶贫电站的管理方案和制定光伏扶贫收益分配办法，以贫困群众切实需求为导向落实各项工作。

六、坚持绿色发展，为光伏扶贫提供内生动力

（一）坚持走绿色发展道路

光能作为一种绿色清洁能源，在一定范围内推动了能源领域供给侧结构性改革。建设光伏扶贫电站能够有效发挥生态效益和环境效益，更好地坚持绿色、低碳、可持续的发展道路。

一是保护生态环境。光伏板大面积铺设在荒坡荒地上，能够有效减少所在区域土壤水分的蒸发。一方面，保护了脆弱的土壤条件及生态条件，对改善生态脆弱地区的环境发挥了重要作用；另一方面，能够保护生物多样性、稳定区域内的生态系统，充分体现了扶贫过程中"生态就是资源、生态就是生产力"的理念。

二是提高地区内居民的环保意识。光伏扶贫电站实施的过程，无形向贫困地区输送了新能源的观念、改变了农村地区对于能源的使用观念、强化了节能减排以及环境保护的新观念，提升了贫困群众对于新能源的认知，强化了生态环境保护的意识。

三是推广清洁能源的使用。利用太阳能光电转化技术，开发利用绿色、清洁、丰富的太阳能资源，可提高再生能源应用比重，促进能源结构调整，助推节能减排，有利于促进保护和改善环境，真正实现绿色发展。

（二）坚持走综合开发带贫道路

综合开发光伏扶贫项目，既可以实现光伏收益的高效能利用，又可以有效增强光伏扶贫效果的可持续性。

一是延伸收益链条，释放综合效益。光伏扶贫电站的建设体现了农业生产项目以及光伏项目的同步规划与建设，使得光伏扶贫电站的附加效益最大化。贫困群众可以依托光伏扶贫电站获得光伏发电收益、公益劳务收益、产业发展收益和资源开发收益，实现带贫效益的最大化。

二是开发工作岗位，增强减贫效应。在"光伏+"扶贫模式下，农户从产值相对较低、稳定性差的小农生产中被解放出来，直接参与到光伏扶贫电站的项目之中。成为农业产业工人、承包土地进行农业创业、参与公益性岗位是有效转化贫困群众劳动能力的形式。在光伏扶贫电站及其周边产业中开发和设置工作岗位，一方面能够帮助贫困群众拓展收入渠道，持续稳定脱贫；另一方面通过就业获取收入，能够增加贫困群众的自信心和脱贫的积极性，鼓励贫困群众以劳动换取收入，增加其主体性和获得感。

三是积极探索碳交易，引入市场机制。围绕保护生态环境、推动高质量发展，积极推进生态扶贫和"低碳扶贫"，探索碳交易补偿方式。光伏电站参与碳交易市场，可以将出售碳减排指标所得用于增加光伏扶贫电站收益，进一步增强光伏发电的效益。随着中国 2030 年达到碳排放峰值、2060 年实现碳中和目标的提出，未来光伏扶贫电站开展碳交易和碳补偿有着广阔的发展空间。

第四节　光伏扶贫的挑战及应对

光伏扶贫是国务院扶贫办提出的十项精准扶贫工程之一，是资产收益扶贫的有效方式、产业扶贫的有效途径。光伏扶贫见效快、收益稳定，对政府投资有放大效应，并能产生一系列附加经济效益和社会效益。近年来，光伏扶贫工程既直接推动了贫困户稳定受益、贫困村集体经济稳定增收；也间接推动了贫困村基层治理水平的提高，强化村集体凝聚力与号召力，调动了村民积极性与脱贫发展的内生动力。在充分肯定光伏扶贫既有成效的同时，仍需重视光伏扶贫作为新生事物所面临的诸多问题与挑战。

概括而言，光伏扶贫所面临的问题挑战主要集中在资产收益、运维管理、收益分配、后续发展4个方面。光伏电站不能"一建了之"，光伏收益不能"一分了之"，光伏岗位不能"一设了之"，光伏利用不能"一用了之"，光伏机制不能"一定了之"。要有效衔接光伏扶贫与乡村振兴，长效推进光伏行业稳定发展，就必须高度重视光伏扶贫在运维管理、收益分配、后续发展等各环节存在的问题、面临的挑战及应对挑战的路径。要建好管好光伏电站，分好用好光伏收益，为巩固脱贫攻坚成果和衔接乡村振兴打好基础、增添动力。

一、资产收益问题

（一）资产单一化：财政补贴为主

资产收益单一化、依赖补贴收益是现阶段光伏扶贫的核心问题之一。目前，各地光伏资产收益构成较为单一，电价补贴收益占绝大部分。以纳入国家光伏扶贫财政补助目录的光伏电站为例，补贴后的最终光伏发电收益通常为每千瓦时1元左右。其中0.4元左右为上网电价部分，按照Ⅰ—Ⅲ类资源区的上网电价补贴部分为每千瓦时0.65元、0.75元、0.85元。[①]可见，补贴收益占目前光伏发电收益的大部分，光伏发电收益目前对政府补贴支持的依赖度较高。如若没有政府补贴部分，大部分光伏电站将处于无盈利甚至亏本运营的状态。虽然国家已出台政策明确表明"已纳入国家'十三五'第一批、第二批项目计划的村级光伏扶贫电站（含联村电站），

---

① 国家发展改革委：《关于完善光伏发电上网电价机制有关问题的通知》（发改价格〔2019〕761号），2019年4月28日，见 https://www.ndrc.gov.cn/xxgk/zcfb/tz/201904/t20190430_962433.html。

其光伏补贴以项目投运时国家光伏扶贫电价政策执行，并网后保持 20 年不变"。[①] 但依赖补贴的、高度单一化的资产收益结构仍对光伏扶贫产业的后续发展构成制约。一是在较长时间内，光伏扶贫产业将仍不具备脱离补贴、独立参与电力市场竞争的能力；二是光伏资产收益的单一化及对补贴的依赖性，则进一步影响光伏扶贫产业的后续发展。调研发现，光伏资产收益的单一化以及对电价补贴政策的依赖性使得不少地区不敢放开手脚探索光伏扶贫产业的后续发展。一些市场主体、地方政府、村集体及地方民众对光伏收益的政策依赖性、资产收益的单一化也存在一定的顾虑和担忧，未来预期收益的不确定性限制了地方进一步深化光伏发展的信心，也一定程度上制约了地方深入探索光伏扶贫综合效应、拓展延伸光伏产业链的可能性。

（二）补贴流程及税收问题

光伏补贴的发放流程及发放标准需要从国家层面进一步地规范化和精细化。目前光伏国家补贴程序上通常是由财政部下拨国家电网公司，国家电网公司进一步下发给省级供电公司，省级再转到县级光伏结账专用账户。从本质上看，国家补贴资金应该在免税范围之内，但光伏补贴资金经过企业转交最终却产生了税收。在光伏补贴资金的税收问题上存在地区之间的标准不一致问题，有些地方对光伏补贴收了税，有些地方则没有，存在一定的不公平现象。因此，对于光伏补贴的发放流程和具体操作原则，仍然需要进一步科学规划，制定更为明确的补贴发放标准和精细化的操作流程。

[①] 国家能源局新能源和可再生能源司、国务院扶贫办开发指导司：《光伏扶贫工作百问百答（试行第二版）》，2020 年 2 月 27 日，见 http://www.cpad.gov.cn/art/2020/2/27/art_46_113101.html。

二、运维管理挑战

（一）统一规范化管理标准的缺位

在光伏的运维管理方面，目前是国家提供方向性指导，地方自行摸索具体运维管理方案，缺乏统一的规范化管理标准。因此，各地区光伏扶贫存在运维管理规范与不规范的两极。事实上，光伏发电的效益与光伏电站的发电板、逆变器等设备的规范运维管护密切相关，规范化的光伏运维管理能确保光伏设备维持在最高发电效率。光伏扶贫必须走规范化管护之路，管出效益，则需要进一步从电站运维管理、电站日常看护、电站财务管理等多方面出台规范化的管理标准，确保光伏电站的安全有序高效运行。

（二）不同光伏发展模式的运营管理差异

光伏扶贫在早期试点和探索中形成了户用式、村级电站、集中式3种不同的光伏发展模式，3种模式基本上是将光伏分别确权到贫困户、贫困村及县级政府3个层面。经过几年探索实践发现：集中式电站存在贫困地区电网网架薄弱、消纳能力不足、贫困户收益扶贫比例低等问题；户用系统存在贫困户屋顶简陋难以承重、运行维护困难等问题；村级电站则具有成本低、占地少、并网易、贫困户收益比例高等优势，并成为国家明确鼓励的光伏扶贫主要建设模式。事实上，3种光伏发展模式在产权界定、电站建设、日常维护、收益分配及监管等多方面存在系统性的差异。调研发现，在国家逐步转向重点鼓励村级电站发展同时，村级电站的运营规范性得到逐步提升。但集中式、户用式光伏因其缺陷不构成主推做法之后，这两种模式何去何从、如何规范运维，尤其是如何转型升级，成为光伏探索时期的一个遗留问题。在光伏后续运营管理过程中，要充分考虑三类光伏发展模式的差异，区别性地设计运维管理方案，提防对三类光伏模式的一刀切管理。不仅需要持续关注作为主要建设模式的村级电站如何规范运维、保持效益、健康发展；也需要针对性关注户用式及集中式的运维管理难点、痛点，帮助这两种模式的光伏扶贫顺利解决现阶段发展问题，实现转型或者升级。

（三）运营管理成本及挑战

目前，光伏扶贫的运维管理成本仍然相对较高，对光伏扶贫产业的实际效益构成一定挑战。其一，大部分山区的户用式、村级电站在地理空间位置上较为分散，加大了运维管理的难度。大多数光伏扶贫地区处于中西部山区，无论是农户的分散性，还是村级电站的分散性都在一定程度上加大了运维管理的交通成本、时间成本，影响运维的实际效率。其二，第三方运维公司的运营管理成本负担较大。调研发现，大部分光伏电站的运维管理工作量较大，包含电站巡护、现场排查、远程监测、设备维修等各方面工作。无论是第三方运维公司还是县供电公司承担光伏运维，均在一定程度上存在超负荷运作的压力。调研中，部分企业、县供电公司反映在高时间成本、人力成本、资金成本之下，运维方处于低收益或者负收益的运转状态。其三，山区网络通信基建水平限制电子化运维的效率和实际效果。调研发现，一些山区光伏站点在与网络检测系统的连线之间存在不稳定现象。一些电站与监测方的通信联系不稳定，不能时时保证在线，这根本上属于贫困地区通信基础设施建设仍然还比较落后，影响电子化运维的实际效果。其四，光伏监测系统双轨并行，增加工作负担。调研发现，一些光伏电站工作人员反映光伏监测系统存在多轨并行的负担问题，光伏站点要同时接受国家光伏扶贫信息系统及地方监测系统两套体系的信息监管，并且有地区反映两套系统的数据之间未进行有效对接，因此进一步加大了工作负担。其五，光伏扶贫运营维护中的权责对等问题。设置公益岗位是各地光伏扶贫的主要做法之一。但在利用光伏收益设立的公益岗位的具体要求上仍需要进一步明晰岗位权责。但在要求80%光伏收益分发到公益岗位的条件下，一些地方干部反映，仍然不可避免有变相发钱发物的现象。在权责不对等的情况下，公益岗位的效用是打折扣的，一些贫困户享受待遇，却未尽到管护责任，权责不对等，既不利于维护管理，也不利于内生动力培育，更易引起群众矛盾。其六，稳定的光伏运维资金。调研发现，一些地区对光伏未来的更新换代有未雨绸缪的考量，尝试从光伏收益中拿出部分资金作为维修基金，并计入电站的成本部分。但大部分地区没有明确的后续维护意识，未针对后续维护管理的资金支持有足够的筹划，那么后续运维可能缺乏良好的物质基础。

三、收益分配问题

（一）收益分配机制差异问题

不同光伏确权模式，在收益分配机制上存在差异。一般来讲，户用式光伏将产权归属确认到贫困户个人所有，村级电站将产权归属确权到村集体经济层面，集中式光伏将产权确认到县级、乡镇级层面。产权归属差异同样对光伏收益分配产生一定影响。通常来看，户用式光伏将产权归属到贫困户个人，户用光伏发电收益与特定贫困户绑定；村级光伏产权归属村集体经济，村集体通过公益岗位、公益事业、扶贫奖补等方式进行收益分配；集中式电站归属县级、乡镇级政府，政府统筹考虑分红方案。此外，在村级电站和集中式电站的建设过程中涉及土地整合问题，一些地区采取入股分红的模式为提供土地的特定贫困户持续给予补偿。户用式光伏捆绑收益、入股分红的利益绑定问题对光伏收益分配的普惠性和公平性构成挑战，对收益分配使用长效机制的建立造成影响。如果光伏收益持续与特定农户绑定，由村内固定贫困户持续享受，难以动态调整，则不仅影响光伏扶贫普惠公平的初衷，同时也不利于脱贫内生动力的培养，并且易激发村庄内部矛盾。因此，后续光伏扶贫收益分配要进一步解决光伏建设、确权阶段所产生的利益绑定问题，进一步确保光伏收益的公平普惠分配。

收益分配方案的规范性问题。调研发现，不同地区在村级收益分配机制上也存在规范与不够规范的两极。村级收益分配上缺乏国家层面足够清晰化的整体方案和指导。一些地区自主摸索，并制定了县、村两级收益分配操作及监督方案。但也有一些地区在光伏收益分配上，存在简单发钱发物，或变相发钱发物的情况，还未形成科学合理、规范长效的利益分配机制。因此，后续完善光伏收益分配机制要注意两个问题：一是光伏扶贫收益分配的规范性问题；二是光伏扶贫收益分配的动态性问题。

（二）光伏收益使用范围

目前对光伏收益使用范围的政策规定较为刚性，一定程度上阻碍了光伏扶贫较规范地区深化光伏发展的探索，也在一定程度上束缚了基层治理的自主性。按照疫情期间的规定，光伏收益的80%要用于设置公益岗位，一些光伏村反映刚性的公益性岗位设置要求，实际上超出了当地对公益岗位的实际需求，因此实际上也产生"变相发钱发物"、"制造"公益岗位等现象。更主要的是，政策对光伏收益的刚性限制，将目前的光伏收益使用范围严格限定在公益岗位，或者直接用在贫困户身上，而不允许直接用在产业发展、直接带动边缘贫困户及非贫困户等方面。这在一定程度上阻碍了进行产业再投资、进一步壮大村集体经济的渠道，限制了一些较有前瞻性的光伏村巩固脱贫成果、衔接乡村振兴的探索。建议后续可以适度针对模范性、规范化的地区和光伏村展开试点工作，在光伏收益使用范围上适度松绑，允许其利用光伏收益进一步投入光伏产业发展，以及探索村集体经济的多种模式等等。

（三）公益岗位设置问题

目前公益岗位的设置及利用效率仍然有待提升。一方面是在公益岗位设置方面，未科学测算公益岗位实际需求，存在一定程度上的一刀切现象，国家和地区均倾向于以光伏收益的百分比的方式来衡量如何设置公益岗位，而不是以光伏村人口状况、贫困状况及岗位需求状况作为核心标准。另一方面，公益岗位的岗位设置、岗位职能、岗位权责、考核监督、绩效激励等制度不够完善。应进一步完善公益岗位体制机制，变因钱设岗为因人设岗、因事设岗、科学设岗，提高公益岗位的实际效果。

四、后续发展问题

（一）更新换代及提档升级问题

光伏技术迭代较快，地方光伏设备更新换代、提档升级尚不明朗。从光伏行业本身来看，这一新兴领域的技术更新与迭代升级速度较快，最新的光伏板转化效率远高于光伏站点建设时期所使用的第一代光伏板。调研发现，多数地区所使用的是转化率在17%左右的第一代光伏板，而新一代的光伏板转化率高达25%左右。光伏设备迭代和升级方面的问题主要呈现为几个方面。其一，设备更新换代的高成本压力。随着使用年限的增长，光伏发电板在发电过程中必然有自然损耗，发电效益会逐渐降低。此外，随着光伏技术进步，使用老式光伏发电板发电的相对效益也会持续降低。因此，光伏设备更新换代是持续发展的必然要求，但光伏设备的整体更换对于光伏村、乡镇乃至县级政府来讲均是一笔较为高额的投入。调研发现，一些地方表达了无力承担光伏更新换代成本的忧虑，对于后续光伏扶贫产业的提档升级信心不足。其二，废弃光伏板的处置问题。尽管光伏发电本身属于绿色清洁能源，但废弃光伏组件本身也存在潜在的环境污染风险。光伏组件中的晶硅组件含铅、锡等具有较高浸出毒性的金属，如处置不当会产生土壤污染及水污染。薄膜太阳能电池则镉、铜等重金属含量很高，同样存在土壤及水污染风险。通常而言，光伏设备的使用寿命为20—25年，废弃光伏组件数量在若干年后将非常巨大。然而，目前我国还没有相关成熟的回收技术和设备，也未有明确的光伏组件回收政策出台。国家应进一步建立光伏废弃组件的回收利用和处置监管制度，通过制度监管、财政激励、税收优惠等多种方式消除废弃组件的环境污染风险，确保光伏扶贫产业作为清洁绿色产业实现可持续发展、绿色发展。

（二）光伏产业单一化

作为一项新兴扶贫业态，光伏扶贫产业目前仍然较为单一化。发电收益及政府相应补贴构成光伏产业的主体，"光伏＋"等拓展产业链条、增加非发电收益的探索尚处于起步阶段。产业扶贫是实现稳定脱贫的根本之策。扶贫产业的发展，重在群众受益，难在稳定持续。① 光伏扶贫要稳定发挥带贫益贫效益，根本路径在于延伸光伏产业链条，推动光伏产业收益的多元化，提高抗风险能力，并在村庄、农户与市场之间建立更为稳定的利益链接机制，确保贫困户贫困村持续稳定增收。要解决光伏资产收益单一化问题、降低光伏发展的政策依赖性，其核心的出路也在于推动光伏产业由单一化发展走向多元化发展。脱贫攻坚、全面小康、乡村振兴三重任务叠加，在这样的关键阶段，要进一步将光伏发电与现代化农业、渔业相结合，将光伏与生态旅游、美丽乡村、特色小镇等结合，推动光伏扶贫产业走向多样化，发挥光伏扶贫的综合效益，同步推进脱贫、富民与乡村振兴。

第五节　光伏扶贫的展望及政策建议

我国光伏扶贫项目在国家政策指导下经过一定时期的发展，形成了各具特色、各有侧重且颇具成效的地方光伏扶贫模式，在光伏扶贫项目发展过程

---

① 蒲实：《产业扶贫是实现稳定脱贫的根本之策》，《光明日报》2020 年 6 月 11 日。

中明确其面临的挑战并积极应对，为光伏扶贫的可持续发展提供了宝贵经验。当前，我国扶贫开发工作已进入"啃硬骨头、攻坚拔寨"的冲刺期，逐渐由采取措施以促进贫困人口脱贫向建立机制以防止贫困人口返贫的转变，进入了后脱贫攻坚时期，在这一时期，极易出现返贫现象，影响脱贫攻坚的成果，因此，建立有效机制以巩固脱贫成果、防止贫困人口返贫极为重要。与我国扶贫工作发展阶段相一致，光伏扶贫项目的发展也进入巩固脱贫成果时期，在这一时期坚持光伏扶贫项目发展的优势，并针对项目实施过程中的问题做出适应性调整，对于巩固光伏扶贫发展成果，确保光伏扶贫效果的可持续性具有重要意义，也为光伏扶贫与乡村振兴的有效衔接打下坚实基础。

一、后脱贫时期光伏扶贫项目的发展趋势

后脱贫时期的光伏扶贫项目具有一定的发展特点，包括发电量的稳定、建设技术的提升以及经济效益的增加等方面，对于保障收益的长效性、补贴的稳定性以及项目的可持续性具有重要作用。

（一）光伏扶贫项目的成效稳定

光伏扶贫电站的稳定运行带来稳定的发电量，从而保障经济效益的稳定性。光伏扶贫项目是在太阳能资源丰富的贫困地区建设光伏电站，通过获得发电收益补贴贫困人口，达到扶贫扶志的效果。在国家政策的支持下，经过中央和地方各级政府的共同努力，光伏扶贫取得了稳定有效带动贫困人口脱贫增收、保护贫困地区生态环境、推动新能源领域供给侧改革"一举多得"的效果，是精准扶贫同时也是产业扶贫的重要方式，对于带动贫困地区发展的活力与动力具有重要作用。

光伏扶贫项目收益的稳定性能够为贫困户带来真正的实惠，是当地贫困人口脱贫的重要方式之一，深受贫困户的欢迎。

（二）光伏扶贫项目的提质增效

光伏技术的持续升级促进光伏扶贫电站发电量的不断增加，带动光伏扶贫收益的稳定提升。现代科学技术的成果为光伏扶贫效果持续稳定提供了基础，从 2019 年开始，各地光伏扶贫运维管理团队接连引进全国光伏扶贫信息管理系统，对电站进行远程监控、实时分析，以便快速发现故障，及时抢修消缺，实现电站运行数据的全国联网监控。同时设立光伏扶贫电站监控中心，在全国光伏扶贫监测系统的基础上结合地方监测系统，对各个扶贫电站进行统一监控管理，并进行完整的记录存档和统计分析，明显提升了运维管理效率，减少了电站故障停机时间，节约运维成本，最大程度保证了光伏扶贫电站的运营效益。

此外，光伏扶贫项目规范性的管理制度对于光伏扶贫效率的提高具有重要作用。制度建设是管理工作的核心要素，也是做好各项工作的重要依据和保障。在光伏扶贫项目发展的各个阶段，制定相应的政策制度，为光伏扶贫项目的顺利发展提供了保障。建站初期，对于电站的选址、建设团队的选择、建设设备的筛选等方面的制度性规定，保障了光伏扶贫电站的建设质量，为光伏扶贫项目的稳定收益打下基础；在电站运行过程中，对于运维管理人员的选择、运维管理方式的规定、收益分配方式等方面的制度规定，为光伏扶贫电站收益的持续稳定以及分配的合理性提供了保障。与此同时，在光伏扶贫项目的建设、运行以及管理过程中，督促协调各个相关部门及单位，认真遵守相关管理制度，按照制度规定采取行动，对于保障光伏扶贫电站的长期稳定发展以及提高光伏扶贫效率发挥了重要作用。

（三）光伏扶贫项目的经济效益增值

光伏扶贫项目除了给贫困户带来发电收益之外，其清洁无污染的特点也为光伏扶贫项目的运作提供了更广阔的空间。光伏扶贫项目是在国家政策的支持下，在贫困地区建立光伏扶贫电站以获得发电收益的一种产业扶贫方式，不仅可以解决贫困地区的用电需求问题，同时可以通过余电上网获取收益，达到帮助贫困户脱贫的效果。作为光伏扶贫电站建设重要依托的太阳能资源是清洁能源的代表，而碳交易是为促进全球减少温室气体排放而采取的市场机制，因此，我国实施碳交易机制为光伏发电项目申报碳减排量获得额外收益提供了一条有效途径。

全球气候变暖是人类面临的重大挑战，建设美丽中国，推进生态文明建设，加快节能减排是中国经济社会转型发展的重要战略问题，而在引起全球变暖的诸多因素中，二氧化碳的排放是其中一个重要的因素，因此减少二氧化碳的排放，对于控制温室效应、减缓全球变暖趋势具有重要的意义。电力工业是国家的基础性工业，是我国消耗煤炭的重要行业，在面对节能减排的巨大压力下，我国大力发展光伏发电产业，减少火力发电比例，对于减少发电行业对化石能源的消耗以及温室气体的排放发挥了重要作用，是一种环保的发电方式。光伏扶贫项目的建设对于实现节能减排目标、达成脱贫攻坚任务具有重要意义，碳交易的发展为光伏扶贫项目经济效益的增加提供了重要的途径，有利于增强扶贫效果的长效性。据测算，调研点之一的安徽省村级（联村）光伏扶贫电站年均碳减排量达221万吨，年均收益约2200万元。在脱贫攻坚中，安徽省金寨县的光伏扶贫产业不仅有效带动了贫困人口脱贫致富，而且显著推进了金寨县近零碳排放示范区建设，更在为全县社会经济发展提供能源保障的同时大大推动了县域社会经济发展的低碳化转型。随着中国2030年达到碳排放峰值、2060年实现碳中和目标的提出，未来光伏扶贫电站开展碳交易和碳补偿有着广阔的发展空间，为提升光伏扶贫经济效益提供了有效途径。

二、后脱贫时期光伏扶贫项目的发展建议

后脱贫攻坚时期是我国打赢脱贫攻坚战、开展乡村振兴工作的关键时期。北京大学王思斌教授[①]指出 2020 年现行标准下农村贫困人口全部脱贫之后，我国的脱贫攻坚工作还没有完成，巩固脱贫成效、防止返贫、提高脱贫效果的可持续性是这一时期需要努力的方向。在国家政策的支持下，各个地区根据当地情况把握发展契机，开展光伏扶贫电站的建设，在建设、运维、收益分配等方面不断探索，为形成适应当地发展情况的光伏扶贫发展模式不断努力，在贫困地区的脱贫攻坚工作中发挥了重要作用。伴随着后脱贫时代的到来，光伏扶贫项目面临着调整扶贫策略、巩固脱贫成果、预防返贫现象的发生等方面的任务，为切实发挥光伏扶贫效果，需要在以下四个方面进行改善提升。

（一）光伏扶贫项目的补贴稳定性与及时性建议

光伏扶贫项目补贴是否稳定及时影响了光伏扶贫效果的稳定性和及时性，因此，确保补贴稳定及时发放是光伏扶贫的重要一环，这要求政府职能部门之间的良好配合。在"国家统筹、省负总责、市县抓落实"的管理体制下，各个部门进行明确分工，保障各部门的协调合作，对于光伏扶贫政策落实的高效性、有效性具有重要意义。国家层面的顶层设计要根据基层反馈的实际情况进行，以确保政策的可行性与及时性；省级部门对工作进行总体安排，确保各个部门切实履行自己的职责；基层政府部门根据上级下达的政策规定进行落实，确保政策执行的有效性。各级部门在做好自己本职工作的同时，为光伏扶贫更好发展提供对策建议，不仅保证了光伏扶贫政策的有效落

[①] 王思斌：《后脱贫攻坚中贫困群体经济—社会韧性的建构》，《重庆工商大学学报（社会科学版）》2020 年第 1 期。

实，也加快了光伏扶贫工作的进度。

（二）光伏扶贫电站的确权建议

确保光伏扶贫电站的产权归属清晰，对于防止光伏扶贫资产流失、保障光伏扶贫电站的公益性具有重要的作用。在光伏扶贫项目试点阶段，光伏扶贫建设模式主要包括地面光伏电站、户用光伏电站和村级光伏电站三类[1]，在光伏扶贫电站的三种类型中，户用光伏扶贫电站的产权关系最为简单清晰，贫困户只要在国家政策支持下筹集足够的初期建设资金，后期的收入就由贫困户自己享有，几乎不存在产权归属的问题。但是对于村级电站来说，由于在初期建设时涉及政府扶贫资金、企业投资等问题，建设完成后的产权归属就成为光伏扶贫过程中必须解决的问题。政府性资金建设的村级光伏电站的产权归村集体所有；地方政府指定的投融资主体与投资企业按照资产收益型项目建设要求合资建设的光伏扶贫电站，项目资产应归双方共有。[2]由于村级电站所具有的优势，村级电站成为政府部门提倡并且受到各地提倡的一种建设模式，在4个调研点的资产确权工作中，一般是将村级电站的产权归属到村集体，这种做法不仅确保了资产的明确化，同时在防止资产流失的同时为村集体充实了集体经济，有利于激发村集体建设的活力与动力，强化基层治理，推动村落自治能力的有效发挥，确保光伏扶贫作用的可持续性。

（三）光伏扶贫电站运维效率的提升思路

光伏扶贫电站的建成不是终点，确保电站稳定有序运行、提高发电效率

---

[1]　国家能源局新能源和可再生能源司、国务院扶贫办开发指导司：《光伏扶贫工作百问百答》，2020年。

[2]　国家能源局新能源和可再生能源司、国务院扶贫办开发指导司：《光伏扶贫工作百问百答》，2020年。

是确保光伏扶贫效果的重要一环，因此提高光伏扶贫电站的运维效率具有重要的意义。目前进行运行维护的主要模式包括地方政府（包括村集体）自行组织、地方政府组织以市场化方式委托专业机构负责光伏扶贫电站的运维、光伏企业提供运维等。[①] 在调研过程中可以发现，地方政府组织以市场化方式委托专业机构负责光伏扶贫电站的建设在确保运维管理的专业性、高效性方面具有一定的优势，也是各个地方采取的主要方式。但是，要确保运维管理的效率就要有效处理政府、市场和第三方之间的关系，政府作为政策制定者，要合理地规定运维管理工作的方针政策，通过市场化方式招募第三方运维集团，并对运维集团的工作进行有效的监督与评价，在确保运维管理机构工作高效性的同时，降低设备故障率，提高光伏扶贫电站的发电效率，确保收益的稳定性，从而保障光伏扶贫项目有效发挥作用。

（四）光伏扶贫项目收益资金分配效率提升的思路

收益分配是否合理关系到贫困户的切身利益，也关系到光伏扶贫效果的发挥，对分配工作进行合理的政策规定，对分配对象进行合理的筛选，制订合理的分配计划，是确保光伏扶贫收益真正发挥作用的重要基础。首先，明确分配原则，在坚持光伏扶贫项目的公益性的前提下，处理好各级部门之间的关系，减少收益分配的政策约束，充分发挥政府部门的主动性，激发基层治理者的治理能力。其次，对受益对象进行认真筛选，强调民众参与，根据民众的实际情况进行扶贫资金分配，满足不同个体的"差异化"需求，保障光伏扶贫资金使用的高效性。最后，对于光伏扶贫资金的使用途径，以集体资产建设为导向，使用负面清单法则，根据实际需要安排资金的使用方式，对光伏扶贫资金的使用进行整体规划，而不是因钱做事，限制光伏扶贫效果

---

① 国家能源局新能源和可再生能源司、国务院扶贫办开发指导司：《光伏扶贫工作百问百答》，2020 年。

的有效发挥。

三、脱贫攻坚与乡村振兴的有效衔接

党的十九大报告首次提出了实施乡村振兴战略的行动规划，次年，中央农村工作领导小组办公室发布《国家乡村振兴战略规划》，又进一步提出了"产业兴旺、生态宜居、乡风文明、治理有效、生活富裕"的总要求。2020年是我国脱贫攻坚战的收官之年，同时也是向乡村振兴战略过渡的关键时期，因此，在实现全面脱贫后，如何将脱贫攻坚与乡村振兴相对接也是一个尤其值得重视与探讨的问题。脱贫攻坚战中，光伏扶贫项目在改善民生、实现共同富裕、促进共同发展、实现脱贫目标等发面发挥了重大作用，有效推动了农业产业建设、农村基础设施建设、精神文明建设以及基层组织建设，与乡村振兴战略实施的目标与要求有着良好的契合点，为了实现两者的进一步衔接与耦合，应建立起长效稳定的发展机制，保障光伏扶贫资金带动效益的最大化以及可持续性，助推乡村全面发展。

（一）做好新老政策对接，维持光伏扶贫政策的稳定性

目前，虽各地光伏扶贫项目都取得了良好成效，带动了乡村地区的脱贫发展，但实际上光伏扶贫主要还是一种政策驱动型扶贫项目，由于光伏电站建设成本大、运维费用高，部分地区光伏扶贫项目仍对政府的政策支持与财政补贴有着较大的依赖性。在后脱贫时代，政府定价范围的缩减以及对扶贫电站补贴力度的下降必然会影响到光伏扶贫项目发展的可持续性。以湖北省秭归县为例，一方面，其运维管理工作是由政府从光伏收益中抽取10%交由第三方公司进行全权负责，运维管理费用支出大；另一方面，全县光伏扶贫电站的发电收益主要来源于国家财政补贴，例如，其规模最大的建东村惠源光伏电站总发电收益中就有过半的资金来自于政府发放的能源补贴。

因此，在脱贫攻坚战取得胜利以后，对光伏扶贫项目发展的扶持政策也

应保持一定程度的稳定与延续。其一，应做好新老政策的衔接，因时、因地作出政策调整。全国各地光伏项目的建设开展时间、电站建设模式与发展状况各有所别，应针对不同地区的实际情况与特征调整政策供给。其二，补贴政策的退出应分阶段、缓速进行。国家应给予地方充分的成长时间以做出反应与调整、推动光伏收益多元化、逐步实现自主发展。其三，应出台配套保障政策，维持扶贫政策的稳定性。在稳定退出相关补贴政策的过程中，仍应提供有关产业扶持或技术支撑等的保障政策，为部分尚未实现稳定脱贫的地区提供适度的政策帮扶，推进其光伏项目进一步调整升级。

（二）完善光伏收益分配机制，拓宽收益使用渠道

光伏扶贫收益的分配方式直接决定了光伏扶贫效果的可持续性。在光伏收益的分配与管理方面，应提升农村基层自治能力、充分发挥村集体的主动性以保障光伏扶贫收益的落实，确保光伏扶贫政策红利切实惠及贫困人口。其一，要加强农村基层基础工作，规范村级收益分配管理体系，推动村民自治实践。光伏扶贫资金的具体分配工作应密切联系群众、严格按照"四议两公开一监督"程序进行，实行民主决策及民主监督，提升村民参与自治的积极性。其二，要规范扶贫资金用向，依据各村发展实际情况做出细化分配。应将光伏扶贫资金分配与各村发展需要以及村内贫困户的需求对接，使扶贫资金落到实处，避免资金浪费流失。其三，应注重加强扶贫资金的激励属性，尽量避免直接的现金补贴或实物发放，通过公益事业劳务报酬发放等形式培育贫困户的内生发展动力。

在扶贫资金的使用方面，现阶段国家出台政策规定对光伏收益的用向进行了严格的按比分配规定，虽起到了避免扶贫资金滥用的作用，但同时也限制了扶贫资金的灵活使用，使得光伏扶贫效益的完全发挥受到影响。另外，目前光伏扶贫项目的发电收益全部归至贫困村、贫困户所有且有明确的持续性保障，而在实现全面脱贫后，原先的贫困村、户与其他非受益对象之间的

贫富差距进一步缩小，前者仍可获得资金帮扶，这不仅会造成二者矛盾的激化，同时也不利于乡村地区的均衡、共同发展。因此，应适当调整相关政策规定，普惠光伏发展成果。一方面，可考虑在具备一定条件的村庄内将一般户尤其是返贫边缘户纳入帮扶范围，依据"四议两公开"程序向其提供扶贫资金，扩大光伏扶贫受益面。另一方面，可考虑放宽光伏收益的用向范围，模糊各领域的资金发放比例，给予村集体更多的主动性，使其能依据地方发展实情按需做出调整。

（三）充分发挥光伏扶贫资金的综合带动效应

光伏扶贫项目的发展兼具巨大的经济效益以及相当的社会效益，能与乡村振兴战略的总要求实现良好对接。其一，产业兴旺是乡村振兴的重点，构建新型农业产业体系、转换农业生产经营思路尤为重要，可考虑大力发展光伏产业，继续探索"光伏＋"模式的农业产业建设，在政策许可范围内允许社会资本以技术入股的形式助力农村光伏产业的发展，缓解"光伏＋"项目运行的资金压力，同时提升农业发展质量，培育乡村发展新动能。其二，生态宜居是乡村振兴的关键，应从各方面加强对农村生态环境的整治，一方面，可将光伏电站与生态养殖相结合，积极推广"农光互补、药光互补、养光互补、林光互补"等模式，探索绿色新兴产业发展道路；另一方面，则可考虑增设与环保、绿化等工作相关的公益岗位，使光伏扶贫资金发挥修复与改善乡村生态环境的积极作用。其三，乡风文明是乡村振兴的保障，应充分发挥光伏扶贫资金的社会效益，考虑将扶贫资金用于开展文明村镇建设、星级文明户评选等精神文明创建活动，促进乡村精神文明建设。其四，治理有效是乡村振兴的基础，应将光伏项目建设工作的推进与进一步强化乡村基层治理相结合，将扶贫资金的分配充分放权于地方基层政府，使其在实践之中不断完善自身组织建设、提升治理能力，构建乡村治理新体系。其五，生活富裕是乡村振兴的根本，应将光伏扶贫资金灵活用于乡村公共服务与基础设施建设，切实提高农村民生保障水平、改善人居环境。

　　将光伏扶贫与乡村振兴相对接，核心理念便是实现从输血式帮扶到造血式发展的转型。后脱贫时代，要充分发掘光伏项目的综合带动效益，立足于"产业兴旺、生态宜居、乡风文明、治理有效、生活富裕"的总要求，探索激发乡村群众的积极性与创造性的有效途径，为乡村振兴提供源源不断的内生动力。

第二章 安徽省金寨县光伏扶贫调研报告

第一节 案例概述

金寨县隶属安徽省六安市，全县总面积 3814 平方公里，下辖 23 个乡镇、1 个经济开发区，共有行政村 225 个，户籍人口 68.44 万人，是安徽省面积最大、山库区人口最多的县。金寨县是全国著名革命老区，也是国家级生态保护功能区，为了全域生态保护，长期以来，金寨县群众"守着金山银山、过着贫困生活"。①1986 年，金寨县被列为国家级首批重点贫困县；2011 年，金寨被确定为大别山片区扶贫攻坚重点县；2014 年，全县有建档立卡贫困户 4.23 万户，贫困人口 13 万人，重点贫困村 71 个，贫困发生率为 22.1%。金寨县地处北亚热带湿润季风气候带，年平均日照2100 小时，多年平均太阳总辐射量 4805 兆焦耳 / 平方米，日照时数稳定，太阳能资源较为丰富。2014 年，国务院发展研究中心来金寨调研后提交了发展光伏扶贫的报告，并得到了李克强总理的批示，2015 年，金寨县

---

① 金寨县委办：《走进金寨——基本县情》，2021 年 01 月 07 日，见 http://www.ahjinzhai.gov.cn/zjjz/jbxq/index.html。

被列为国家光伏扶贫工程试点县。截至 2019 年底，金寨县已累计投入 14.78 亿元建成并网光伏扶贫电站 20.11 万千瓦，实现综合收益 5.6 亿元，助力 11.95 万贫困人口脱贫、71 个贫困村出列，贫困发生率由 22.1% 降至 0.31%，光伏扶贫已成为金寨县脱贫攻坚群众增收的有力发动机和持久稳定器。

金寨县的光伏扶贫大体经历了 3 个阶段：首先是先行试点阶段，以分布式光伏电站试点建设为主；接着是逐步推广阶段，以用户式和村集体式光伏扶贫电站建设并重；最后是全面升级阶段，大力发展集中式光伏扶贫电站，并探索了运维模式和"光伏 +"项目。在精准扶贫中，金寨县紧扣实现"六个精准"、遵循"五个一批"、解决"四个问题"，通过多渠道强化资金保障、明晰利益分配机制、延伸光伏收益链条、健全长效运行维护机制、强化运维公司监督等做法，有效推进了光伏扶贫的发展。

金寨县发展光伏扶贫的主要做法可以总结为五点：第一，坚持分步实施、质量严控，力求建设实施科学化；第二，坚持因户施策、因地制宜，注重建设模式多元化；第三，坚持管建结合、风险保障，确保运营维护长效化；第四，坚持绿色发展、综合开发，力争扶贫效益最优化；第五，坚持统筹兼顾，全面协调，追求发展模式可持续化。金寨县光伏扶贫的典型经验总结为六个方面：第一，强调组织建设和多方参与是光伏扶贫有效开展的根本；第二，强调建设质量和高效运维是光伏扶贫发挥长效的基础；第三，强调因地制宜和合理布局是光伏扶贫全面实施的重要举措；第四，强调技术、机制和内容创新是光伏扶贫升级发展的动力；第五，强调资金多渠道整合和收益合理分配，是光伏扶贫有序推进的保障；第六，强调综合开发和产业联动发展是光伏扶贫成效显著的关键。

金寨县光伏扶贫的成效主要包括贫困治理升级和社会经济转型两个方面，其中，贫困治理升级具体表现为光伏扶贫带动脱贫增收多样化、光伏扶贫促进脱贫增收稳定化、光伏扶贫引领产业发展专业化三个方面；社会经济转型具体表现为光伏扶贫促进产业结构多元化、光伏扶贫促进经济发展低碳化两个方面。

金寨县光伏扶贫中存在的问题及挑战主要有三点：第一是光伏运维模式的问题及挑战，包括光伏电站分布过于零散带来的运维效率挑战、光伏电站运维主体负担过重带来的可承载性挑战、光伏技术更新换代加快带来的运营成本挑战；第二是光伏收益分配的问题及挑战，包括光伏扶贫模式差异导致的贫困户收益不均衡问题、光伏产出倾斜扶贫带来的村集体收入再增长挑战、国家财政补贴流程不规范带来的发电收益支付挑战；第三是光伏可持续发展的问题及挑战，包括光伏板下土地利用不足导致的资源浪费问题、行业发展不成熟导致的市场竞争力不足问题、行业长远规划不清带来的生存发展空间隐患。

结合金寨县光伏产业的发展现状、发展思路、典型案例、发展成效、存在的问题及挑战，本章提出五点对策建议：第一是加快确权，明晰各类光伏扶贫电站资产的管理；第二是建立健全"政府监管、专业运营、群众参与"的管理构架，确保光伏扶贫电站全生命周期健康运行；第三是规范光伏扶贫电站收益管理，强化光伏电站的扶贫属性；第四是遵循公益岗位设置原则，规范公益岗位管理，切实发挥光伏扶贫公益岗位的带贫作用；第五是加大光伏扶贫电站的可持续发展研究，积极开发光伏扶贫电站的经济、社会和环境等方面的综合价值。

在光伏扶贫中，金寨县积累了大量经验，本章在此基础上总结了六个专题的典型案例，分别是案例一：光伏精准扶贫模式；案例二：集中式光伏扶贫电站；案例三：金寨县光伏扶贫的全程式服务管理；案例四：光伏扶贫的收益分配模式；案例五：发展"光伏+"扶贫模式，提升光伏扶贫效益；案例六：光伏扶贫电站的筹资与收益。

第二节　研究背景

一、金寨县社会经济发展状况

（一）基本情况

金寨县隶属安徽省六安市，位于皖西边陲、大别山腹地，地处鄂豫皖三省七县二区接合部，东连六安市裕安区、霍山县，南接湖北省英山、罗田两县，西邻湖北省麻城市、河南省商城县，北界河南省固始县、六安市霍邱县、叶集区。地理位置介于东经115°22′19″—116°11′52″与北纬31°06′41″—31°48′51″之间，境内东西及南北跨度均为80km，总面积3814平方公里。①金寨全县下辖23个乡镇、1个经济开发区，共有行政村225个，是安徽省面积最大、山库区人口最多的县。2019年，全县户籍人口68.44万人。

作为全国著名的革命老区，金寨县是中国革命的重要策源地、人民军队的重要发源地，被誉为"红军的摇篮、将军的故乡"。革命战争年代，金寨人民节衣缩食、积极奉献，"把最后一粒米当军粮、用最后一块布做军装、将最后一个儿子送战场"，为革命胜利做出了巨大的牺牲奉献。全县共有10万英雄儿女参军参战，绝大多数血洒疆场、为国捐躯。解放后被追认为革命烈士的达1万多人，占安徽省革命烈士总数的五分之一。

---

① 金寨县委史志室：《走进金寨——地理位置》，2021年1月7日，见 http://www.ahjinzhai.gov.cn/zjjz/dlwz/index.html。

（二）自然资源丰富但发展受限

金寨县是安徽省重点山区县。大别山脉由西南向东北贯穿全境，境内群山起伏，河流纵横，地势自西南向东北方向呈阶梯状下降，具有明显垂直地势特征。其中，千米以上的山峰有116座；海拔800米以上的山区主要分布在南部及西部，面积20万公顷，占全县总面积的51.6%；海拔在400—800米之间的低山丘陵主要分布在梅山、响洪甸两大水库周围，面积15.98万公顷，占全县总面积的41%；海拔在500米以下岗丘平畈区，主要分布在北部，面积2.86万公顷，占总面积的7.4%。[①] 起伏多山的地形孕育了丰富多样的环境资源条件，为多层次开发、发展具有山区特色的生态资源型产业提供了基础条件，也为发展带来了难度和挑战。

金寨县是安徽省最大的库区县。社会主义建设时期，为了响应毛主席"一定要把淮河修好"的号召，金寨人民舍小家、为大家，修建了全国著名的治淮骨干工程梅山、响洪甸两大水库。水库总蓄水量50亿立方米，年发电量2.5亿千瓦时，灌溉皖豫两省良田900多万亩。全县库区面积1327平方公里，移民人口34.84万人。建库时，淹没10万亩良田、14万亩经济林和3个当时最繁华的经济重镇（金家寨、流波、麻埠），10万群众离开故土、移居深山。

金寨县同时也是国家级生态保护区。自2014年被列入国家大别山水土保持生态功能区县以来，县委、县政府一直高度重视生态保护，全面落实重点生态功能区战略，坚决贯彻绿色发展理念，大力实施生态公益林保护、退耕还林、千万亩森林增长、小流域综合治理、小型水库除险加固、水源地保护等一批生态保护工程，坚持做到"刀斧不上山、青黄不下山"，森林覆盖

---

① 金寨县委史志室：《走进金寨——地理位置》，2021年1月7日，见 http://www.ahjinzhai.gov.cn/zjjz/dlwz/index.html。

率达到 74%。① 为了 3814 平方公里的全域生态保护，很多群众"守着金山银山、过着贫困生活"。

二、金寨县贫困特征

金寨县特殊的自然地理特征形塑了该县独特的经济社会发展环境。起伏多山的地形使金寨耕地面积较少，极大地限制了规模农业的发展，农业生产主要依靠"单打独斗"式的小农经济，抗风险能力极差；地处限制开发区，工业基础十分薄弱，工业化率仅为 28.8%，缺乏主导产业，管理、技术、设备比较落后；产业结构不合理，存在第一产业比重过大，第二产业体量过小，第三产业发展不足的问题。同时，山区的地形因素导致交通不便，县域整体经济发展水平偏低。2014 年，金寨县地区生产总值为 835098 万元，人均地区生产总值 12488 元，远小于同期全国（46531 元）和安徽省（34427 元）的人均地区生产总值。②

金寨县是一个典型的集山区、库区、老区为一体的国家扶贫开发工作重点县。自然地理特征、历史发展情况等多种原因使金寨县发展受到严重制约，发展底子差，县域整体经济发展水平低于全国、全省平均水平。1986 年，金寨县被列为国家级首批重点贫困县；2011 年被确定为大别山片区扶贫攻坚重点县，成为实施大别山集中连片扶贫开发的主战场。2014 年 1 月，中共中央办公厅、国务院办公厅印发了《关于创新机制扎实推进农村扶贫开发的意见》，以此为标志，金寨的扶贫开发工作进入了"精准扶贫阶段"。当时，全县建档立卡贫困户 4.23 万户、13 万人（包括返贫人口），重点贫困村 71 个，贫困发生率为 22.1%，农村贫困面大、贫困人口多、贫困程度深。

---

① 金寨县发改委：《金寨县国民经济和社会发展第十二个五年规划纲要落实评估报告》，2017 年 1 月 9 日，见 http://www.ahjinzhai.gov.cn/public/6596341/14326141.html。

② 舒从芬主编：《2014 年金寨县国民经济和社会发展情况统计表》，《金寨年鉴》，2015 年。

三、调研资料的获取与分析

（一）调研资料的获取

调研组自 10 月 22 日至金寨，开展了为期 5 天的调查。其间，调查组于 10 月 22 日下午参加了座谈会，通过金寨县发改委、县扶贫开发局提供的相关情况汇报，大体了解了金寨扶贫工作的整体情况以及光伏扶贫相关情况。10 月 23 日上午，调查小组前往花石乡大湾村进行调查，现场了解了村集体式光伏发电站点的情况；23 日下午，调查小组前往槐树湾乡槐树湾村进行调查，调查人员分头进行，分别了解了该村的户用式、村集体式以及联户式光伏发电站点，对光伏板下的家禽、水产种养殖业有了一定了解；之后，调查小组前往吴家店镇吴畈村，对联户式光伏发电站点进行了现场调查，重点调查了该站点的板下灵芝种植。10 月 24 日上午，调查小组前往梅山镇的集中供电站，对集中式光伏发电站点的产生、运营、效益以及对贫困户的带动进行了调查，初步了解了其 EPC 运营模式；24 日中午，调查小组前往梅山镇小南京村进行贫困户入户调查，了解了贫困户户用式光伏扶贫站点模式，同时对贫困户板下经营进行了了解；24 日下午，调查小组前往国家电网金寨供电公司开展座谈会，对国家电网金寨供电公司在光伏扶贫中的作用，重点是对并网运营、光伏站点运维进行了了解。10 月 25 日，调查小组成员在驻地进行调查信息整理，并与当地调研对接人员进行接洽，以获取相关书面材料。10 月 26 日，调查组三人前往安徽省扶贫办参加座谈会，通过安徽省扶贫办、能源局、财政厅、国家电网公司等部门工作人员的相关介绍，了解安徽省光伏扶贫的整体情况。通过上述调研，调研组获取了四个方面的信息：一是全面了解了金寨县的县情县貌；二是掌握了金寨光伏扶贫的历程、成效和特色经验做法；三是实地走访了一批典型个案，获得了一批一手访谈资料；四是系统掌握了安徽省光伏扶贫的思路、政策和主要做法。

（二）调研资料的分析

对调研资料的分析，分为以下四个步骤：第一，分类整理。将调研获取的资料按公开出版物、政策文件、成果总结、视频和访谈记录等分类，做好记录和整理。第二，专项研讨。组织调研组开展专项研讨，对于获取的资料化繁就简、去粗取精，聚焦于有金寨特色、有显著成效的金寨扶贫资料。第三，深度挖掘。根据报告大纲的各个章节撰写需要，集合章节大纲分析获取的资料进行深入细致的对比分析和信息挖掘，将分析处理后的资料用于案例报告的撰写。第四，查漏补缺。结合调研目的的需要和调研报告撰写的进度，及时分析前期资料，识别资料存在的不足和缺项，及时联系金寨当地相关部门进行补充。

第三节　金寨县光伏扶贫历程

一、发展光伏扶贫的基本条件

金寨地处北亚热带湿润季风气候带，年平均日照 2100 小时，多年平均太阳总辐射量 4805 兆焦耳 / 平方米，日照时数稳定，地区的太阳能资源比较丰富，具有建设光伏电站的良好光照条件，成为金寨县开发和利用光热资源的先天优势。从空间分布上看，由于金寨县地理跨度较小，且境内地形大多为山地，因此太阳辐射量地域差异较小。从时间分布上看，金寨地区太阳能辐射量年际变化不显著。根据近 10 年观测资料分析，年太阳能辐射量最高年份出现在 2013 年，达 $5111MJ/m^2$；年太阳能辐射量最低年份出现在 2003 年，为 $4400MJ/m^2$。金寨地区太阳能辐射量年内变化较大，其变化趋势与月平均温度变化趋势相似，呈现"夏大冬小"的特点。辐射量最大的是7 月，为 $541MJ/m^2$；最小的是 12 月，为 $245MJ/m^2$。金寨县坚持走绿色发展道路，充分利用光能优势，以实施光伏扶贫为突破口，为贫困群体找到了一条脱贫增收的精准扶贫之路。

　　光伏扶贫项目开展离不开国家能源政策支持、财政政策支持和电网配套建设支持。2014年起，金寨县自主探索，创新性将光伏产业建设与扶贫开发有效结合，帮助农村贫困家庭脱贫解困，其光伏发电产业扶贫项目引起了国家能源局、国务院扶贫办、安徽省委省政府高度重视，得到了省扶贫办、能源局和供电公司等单位大力支持。2014年，国务院发展研究中心来金寨调研，并撰写了报告《分布式光伏发电是扶贫的有效举措》，时任李克强总理批示相关部门给予关注。10月11日，国家能源局、国务院扶贫开发领导小组办公室联合印发《关于实施光伏扶贫工程工作方案》①，决定利用6年时间组织实施光伏扶贫工程，同时印发了《关于印发实施光伏扶贫工程工作方案的通知》（国能新能〔2014〕447号）②、《关于组织开展光伏扶贫工程试点工作的通知》（国能新能〔2014〕495号）③，在各地因地制宜探索户用系统、村级电站和集中式电站三种光伏扶贫模式。2015年2月，安徽省能源局、省扶贫办向国家能源局、国务院扶贫办上报《关于报送2015年光伏扶贫工程试点实施方案的请示》（皖能源新能〔2015〕6号），确定金寨等5县作为国家光伏扶贫工程试点县。2015年12月8日，安徽省委、省政府印发《关于坚决打赢脱贫攻坚战的决定》（皖发〔2015〕26号），将光伏扶贫列为脱贫攻坚"十大工程"之产业脱贫工程重要子工程。

---

①　国家能源局、国务院扶贫开发领导小组办公室：《关于实施光伏扶贫工程工作方案》，2014年10月11日，见 http://www.gov.cn/xinwen/2014-10/18/content_2767377.htm。

②　国家能源局、国务院扶贫办：《关于实施光伏扶贫工程工作方案》，2014年10月11日，见 http://www.cpad.gov.cn/art/2014/11/3/art_46_59822.html。

③　国家能源局、国务院扶贫办：《关于组织开展光伏扶贫工程试点工作的通知》（国能新能〔2014〕495号），2014年10月11日，见 http://zfxxgk.nea.gov.cn/auto87/201411/t20141105_1862.htm。

二、光伏扶贫发展的主要阶段

2014 年起，金寨县在全国率先创新实施光伏扶贫工程。金寨县委、县政府力求实现光伏扶贫项目进展科学化，按照"统一规划、分步实施"的总体思路，通过"先行试点、逐步推广、全面提升"三个阶段的不断探索，全县形成了分户式、村集体式、联村式、集中式四种光伏扶贫方式，走出了一条"产权跟着股份走、分红随着贫困走"的可持续精准扶贫之路。

（一）先行试点阶段

试点阶段以分布式光伏电站试点建设为主，为全面推进实施光伏扶贫项目探索了路子、积累了经验。2014 年初，金寨县率先展开光伏扶贫探索行动，实施光伏扶贫到户工作，在全县不同区域选择了 8 户贫困户作为试点，按照每户 3 千瓦的规模试点建设户用式光伏扶贫电站。

全军乡沙河店村的方荣军家通过政府扶持 22000 元、自筹资金 5000 元，安装了金寨县第一座扶贫光伏电站，电站于 3 月 4 日下午 4 点 40 分正式接通发电。根据测算每座电站年平均发电量为 3000 千瓦时左右，按照每发一度电收入一块钱计算，预测户年均可实现增收 3000 元左右，持续 20 年以上，是帮助贫困户建立稳定、长久的增收渠道的一种新的扶贫方式，具有较好的扶贫效果。

2014 年 3 月 19 日，金寨县印发《金寨县光伏发电扶贫到户项目实施方案》，着眼脱贫攻坚和光伏扶贫发展，至此拉开金寨县光伏扶贫序幕。[1] 此后，全县按照"五比较、五分析、四优先"的选户原则，投资 4820 万元，分两批建设 2000 座户用式光伏扶贫电站，每户装机容量为 3 千瓦，于 2014

---

[1]　金寨县斑竹园镇：《金寨县光伏扶贫电站收益分配管理实施细则》，2019 年 4 月 22 日，见 http://www.ahjinzhai.gov.cn/public/6597181/22325341.html。

年底全部实现建成并网。

（二）逐步推广阶段

推广阶段，金寨县从两个方面着手发展光伏扶贫项目：一方面全面推广光伏扶贫到户项目，建设分布式户用光伏扶贫电站；另一方面推进建设村集体光伏扶贫电站，促进村集体经济增收。

2015 年，光伏扶贫项目在金寨县建档立卡贫困户中全面推开。金寨县抓住全国光伏扶贫工作试点县的机遇，以实施新一轮 71 个重点贫困村整村推进为重点，强力推进光伏发电产业扶贫到户项目。当年 6 月 30 日前，全县新建成 5795 座 3 千瓦分布式户用光伏扶贫电站并实现并网发电，给贫困户带来了稳定可观的发电收入。

与此同时，为解决村集体经济薄弱的问题，金寨县从 2015 年开始推进建设村集体式光伏扶贫电站，分村建设装机规模为 60—100 千瓦的村集体光伏扶贫电站。村集体电站由各村成立创福发展公司，以此为依托进行担保集资 48 万—74 万元不等，县财政对项目融资、村集体贷款实行全额贴息。全县共建成装机规模为 100 千瓦的村集体光伏扶贫电站 225 座，电站年发电量可达 10 万千瓦时，每村可实现集体经济收入年增收 10 万元左右。

（三）全面提升阶段

这一阶段，金寨县大力发展集中式光伏扶贫电站，重视运维管理工作，开拓"光伏＋"之农光互补发展模式。考虑到山区地理环境、土地资源利用、阳光照射时间等因素，以及分户式光伏扶贫电站安装分散、运维管理成本高等问题，2016 年，金寨县创新实施"集成式光伏电站＋贫困户（动态调整）"精准扶贫模式，推进光伏扶贫迈上新台阶。采取乡（镇）村协调选址、集中统一建设模式，在全县范围建成联户式光伏扶贫电站 45 座，装机规模 4.5 万千瓦；在荒山集中建设 10 万千瓦集中式光伏扶贫电站。贫困户采取资金入股方式参与其中，一次性出资5000元，可连续享受4年每年3000元的分红，四年后股金返还给贫困户，构建了精准、动态、可持续的入股分红机制。全县共有18088户贫困户入股集中式光伏扶贫电站，享受电站收益分红。

同时，为了确保光伏发电持久稳定收益，巩固光伏脱贫项目成果，金寨县成立光伏运维中心，组建光伏运维团队，完善对全县19万余千瓦的光伏扶贫电站的智慧监管功能，通过运维服务平台、保险服务平台、短信服务平台、智能监控服务平台四大后续服务平台，为全县分布式和集成式光伏扶贫电站提供全程服务，实现发电效益最大化和持久化，为光伏扶贫模式长效发展提供了有力保障。除此之外，为了提高光伏扶贫电站综合效益，充分利用光伏电站占地的土地资源优势，金寨县大力发展光伏板下经济，完成改造光伏板下发展产业电站266座，利用板下土地发展土鸡、白鹅等养殖业500亩，发展灵芝、中药材、苗木、茶叶等种植业1800亩。初步形成了"光伏＋种植、光伏＋养殖、光伏＋林业、光伏＋菌药"等农光互补产业模式，进一步拓宽了贫困户增收渠道。

截至2019年底，金寨县已累计投入14.78亿元建成并网光伏扶贫电站20.11万千瓦，实现综合收益5.6亿元，助力11.95万贫困人口脱贫、71个贫困村出列，贫困发生率由22.1%降至0.31%，光伏扶贫已成为金寨县脱贫攻坚群众增收的发动机和稳定器。

三、光伏扶贫落实国家精准扶贫方略

《关于实施光伏发电扶贫工作的意见》（发改能源〔2016〕621号）指出，光伏扶贫是资产收益扶贫的重要方式，在光照资源条件较好的地区因地制宜开展光伏扶贫，既符合精准扶贫、精准脱贫战略，又符合国家清洁低碳能源发展战略；既有利于扩大光伏发电市场，又有利于促进贫困人口稳收增收。

要发挥光伏扶贫在打赢脱贫攻坚战中的有效力量需要贯彻国家精准脱贫

方略，它是解决扶贫问题的一把金钥匙，其基本要求是实现"六个精准"：扶贫对象精准，光伏扶贫项目要与贫困人口精准对应；项目安排精准，要根据贫困人口分布和光伏建设条件确定项目建设规模和布局；资金使用精准，要最大限度地提高光伏扶贫资金的使用效率；措施到户精准，要对贫困户逐村逐户制订光伏扶贫帮扶计划；因村派人精准，要切实发挥出农村基层党组织的战斗堡垒作用；脱贫成效精准，要发挥出贫困群体自身的主观能动作用，真正摆脱贫困。

精准脱贫方略的主要途径是"五个一批"：发展生产脱贫一批，易地扶贫搬迁脱贫一批，生态补偿脱贫一批，发展教育脱贫一批，社会保障兜底一批。发展光伏扶贫工程属于"五个一批"范畴，它要立足当地光伏资源，实现就地脱贫。发展光伏等清洁能源还能加大贫困地区生态保护修复力度。

精准脱贫方略最终要解决好"四个问题"：扶持谁，明确光伏扶贫的对象是谁；谁来扶，明确光伏扶贫的责任主体；怎么扶，明确光伏促进贫困户脱贫的途径；如何退，明确贫困户的脱贫退出机制。

（一）实现"六个精准"

"六个精准"强调扶贫贵在精准，成败在于精准。光伏扶贫项目要与贫困人口精准对应，根据贫困人口数量和布局确定项目建设规模和布局，保障贫困户获得长期稳定收益。金寨县光伏扶贫政策坚持精准扶贫、精准脱贫，首先从技术上将"互联网＋"引入扶贫工作，开通了精准脱贫大数据系统和干部帮扶手机 APP，帮助因村因户因人施策，对症下药、靶向治疗，扶贫扶到点上扶到根上。

在光伏扶贫对象上，金寨县扶贫开发局提供农村贫困户建档立卡服务，由贫困家庭主动提出申请，经村民小组评议，村"两委"审核、比对，村民代表大会评议、公示，再报乡、县政府部门和扶贫部门审核、审批、公示、公告等环节，根据乡级递交的材料，进行核实后予以审批并反馈、公告。金寨县严格落实贫困户识别"两评议两公示一比对一公告"程序，确保应纳尽纳、应出尽出，坚决杜绝漏评，扎实开展"两摸底一核查"动态调整工作。精准确定边缘户名单，对边缘户实行一户一档管理，强化跟踪监测。

在光伏项目安排上，金寨县在全国率先创新实施光伏扶贫工程，形成了"分户式、联村式、村集体式、集中式"四种光伏扶贫模式，走出了一条"产权跟着股份走、分红随着贫困走"的可持续精准扶贫之路。金寨县大力推进光伏产业增收工程，加强光伏产业发展，加强光伏扶贫电站运维，严格落实收益分配管理制度，最大化发挥光伏扶贫电站精准帮扶效益。

在光伏资金使用上，金寨县规范光伏扶贫项目资金管理。加强项目库建设与管理，及时完善更新每年脱贫攻坚项目库项目。加强扶贫资金绩效管理，提高扶贫资金使用效益。规范扶贫资产登记管理，确保扶贫项目建设成效。落实扶贫资金项目公告公示制度，加强扶贫资金监管，接受群众和社会监督，确保扶贫资金使用上的精准、规范、安全。

在光伏措施到户上，金寨县派驻的工作队持续压实帮扶责任，抓实抓细帮扶措施，坚持单位帮扶到村，干部包保到户制度，压实"干部抓点、部门抓线、乡镇抓面"责任。面对可能出现的返贫现象，强化扶贫对象动态管理。健全"三级预警"防范返贫机制，完善扶贫对象动态管理机制，加强对不稳定脱贫户和边缘户的动态监测。全面落实县、乡、村"三级包帮"责任制，确保扶贫工作务实、脱贫过程扎实、脱贫结果真实。

在光伏扶贫因村派人上，金寨县充分发挥选派第一书记（扶贫工作队队长）和扶贫工作队作用，严格落实选派帮扶干部管理办法，坚持选派帮扶干部工作日志、双月报表、工作例会、工作督查、请销假和日常查岗等工作制度，及时兑现工作队各项补助，奖优罚劣，确保选派帮扶干部在岗、在位、在状态。选派帮扶单位要积极协助乡镇（开发区）党（工）委共同做好选派帮扶干部的日常管理。强化考核评价，推动选派帮扶单位履行选派职责、充分发挥作用。

在光伏脱贫成效上，金寨县强力实施就业增收工程。坚持"三业一岗"扶贫模式，依托县、乡、村三级就业创业培训基地，充分发挥金寨技师学院劳动技能培训主阵地作用，扎实开展实用技术技能和创业培训，加强培训的针对性和实用性，提高培训质量。实施就业奖补政策，村集体光伏扶贫电站发电收益80%用于开发公益岗位扶贫，包括光伏电站管护员、生态护林员、保洁员等10类村级公益劳务岗位。搭建"春风行动""就业脱贫服务月""贫困劳动者专项招聘会"等公共就业服务平台，组织开展精准对接招聘活动。完善"以岗代济"模式，统筹安排辅助性岗位与村级公益劳务岗位并强化管理，发挥出贫困群体自身的主观能动作用巩固扶贫成效，建立脱贫致富的长效机制。

（二）遵循"五个一批"

"五个一批"是促进精准脱贫的主要途径。金寨县的光伏扶贫实践主要遵循"发展生产脱贫一批"与"生态补偿脱贫一批"的要求，坚持立足当地光伏资源，走绿色发展道路，不断提高扶贫质量，实现就地脱贫，巩固脱贫成果。

金寨县强调加强特色产业发展，每个村要至少发展一项特色产业，不断优化特色产业结构，拉长产业链条，拓宽增收途径。光伏产业是县内一项重要的特色扶贫产业，金寨县坚持促进光伏产业的发展提升。金寨县探索多样化扶贫电站运行模式、创新分布式光伏并网消纳管理模式、组建专业光伏运维团队并充分发挥其作用、坚持完善光伏扶贫电站的智慧监管功能，强化隐患排查，及时维修排除发电障碍，确保发挥发电最大效益。同时，将光伏产业与县内其他农业特色产业结合，利用板下土地发展家禽养殖业和经济作物种植业，推进"光伏＋"农光互补产业模式，拓宽贫困户增收渠道。

金寨县因地制宜走绿色扶贫模式。由于全域是生态保护区，受环境限制，导致从前很多群众"守着金山银山、过着贫困生活"。为此，金寨县坚持走绿色发展道路，充分利用光能优势，以实施光伏扶贫为突破口，为贫困群体找到了一条脱贫增收的精准扶贫之路。

（三）解决"四个问题"

光伏扶贫扶持谁？金寨县光伏扶贫对象包括无集体经济收入或经济薄弱的建档立卡贫困村；无劳动力、无资源、无稳定收入的建档立卡贫困户。

光伏扶贫谁来扶？金寨县建立健全乡镇抓面、部门抓线、干部抓点责任帮扶体系，因户因人进一步优化结对帮扶干部。实现省、市、县、乡四级单位包保全县所有行政村（社区），1.3万余名干部联系到户。明确帮扶干部每月至少入户走访贫困户1次，负责做好日常联系、政策宣传和落实工作。围绕脱贫攻坚"十大工程"项目，按照"一户一方案、一人一措施"要求，为贫困户"量体裁衣"，设计多项脱贫菜单。

光伏扶贫怎么扶？金寨县光伏扶贫坚持综合利用，带贫效益实现最大化。充分挖掘光伏扶贫电站各种资源，延伸收益链条，最大限度释放电站综合效益用于扶贫。

一是光伏发电收益。对村集体式光伏扶贫电站，每村每年实现增收10万元左右；对集中式光伏扶贫电站，贫困户入股资金5000元，每年每户分红3000元，连续4年，稳定脱贫后退还贫困户入股本金。

二是公益劳务收益。开发光伏扶贫电站管护员等公益岗位3326人，优先选择贫困户参与光伏扶贫电站管护，带动3326户贫困户户均年增收6000元。

三是产业发展收益。利用光伏扶贫电站板下空地，大力发展"板下经济"，探索发展农业种植、药菌类栽培、养殖、苗木培育等产业，初步形成"农光互补、药光互补、养光互补、林光互补"等模式，引导贫困户通过发展板下经济获得生产性收益，提高光伏扶贫电站综合效益。

光伏扶贫如何退？金寨县严格按照脱贫程序做好贫困户退出工作，组织干部同群众一起算好脱贫账，确保真实脱贫、规范退出，杜绝"数字脱贫"、假脱贫。进一步建立健全"三级管理、三段防控"预警体系，对已脱贫户中不稳定户进行摸底监测。

第四节　金寨县光伏扶贫的主要成效

作为国家级贫困县，金寨县长期以来基础设施落后、产业基础薄弱，贫困挥之不去。2014年初，全县有建档立卡贫困户4万户，贫困人口13万人。精准扶贫开展以来，金寨县认真贯彻落实习近平总书记关于扶贫工作的重要论述和中央脱贫攻坚系列决策部署，围绕"两不愁、三保障"的核心目标，通过拓宽就业渠道、壮大特色产业、创新光伏扶贫、发展旅游电商、开展金融扶贫、强化兜底保障、倡导社会参与、强化消费扶贫等多种手段促进贫困人口增收，最终于2020年4月退出贫困县系列，实现高质量摘帽。在金寨县的脱贫攻坚实践中，最具典型意义的当属光伏扶贫。2014年，金寨县在全国率先创新实施光伏扶贫工程，走出了一条"产权跟着分红走、分红跟着扶贫走"的可持续精准扶贫之路，被列为全国扶贫品牌工程。在脱贫攻坚中，金寨县的光伏扶贫项目带动超过10万贫困人口脱贫，起到了发动机和稳定器的作用，主要体现在县域贫困治理升级和社会经济转型两个方面。

一、贫困治理升级

（一）光伏扶贫带动脱贫增收多样化

收入不足是贫困地区的最突出表征，在金寨县，贫困人口缺乏收入来源，贫困村缺乏集体资产，由此导致贫困户生计困难，贫困村缺乏活力。精准扶贫要求贫困人口实现"两不愁、三保障"，贫困村实现至少5万元的村集体资产。面对上述挑战，金寨县以光伏扶贫为基础，全面推广"光伏+"

综合利用模式，有效延伸了光伏扶贫的收益链条，进而通过多样化形式带动贫困户脱贫增收，有效解决了贫困村的村集体收入问题。

首先是贫困户脱贫增收多样化。金寨县贫困户主要有五种途径通过光伏扶贫增收，其一是在贫困户屋顶或房前屋后空地建设户用式光伏电站，建成规模一般为 3 千瓦，发电产生的收益直接归贫困户所有。其二是对于未接入户用式光伏电站的贫困户，通过联户式和集中式光伏扶贫站点发电收益对其进行光伏分红，每年每户可分红 3000 元。其三是鼓励贫困户通过从事公益岗位增收。金寨县利用 80% 的村集体光伏电站发电收入开发了小型水利工程管护、联户式光伏电站管护、红色遗址管护、油茶管护员等村级公益劳务岗位 12546 个，全部聘用建档立卡居家贫困劳动力，单个公益岗位可带动户均增收 6000 元，大大提升了光伏产业的扶贫成效。例如梅山镇小南京村的联户式光伏扶贫电站就开发了光伏电站管护公益岗位，并选用该村贫困户王合术负责光伏扶贫电站的设备看管、板面清洗等工作，有效增加了该户的经济收入。其四是土地流转收益，对于把承包的滩涂地和荒坡地流转为光伏建设用地的贫困户，每亩每年可获得 600 元左右的土地流转收益。其五是带动贫困户参与板下经济增收。例如在吴家店镇吴畈村的联户式光伏扶贫电站，有占地 158 亩的灵芝种植大棚，灵芝产业带动了 20 余户贫困户参与种植，每个人每天能拿到 80—100 元的工资。

其次是贫困村集体经济增收多样化。金寨县贫困村主要有三种途径通过光伏扶贫发展村集体经济，其一是通过村集体式光伏扶贫电站增收。在精准扶贫中，金寨县在 218 个村建成了 100 千瓦村集体集中式光伏电站，每个村每年可以此增收 10 万元左右。例如在梅山镇小南京村，为壮大村集体经济，该村于 2015 年 5 月建成了 60 千瓦村集体式光伏电站，之后又于 2016 年 12 月扩容 40 千瓦，建成了 100 千瓦地面光伏电站，为村集体收入提供了有效保障。其二是通过联户式光伏扶贫电站增收。对于没有条件建设光伏电站的贫困村，金寨县通过乡镇、村协调选址，建立了 45 座联户式光伏扶贫电站，并规定将发电收益除土地租金、运维管理、贫困户分红外划拨贫困村充当村集体收入，有效解决了上述贫困村的村集体收入问题。其三是通过发展板下集体经济增收。板下经济是金寨县"光伏+"模式的载体，截至2020年，金寨县已在266个光伏扶贫电站发展了板下产业，其中，家禽、龙虾等养殖业占地面积500亩，灵芝、黄精、茶树等种植业占地面积1800亩，有效拓宽了光伏扶贫的收益链条。在金寨县，板下经济收益主体具有多元性，除了种养殖大户和贫困户外，村集体也是重要的受益主体，在部分贫困村，板下经济是村集体收入的重要来源。例如在花石乡大湾村，为了发展集体经济，除了建成100千瓦规模村集体光伏电站外，该村还在光伏板下搭建灵芝大棚48个，种植灵芝25亩，带动村集体经济年增收3.28万元。

扶贫需扶志，扶贫必扶智。对于贫困人口而言，发展动力和发展能力不足是其陷入贫困的重要原因。在贫困地区发展光伏产业，如果只局限于收益分红，往往会导致贫困户产生"等、靠、要"思想，并逐渐丧失内生发展动力，最终适得其反。在光伏扶贫中，金寨县没有局限于光伏分红，而是积极利用光伏收益支持村级公益岗位，吸纳贫困人口就业。不仅如此，金寨县还积极挖掘光伏扶贫电站的各种资源，充分利用光伏电站板下荒坡地和贫瘠地，大力发展特色种养殖产业，拓展光伏产业利益链条，既带动了贫困户的生产性收入，增强了贫困人口的内生动力，也带动了村集体经济发展，增强了贫困村的基层治理活力。

（二）光伏扶贫促进脱贫增收稳定化

扶贫产业的带动成效是脱贫攻坚中被广泛关注的问题，要实现有效带动不仅要求延伸扶贫产业的收益链条，最大限度释放扶贫产业的综合效益，还需要提升扶贫产业带动成效的稳定性。在脱贫攻坚中，金寨县的光伏扶贫稳定改善了贫困人口的生计、提升了贫困村的活力，这种稳定性主要立足三方面条件。

首先是自然条件稳定。金寨县境内年平均日照 2100 多个小时，长年平均太阳辐射量 4800 兆焦耳/平方米，属太阳能资源较丰富地区，具备良好的光照条件，适合发展光伏产业，这是光伏产业带动贫困人口稳定增收的客观保障。①

其次是技术条件稳定。金寨县在精准扶贫中不断完善光伏扶贫电站的智慧监管工作，目前已完成改造光伏电站 266 座 74.5 兆瓦，并组建了智慧服务平台、保险服务平台和手机短信服务平台，为全县分布式和集成式光伏扶贫电站提供全程服务，为贫困人口通过光伏产业增收提供了技术保障。

第三是制度条件稳定。金寨县制定了《金寨县光伏扶贫电站收益分配管理实施细则》，以明确不同类型电站发电收益用途及分配对象，建立健全了利益联结和带贫减贫长效机制，切实提升了光伏产业的带动能力。同时，金寨县规定全县光伏扶贫电站发电收益全部由供电部门统一结算至县光伏扶贫发电收入结转机构专户，实行封闭化管理，再由县级结转机构承担各种类型光伏扶贫电站发电结算及收益发放，提升了光伏收益结算程序的规范化程度，为贫困人口通过光伏产业收益提供了制度保障。②

（三）光伏扶贫引领产业发展专业化

从投入力度和实际成效上看，光伏扶贫是金寨县建设近零碳排放示范区的重要内容。因此，金寨县光伏扶贫不仅嵌套于脱贫攻坚，同时也嵌套于近零碳排放示范区建设。作为脱贫攻坚和环境保护的交汇点，金寨县光伏扶贫的发展为全县的贫困治理提供了新的思路。在开展光伏扶贫过程中，光伏产业的技术特性在一定程度上倒逼金寨县扶贫部门提升贫困治理水平，尤其是

---

① 金寨县发改委：《金寨县 2016 年光伏扶贫工作实施方案》，2016 年 3 月 10 日，见 http://www.ahjinzhai.gov.cn/public/6596341/14333231.html。

② 金寨县斑竹园镇：《金寨县光伏扶贫电站收益分配管理实施细则》，2019 年 4 月 22 日，见 http://www.ahjinzhai.gov.cn/public/6597181/22325341.html。

产业发展的专业化程度，具体表现如下。

其一是产业布局合理化。发展光伏产业需考虑光照、用地、资金、电网消纳等多方面因素。对此，金寨县在光伏扶贫中合理确定了不同类型光伏扶贫电站的规模，并根据地形特点采取了因地制宜的并网方式，比如对村级电站采取就近并网，对集体式电站则通过升压后接入高压线路。

其二是模式建设多元化。金寨县因地制宜，在光伏扶贫中根据贫困户和贫困村条件以及县域土地类型探索了多种光伏扶贫电站建设模式，包括户用式、村集体式、联户式和集中式四类，并结合不同光伏电站建立了多元化收益分配方式。

其三是工程监管规范化。在光伏扶贫站点建设过程中，金寨县采取县级统一招标建设、统一验收评估，提高了承接单位的专业门槛，规范了光伏组件、逆变器等设备采购的要求，保证了电站建设的质量水平。

其四是运营维护系统化。在组织方面，金寨县成立了光伏扶贫管理服务中心，并依托县供电公司的人力技术资源组建专业运维队伍，将光伏扶贫电站管理工作纳入县脱贫攻坚评价的重要内容，建立相关奖惩机制，明确管护职责，提升了光伏站点的维护水平；在技术方面，金寨县联合安徽电科院科研团队在用电负荷、电网网架进行技术攻关，推动了光伏技术创新；在故障监测方面，金寨县依托全国光伏扶贫信息系统运维平台有效提升了数字化监测水平。

与传统种养殖业不同，作为新能源行业，发展光伏产业需要大量专业技术，在电站布局建设、发电并网、收益分配、社会运维等方面都需要进行合理规划。因此，引入高新产业进入扶贫领域不仅可以带来直观的脱贫成效，而且能促进地方政府贫困治理能力的提升。在金寨，引入高新产业进入扶贫领域不仅推动了全县贫困状况的改善，也促进了地方政府创新贫困治理手段，在产业发展中实现专业化、高效化转型，推动了县域贫困治理的升级。2018 年 10 月，金寨县就因光伏扶贫获得了全国脱贫攻坚组织创新奖。

二、社会经济转型

（一）光伏扶贫促进产业结构多元化

在精准扶贫中，金寨县加速推进工业化和城镇化，全县农副产品深加工、机械制造、生物医药等产业实力不断壮大，现代旅游、农村金融等服务业发展态势良好，新能源产业稳步推进，初步建成了较为完善的产业结构。其中，尽管农业、工业和旅游业的发展推动了金寨县产业结构的优化，但真正主导金寨县产业结构多元化转型的无疑是光伏扶贫引领的新能源行业的崛起。

首先是新能源产业规模的扩大。2016 年，国家能源局批复同意《金寨县创建国家高比例可再生能源示范县规划》。利用高比例可再生能源示范县的契机，金寨县坚持走绿色可持续发展路线，实现了清洁能源等战略性新兴产业异军突起。具体来说，金寨县以国家高比例可再生能源示范县建设为目标，充分利用县域内太阳能、风能、水能和生物质能等可再生资源，创建城镇可再生能源政策发展机制，积极出台了《关于创建国家高比例可再生能源示范县实施意见》（金发〔2016〕8 号），要求以产业发展为基础、以项目建设为抓手、以机制创新为保证，加快实现可再生能源产业"12345"的发展目标①。截至2020 年，金寨县已建成种类较全、规模较大的可再生能源生产体系，发电总装机 197.39 万千瓦，其中光伏发电装机 144.4 万千瓦。此外，金寨县与光伏发电相配套的装机 120 万千瓦的抽水蓄能电站主体工程也正在建设，预计第一台机组可于 2021 年投入运营，另有经济开发区 4.3 万千瓦屋面光伏项目也正在推进。

---

① "1"即着力创建全国第一个高比例可再生能源示范县；"2"即加快发展全国可再生能源生产基地和安徽省能源装备制造基地；"3"即可再生能源产业年产值达到 300 亿元；"4"即建设光电风电电源点装机 4GW；"5"即完成可再生能源及相关制造业投资 500 亿元。

其次是新能源产业体系的完善。金寨县的新能源产业带动了包括新能源装备制造、清洁能源设施建设和高效生产等相关制造产业的兴起。自 2016 年起，金寨县利用获批创建全国首个国家高比例可再生能源示范县的契机，积极引进先进企业，构建了关联性强、集中度高的产业集群。具体来说，围绕新能源装备制造产业链，金寨县引进了国内先进的光伏组件、逆变器、电池片等光伏设备加工制造项目，形成了年产 1.5GW 光伏组件、2.5GW 电池片、0.8GW 逆变器、1GW 光伏多功能支架、1 万吨光伏电缆的生产能力。2016 年，金寨县先进光伏制造产业被安徽省政府批准为"重大试验工程"，核心项目有嘉悦新能源投资的单 / 多晶硅电池片项目、协鑫集团投资的 2GW 光伏叠瓦组件项目、东旭集团投资的年产 400MW 高端背触式光伏组件加工项目、华西集团投资的双玻组件项目及电池片生产项目、阳光电源逆变器项目、金昆泰投资的聚合物电池等项目，产品涵盖电池片、组件、逆变器、电缆、储能设备、跟踪支架、陶瓷光纤插芯等多种类型。[①]

在光伏扶贫引领下，新能源产业已成为金寨县的首要产业，截至 2020 年，全县有新能源企业 29 家，实现年产值 39.04 亿元，占开发区总产值比重的 33.4%。作为全国最早开展光伏扶贫的贫困县，金寨县的光伏产业不仅带动了数量庞大的贫困人口脱贫增收，也为当地的产业结构注入了新的活力，促进了县域产业结构的多元化发展。

（二）光伏扶贫促进经济发展低碳化

"绿水青山就是金山银山。"作为三大攻坚战之一，环境保护在地方社会经济发展过程中具有十分重要的战略地位。对于贫困县而言，实现社会经济发展与环境保护的平衡对今后的可持续发展尤为重要。为此，金寨县近年来

---

① 金寨县人民政府：《金寨县创建国家高比例可再生能源示范县 2016 年工作总结及 2017 年工作计划》，2016 年 12 月 19 日，见 http://www.ahjinzhai.gov.cn/pub-lic/6596281/14250621.html。

先后出台了《加强生态建设和环境保护的决定》《创建省级生态县的决定》《创建省级生态县实施方案》《金寨县乡镇主体功能区规划指导意见》等相关文件，大力推进生态农业、生态林业、生态水利、生态工业、生态旅游和生态乡村建设，实施了生态公益林保护、退耕还林、千万亩森林增长、小流域综合治理、小型水库除险加固、水源地保护等一系列生态保护工程。上述措施有效巩固了金寨县的绿色生态屏障，但整体属于事后治理的范畴。在金寨县，以光伏扶贫为代表的新能源产业从源头上降低了环境污染，从根本上促进了全县经济发展的低碳化转型。

首先是碳排放量的降低。据统计，自 2015 年至 2017 年，金寨县的各项能源消耗量在全面上升，其中汽油消费量分别为 2.2678 万吨、2.8377 万吨、3.5991 万吨，柴油消费量分别为 1.8472 万吨、2.0872 万吨、2.5949 万吨；天然气消费量分别为 400 万方、670 万方、792 万方，社会用电总量分别为 50898 万千瓦时、60442 万千瓦时、74268 万千瓦时。与能源消耗上升相对应的是能源领域排放量的增加。在不考虑电力调入调出的情况下，2015 年至 2017 年金寨县的能源领域排放量[①]总体呈上升趋势，分别为 13.57 万吨、16.63 万吨、20.81 万吨二氧化碳当量，而当考虑电力调入调出的影响时，金寨县的能源领域排放量分别为 17.40 万吨、16.88 万吨、–6.08 万吨二氧化碳当量。也就是说，在不考虑电力调入调出的情况下，金寨县的二氧化碳排放当量在逐年升高，而在考虑电力调入调出的情况下，全县的二氧化碳排放当量则逐年下降，并在 2017 年表现为碳汇。上述变化趋势体现了金寨县大力发展清洁能源产业的成效，其中占主导地位的光伏发电更是起到了关键作用。

其次是清洁能源产能的增加。金寨县的光伏扶贫起步于 2014 年，至

---

① 统计计算过程参照《省级温室气体清单编制指南（试行）》，主要涉及能源活动、工业生产过程、农业活动、土地利用变化与林业、废弃物处理等五大领域中所涉及的各类活动水平数据和排放因子的判定。

2017 年 6 月 30 日以前，金寨完成了县域内的所有光伏扶贫发电站装置，尤其是 2017 年度，金寨县完成了大量光伏站点建设，使光伏发电量得到了巨大提升，进而带动全县清洁能源发电量的激增。从 2015 年到 2017 年，金寨县清洁能源发电量分别为 4.6062 亿度、6.0126 亿度、10.8215 亿度，两年间实现了翻番。当前，金寨县计划有近零碳排放示范区创建试点工程实施重点项目共 36 个，总投资共 75.4 亿元，其中用于光伏的投资计划 20 亿元，上述项目的经济收益来自节约能源和增加碳汇收益两方面，但其产生的生态效益和环境效益要远远大于其经济效益。①

最后是近零碳排放区建设的推进。作为全域生态保护区，在脱贫攻坚中，金寨县坚持走绿色发展道路，充分利用光能优势，以光伏扶贫为突破口，为贫困群体找到了一条脱贫增收的低碳精准扶贫之路。金寨县的光伏扶贫不仅有效带动了贫困人口脱贫致富，而且显著推进了金寨县近零碳排放示范区建设，更在为全县社会经济发展提供能源保障的同时大大推动了县域社会经济发展的低碳化转型。近年来，金寨县全面开展了三城同创、森林城镇、森林村庄等创建工作，先后获得国家级出口食品农产品安全示范区、全国十大生态产茶县、全国科技进步先进县、第二届中国长寿之乡、国家农产品质量安全县创建试点单位、全国园林县城、全国卫生县城等称号，成功创建国家级生态乡镇 3 个，成功创建省级生态乡镇 13 个，成功创建省级生态村 9 个、市级生态村 75 个，低碳可持续发展能力显著增强。②金寨县在生态环境状况指数、生物丰度指数、植被覆盖指数、水网密度指数、土地退化指数、环境质量指数等 6 个指标上全面优于安徽省平均水平，从环境评估来看，金寨县属于植被覆盖度高、生物多样性丰富、生态系统稳定、最适合人

---

① 安徽省金寨县发展和改革委员会：《金寨县近零碳排放示范区建设试点实施方案》，2018 年 11 月。

② 六安市金寨县生态环境分局：《金寨县生态文明示范县区、生态乡镇、生态村创建工作情况》，2020 年 6 月 3 日，见 http://www.ahjinzhai.gov.cn/public/6617541/29960351.html。

类生存的地区。① 上述成就既有赖于金寨县良好的环境基础，也离不开光伏扶贫引领的清洁能源产业发展战略。

第五节　金寨县光伏扶贫特色思路、做法及经验

一、光伏扶贫思路

金寨光伏扶贫工作秉承对脱贫攻坚负责到底的历史责任感，持续推进各环节工作的规范完善，紧紧围绕可持续发展，对接乡村振兴，让贫困户长期稳定受益的目标，扎实做好建设管理、经营维护、综合开发、利益分配等环节工作。具体扶贫思路（见图 2-1）为：

一是坚持政府主导、市场参与和贫困户受益原则，明确相互之间权责利益关系，积极推动建立健全组织体系，促成构建紧密利益联结机制、相关方联动机制和带贫减贫长效机制，推进各环节工作有效开展。

二是坚持分步实施、质量严控，力求建设实施科学化。精心组织"试点、推广、提升"各阶段建设工作，从严监管工程质量，有效保证电站设备、组件合格率和整体建设质量，有力保障后期运营维护。

三是坚持因户施策、因地制宜，注重建设模式多元化。推进光伏扶贫项目精准实施，形成户用式、村集体式、联户式、集中式光伏扶贫电站等四种建设模式，最大限度帮扶覆盖贫困人员。

四是坚持管建结合、风险保障，确保光伏扶贫电站运营维护长效化。通过创新维护管理技术，创新运维管理组织建设，创新运维服务平台和项目，及时解决运维各种难题。

---

① 环保局：《安徽省金寨县有机食品产业发展规划(2018—2022年)》，2019年5月20日，见 http://www.ahjinzhai.gov.cn/public/6596491/27691411.html。

五是坚持绿色发展、综合开发，力争扶贫效益最优化。充分挖掘光伏扶贫电站各种资源，大力发展板下经济，积极推广"农光互补、药光互补、养光互补、林光互补"等模式，提升优化光伏扶贫电站综合效益。

六是坚持统筹兼顾、全面协调，追求发展模式可持续化。统筹内外资源力量，协调资源在光伏扶贫工作各环节精准使用，以光伏"板下经济"为依托，围绕"一乡一业""一村一品"，合理布局特色产业，协调产业发展，形成产业联动效应，对接乡村振兴，追求可持续化发展，让贫困户长期稳定受益。

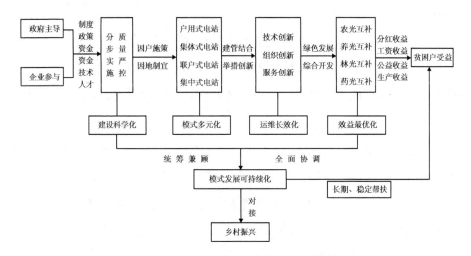

图 2-1　金寨县光伏产业扶贫的总体思路图

二、光伏扶贫的主要做法

（一）坚持质量严控，力求建设实施科学化

按照"统一规划、分步实施"的总体思路，全县光伏扶贫电站建设历经"试点、推广、提升"三个阶段，而每一阶段的建设实施过程，都坚持环节质量严控，精心组织，力求建设实施科学化。这有效保证了电站设备、组件

的合格率，确保了电站整体建设质量，同时避免了盲目扩大规模建设带来的并网难和"弃光"等产能过剩问题。

1. 试点先行，逐步推广

一是试点阶段。2014 年初，在全县不同区域选择 8 户贫困户，按照每户 3 千瓦的规模试点建设户用式光伏扶贫电站，根据测算每座电站年平均发电量为 3000 千瓦时左右，随后在全县分两批建设 2000 座户用式光伏扶贫电站，于 2014 年底全部实现建成并网。按照每发一度电收入一块钱计算，户年均可实现增收 3000 元，为全面推进光伏扶贫项目实施探索了路子、积累了经验。

二是推广阶段。2015 年，全面推广光伏扶贫到户项目，当年新建 5795 座户用式光伏扶贫电站并实现并网发电。各村成立创福发展公司，以此为依托分村建设装机规模 100 千瓦村集体式光伏扶贫电站，每村可实现年增收 10 万元左右。

三是提升阶段。考虑到山区地理环境、阳光照射时间等因素，以及户用式光伏扶贫电站安装分散、运维管理成本高等问题，2016 年建成联户式光伏扶贫电站 4.5 万千瓦，2017 年建成集中式光伏扶贫电站 10 万千瓦，为后续统一运维、统一管理提供了有力保障。[1]

2. 环节把控，从严监管

一是合理确定建设规模。综合考虑光照、用地、资金、电网消纳等因素，科学合理确定各村级光伏扶贫电站建设规模。村级光伏扶贫电站装机规模为 60—100 千瓦，联户式光伏扶贫电站装机规模为 240—6000 千瓦。

二是优化提升发电效益。根据山区电网特点，村级光伏电站采取 380 伏就近并网，村集体式光伏电站通过升压接入 10 千伏和 35 千伏线路。

三是从严监管工程质量。采取县级统一招标建设、统一验收评估的办

---

[1] 金寨县扶贫局：《安徽省金寨县光伏扶贫典型案例》，2020 年 10 月 22 日，第 3 页。

法，确保每个参建单位具备应有的专业能力和资质，确保每个电站具备应有的质量水平。建设单位主要选择在县内有大型商业地面光伏电站的企业，光伏组件、逆变器等采用国家资质检测机构认证的一线品牌，采用 EPC 总承包方式统一开展光伏扶贫电站建设，确保工程质量达标、评估结果符合要求。[1]

（二）坚持因地制宜，注重建设模式多元化

金寨县坚持因户因村因地制宜，推进光伏扶贫项目实施，目前已形成户用式、村集体式、联户式、集中式光伏扶贫电站等四种建设模式，直接受益的贫困户超 3 万户。

1. 户用式光伏扶贫电站

对具备光照、承压、方位和电网消纳等条件的贫困户，为其在屋顶或房前屋后空闲地建设户用光伏扶贫电站，产权归贫困户所有。全县共建成 3 千瓦户用光伏扶贫电站 7803 座、装机规模 2.34 万千瓦，每个电站投资 2.4 万元，其中各级财政扶持 8000 元、企业捐资 8000 元、贫困户自筹 8000 元。对无力自筹资金贫困户，通过互助资金、小额贷款、社会帮扶等途径解决，所借贷款从光伏发电收益中逐年偿还，县财政给予贴息支持。对于边缘户安装分布式光伏电站的，由其自筹资金 50%，政府通过贷款、财政贴息帮助其解决剩余的 50% 资金。生产的电量由国家电网以及国家财政补贴按照每度 1 元的标准收购，每户每年大约增收 3000 元。

2. 村集体式光伏扶贫电站

为了解决贫困村集体经济基础薄弱问题，以光伏产业带动村级集体经济的发展，金寨从 2015 年开始推进村集体式光伏扶贫电站，装机规模为 60—100 千瓦，总装机规模 2.95 万千瓦，其中装机规模达 100 千瓦的村级光伏电

---

[1] 金寨县扶贫局：《安徽省金寨县光伏扶贫典型案例》，2020 年 10 月 22 日，第 5 页。

站已有 225 座。村集体式光伏扶贫电站，由每村集资 48 万—74 万元不等，县财政对项目融资实行全额贴息，由村级创福公司进行担保，村集体贷款部分也由县财政全额贴息。同时，动员社会力量为全县 30 个贫困村建成 3141 千瓦村级光伏扶贫电站。村级光伏扶贫电站集中在村落中的空地进行搭建，集中发电，产权归村集体所有。每年可为村集体带来 6 万—10 万元发电经营收入，这些收益除用于偿还贷款部分外，主要用于村级公益事业和扶持贫困户，其中 80% 用于开发公益岗位扶贫，其余部分用于奖励补助扶贫、村级小型公益事业扶贫等支出。

3. 联户式光伏扶贫电站

对没有建设条件的贫困户、贫困村，采取乡（镇）、村协调选址、集中统一建设联户光伏扶贫电站方式，在 23 个乡镇建成联户光伏扶贫电站 45 座，装机规模为 240—6000 千瓦，总装机规模 4.5 万千瓦，产权归县级政府所有。资金投入采取各级财政资金注入、光伏企业让利和贫困户资金入股等方式筹集。具体来讲，县政府出资 60%，其中包括三部分，一是财政项目资金，二是县扶贫开发投融资公司向银行贷款筹集的资金，三是贫困户自愿入股缴纳的资金（每户缴纳 5000 元，无力自筹者可向银行贷款，县财政贴息）；剩余 40% 资金则由内蒙古山路能源集团捐资提供。发电收益扣除土地租金、运维管理等必要费用后，剩余资金用于形成贫困村集体经济收入及贫困户入股分红。全县共有 1.8 万户贫困户享受联户式光伏扶贫电站每年 3000 元的分红收益，连续 4 年，第 4 年本金 5000 元获得返还。

4. 集中式光伏扶贫电站

2017 年，在综合考虑土地资源节约利用和贫困户光伏受益面扩大后，县财政投入 1.7 亿元，由县委县政府牵头，县发改委、县城投公司、县汇金投资公司合作开发，争取银行政策性优惠贷款 5.9 亿元，托荒山 5000 亩集中建设 10 万千瓦集中式光伏扶贫电站。每年发电收入近 1 亿元，2019 年实现 1.17 亿千瓦发电量。发电收益扣除土地租金、运维管理等必要费用后，非扶贫容量部分形成的收益，主要用于偿还银行贷款、贫困村分红等支出。扶贫容量部分形成的收益由县级统筹用于扶贫事业，其中约有 5000 户贫困户参与入股分红，可连续 4 年获得 3000 元分红收益。[①]

（三）坚持举措创新，确保运营维护长效化

随着时间推移、设备老化，加上不可控的气象灾害等因素，部分光伏电站存在逆变器、光伏板出现不同程度的损坏或故障。为切实保障光伏扶贫电站持续平稳运行，创新方法举措，预防、解决问题，保障、化解风险，建立健全长效运维管护机制。

1. 创新技术，解决磨损和并网消纳难题

一些贫困村电网线路质量差、电压过低，导致电网无法承受电站产生的负荷波动，同时电网电压也难以满足逆变器要求，容易出现停机的情况，不仅降低发电效率，而且损害发电设施。为了解决该难题，金寨县加大了对农村电网的改造力度（2016 年，安徽省电力公司对金寨县投入农电整改资金 2.7 亿元），同时联合安徽电科院科研团队从规划、装置、调控三个方面着手，开展技术攻关，在分布式可再生能源发电集群关键地点配置灵活并网设备和系统集成。有效解决了金寨县分布式电源并网消纳难题，提高光伏扶贫电站发电效率。

2. 创新组织，高效监测排查消除故障

组建县光伏电站运维中心，及时监测辖区内光伏扶贫电站异常数据，收集故障电站信息。依托全国光伏扶贫信息系统运维平台进行数据分析，初步排查全县村集体（含联户式）电站发电异常情况。利用县光伏智慧管理平台排查，重点对可采集户用电站开展排查，初步确定异常问题。借助供电"用采系统"每日监测电站发电情况，对辖区内光伏扶贫电站运行发电情况进行

[①]　金寨县扶贫局：《安徽省金寨县光伏扶贫典型案例》，2020 年 10 月 22 日，第 4 页。

监测梳理，将异常数据与平台比对，以此来初步确定故障电站。同时通过生产、调度等系统，每天对大型联户光伏电站开展监测。开通400免费热线，畅通故障报修渠道，安排专人值班，接听电话，详细记录报修信息，及时解答用户咨询。

成立县光伏扶贫管理服务中心，依托县供电公司完备的人力技术资源和专业的技术支撑，打造专业运维队伍，组建了拥有210人的专业运维班组共19个，分区管理，责任到人。建立快速响应机制，由运维中心根据监测分析结果和故障报修信息，统一下发运维工单，各运维班组立即到村到户到现场排查，消除故障。基本能做到24小时内完成故障处理任务。制定运维管理工作制度，规范运维流程，实行运维班组"周报表"、运维中心"月报告"制度，及时向主管单位汇报运维结果，寻求支持，协商解决难题。①

明确乡、村职责，充分发挥村级光伏管护员作用，建立管护工作与公益岗位报酬挂钩的奖惩机制，切实压实管护责任。结合督查、督导、暗访等工作，对发现光伏电站管护不到位的情况，及时指出，限时整改到位。调动运维公司积极性，不定期检查运维公司运维管理工作，对贫困户投诉多、维修时间长等问题，采取下达整改通知书、罚款、约谈等方式，督促其立即整改，对运维效果好、群众满意度高，可在下一年度适当增加运维费用。

3.创新服务，健全运维风险预防和保障机制

建立短信服务平台，与移动公司合作，推出短信提醒业务，根据天气、季节变化及时发送光伏扶贫电站维护信息，普及维护保养知识。建立智慧服务平台，建设光伏智慧监控中心，实现对全县村级光伏扶贫电站设备运转、发电效能、光能转换等情况的实时监控，确保问题早发现、故障早处理，风

---

① 金寨县扶贫局：《金寨县2020年光伏扶贫工作总结》，2021年1月6日，见 http://www.ahjinzhai.gov.cn/public/6617541/32117501.html。

险早预防。

建立保险服务平台，统一为全县光伏扶贫电站购买财产安全保险，按3千瓦户用式光伏电站每年缴纳30元保费进行投保，最高可获13000元保险赔偿，切实减轻潜在自然灾害给光伏扶贫电站造成的损失，进一步降低运维成本。①

（四）坚持综合开发，力争扶贫效益最优化

金寨坚持走绿色发展道路，充分挖掘光伏扶贫电站各种资源，大力发展板下经济，积极推广"农光互补、药光互补、养光互补、林光互补"等模式，提高优化了光伏扶贫电站综合效益。

1. 直接生产性增收

积极引导贫困户在村集体式电站和小型联户式电站内发展种养业，增加生产性收入。如梅山镇小南京村240KW联户式光伏扶贫电站由贫困户王合术散放鸡鸭鹅等家禽达上百只，年销售收入5万元以上，同时，由村组织在光伏板下栽植油茶苗，增加村和农户经济收益。

2. 工作就业性增收

积极鼓励专业个体户和农业合作社在较大规模联户式电站内发展规模化种养业，增加贫困户就业工资收入。如槐树湾乡农光互补光伏发电站占地110亩，通过发展板下小龙虾50余亩、养鹅500余只，年收入达30万元，每年带动10余名贫困人员就业增收；再如吴家店镇吴畈村，力源合作社在占地158亩的光伏板下搭建灵芝种植大棚进行灵芝种植，实现光伏发电＋灵芝种植的立体式栽培。栽种灵芝112.8万棒，可年产灵芝33.84吨，灵芝孢子粉31.58吨，年收入达565万元。合作社固定用工50人以上，特殊时间每天用工100人以上，其中贫困人员固定用工10人，临时用工28人，人

---

① 金寨县人民政府：《金寨县2018年脱贫攻坚工作总结》（金脱贫组〔2018〕43号）。

均年增收 8000 元。①

3.产业带动性增收

充分发挥规模化"板下经济"对贫困户的产业带动增收效应。如吴家店镇吴畈村，合作社在自有灵芝种植基础上，统一制棒、贫困户分栽，统一技术指导、收益分户的扶贫模式。有劳动能力的到合作社领一个棚（2500 棒）灵芝自行种植，由合作社进行技术指导；有劳动能力无技术的到合作社做工，并学习灵芝栽培技术；无劳动能力也无技术的，将 2500 余棒交给合作社代管，合作社统一回收产品时扣除垫付的成本和管理费后，剩余利润交付给贫困户，促进贫困户增收，早日脱贫致富。

4.公益岗位性增收

开发光伏电站管护公益岗位，选用贫困劳动力参与联村光伏扶贫电站设备看管、板面清洗等工作，不定期组织公益岗位集中从事电站除尘、除草，公益岗人均每月可获得 500 元左右的公益劳务收益。目前全县已有开发光伏扶贫电站管护员等公益岗位 3326 人，带动 3326 户贫困户户均年增收 6000 元。②

（五）坚持统筹兼顾，追求发展模式可持续化

金寨县光伏扶贫电站开发坚持内外统筹兼顾，全方位多方面发展，谋划对接下一步乡村振兴工作，追求发展模式长期可持续化。

1.统筹整合扶贫资源，协调各环节资源合理分配使用

统筹整合各级政府下发的财政专项扶贫资金、财政涉农资金，强化农村电网基础设施改造升级。多年来累计投入 19.73 亿元，全面升级农村电网，户均配变容量由 2015 年的 1.57 千伏安增长到 2.83 千伏安，群众用电、电站发电并网条件明显改善。累计投入 14.78 亿元建成并网光伏扶贫电站 20.11

① 金寨县吴家店镇：《吴畈村农光互补光伏扶贫电站简介》，2020 年 10 月 26 日。

② 金寨县扶贫局：《2020 年金寨县光伏扶贫工作总结》，2020 年 12 月 31 日，见 http://www.ahjinzhai.gov.cn/public/6596281/32053641.html。

万千瓦，实现综合收益 5.6 亿元。①

统筹发挥工商联、工青妇、公益团体等组织作用，利用"定点扶贫""扶贫日""百企帮百村""同心工程""县域结对"等扶贫公益平台，积极倡导社会各界参与到金寨脱贫攻坚事业中来。争取国家人社部、省市县各级定点帮扶单位帮扶引进及直接投入社会资金。此外，按照"应贷尽贷"的原则，持续加大扶贫小额贷款工作力度。积极招商引资，引导行业企业资金、技术帮扶，多渠道整合资金资源。

统筹规范运维费用支出和发电利益收益结算，光伏扶贫电站发电收益全部由供电部门统一结算至县光伏扶贫发电收入结转机构专户，实行封闭化管理，由县级结转机构承担各种类型光伏扶贫电站发电结算、运维费用支出扣除及收益发放。

2.统筹协调利益主体责任，构建联动联结机制

统筹政府条块力量，形成合力联动，压实工作责任。严格执行脱贫攻坚领导小组书记、县长双组长负责制，建立县领导联系乡镇、办公室成员分片指导制度。建立健全县级到部门到乡镇脱贫攻坚例会制度，落实党政一把手脱贫攻坚工作责任制，完善考核机制，强化结果运用。协调各部门力量，成立光伏扶贫专项办公室，对光伏产业扶贫工作全程领导、全面把关，整体推进扶贫工作。金寨光伏扶贫专项办公室下设规划选址、信息核查、项目资金、建设安装、供电服务五个工作组，各成员单位各司其职，分工协作，密切配合推进工作有效开展。

统筹相关利益主体责任，光伏扶贫工作从项目立项到终端贫困户受益，中间涉及政府、施工企业、供电企业、贫困户等多个环节，管理链条长，推进难度大。金寨县在推进光伏扶贫工作中，通过明确相互之间权责利益关系，促成构建相关方利益联结机制、责任联动机制和带贫减贫长效机制，确

---

① 金寨县人民政府：《金寨县脱贫攻坚工作有关情况汇报》，2020 年 10 月 22 日。

保光伏扶贫效益发挥。

通过制度固化将产业发展和产业精准扶贫长效机制好的经验做法上升到制度规范层面，进一步固化利益联结机制。对照上级文件精神，结合县情实际，制定《金寨县光伏扶贫电站收益分配管理实施细则》，明确村级光伏扶贫电站发电收益用途及分配对象，并严照按照细则规范实施。让政府、贫困户、项目、资金、市场等各个主体在利益联结机制下能够实现有效互动，让贫困户与其他利益主体连接更加紧密，在精准扶贫资源利用上能够占据主导地位，获得更多利益和经济收入。

3. 统筹与其他扶贫产业协调发展，对接乡村振兴事业

确保光伏发电持久稳定收益的前提下，结合当地产业发展条件，大力发展光伏板下经济。完成光伏板下发展产业电站 266 个，利用板下 500 亩土地发展土鸡、白鹅等养殖业，发展灵芝、中药材、苗木、茶叶等种植业 1800 亩。初步形成了"光伏＋种植、光伏＋养殖"等农光互补产业模式。

以光伏扶贫电站"板下经济"为依托，壮大当地特色产业促增收。按照"长短结合、以短为主、以长带短、以短促长"产业发展思路，围绕"一乡一业""一村一品"，在全县农村合理布局特色产业，重点发展茶叶、中药材、果蔬等特色种养业。全县现有茶园 20.89 万亩、中药材 8 万亩、山核桃 12 万亩、板栗 30 万亩、猕猴桃 3.01 万亩、油茶抚育 6.2 万亩，种植有机稻 2 万亩、蔬菜 2 万亩，发展家禽家畜养殖 470 万余只（头）。共发展省市两级农业产业化龙头企业 97 家、联合体 12 家，农民合作社 3156 家，家庭农场 4147 家。认定 71 个贫困村特色种养业全部达标，14601 户自种自养户达标，680 家经营主体通过订单、农业务工、农业入股方式联结带动 10773 户贫困户发展产业，户均增收 3000 元以上。①

---

① 金寨县农业农村局：《关于金寨县"十三五"农业产业扶贫规划评估情况汇报》，2020 年 10 月 19 日。

金寨县依托光伏扶贫电站板下经济，大力发展壮大特色产业，统筹与其他扶贫产业协调发展，构建产业联动、相互促进的产业发展格局，努力促成乡村产业兴旺目标，为下一步开展乡村振兴工作奠定坚实基础。

三、光伏扶贫的基本经验

（一）强调组织建设和多方参与是光伏扶贫有效开展的根本

组织好人员做事，充分调动各方主体的积极性，是光伏产业扶贫有效开展的根本条件。这需要强化政府的主导地位，金寨严格执行脱贫攻坚领导小组书记、县长双组长负责制，建立县领导联系乡镇、办公室成员分片指导制度。成立光伏扶贫专项办公室，下设规划选址、信息核查、项目资金、建设安装、供电服务五个工作组，各成员单位各司其职，分工协作，密切配合推进工作有效开展。

除了强化政府的主导地位，也需要多方利益主体积极参与。金寨明确政府、施工企业、供电企业、贫困户之间的权责利益关系，促成构建相关方利益联结机制、责任联动机制和带贫减贫长效机制，让各方主体能够实现有效互动，让贫困户与其他利益主体连接更加紧密。通过公益性岗位等设置，增强贫困户主体性，使其在资源利用上能够占据主导地位，获得更多利益和经济收入。

（二）强调建设质量和高效运维是光伏扶贫发挥长效的基础

前期保证光伏扶贫电站的建设质量，后期保证电站高效率的维护管理，是光伏扶贫电站长期发挥扶贫功能的基础。金寨综合考虑光照、用地、资金、电网消纳等因素，科学合理确定各村级光伏扶贫电站建设规模。严格招标建设、统一验收评估，确保每个参建单位具备应有的专业能力和资质，确保每个电站具备应有的质量水平。采用 EPC 总承包方式统一开展光伏扶贫电站建设，确保工程质量达标、评估结果符合要求。

用好用活全国光伏扶贫信息监测系统，充分发挥运维企业、运维人员作用，扎实开展线上线下一体化运维管理，不断提高光伏扶贫电站运维管理水平和发电效能。组建县光伏电站运维中心，及时监测辖区内光伏扶贫电站异常数据，收集故障电站信息。成立县光伏扶贫管理服务中心，依托县供电公司完备的人力技术资源和专业的技术支撑，打造专业运维队伍，分区管理，责任到人。及时发现问题、高效解决问题。通过严把建设质量关，科学化建设、运维，为光伏扶贫电站发挥长效奠定基础。

（三）强调因地制宜和合理布局是光伏扶贫全面实施的重要举措

因地制宜，对光伏扶贫进行合理规划布局，充分发挥电站的生产能力和公益性质，最大限度覆盖全县贫困户，是光伏扶贫全面实施的重要举措。

金寨对具备光照、承压、方位等条件的，在贫困户屋顶或房前屋后空闲地建设分布式户用光伏扶贫电站。对没有建设条件的贫困户、贫困村，采取乡（镇）、村协调选址、集中统一建设联户光伏扶贫电站方式。充分利用资源禀赋，流转整合荒山，建设集中式光伏扶贫电站，覆盖全县剩余有意愿入股参与的贫困户。集中在村落中的空地搭建村集体式光伏电站，集中发电，解决村集体经济薄弱问题，发展村庄公益事业。4 种建设模式优势补充，广泛覆盖全县贫困户，推动光伏扶贫全面实施。

（四）强调技术、机制和内容创新是光伏扶贫升级发展的动力

建设运维中遇到难题，善于创新方法解决，是光伏产业扶贫不断升级发展的动力。金寨联合安徽电科院科研团队从规划、装置、调控 3 个方面着手，开展技术攻关，在分布式可再生能源发电集群关键地点配置灵活并网设备和系统集成，有效解决了金寨县分布式电源并网消纳难题，提高光伏扶贫电站发电效率。

建立光伏智慧管理平台，每日采集户用电站发电数据，及时掌握电站日常运行状况，排查故障电站。

根据光伏扶贫电站日常维护管理需要，创新建立短信服务平台、智慧服务平台、保险服务平台，降低光伏扶贫电站受灾损害风险，增强贫困户风险承受能力。

（五）强调资金多渠道整合和收益合理分配是光伏扶贫有序推进的保障

多渠道整合资金，保证资金充足，规范合理分配电站收益，避免因利益问题引发矛盾冲突，是光伏产业扶贫有序推进的保障。统筹财政专项扶贫资金、整合财政涉农资金、发放扶贫小额信贷，支持企业、帮扶单位捐赠等各路资金，集中于电网基础设施改造、光伏扶贫电站修建、电站管理维护等各环节的精准投放使用。

对照上级文件精神，结合县情实际，制定《金寨县光伏扶贫电站收益分配管理实施细则》，明确村级光伏扶贫电站发电收益用途及分配对象，并严格按照细则规范实施。[1] 户用式光伏扶贫电站产权和收益归贫困户个人；村集体式光伏扶贫电站产权收益归村集体，主要用于村级公益事业和扶持贫困户；联户式光伏扶贫电站产权归县政府，收益扣除必要费用后，主要用于贫困村集体经济收入及贫困户入股分红；集中式光伏扶贫电站产权归县政府，扶贫容量部分形成的收益，由县级统筹用于扶贫事业和贫困户分红。

（六）强调综合开发和产业联动发展是光伏扶贫成效显著的关键

对光伏扶贫电站加以综合开发，依托板下经济与其他扶贫产业协调联

---

[1]　金寨县人民政府：《金寨县光伏扶贫电站收益分配管理实施细则》，2019 年 6 月 24 日，见 http://www.ahjinzhai.gov.cn/public/6597221/18240821.html。

动发展，是提升光伏产业扶贫成效的关键。积极推广"农光互补、渔光互补、光养互补、林光互补"等模式，充分利用光伏板下空地、水域，大力发展光伏板下经济，大力发展土鸡、白鹅等养殖业，发展灵芝、中药材、苗木、茶叶等种植业，延伸收益链条，最大限度释放光伏扶贫电站综合效益。

以光伏扶贫电站"板下经济"为依托，壮大当地特色产业促增收。按照"长短结合、以短为主、以长带短、以短促长"产业发展思路，围绕"一乡一业""一村一品"，在全县农村合理布局特色产业，重点发展茶叶、中药材、果蔬等特色种养业。形成产业联动发展效应，共同致力精准扶贫和乡村振兴事业。

第六节　问题与建议

一、存在的问题

（一）光伏运维模式的问题

当前金寨县的光伏电站运维主要有两种模式，一种是托管专业能源公司进行运维，这种模式主要存在于集中式光伏电站，其特点在于专业化、高效化。例如金寨县位于梅山镇三合村的草楼光伏扶贫电站，该项目由金寨汇金投资有限公司投资，协鑫能源工程有限公司承建，电站由协鑫新能源安徽区域公司的专业运维团队进行运营维护。另一种是依托国家电网金寨县供电公司开展运维工作，这种方式广泛存在于家户式、村集体式和联户式光伏扶贫电站，特点在于机动化、灵活化。从金寨县的光伏扶贫电站分布及其带动的贫困人口数量来看，在上述两种方式中依托国家电网金寨县供电公司建立的运维模式更为普遍，但也存在不少问题，具体有如下几个。

1.光伏电站分布过于零散带来的运维低效率问题

金寨县地处大别山区，县域面积广阔且地形复杂，贫困人口居住相对分散，这在一定程度上增加了户用式光伏扶贫电站运营维护的难度。金寨县早期的光伏扶贫电站以户用式为主，全县共建成户用式光伏扶贫电站7803座，主要安装在贫困户房屋屋顶或者房前屋后的空地，这些电站规模小且布局分散，给电站运维带来了巨大挑战。调查中金寨县工作人员反映到，早期户用式电站出现问题时工作人员光是到贫困户家中就要花费数小时，不仅效率低，而且由于不能及时得到维修导致电站无法运行，影响了贫困户的收益。尽管后期金寨县依托国家电网金寨县供电公司组建了专门的数据平台和运维队伍，但是，一方面，数据平台对规模较小的户用式电站发电量的监控敏感度较低；另一方面，相对分散且数量庞大的户用式电站也对人员有限的运维团队构成了较大挑战。

2.光伏电站运维主体负担过重带来的可承载性问题

当前，金寨县的户用式、村集体式和联户式电站均由国家电网金寨县供电公司承担，这无疑增加了供电公司的工作负担。首先，金寨县供电公司承担了大量运维成本。根据金寨县扶贫工作人员反映，全县一年的光伏运维费用在400万元左右，其中，金寨县政府出160万元，其余费用由金寨县供电公司承担。其次，金寨县供电公司在运维过程中承担的工作量过大，面临超负荷运转。金寨县供电公司在运维过程中的工作内容包括建设光伏智慧管理平台监测光伏电站的发电情况，将异常数据上报运维中心进行比对，以确定故障电站；开通400免费热线，安排专人值班，负责接听电话以记录报修信息；组建专业运维班组19组，共210人，对全县光伏电站进行分区管理，并实行运维班组"周报表"、运维中心"月汇报"的制度；当光伏电站出现问题时，运维中心根据监测分析结果统一下发运维工单，引导运维工组到村到户现场排查，消除故障。上述运维体系虽满足了光伏扶贫电站的需求，但也给金寨县供电公司带来了巨大压力。在安徽省扶贫办座谈会上，国家电网安徽省供电公司的工作人员反映到，当前一个县级供电公司大约有电工 300人，而一个县有接近 1 万的电站需要运维，庞大的工作量让电网工作人员很难应对其他工作。第三，国家电网县级供电公司的电工往往难以直接应对光伏组件的维修工作。座谈会上工作人员反映到，当前电网公司的电工在发现问题时并不能直接解决问题，尤其是当光伏设备出现问题时只能通知厂家进行更换，在耗费人力的同时也降低了工作效率。作为国家光伏扶贫的典型县，金寨县政府部门通过讲政治的方式让国家电网金寨县供电公司承担规模庞大的光伏扶贫电站运维工作，目前来看取得了一定的成效，但是长期来看，这一做法大大增加了电网公司的负担，尤其是人力负担，而且也并非效率最优解，其持久性面临一定挑战，也难以在其他地区推广开来。

3. 光伏技术更新换代加快带来的运营成本问题

当前光伏领域的技术更新换代在不断加快，据协鑫公司工作人员介绍，前期的光伏板太阳能转化率在 17% 左右，2016 年以来新一代的光伏板转化率在 25% 左右，而当前实验室阶段光伏板的转化率最高达到了 32%，技术更新为光伏扶贫带来了两方面挑战。其一，当前金寨县的扶贫电站所用多为第一代光伏板，可以预见未来光伏设备的产品更新换代会越来越快，继续使用第一代的光伏板会越来越低效，容易造成资源浪费，且随着使用年限的增长，光伏板也会出现各种各样的问题，而要更换光伏板则又需要新的成本投入。其二，随着光伏技术的更新，光伏生产企业也在不断发生调整，新生产的光伏配件型号与早期配件并不一致，再加上早期生产厂家部分已经倒闭，这就导致早期光伏扶贫电站在设备出现问题需要更换时往往难以买到合适的配件，整套更换则又加大了运营成本。例如金寨县早期建设了大量户用式光伏电站，其安装规模统一是 3 千瓦，光伏发电要并网就需要与之配套的逆变器，但是之前生产 3 千瓦逆变器的不少厂家现在已经部分倒闭或者不生产了，而如果找不到新品配换，户用式光伏电站在逆变器出现损坏时就会面临废弃风险。

（二）光伏收益分配的问题

目前，金寨县光伏扶贫电站的收益分配在不同类型电站有不同特征，但整体以贫困人口收益为导向。户用式光伏扶贫电站的发电收益归贫困户个人所得；村集体式扶贫电站的发电收益80%用于村级公益岗位扶贫，余下20%作为扶贫奖励；[①] 联户式光伏电站的发电收益部分用于贫困户分红，其余归村集体所有；集中式扶贫电站的发电收益分两部分，非扶贫容量的收益用于偿还贷款和贫困村分红，扶贫容量收益则用于县级扶贫事业。上述收益分配模式在脱贫攻坚中极大助力了贫困人口脱贫，但也存在如下问题与挑战。

1. 光伏扶贫模式差异导致的贫困户收益不均衡问题

金寨县的四种光伏扶贫电站模式均可带动贫困人口增收，但是电站的产权和贫困人口的受益年限却各不相同，因而存在贫困户收益不均衡的问题。具体来说，户用式电站的产权属于贫困户个人所有，只要电站运行，贫困户就可以一直享受发电收益；村集体式电站产权归村集体所有，对贫困户的带动主要通过公益岗位和扶贫奖补进行；联户式电站产权归县级所有，对贫困户的分红年限初步设定为2020年，之后如何分配还需要进一步确定；集中式电站的分红年限为连续4年，之后便返还贫困户入股本金。相比而言，参与用户式扶贫电站的贫困户收益最为持久，参与其余类型扶贫电站的贫困户收益均在一定期限之后面临不确定性。尽管在不同模式扶贫电站建设过程中贫困户的投入各不相同，但是其资金来源多使用扶贫小额贷款，其差别仅在于贷款额度，并未涉及贫困户的现有收入，而在收益上却存在较大差别，用户式扶贫电站甚至可以在脱贫攻坚之后持续多年为拥有其产权的贫困户创

---

① 国务院扶贫办综合司、财政部办公厅：《关于积极应对新冠肺炎疫情影响切实做好光伏扶贫促进增收工作的通知》（国开办司发〔2020〕3号），2020年2月21日，见 http://www.cpad.gov.cn/art/2020/2/21/art_3124_112432.html。

收，这可能导致其他贫困人口和非贫困人口尤其是刚过贫困线的非贫困人口的不满。

2. 光伏产出倾斜扶贫带来的村集体收入再增长问题

当前金寨县的村集体光伏电站的发电收益全部用于扶贫，导致村集体收入的用途受限，难以实现再增长。在劳动力大量外出、农村空心化问题日益突出的背景下，大量行政村的村集体收入十分有限，大大加剧了基层治理工作的难度，而光伏扶贫电站尤其是村集体式光伏电站则有效解决了贫困村的村集体收入难题。但是在精准扶贫中，国家规定村集体扶贫电站收益的80%用于扶贫公益岗位设置，对此，在访谈中有工作人员表达了其困惑。村集体收入需要进行二次分配，但是上述规定则限定了光伏收益的使用范围，阻断了进行产业再投资的渠道，尽管在脱贫攻坚中需要带动贫困人口增收，但在稳定脱贫之后该如何使用光伏扶贫带来的村集体收益则需要进一步明确，继续限定其使用范围并不利于村集体经济的增长。此外，当前联户式电站的部分收益虽然暂归村集体所有，但是电站的产权归县级政府所有，在脱贫攻坚结束之后收益如何分配也是不得而知。当前，脱贫攻坚战行将结束，如何通过光伏扶贫带动村集体经济的发展、对接乡村振兴还需进一步谋划。

3. 国家财政补贴流程不合理带来的发电收益支付问题

当前，国家财政补贴是金寨县光伏扶贫的重要收益来源之一，但是在现行补贴流程下，地方政府在向贫困户支付光伏发电收益时也面临一定挑战。首先是国家补贴不及时带来的挑战。调查组在安徽省扶贫办的座谈会上了解到，光伏扶贫的国家财政补贴来源于可再生能源发展基金，正常情况下是在第二年第一季度之前结算上一年度的补贴资金，这就容易出现补贴不及时的问题，安徽省甚至出现过补贴中断的情况，到2017年才算接上。据反映，刚开始在国家补贴不到位时，安徽省各贫困县主要由县级供电公司承担相关费用，但是随着费用的增加，供电公司开始承受不住，之后便由县级政府举债补齐光伏扶贫收益，以实现对贫困人口的增收承诺，但也由此带来了一定的负债问题。在金寨县的座谈会上，工作人员反映到目前国家还欠金寨8000万元的光伏补贴，而这8000万元的补贴金寨县只能借钱补给贫困户。因此，在光伏扶贫中国家补贴不及时往往会加大地方政府的债务负担。其次是国家补贴程序带来的执行标准不一致问题。当前国家的光伏补贴先是由财政部下拨给国家电网公司，国家电网公司拨发给省级供电公司，再由省级供电公司直接转到县级光伏结转专用账户。在此过程中存在一个税收问题，即按国家规定，政府补助资金是不应该收税的，但是企业经手的资金却要产生税收，这就导致有的地方收了税，有的地方没收，造成了执行标准的不一致。金寨县作为国家光伏扶贫典型县，地方政府较为强势，因此没有让财政部门对补贴收税，但是实际上无论收税还是不收税都面临着规则之间的冲突。

（三）光伏可持续发展的问题

在全球环境变化日益严峻、环境治理日益迫切的背景下，发展清洁能源产业具有巨大的战略意义，其中，光伏产业的兴起无疑提供了新的突破口。在脱贫攻坚中，金寨县凭借其敏锐的政策嗅觉挣得了发展新能源产业的政策空间，为该县发展光伏产业创造了有利的条件支持，使得该县占据了发展光伏扶贫的先手。从目前取得的成果来看，金寨县通过光伏项目带动了超过10万贫困人口脱贫，无愧全国光伏扶贫的典型县。但精准扶贫已临近收官阶段，结合金寨县光伏扶贫的发展现状来看，未来要想实现光伏可持续发展还面临如下问题及挑战。

1.光伏板下土地利用不足导致的资源浪费问题

在光伏板下进行种养殖经营可以有效提升土地利用效率，进而提升光伏产业的综合收益。当下，金寨县已在光伏板下发展种养殖业共计2300余亩，但与全县光伏扶贫电站占地规模相比，仍有较大发展空间，不少光伏电站存在板下荒废现象，导致了土地资源浪费。板下土地资源利用不足的原因有四，其一，光伏电站建设不合理限制了板下发展空间。早期建设的光伏扶贫电站多为低支架结构，高度仅及膝盖，最高者也不过一人身高，这在很大程度上限制了光伏板下的经营空间，而增高支架又需要进行新的成本投入。其二，光照不足导致板下种植作物产出偏低。光伏板下的土地光照条件较差，平均光照量不到正常水平的30%，因此导致部分种植作物的生长受限，只能勉强存活，难以达到规模产量。尽管部分地区发展了喜阴作物种植，但是规模有限，而要全部发展喜阴作物种植产业也面临较大市场风险。其三，光伏技术应用不足限制了板下经济发展。光伏板遮挡板下光照量可以通过技术创新进行解决，据安徽省扶贫办工作人员介绍，目前中科大技术团队已经研发出了光伏板补光和分光技术，可以在一定程度上提升板下的光照量，但是目前也仅是在部分地区试行，在大量地区包括金寨县还并未得到推广。其四，对于集中式光伏扶贫电站，光伏板下面积规模巨大，发展种植业回报周期较长。例如位于金寨县梅山镇的集中式光伏扶贫电站地处荒山，占地面积4000亩，对此地方政府计划投入1500万元发展茶树种植，目前已经投入900万元，据了解，茶树种植要到第四年才能开始采摘，漫长的收益周期也在一定程度上延缓了板下经济的发展。

2. 行业发展不经济导致的市场竞争力不足问题

金寨县是国家高比例可再生能源示范县，同时也是近零碳排放示范区建设县，借助上述政策优势，金寨县发展了规模庞大的光伏电站，包括扶贫电站和商业电站，但与传统发电行业相比，光伏行业还存在较大缺陷，导致其市场竞争力不足。其一是光伏价格过度依赖政府补贴。当前，金寨县光伏扶贫电站的并网电价为每度电0.98元，这是国家规定的在2017年6月30日之前完成并网的电价，明显高于后期并网的竞价价格，因此，国家财政补贴是金寨县光伏扶贫的重要命脉。实际上，同火力发电和水力发电相比，光伏电站无论是扶贫电站还是商业电站都更加依赖国家财政补贴，单就市场竞争力而言，光伏发电既没有价格优势，也没有成本优势，这在很大程度上限制了光伏行业的进一步发展。调查中,金寨县工作人员也表达了对光伏产业的担忧,他们认为高度依赖政府补贴生存的行业在未来可能不会有很大的发展空间。其二是光伏电站并网发电的使用率不足。金寨县的光伏发电全部由国家电网金寨县供电公司负责并网运营,并未出现其他地区存在的较高弃光率,但也造成了供电公司亏本运营。据金寨县供电公司统计,2019年金寨县新能源装机年发电量为170亿度,其中光伏发电120亿度,而全县年用电量仅为28亿度,县级电网公司为此投入了近15亿元用于输变电工程建设,付出了巨大成本。更为重要的是,光伏发电的稳定性不及火力发电和水力发电,相比而言属于垃圾电,在大容量储电设施尚未装配之前,光伏发电面临着忙时用不上、闲时多浪费的尴尬处境。为此,金寨县建立了抽水蓄能电站,将光伏发电转化为水力发电,但这其中也面临着水电站建站成本和能量损耗的问题。如何提升光伏发电的使用率、降低光伏运营成本、积累光伏发电的价格优势是当前光伏行业亟待解决的问题,仅靠扶贫政策带来的政策红利并不能推动行业的可持续发展。①

3.行业长远规划不清带来的生存发展空间隐患

凭借政府的资源倾斜和政策优惠,金寨县的光伏扶贫在精准扶贫中得到了快速发展,产生了巨大的脱贫效益,但是在后精准扶贫时代何去何从还不甚清晰,当下潜藏的问题很可能成为后期发展的隐患。首先是光伏板处理不当带来的环境隐患。一般而言,光伏板的理想使用寿命是20—25年,但在现实运营中光伏板的使用寿命往往达不到理论年限,冰雹等极端天气、板下经济的不当生产等均可能对光伏板造成破坏。不仅如此,从已有经验来看,随着使用年限的增长,光伏板的问题会越来越多,而当前较为常见的处理办法就是更换光伏板,随着光伏技术的更新换代,光伏电站尤其是商业电站的光伏板更换可能会日益频繁,这可能会导致未来废弃光伏板的激增。因此,

---

① 金寨县发改委:《金寨县新能源产业调研报告》,2020年8月11日。

发展光伏产业需要防范因处理不当导致废弃光伏板堆积的问题。目前，各地对废弃光伏板的处理还比较粗放，如果不找出合适的处理方式，未来可能产生一定的环境污染隐患。其次是光伏产业衍生品不足带来的行业生存隐患。单从发电收益来看，光伏发电既无价格优势，也无成本优势，在脱离政府补贴的情况下行业前景不容乐观。对此，应该在寻求技术突破的同时最大限度地发挥光伏发电的环保优势，发展出与碳排放挂钩的衍生品。据安徽省扶贫办工作人员介绍，目前全省包括金寨县在碳排放交易上还处于闲置状态，如果不能把握光伏的环保优势，仅靠发电产出，光伏产业包括扶贫和商业电站都有可能在未来面临严峻的生存挑战。

二、政策建议

（一）加快确权，明晰各类光伏扶贫电站资产的管理

村级光伏扶贫电站是典型的扶贫资产，针对当前存在入户式、单村式、联村式、县级集中式等多种光伏扶贫电站的实际情况，建议能够尽快明确产权，为各类光伏扶贫电站的资产管理提供前提，也为后续光伏扶贫电站收益的分配提供基础。其中：单村电站建议把整体产权确到村里，集中电站和联村电站可以根据投入比或者因素分配法把属于对应贫困村的那部分产权明确到村里。确权文件或协议中的产权及相应内容要清晰明确。确权到村后，村级要承担管理光伏电站的义务。户用电站确权到户，相关运维管理由农户负责。集中电站的扶贫装机容量要确权，可通过地方和企业协商的方式确定。

（二）建立健全管理构架，确保光伏扶贫电站全生命周期健康运行

光伏电站运营维护专业性、技术性强，安全性、时效性要求高，是电站正常运转、持续稳定收益的重要保障。建议进一步规范运维管理，建立健全

"政府监管、专业运营、群众参与"的管理构架。一是发挥政府的主导作用，负责运维机制的设计、建设、实施和监管，确保有人管、管得住、管得好。二是激发专业机构发挥的主体作用。建议从光伏扶贫电站收益中提取一定的风险金作为运维费用。具体费率可参考光伏发电行业惯例，结合当地实际来制定。通过政府采购服务等形式遴选优质的专业机构承担具体运维职责。把发电业绩与运维费用、运维费率挂钩的动态机制，激发专业运维机构的主动性。三是发动贫困群众的参与积极性。聘用贫困劳动力作为管护人员参与适宜的运维工作，带动贫困群众增收，节省运维成本，增强村民爱护电站的意识。

（三）规范扶贫收益管理，强化光伏电站的扶贫属性

光伏扶贫电站收益的公开透明管理与合规高效分配，对于确保贫困村集体、贫困人口持续受益至关重要。一是合理确定收益分配比例。从调研情况看，光伏扶贫收益用在包括运维在内的综合性成本可提供一个参考比率范围，在保障光伏扶贫收益不少于90%用于扶贫的前提下，给各地一定的浮动范围，方便当地结合实际情况合理制定相关费率。二是严格遵守资金使用规定。《村级光伏扶贫电站收益分配管理办法》明确规定了，光伏扶贫收益就是由村集体负责，就是要用在设置公益岗位、开展小型公益事业和实施奖励补助三个方面。[①] 三是坚持分配过程公开透明。只有做到公开透明，确保光伏收益资金规范、合理、公平，才能获得贫困村群众的充分信任。建议加强对光伏扶贫收益分配信息系统的推广、培训和使用，实事求是地录入数据，及时有效地分析数据，确保资金使用安全、收益分配合规，确保对光伏扶贫电站收益分配的全流程进行监督。

---

① 国务院扶贫办：《村级光伏扶贫电站收益分配管理办法》，2017 年 12 月 11 日，见 http://www.cpad.gov.cn/art/2018/1/4/art_50_76181.html。

（四）规范公益岗位管理，切实发挥光伏扶贫的带贫作用

设置公益岗位是光伏扶贫的重要带贫方式。依托光伏扶贫电站扶贫收益设置公益岗位，要遵循相关科学原则。一是体现扶贫特色。聚焦村级作为光伏收益分配主体的特点，杜绝岗位泛化、人浮于事、无事可干，达不到劳动增收和激发内生动力的效果。二是适应村内的公益需要。瞄准以往村里由于没钱没人干，但又想干，确实需要有人干，甚至非干不可的事情。岗位对象重点是针对村内的半劳动力、弱劳动力，加强对这部分"弱势群体"的支持。三是岗位管理要强化制度运行。建议指导村集体建立起包括选聘、考核、监督、奖惩、解雇在内的一整套公益岗位管理制度并有效运转起来。特别是建议明确用于设置公益岗位的支出占光伏收益的合理比例，明确公益岗位的设置数量、范围和相关待遇。

（五）注重可持续性发展，深入挖掘光伏扶贫的综合价值

确保光伏扶贫效益持续发挥和光伏扶贫可持续发展是当前的重大课题。光伏扶贫电站的价值是多方面的，在确保发电收益的基础上，建议积极开展光伏扶贫电站的可持续研究，最大限度发挥光伏扶贫电站在经济、社会和环境等方面的综合效益。一是大力发展光伏板下经济。围绕加快结构调整、促进综合利用，加大"光伏+"扶贫模式推进力度，积极推广"农光互补、养光互补、林光互补"等综合利用模式，进一步提升光伏扶贫电站的经济效益。二是开展碳交易和碳补偿。围绕保护生态环境、推动高质量发展，积极推进生态扶贫和"低碳扶贫"，探索碳交易补偿方式，将出售碳减排指标所得用于增加光伏扶贫电站收益。据测算，安徽省村级（联村）光伏扶贫电站年均碳减排量达 221 万吨，年均收益约 2200 万元。随着中国 2030 年达到碳排放峰值、2060 年实现碳中和目标的提出，未来光伏扶贫电站开展碳交易和碳

补偿有着广阔的发展空间。[1] 三是提前规划光伏扶贫电站废旧设备的回收与再利用。随着光伏扶贫电站运营时间越来越长，以及光伏发电技术的持续进步，光伏扶贫电站的相关设备老化、坏损和更新，光伏扶贫电站会产生大量的废弃设备。这些废弃设备需要未雨绸缪，从可持续发展的角度做好综合利用，减少资源的浪费，避免对周边环境的破坏和污染，让光伏扶贫电站能够为绿色青山做出更大、更持久的贡献。

第七节　展望与趋势

2020 年，在脱贫攻坚目标实现以后，走中国特色社会主义乡村振兴道路，全面实施乡村振兴战略，强化以工补农、以城带乡，推动形成工农互促、城乡互补、协调发展、共同繁荣的新型工农城乡关系，是国家"十四五"规划和 2035 年远景目标的重要内容。同时，国家"十四五"规划和 2035 年远景目标明确要求要发展绿色生产生活方式，发展新能源，能源资源配置更加合理、利用效率大幅提高。这实际上反映出国家对于光伏等新能源的重视提升到了新的高度。[2]

展望在"十四五"时期，光伏扶贫工作的主要趋势是要立足于助力乡村振兴，规划好光伏产业的发展，做好光伏产业与乡村振兴的全面对接与融合。一是考虑出台"十四五"光伏产业助力乡村振兴专项规划。与发展改革委、能源局沟通，立足落实国家"十四五"规划的高度，结合乡村振兴的需要，从专项规划的视角，规划未来 5 年光伏产业支持乡村振兴的相关文件。

---

① 《习近平在第七十五届联合国大会一般性辩论上发表重要讲话》，新华社，2020 年 9 月 22 日，http://www.xinhuanet.com//mrdx/2020-09/23/c_139389875.htm。

② 《中共中央关于制定国民经济和社会发展第十四个五年规划和二〇三五年远景目标的建议》，新华社，2020 年 11 月 3 日，见 http://www.xinhuanet.com//mrdx/2020-11/04/c_139489949.htm。

二是择机设立光伏产业创新发展基金，加快光伏产业科技进步水平。建议对接中央企业贫困地区产业投资基金，推动设立专项光伏产业创新发展专项基金，整合国内外一流科技资源，加速推进现有光伏扶贫产品的升级换代，进一步提升光伏转换效率，提高现有装机的收益。三是依托新一轮"家电下乡"推动光伏企业开发适合乡村家用的光伏产品，提升农村居民生产、生活质量。乡村振兴的重要表现在于农业生产的智能化水平、科技含量更高，广大农民能够过上更加美好的生活。建议结合乡村振兴的需要，推动开发更多的光伏产品，面向农业生产和农村居民生活，同时也为光伏企业的发展创造了新蓝海，为光伏产业的发展创造了更加广阔的空间。

附件　金寨县光伏扶贫的专题案例

案例一：光伏精准扶贫模式

1. 情况概述

扶贫进程中大力推广光伏发电产业在光照充足的地区发展，不仅切合精准扶贫、精准脱贫的战略，还贯彻创新、协调、绿色的发展理念；不仅有利于提升光伏产业发展动力和扩大光伏市场份额，还有利于稳定增加贫困人口收入。为更好发挥光伏发电产业对扶贫工作的效用，金寨县先后创新不同的光伏电站扶贫模式，包括户用式、村集体式、联户式、集中式光伏扶贫电站四种类型。

2. 扶贫模式

就金寨县的情况而言，户用式、村集体式、联户式、集中式光伏扶贫电站在筹资模式、产权分配模式和收益分配模式上存在差异。集中式光伏扶贫电站是在前三者基础上所发展起来的一种衍生模式，为实现方便管理、节约成本的目的而建立，其建设由县级统筹安排，其收益由县级统筹分配。下面，将对户用式光伏扶贫电站、村集体式光伏扶贫电站和联户式光伏扶贫电站作一个详细介绍和比较。

（1）户用式光伏扶贫电站

户用式光伏扶贫电站的建设只针对贫困户，是对具备光照、承压、方位等条件的，在贫困户屋顶或房前屋后空闲地建设的一种模式。在筹资模式方面，通过选择符合条件的在册贫困户，由各级财政扶持 8000 元、企业捐资 8000 元、贫困户自筹 8000 元的"三个三分之一"筹资形式来安装 3 千瓦家庭分散式光伏电站，即每户 1 座 3 千瓦的光伏扶贫电站需要投资 2.4 万元。[①]在产权分配模式方面，户用式电站主要表现为独立户用的形式，产权归贫困户所有。在收益分配模式方面，户用式光伏电站所发电量可自用或选择并网，并网所得收益全部归贫困户所有。按照发电量来计算收益，以实现贫困人口所得收益的最大转化。金寨县政府为最大程度地补贴贫困户，价格维持 1 元 / 度和 0.98 元 / 度两种标准。贫困户一般选择并网形式来获得收益。

（2）村集体式光伏扶贫电站

村集体式光伏扶贫电站以村为单位进行建设，各村建设的光伏扶贫电站装机规模为 60—100 千瓦。在筹资模式方面，建成的电站主要分为两种形式：一种是动员社会力量、由社会捐资建成，全县 30 个贫困村建成 3141 千瓦村级光伏扶贫电站；另一种由村集体自筹资金建成，每村投入 74 万元，分村建成装机规模至少 100 千瓦的村级光伏扶贫电站 225 座、装机规模 2.95 万千瓦。[②]在产权分配模式方面，村集体式电站主要表现为独立村级的形式，产权归村集体所有。在收益分配模式方面，发电收益的 80% 资金用于开发公益岗位以提升脱贫的内生动力，其余部分由村集体支配，主要用于奖励补助扶贫、村级小型公益事业扶贫、临时救助等支出。同时，为避免贫困人群

---

① 金寨县扶贫局：《安徽省金寨县光伏扶贫典型案例》，2020 年 10 月 22 日，第 4 页。

② 金寨县扶贫局：《安徽省金寨县光伏扶贫典型案例》，2020 年 10 月 22 日，第 4 页。

重复享受收益，选择安装户用式分布光伏扶贫电站的贫困户则不能参与村集体式光伏扶贫电站的收益分红。

（3）联户式光伏扶贫电站

联户式光伏扶贫电站主要针对没有建设条件的贫困户、贫困村，由乡（镇）、村协调选址、集中统一建设。在筹资模式方面，采取各级财政资金注入、光伏企业让利和贫困户资金入股等方式募集资金，全县建设联户式光伏扶贫电站45座、装机规模4.5万千瓦。在产权分配模式方面，联户式光伏扶贫电站主要表现为村村联建、户户联建、村户联建三种形式，产权归县级所有。在收益分配模式方面，发电收益在扣除土地租金、运维管理等必要费用后，剩余资金用于构成贫困村集体经济收入及贫困户入股分红，全县共有1.8万户贫困户享受光伏扶贫电站分红收益。

3. 主要成效

（1）减贫效益长效稳定，贫困群体广泛覆盖

光伏发电投资回报率高，而且操作简单，运营维护方便。贫困群众只需一次投资，便可获得长期收益，投资见效快。光伏发电收益主要依赖地方的光照资源，光照越充足则发电收益越多，几乎不受人为因素影响，所以投资光伏产业不仅能够覆盖不同家庭情况的贫困户，还能让没有劳动能力的贫困户获得长期持续的脱贫增收效果，扶贫覆盖面广。截至2019年底，金寨县已累计投入14.78亿元建成并网光伏扶贫电站20.11万千瓦，实现综合收益5.6亿元，助力11.95万贫困人口脱贫、71个贫困村出列，贫困发生率由22.1%降至0.31%。[①]光伏扶贫已成为金寨县脱贫攻坚群众增收的有力发动机和持久稳定器。

（2）综合效益显著提升，精准扶贫规模发展

除了减贫效益以外，光伏扶贫还为金寨县带来了经济效益、社会效益和

---

① 金寨县扶贫局：《安徽省金寨县光伏扶贫典型案例》，2020年10月22日，第2页。

生态效益。一是经济效益。金寨县的各个贫困村，光伏发电项目基本能够实现光伏发电收益、土地流转收益、就近务工收益、产业发展收益等四项收益，显现出产业生态良性循环效应。光伏扶贫电站的出现既能保障贫困户的固定收入，又能鼓励贫困户通过参与扶贫就业项目来获取额外收益，能够有效巩固脱贫成果。二是社会效益。村集体式光伏扶贫电站的出现较好地改变了村集体经济较弱的现状，有效提高了村集体的资金调度能力，提升了村级为群众服务的能力，可以持续壮大贫困村集体经济，完善村级组织运转经费保障机制，增强了集体的发展后劲。三是生态效益。光伏产业属于可再生能源产业，发展光伏发电不仅有助于保障我国的能源安全，还对我国的环境治理事业发挥重要作用。此外，光伏发电过程满足节能减排目标，符合保护环境、绿色发展的要求。

（3）多项模式共同作用，动态总结得出经验

针对山区地形地势复杂、农户居住较为分散的现状，金寨县在光伏发电站建设中，充分考虑地形、光照、地质灾害等复杂因素，先形成户用式、村集体式和联户式光伏扶贫电站三种类型。根据贫困对象及其所在地域，金寨县有针对性地设计、选择和安排不同组合模式，将光伏项目的规模化发展与实际情况相结合。在试点、推广阶段过后，经过探索和总结以后，为节约运营维护成本和实现扶贫效益的最大化，金寨县又创新性地发展了集中式光伏扶贫电站，多种扶贫模式形成合力作用，为其他地方发展光伏产业提供了宝贵的经验。

案例二：集中式光伏扶贫电站

2017 年，在土地资源节约利用和贫困户的光伏受益面扩大的考虑下，金寨县依托荒山集中建设了集中式光伏扶贫电站，即金寨县 100MW 草楼光伏扶贫电站。

1. 投资与建设

金寨县 100MW 光伏扶贫电站是由国家能源局、国家扶贫办批准建设的第一批光伏扶贫项目（国能新能〔2016〕280 号），该项目由金寨县发展改革委和能源局牵头，金寨汇金投资有限公司作为平台公司负责项目的资金筹建。

金寨县集中式光伏扶贫电站项目以 EPC（工程总承包）模式开展，也即公司受业主委托，按照合同约定对工程建设项目的设计、采购、施工、试运行等实行全过程的承包。金寨汇金投资有限公司以 6.5 亿元的价格进行发包，由安徽省招标集团作为省招投标公司进行公开招标，最终选择了行业内性价比最高、技术先进、具备全过程承包能力的协鑫集团。集团全资子公司协鑫集成科技股份有限公司进行电站的前期勘测、设计以及修建，苏州协鑫新能源运营科技有限公司开展后期运维工作。建设过程中，所有原材料以协鑫集团与市场上达成的框架协议进行采购，价格低于市场平均价。

项目总投资 8 亿元：其中中国农业发展银行贷款支持 6.3 亿元（提款 5.9亿元，贷款期限 15 年，利率为 5 年以上贷款利率下浮 10%，即 4.41%，截至 2020 年 6 月，该笔贷款已还款 9000 万元，剩余 5 亿元，每年偿还本金4500 万元，利息约 2155.38. 万元，合计还本付息 6655.38 万元），政府代表贫困户出资 1.7 亿元。

项目于 2017 年 3 月 1 日正式开工，6 月 22 日正式并网发电，截至 2020年 10 月 24 日实现安全运行 1219 天。

最终建成的金寨县 100MW 草楼光伏扶贫电站选址于安徽省六安市金寨县梅山镇与白塔畈镇交界处，电站总占地面积约 5000 亩。着眼于未被利用的荒山荒地或完全"靠天吃饭"的低产坡地，以每年约 800 万元的价格与当地农户进行土地流转。受山地地形的限制，其中光伏组件覆盖的面积为4010 亩。

2. 运营与管理

草楼光伏扶贫电站装机容量为 100MW。根据山地项目建设的特点，电站主要由 79 个光伏发电单元、8 条集电线路、建设一座 110kV 升压站以及其他配套工程、1 条 110kV 送出线路组成。项目采用协鑫集成生产的多晶硅 315W 组件 318820 块，26 度最佳倾角固定支架安装。采用组串式逆变器 2008 台。逆变器输出电量汇入 79 台箱式升压变压器后分八回进线进入开关站的 35kV 母线，经主变升压至 110kV，通过 1 回 11km 的送出线路并入 220kV 桥店变实现全电量上网。目前光伏组件电能转化率在 17.8% 左右，组件的衰减率第一年约有 2.5%，往后十年内，每年递减 0.7%。

协鑫集团提供长达 25 年的运维服务，其中前十年免费运维。但涉及需要更换故障设备且已逾厂家保修期的情况时，仍由金寨汇金投资有限公司筹集设备成本。

日常运维使用智能监控对电站全方位覆盖，通过监控后台显示的数据观察分析运行情况，及时定位故障区域，再由检修人员前往故障区域进行具体的检查维修。在现代化手段的支持下，仅需 10 位维修工作人员就可以实现 4010 亩的电站的日常运维。

电站的生产管理措施包括：

签订安全责任保证书，落实安全生产责任制。电站经理与电站员工层层签订安全责任保证书，保证安全管理及落实工作有体系、有检查、有整改。

针对气候和不同季节转换期间电力生产设备的健康状况，及时开展春季、秋季、消防、防台防汛、安全生产月等专项安全检查活动，提高电站的安全水平。

开展危险点分析预控，针对光伏电站的特点开展危险点辨识，并根据相应的级别制订相应的预防措施。

电站的设备管理措施包括：

电站自主开展设备检修、预防性试验工作，对设备进行定检。

落实设备责任制工作，使电站人人有设备、人人有责任，人人是主人的工作作风在日常工作过程中得到全面贯彻。

在电力网络安全防护方面，与电力公司保证畅通的沟通渠道，按电力安全生产要求及时部署安防设备，依据网络安全要求，安全分区、网络专用、横向隔离、纵向认证、综合防护进行管理，保证国家电网安全生产从自身做起。

电站的规章制度管理措施包括：

电站认真贯彻执行国家及国网的安全管理规定完善现场管理，修编制度、预案，并及时组织宣贯学习。保证健康发展，使日常行为有章所依。

3. 收益与分配

项目于 2017 年 6 月 25 日并网发电，年发电量约为 10380 万度，年发电收入 10172.4 万元，每年节能减排二氧化碳 10.35 万吨，节约标准煤 4.15 万吨。

截止到 2020 年 5 月底，草楼光伏扶贫电站已累计发电 28152.63 万度，含税收益共 21119.14 万元（其中基本电价 10821.54 万元，补贴资金 10297.6 万元），税后收益 18350.78 万元（其中基本电价 9429.77 万元，补贴资金 8921.01 万元）。

发电收益扣除土地租金、运维管理等必要费用后，非扶贫容量部分形成的收益，主要用于偿还银行贷款、贫困村分红等支出。作为金寨县脱贫摘帽重要支撑项目，草楼光伏扶贫电站扶贫容量部分形成的收益，由县级统筹用于扶贫事业。自 2018 年电站正式运营以来，金寨汇金投资有限公司每年向金寨县扶贫移民局打卡 1500 万元，已累计打卡 3000 万元，保障了全县 4000 户兜底贫困户每年每户稳定增收 3000 元，计划连续分红 4 年，待贫困户稳定脱贫后退还入股的 5000 元本金。

4. 优势与问题

金寨县集中式光伏扶贫电站的优势之一在于使用了 EPC 模式。较传统承包模式而言，EPC 总承包模式的优势在于：

一是强调和充分发挥设计在整个工程建设过程中的主导作用。协鑫集团对整个电站建设与运营过程中的主导作用的发挥，使后期随着协鑫集团研究部门不断更新光伏技术，整体方案也可以不断优化。

二是有效克服设计、采购、施工相互制约和相互脱节的矛盾，作为整体集团的协鑫在电站的各阶段工作能合理衔接，有效地推进建设进度、降低建设成本。

三是建设工程质量责任主体明确，有利于作为平台公司的金寨汇金投资有限公司追究工程质量责任和确定工程质量责任的承担人。

四是对于金寨而言，一个大的 EPC 项目的成功落地还可以带动整个光伏产业链的发展。

金寨县集中式光伏扶贫电站的优势之二在于在提高了土地利用效率的同时给当地贫困户提供了增收机会。该电站的建设充分利用了荒山荒地和低产坡地进行光伏发电，同时在光伏组件下方种植经济作物茶叶，最大程度地发挥了土地资源的利用价值。一方面，当地贫困户获得了土地流转费用，获得了伴随着电站的建成提供的就业岗位收益，如割杂草、采茶叶等；另一方面，电站每年还给入股的贫困户提供分红收益。集中式光伏扶贫电站多方面提高了土地利用效率和贫困户收入。

金寨县集中式光伏扶贫电站的优势之三在于其面积之大可以降低运维成本。与户用式、村集体式以及联户式的电站相比，集中式光伏扶贫电站具有占地面积大、光伏组件集中、运维责任主体明晰的特点。这意味着作为独立运维主体的协鑫集团进行运维工作专业性更强，能更加便捷地使用现代化的智能监控手段。这一方面降低了运维的人工成本，另一方面提高了运维的及时性和准确性，提高了整体运维效率，降低了安全隐患。

金寨县集中式光伏扶贫电站也存在着一定的问题，其中最主要的是国家补贴的资金到账问题。目前电站到账 6 个月的国家补贴，还有 18 个月的缺口。扣除还贷支出和扶贫支出，电站收益约为每年 3600 万元，再除去各类生产成本，目前总体而言整个电站运营还处于亏损状态。预计国家补贴资金到账后约7—8年能收回成本。

案例三：光伏扶贫的全程式服务管理

1. 背景

近年来，随着金寨县光伏扶贫工作由建设阶段转入运维管理阶段，对于光伏扶贫电站的运维管理要求越来越高。金寨县面对新形势、新机遇和新挑战，会同金寨供电公司，探索建立光伏扶贫的全程式服务管理，科学制订"光伏扶贫惠千家"工程建设有效落地的工作方案，把分散于大别山区深山沟壑的贫困户（村）与光伏发电项目精准对接，保证光伏发电收益精准惠及千家，促进精准扶贫工作目标尽早实现。

2. 主要问题

（1）分散村户光伏发电"两头难"。一是光伏接入条件差。根据金寨扶贫开发战略规划，有4万多贫困户光伏电站需要接入并网，需经220/380伏接入3.5万户，10千伏接入5000户，如此大规模光伏电站离散分布在3814平方千米范围之内，存在接入点地形复杂、贫困地区电网薄弱、现有技术标准不完善、又无现成经验可借鉴等诸多难题。二是光伏收入兑现难。根据国家关于光伏扶贫相关政策规定，光伏电能电费结算由两部分构成，即上网电价和政府补贴，其中政府补贴需要逐级申报，不能按月结算，定期到户。

（2）光伏并网安全服务水平有困难。一是光伏并网服务难。服务分散式光伏并网，需要面对报装方式调整、近万户信息校核、全额收购的硬性要求、量价费结算流程变更、点多面广的服务诉求，供电企业原有的供电服务模式已不能满足新的需求。供电员工对变更服务体系短期内存在认知和掌握的滞后性，容易导致服务质量事故发生。二是负荷消纳送出难。贫困地区用电负荷较低，大量分布式电源从低压电网接入，不能就地消纳，需要同步规划电网，实现层层向上送出，各个电压等级的电网设备都需要作相应的建设改造，网架结构需要作适应性规划调整。三是安全运行控制难。受电网结构、负荷特性等因素制约，特别是对于山区本来就比较薄弱的农村配电网，要保证大规模、离散分布的光伏能源全部接入和安全运行，还存在较大的困难。分布式光伏短期内快速发展，金寨电网的网源关系发生变化，电网由用电端转为发电端，局部电网存在孤岛运行的可能，给电网安全运行和用户安全用电带来新的挑战，电网运行方式安排、调峰措施、电压控制等问题更为复杂，实时监控及负荷预测难以掌握。

3. 主要措施

金寨县聚焦"为规模化分布式光伏扶贫项目提供全程式服务，全力助推精准扶贫"的目标，强化组织、规划、标准、配套、服务、运行等全程式服务管理，构筑光伏扶贫绿色通道，力推光伏扶贫工程得到有效实施，力促金寨老区脱贫目标如期实现。

（1）建立健全组织体系，统筹协调各相关方责任

光伏扶贫工作从项目立项到终端贫困户受益，中间涉及政府、施工企业、供电企业、贫困户等多个环节，管理链条长，推进难度大。金寨县在推进光伏扶贫工作中，积极推动建立健全组织体系，促成构建相关方联动机制。金寨光伏扶贫专项办公室下设规划选址、信息核查、项目资金、建设安装、供电服务五个工作组，各成员单位各司其职，分工协作，密切配合，统筹推进工作有效开展。专业运维机构积极建立健全市公司、部门、县公司、供电所"四层级联动"的光伏扶贫工作机制，做到分工明确、责任清晰、任务到人、责任到位，合力推动光伏扶贫工程实施。供电所和乡镇政府联合组成工程现场进度质量督查组，实时跟踪光伏组件安装、现场验收、并网接电各关键环节进度。

（2）积极推动政策创新，保障光伏及时、规范全额并网

光伏扶贫电站发出的电，能否全额并网是实现扶贫的关键。为此当地政府，一是推动《金寨创建高比例可再生能源示范县规划报告》通过国家审批，

为扶贫光伏等新能源的有序开发和高效利用提供有力的政策性保障①。二是推动供电企业调整电网规划思路，将扶贫规划与电网规划有机结合，采取"精准规划、合理布点、分步解决"的方式，科学制定适应光伏扶贫电网规划，制定并网技术规范，健全电网配套机制，保障光伏扶贫电站有序建设、有序并网。

（3）完善精细延伸服务，提升全程服务品质

金寨县在开展光伏扶贫工程全程式服务中，坚持以服务贫困村、户电站客户为中心，健全相应的制度、规定和流程，作为做好服务工作的制度性保障，不断提升光伏扶贫工程服务品质和管理水平。一是上门开展光伏知识普及宣传。编印《分布式光伏发电十问十答》《分布式电源并网业务办理告知书》等宣传品20000多份，发放到贫困户手中，帮助群众全面了解光伏扶贫政策和光伏电站并网相关知识，推动光伏扶贫工程顺利开展。二是确保客户基础信息精准建档。正确收集每个贫困户的信息资料，是开展建档入户、电量抄录、电费核算、资金发放等环节工作的前提，是保证近万贫困户及时拿到发电收入的关键步骤，采取"集中梳理、分层受理、就地服务"的方式，分层分级逐户核实核查，及时完成8959户资料的收集完善工作，为业务系统正确建档和电费顺利结算奠定了坚实基础。三是确保电费核算精准建账和精准兑付。在电费结算系统中增加新的环节，新增电费核算退补、表计定比电量等多项功能，实现了可再生能源系统内光伏购电费和补贴的快速结算。签订政府主管部门、供电企业、贫困村（户）三方"委托代建协议"，确立由供电企业总付、扶贫办转付到户的支付方式，确保扶贫户发电收益足额、及时发放。

（4）实施"三延伸一拓展"服务模式，保障光伏扶贫电站运维安全

"三延伸一拓展"服务模式即延伸业务培训、延伸质量监督、延伸运行

---

① 安徽省能源局：《金寨县获批全国首个国家高比例可再生能源示范县》，2016年1月15日，见 http://fzggw.ah.gov.cn/jgsz/wgdw/snyj/ahnygz/115791511.html。

巡视，主动拓展服务内容，不断提高光伏扶贫工程实际效果。针对参与光伏安装人员、供电管理人员和贫困户，分别制订培训实施方案，帮助施工企业编印光伏发电安装工艺、安装标准等相关资料，开展光伏业务培训，保证了8959座光伏电站安装无质量事故，安装合格率达100%。超前介入分布式光伏发电接入电网系统设备选型，严把接入电网设备质量关。建立特困户帮扶机制，帮助无劳动能力的贫困户检查维护光伏设备，对于集体式光伏电站，由共产党员服务队员"一对一"定点帮扶，定期提供红外测温、设备测试等技术支持，保证光伏电站平稳可靠运行。

（5）强化技术支持保障，确保并网安全运行

大规模分散式光伏电站接入电网后，必然对电网运行构成巨大冲击。为确保光伏电站并网后电网安全可靠运行，金寨光伏扶贫电站专业运维机构积极开展科技创新和技术攻关，减少对电网运行带来的压力，有效确保电网的安全运行。先后与安徽省电科院、中国电科院等技术单位对接，联合开展"分布式可再生能源发电集群灵活并网集成关键技术及示范"课题攻关；成立以创新工作室为主体的技术攻关小组；全面梳理分布式光伏电源并网后电网检修步骤，在此基础上编制了《光伏电源并网检修操作业务流程》，规范、指导日常光伏电站设备的运维检修，确保运行检查人员在具体操作中的人身、电网、设备安全；对金寨电网结构、潮流分布、谐波注入量的分析、计算，研定在变电站加装定值的低抗，将主网各母线节点电压控制在合格范围；针对同一配网台区多个分布式光伏电站接入同一相时引起电压超标问题，实行分相处理，确保光伏电站能可靠并网发电。

4. 主要成效

（1）保障工程有序实施，扶贫目标初步实现

光伏扶贫全程式供电服务，推动了政府光伏扶贫计划的有序实施，促进了光伏精准扶贫工程的快速落地。截至2017年底，金寨县已建成各类光伏扶贫发电装机19.8万千瓦，其中集中式10万千瓦、村集体光伏电站242座、

2.42万千瓦，户用光伏扶贫电站8784座、2.62万千瓦，金融扶贫光伏电站23座、1.5万千瓦，分布式联户型扶贫电站13座、3万千瓦，社会各界捐建扶贫电站0.26万千瓦。共支付结算电费和补助资金合计1.13亿元，实现了光伏发电贫困户家庭年均增收约3000元，贫困村集体年均增收10万元，解决了20.66%贫困家庭最基本生活问题和58%村集体经济薄弱问题，推进了近3万贫困人口的阶段脱贫进程。2014年至2017年6月间，金寨县贫困人口从13.01万人下降到6.43万人，其中受益于光伏发电直接脱贫4623户。

（2）率先实践精准扶贫，示范作用传递全国

2014年实施光伏扶贫工程以来，初具规模的光伏扶贫"金寨模式"为安徽省乃至全国产业扶贫提供了可复制、可推广的样板，全国先后有20余省90多个县的考察团到金寨观摩借鉴光伏扶贫的成功经验。党和国家领导人、中央有关部委、国家电网等多位领导，先后10余批次到金寨现场调研光伏发电精准扶贫工作，对金寨光伏扶贫发展工作的创新实践给予充分肯定；国家能源局发文下达支持安徽省金寨县创建国家高比例可再生能源示范县，积极推进县域可再生能源生产和消费革命；29省600多个市县及电网企业共组织15000余人次前来观摩交流光伏扶贫工作经验。

（3）优化生态发展环境，社会效益明显提增

2014年启动实施光伏扶贫以来，金寨光伏扶贫并网发电量927.9万千瓦时，光伏企业集中并网发电量28326.3万千瓦时，与相同发电量的火电厂相比，累计节约标煤118186.96吨，减少粉尘排放量79560.41吨、二氧化碳排放量291631.30吨、二氧化硫排放量8751.70吨、氮氧化物排放量4358.93吨。金寨县光伏并网发电对优化能源结构、推进大气污染治理发挥了积极的作用。同时有力促进了金寨绿色发展，"十二五"期间，金寨县生产总值年均增长6.6%，财政收入年均增长19.7%，以新能源为主体的战略性新兴产业年均增长28.8%。其中，2014年、2015年新兴产业分别增长17.3%、23.2%，金寨县生产总值分别增长4.1%、7.7%，财政收入分别增长29.5%、29.7%。

案例四：光伏扶贫电站的筹资模式

1.情况概述

金寨县作为光伏扶贫的发源地，在长期的实践中结合当地的实际情况，形成了户用式、联户式、村集体式、集中式等多种形式的光伏扶贫电站。不同类别的光伏扶贫电站，在筹资模式上也有不同的选择。

2.筹资模式

（1）户用式光伏扶贫电站的筹资

2014年，金寨县探索实施光伏扶贫项目，在全县选择了8户贫困户作为试点，开展光伏扶贫到户工作。全军乡沙河店村人方荣军，通过政府扶持22000元、自筹资金5000元，安装了金寨县第一座扶贫光伏电站，电站于3月4日下午4点40分正式接通发电。运行监测一个月发电正常，4月4日11点20分止共发电353.6度，预测年均收益3000元左右，从此拉开金寨县光伏扶贫序幕。

通过在实践中不断完善筹资模式，金寨户用式光伏扶贫电站的筹资总体上按"三个三分之一"形式来进行。对于筛选符合条件的建档立卡贫困户，由各级财政扶持8000元、企业捐资8000元、贫困户自筹8000元的形式来完成筹资。资金到位后，安装3千瓦家庭分散式光伏电站，即每户1座3千瓦的光伏扶贫电站需要投资2.4万元。[①]

（2）联户式光伏扶贫电站的筹资

联户式光伏扶贫电站筹资模式，与户用式光伏扶贫电站基本类似。基本上是采取类似于"三个三分之一"的方式筹资，即各级财政资金注入、光伏企业让利和贫困户资金入股等方式募集资金，区别只是在于建成的电站是在集中的地点。目前，金寨全县建设联户式光伏扶贫电站45座，装机规模4.5

---

① 金寨县扶贫局：《安徽省金寨县光伏扶贫典型案例》，2020年10月22日，第4页。

万千瓦。①

（3）村集体式光伏扶贫电站的筹资

村集体式光伏扶贫电站的筹资分为两种模式。从目前建成的电站来看，一种是捐资型筹资。金寨县积极动员各方社会力量，全县由社会捐资，在30个贫困村建成3141千瓦村级光伏扶贫电站。另一种由村集体自筹资金建成。这种筹资模式由每村投入74万元，分村建成装机规模至少100千瓦的村级光伏扶贫电站225座，装机规模2.95万千瓦。②

（4）县级集中式光伏扶贫电站的筹资

金寨县集中式光伏扶贫电站项目是国家能源局、国家扶贫办批准建设的第一批光伏扶贫项目（国能新能〔2016〕280号），由金寨县发改委和能源局牵头，金寨汇金投资有限公司作为平台公司负责项目的资金筹建。③

金寨县集中式光伏扶贫电站项目以EPC（工程总承包）模式开展，即公司受业主委托，按照合同约定对工程建设项目的设计、采购、施工、试运行等实行全过程的承包。金寨汇金投资有限公司以6.5亿元的价格进行发包，最终协鑫集团中标。

项目装机100MW，总投资8亿元：其中中国农业发展银行贷款支持6.3亿元（提款5.9亿元，贷款期限15年，利率为5年以上贷款利率下浮10%，即4.41%，截至2020年6月，该笔贷款已还款9000万元，剩余5亿元，每年偿还本金4500万元，利息约2155.38.万元，合计还本付息6655.38万元），政府代表贫困户出资1.7亿元。

3. 主要成效

（1）推动了金寨光伏扶贫电站的顺利建设

---

① 金寨县扶贫局：《安徽省金寨县光伏扶贫典型案例》，2020年10月22日，第4页。

② 金寨县扶贫局：《安徽省金寨县光伏扶贫典型案例》，2020年10月22日，第4页。

③ 《国家能源局　国务院扶贫办关于下达第一批光伏扶贫项目的通知》（国能新能〔2016〕280号），2016年10月17日。

金寨县结合光伏扶贫工作的实际，针对户用式、联户式、村集体式、集中式等形式的光伏扶贫电站，采取不同的筹资模式，为光伏扶贫电站建设提供了充足的资金，保障了光伏扶贫电站建设的高效推进。

（2）整合各方资源参与光伏扶贫电站的建设和运维形式

不同的筹资模式，整合了不同的社会资源参与光伏扶贫电站的建设和运维。户用式、联户式采取政府、企业和农户共同参与的筹资模式，可以依托供电企业等专业机构参与运维。县级集中式光伏扶贫电站通过平台公司负责项目的资金筹建，采取 EPC（工程总承包）模式，让光伏产业的龙头企业全程参与建设和运维，缓解了当地专业运维力量缺乏的压力。总之，多种筹资模式带来的不同建设和运维模式，形成了光伏扶贫的合力，有效提升了光伏扶贫工作的带贫效果。

案例五：发展"光伏 +"扶贫模式，提升光伏扶贫效益

光伏扶贫是精准扶贫、精准脱贫的创新举措，是有效促进贫困户和贫困村持续稳定增收、助力坚决打赢脱贫攻坚战的重要支撑，为促进贫困户增收脱贫、壮大贫困村集体经济、发展绿色能源等增添了新的活力与动力。然而，建设大、中型光伏电站通常会大面积占用农用土地，造成土地资源利用不充分和浪费情况。针对这一问题，金寨县以光为媒、借光重构，着力强化光伏扶贫综合利用，积极推广"光伏 +"扶贫模式，充分利用光伏板下空地、水域，大力发展板下经济，进一步拓展光伏扶贫电站综合效益，增加贫困户收入。目前，全县已完成光伏板下发展产业电站 266 个，利用板下 500 亩土地发展土鸡、白鹅等养殖业，发展灵芝、中药材、苗木、茶叶等种植业 1800 亩。

1. 主要措施

（1）因地制宜，合理优化产业布局

要从根本上改变贫困户落后面貌，实现可持续发展，需要找到适合贫

困户发展、能在市场经济体制中有比较优势的产业。金寨县充分发挥本地土地、自然条件等比较优势，根据当地"中国十大历史名茶六安瓜片原产地""西山药库"等农业资源优势，在"光伏+"扶贫模式中主要引入发展第一产业，引进以茶叶种植、菌药培育、畜禽养殖、水产养殖等为代表的符合本地发展优势的特色农业，优化产业布局，推进种植、养殖与光伏扶贫融合发展，形成农光互补、渔光互补、养光互补、林光互补等发展项目，促进光伏扶贫效益最大化。

（2）科学规划，实现光伏立体经济

金寨县发展"光伏+"扶贫模式主要采取加高光伏板支架、农光互补的建设方式，不破坏土地，不改变原有土地性质，充分利用光伏板间隙地、板下空地开展种植业、养殖业，实现"光伏发电+特色种植、畜禽养殖、菌药培育"等立体经济模式。这种模式既可以通过光伏电站精准、动态、可持续地帮助贫困户增收，又能够通过第一产业发展，促进贫困户获得生产性收入，村集体经济收入增加。

（3）多样经营并存，促进贫困户参与

针对贫困户普遍素质技能较低、缺乏资金等特点，吴家店镇、槐树湾乡等以市场机制为导向、以尊重农户的自主选择权为前提，引进带着项目和技术的龙头企业或者合作社，将村集体土地、农户土地流转给企业、合作社集中经营，建立起贫困村、贫困农户与新型农业经营主体的利益联结机制。

产业扶贫的一个难点是如何让贫困农户参与其中。为鼓励贫困户参与其中，梅山镇小南京村积极引导鼓励有发展意愿、有生产能力的贫困户，通过发展板下经济获得生产性收益。村中的240千瓦联户式光伏扶贫电站由贫困户王合术散放鸡鸭鹅等家禽达上百只，6兆瓦扶贫光伏电站由贫困户李中杰发展养鹅养鸡，年销售收入5万元以上。同时，由村组织在光伏板下栽植油茶苗，增加村和农户经济收益。

2. 主要成效

（1）提高土地利用率，释放光伏扶贫电站综合效益

采用"光伏+"扶贫模式，在光伏板下发展种植业、养殖业，有效提高了土地利用率，实现了土地的二次使用，能有效节约土地资源，全面提升土地利用价值，释放光伏扶贫电站综合效益。以种植业为例，光伏板的遮光效果有利于喜阴的灵芝、香菇等生长，助力农产品增产增收，根据不同的光照条件配置对光照要求不同的作物，实现了农业作物经济效益和太阳能发电效益的"双赢"。同时，光伏板支架的升高，使得光伏电站的建设不易受周边环境的影响，有利于提高发电量。

（2）促进村集体增收，为村集体经济"持续造血"

采用"光伏+"扶贫模式有利于发展壮大村集体经济。花石乡大湾村农光互补电站采取"光伏发电+灵芝种植"模式，既可以通过光伏电站精准、动态、可持续地帮助贫困户增收，又能够通过灵芝种植增加贫困村集体经济收入。目前已完成搭建灵芝大棚8个，每个大棚每年能产8000棒灵芝，实现经济效益4万元，带动村集体经济年增收3.96万元，实现光伏电站和经济作物种植两不误。

（3）助力光伏扶贫从"输血"向"造血"转变

在金寨县"光伏+"扶贫模式下，农户从产值相对较低、稳定性差的小农生产中被解放出来，直接参与到产业扶贫项目之中。贫困户可以选择就近进入光伏产业园区打工，成为农业产业工人，有能力者可承包土地获得更多的收入，也可实现农业创业。通过"光伏+"扶贫模式，用产业政策调动大家的积极性，在促进贫困户就近就业的同时，也提高了贫困户的收入，实现了从"输血式"扶贫转变到"造血式"扶贫。

3. 典型案例：吴家店镇吴畈村农光互补光伏扶贫电站

（1）基本情况

吴家店镇吴畈村农光互补光伏扶贫电站位于吴畈村朱湾组，项目总投资

4118万元，采取高支架结构，农光互补模式，于2017年5月建成并网发电，占地158亩，总装机规模5.8MW，年发电量580万千瓦时，年收入580万元，帮扶1934户入股贫困户户均年收入3000元。[①]

为提高光伏扶贫电站土地利用率，增加贫困户收入，吴家店镇人民政府及力源合作社积极探索农光互补模式，将原本光伏发电板的支架抬升至3米高，在光伏板下搭建灵芝种植大棚，由金寨力源食用菌种植专业合作社进行灵芝种植，实现"光伏发电＋灵芝种植"的立体式栽培模式。

2017年7月15日，安徽省省长李国英和市县等领导视察农光互补灵芝基地，充分肯定了基地起到的示范作用，同时要求要扩大基地建设规模，带动更多贫困户发展。目前，合作社已对基地进行了扩建，扩建后将栽种灵芝112.8万棒，可年产灵芝33.84吨，灵芝孢子粉31.58吨，预计年收入可达565万元。

（2）农光互补电站发展效益

提供技术指导，带动贫困户发展产业。采取由合作社统一制棒、贫困户分栽，统一技术指导、收益分户的扶贫模式。有劳动能力的到合作社领一个棚（2500棒）灵芝自行种植，由合作社进行技术指导；有劳动能力无技术的到合作社做工，并学习灵芝栽培技术；无劳动能力也无技术的，将2500余棒交给合作社代管，合作社统一回收产品时扣除垫付的成本和管理费后，剩余利润交付给贫困户，促进贫困户增收，早日脱贫致富。

提供就业岗位，促进贫困户稳定增收。合作社固定用工50人以上，特殊时间每天用工100人以上，其中贫困人员固定用工10人，临时用工28人。除接菌等工序技术含量高外，全是普通劳务，贫困户易学易会易接受，解决贫困户就近就业问题。2019年合作社支付工人工资近30万元，给贫困户发放灵芝种植收益、做工工资收入累计10万元以上。

[①] 金寨县吴家店镇：《吴畈村农光互补光伏扶贫电站简介》，2020年10月26日。

对接乡村振兴探索。农光互补电站有效促进了当地农业由传统农业产业向现代观光休闲产业转型，每年有多批次来自全国各地观摩人员，有力带动了金寨全县第三产业的发展。

案例六：光伏扶贫的收益分配

1.收支明晰，确保收益发放到位

（1）规范发电收益结算

金寨县光伏扶贫电站发电收益全部由供电部门统一结算至由县扶贫开发投融资有限公司设立的光伏扶贫电站结算专户，实行封闭化管理，由县级结转机构承担各种类型光伏扶贫电站发电结算及收益发放。其中，县扶贫和移民开发局负责与县供电公司结算分布式、联户式光伏扶贫电站发电收入，存入光伏扶贫电站结算专户；县汇金公司负责与县供电公司结算集中式光伏扶贫电站发电收入，在支付银行本金、利息及运营维护成本后，净收入及时存入光伏扶贫电站结算专户。这种收益结算、发放模式确保了贫困户收益的按时、准确打卡发放，避免了"只见太阳板不见发电钱"问题。

（2）完善收益分配管理实施办法

为加强光伏扶贫电站管理，规范光伏扶贫电站建设、监管及收益分配，让贫困户分享光伏扶贫成果，如期实现增收脱贫，金寨县结合县情实际，制定《金寨县光伏扶贫电站收益分配管理实施细则》，严格按照细则规范实施，切实加强和规范光伏扶贫电站收益分配使用管理，建立健全利益联结和带贫减贫长效机制，确保光伏扶贫效益发挥。

2.产权分类，抓实发电收益分配

户用式光伏扶贫电站产权归贫困户所有，一次投资，长期收益，发电收益全部直接归贫困户所有。金寨县光伏电站采取全额上网模式，根据光伏补贴政策，全县户用式光伏电站发电电价由国家电网、国家财政补贴，按照每度电1元、0.98元的标准收购，每户每年大约增收3000元左右。

村级电站产权归村集体所有，收益分配方案应本着"公开公平透明"原则，发挥基层组织的统筹引领作用，由村委会提出，村民代表大会表决通过，在驻村工作队的监督下，通过设置公益岗位、开展小型公益事业、设立小微奖励补助等形式发放。目前，村集体光伏扶贫电站发电收益中80%用于开发公益岗位扶贫，鼓励弱劳力半劳力贫困户参加公益劳动获得收入。发电收益其余部分用于奖励补助扶贫、村级小型公益事业扶贫等支出。目前，全县已根据发展需要开发包括联户式光伏电站管护员、村组公路养护员等在内的村级公益劳务岗位12546个。公益岗位全部聘用建档立卡居家贫困劳动力，单个公益岗位可带动每户年均增收6000元，大大提升了光伏产业的扶贫成效。

联户式光伏扶贫电站产权归县级所有，收益分配采取"入股分红"模式，构建了精准、动态、可持续的入股分红机制。电站发电收益扣除土地租金、运维管理等必要费用后，剩余资金用于形成贫困村集体经济收入及贫困户入股分红。贫困户可连续享受4年每年3000元的分红，4年后股金返还给贫困户。①

集中式光伏扶贫电站由开发区金寨汇金投资有限公司投资建设，发电收益扣除土地租金、运维管理等必要费用后，分为扶贫容量、非扶贫容量两部分进行分配。其中，非扶贫容量部分形成的收益，主要用于偿还银行贷款、贫困村分红等支出；扶贫容量部分形成的收益，由县级统筹用于扶贫工作支出，其中包括支出4000户建档立卡贫困户每年3000元的分红。

3. 综合发展，延伸收益链条

发展"光伏+"产业，大力开发电站附加值。在前期光伏电站收益基础上，利用光伏扶贫电站板下空地，大力发展"板下经济"，探索发展农业种植、药菌类栽培、养殖、苗木培育等产业，提高光伏扶贫电站综合效益。一方面，光伏扶贫电站所在的土地流转以后，每年获取的土地租金由村集体等单位进

---

① 金寨县扶贫局：《安徽省金寨县光伏扶贫典型案例》，2020年10月22日，第5页。

行统一分配，以分红的形式进行发放。另一方面，引导贫困户通过参与"板下经济"发展，通过承包种、养殖，就近务工等方式，获得生产性收益。

贫困户把承包的滩涂地和荒坡地作为光伏建设用地，流转给光伏扶贫电站和地面商业光伏电站建设，每亩每年可获得600元左右的土地流转收益。

4.科学分配，建立长效利益分配机制

为避免采用直接打款、简单发钱的"输血"形式发放给贫困户容易形成养懒汉的局面，金寨县建立了科学合理、规范长效的利益分配机制。除了发展公益岗位扶贫，各村对村集体光伏电站收益剩余部分，充分结合本村实际情况，向村内相对较为贫困的家庭给予倾斜，救助特困群体；对自主发展动力足、效益好的贫困家庭加大分配力度，以奖励发展的方式进一步激发贫困户的内生发展动力，起到激励先进、鼓励后进的积极作用。这种模式改变了以往直接发钱的做法，目的就是增强贫困户的获得感，激发贫困群众脱贫致富的内生动力，鼓励坐等救济的贫困群众站起来干事创业，让贫困群众在劳动中稳定收入、防止返贫。同时，针对贫困户是动态的、具有阶段性这一情况，金寨县按照"分红随着贫困走"的原则在"入股分红"模式基础上，进行动态调整、持续帮扶。在贫困户享受4年分红期结束后，如果仍未实现脱贫、重新返贫，可继续享受光伏补贴，直到实现脱贫。

光伏扶贫是新能源与脱贫攻坚有机结合的一项开创性工作，既发展了新能源，又实现了脱贫增收，为贫困地区供给侧改革打造了新产业，为壮大贫困村集体经济开辟了新路径，为解决贫困群众稳定脱贫提供了新手段，目前已经成为脱贫攻坚的一大亮点和优良品牌。光伏扶贫要瞄准建档立卡贫困户，确保精准识别、动态调整，采取完善合理的收益分配使用机制，以确保光伏扶贫政策红利更多惠及贫困人口。金寨县在发展光伏扶贫过程中，抓实发电收益分配，拓展扶贫电站综合性收益，建立健全收益分配使用长效机制，确保光伏发电收益惠及贫困村、贫困户，保障光伏扶贫工程的实施效果。

第三章　山西省天镇县光伏扶贫项目调研报告

第一节　导　言

　　天镇县隶属山西省大同市，总土地面积达到1718平方公里，其县域被划分为5镇7乡235个行政村，总人口数达23.17万人，农业人口19.17万人，占总人口数的82.7%。天镇县在2012年被列入全国扶贫开发工作重点县域，属燕山—太行山连片特困地区，是山西省连片特困地区区域发展和扶贫攻坚试点县、全省10个深度贫困县之一。

　　2015年国家能源局下达了光伏发电建设实施方案的通知，作为太阳能资源丰富的二类地区，天镇县被列入光伏扶贫项目第一批试点县域，历经5年的探索发展，天镇县在光伏扶贫电站建设发展道路上保持着良好态势，稳步前列。天镇县紧抓首批全国光伏扶贫试点县政策机遇，立足该县充足的光照资源优势，现已建成总量6.48万千瓦、总投资5.8亿元的光伏扶贫电站，其中地面集中式光伏扶贫电站1座4万千瓦，村级光伏扶贫电站2.45万千瓦，户用光伏扶贫电站约300千瓦，累计发放收益5189.2万元，受益贫困人口1.5万户3.4万人，在全省率先实现贫困村光伏扶贫电站全覆盖、集体经济全破零和行政村光伏扶贫收益全覆盖，光伏扶贫强有力地助推了天镇县脱贫攻坚工作，实现贫困户的稳定增收。

天镇县光伏扶贫的发展起步紧密联系当地的社会发展状况，其贫困规模和社会经济发展条件以及光伏发电的自然条件为光伏扶贫项目的开展奠定了基础，政府部门的高度重视及政策支持为光伏扶贫项目的发展提供了动力。天镇县的光伏扶贫发展经过了三年的集中建设阶段，逐步探索出从单村到联村到"联村+"（"光伏+"）的建站模式。为保证光伏扶贫高效稳定收益，天镇县在其光伏扶贫电站运行维护和资产建设上做出了特色、做出了亮点，严格规范的监管机制、高效运行的监测系统、及时到位的运行维护、多样的精确的资产确权方式等共同将天镇县光伏扶贫效益推向最大化，将光伏扶贫收益惠及更多贫困户贫困村。

天镇县光伏扶贫不仅实现了贫困户的稳定增收，同时促进了村集体的发展，实现集体经济破零，助力村级公共事业的发展，巩固了脱贫攻坚的工作成果。光伏扶贫项目在实现带贫增收效益的同时，也积极同村民治理、乡村振兴相衔接。通过建设光伏扶贫电站，极大发挥清洁能源的效益，推动当地生态环境保护，为村集体注入活力，激发村民群众参与村级事务的积极性，提升村民自治水平；通过一系列的村级公益事业和公共服务，积极培养村级人才，培育乡风文明，促进当地精神文明建设向建设美丽新农村看齐。

天镇县光伏扶贫项目的建设发展为贫困村的资产建设提供了一条有效途径。通过将光伏扶贫电板按阵列进行划分后确权到村集体的方式，保障了光伏扶贫资产不流失，系统化的运维管理架构为保障资产的可持续性提供了条件。资产建设有利于激发村民的内生动力、提高村民的参与感和获得感，有利于与乡村振兴战略的对接，为下一步工作打下基础。

天镇县的光伏扶贫项目在建设发展过程中存在一定的问题。首先是扶贫资金使用效率问题，光伏扶贫资金的使用效率关系到光伏扶贫的效果，光伏扶贫资金分配的政策约束、缺乏整体性和系统性规划、分配主体的抵触心理，限制光伏扶贫资金的使用效率，影响光伏扶贫效果的发挥。其次是项目实施所带来的问题，包括光伏扶贫收益分配所带来的贫困村与非贫困村之间、贫困户与非贫困户之间的矛盾以及基层干部与村民之间的关系问题，需要村庄进行一定的适应性调整。最后是项目的可持续发展问题。只有合理处理这些问题，坚持公益性和经济效益，完善运作模式，改变收益分配方式，动态调整分配方案，不断对光伏扶贫项目进行完善，才能保障光伏扶贫项目的持续稳定高质量发展。

山西省天镇县光伏扶贫作为光伏扶贫的调研点，在光伏扶贫的具体做法上是有地区特色的，在其经验总结上是有优势的。山西省天镇县光伏扶贫的发展与当地的社会经济发展条件和自然条件是密切相关的，这两大因素为光伏扶贫能够在山西省天镇县实现长效发展和可持续作用奠定了探索性基础。笔者将从天镇县的社会发展情况出发，分析天镇县光伏扶贫发展存在的贫困基础、社会经济条件、县域自然条件和社会条件，通过梳理省级市级县级政策文件，了解当地政府对光伏扶贫项目发展的态度。在这一部分笔者也将阐明整个光伏扶贫调研过程，进一步梳理本次调研的路径、资料收集和分析情况。

第二节　天镇县光伏扶贫的发展条件

一、天镇县基本社会发展情况

天镇县位于山西省大同市最北端，位于东经113°53′30″至114°32′30″，北纬40°9′8″至40°40′35″之间，处在晋、冀、蒙三省(区)交界处，东部与河北省怀安县相邻，南部与河北省阳原县相近，西部与阳高县相接，北部与内蒙古兴和县相楔。

（一）自然区位情况

天镇县总土地面积达到 1718 平方千米，据官方资料显示，天镇县地域东西最宽 52 千米，南北最长 64 千米。全县海拔最高达到 2106 米，海拔最低达到 970 米，整个天镇县平均海拔为 1100 米。全县总土地面积中 51% 是山地地貌、28.6% 是丘陵地貌、20.2% 是平原地貌，整个县域以山地丘陵地貌为主。其中平原地貌大多较为集中，土壤肥沃；丘陵地带多为黄土地貌，植被稀少，水土流失情况较为严峻；山地地带山脉属于阴山山系的延伸部分，起伏较大。[①]

1. 光照、辐射情况

天镇县全县日照充足，年平均日照时数高达 2801.4 小时，占可照时数的 64%。年内四季平均日照时数变化情况是：春季日照时数达 681.1 小时，夏季白昼较长，日照时数可达到 698.1 小时；秋季日照时数达 603.9 小时；冬季昼短夜长，日照时数达 538.0 小时。日间变化情况是：2—4 月，平均每天日照时数达 7.7 小时；5—7 月，平均每天日照时数达 8.8 小时；8—10 月，平均每天日照时数达 7.8 小时；11 月至次年 1 月，平均每天日照时数达 6.3 小时。[②]

表 3-1　平均日照情况

月　份	平均日照小时数	平均日照小时率
1 月	199.6	67
2 月	206.6	68
3 月	241.5	66
4 月	237.6	64
5 月	277.7	63

---

① 天镇县人民政府门户网站：《走近天镇》，2020 年 12 月 5 日，http://www.dttz.gov.cn/dttzx/zjtz/201806/7577236f580f404e8d78a1347bc65bac.shtml。

② 《天镇县志（1991—2008）》，山西出版集团、山西人民出版社 2008 年版，第 53 页。

续表

月份	平均日照小时数	平均日照小时率
6月	267.1	59
7月	261.4	57
8月	247.2	58
9月	235.1	63
10月	234.5	69
11月	201.5	68
12月	191.6	67

注：数据资料源自《天镇县志（1991—2008）》，经整理后所得。平均日照小时率单位为"%"（百分比）。

表 3-1 为天镇县年内日照情况，从表中数据可知，天镇县 1—12 月，每月平均日照小时数达到 190 小时以上，其中 5 月份最高达到 277.7 小时；平均日照小时率均达到 57% 以上，其中 10 月份最高达到 69%。

据《山西气象志》记载，天镇县全年总辐射量达到 140 千卡至 144 千卡/平方厘米。一天中，下午 2 时左右太阳辐射最强，地表接收太阳辐射能量最高，一年中，6 月份接收太阳辐射能量较强，7—8 月相对较弱，冬季 12 月份太阳辐射量最低[①]。

2. 气温情况

依据天镇县所处的地理位置，该县域整体属于大陆性北温带干旱性季风气候，四季气候分明，夏季较短冬季较长，年平均气温一般保持在 6.7℃ 左右，全县 1 月份气温最低，7 月份气温最高。从 10 月底至 11 月上旬开始，高寒地区气温会降到 0 摄氏度以下，在 1 月份会出现极端最低气温；3 月中旬或 4 月上旬开始，气温又会回升到 0 摄氏度以上，在 7 月份出现极端最高气温。一天中，日最高气温一般出现在下午 2 点至 3 点，最低气温会出现在日出之前[②]。

---

① 《天镇县志（1991—2008）》，山西出版集团、山西人民出版社 2008 年版，第 53 页。

② 《天镇县志（1991—2008）》，山西出版集团、山西人民出版社 2008 年版，第 54 页。

表 3-2　平均气温情况

月份	平均气温	平均最高气温	平均最低气温
1 月	−10.9	−3.3	−17.3
2 月	−6.8	1.0	−13.5
3 月	0.5	8.0	−6.1
4 月	9.2	16.9	1.4
5 月	15.9	23.3	8.1
6 月	20.1	27.1	12.9
7 月	21.9	28.3	15.8
8 月	20.1	26.4	14.1
9 月	4.8	22.4	7.9
10 月	7.8	15.5	1.2
11 月	−1.1	6.1	−7.0
12 月	−8.2	−1.1	−14.2

注：数据资料源自《天镇县志（1991—2008）》，经整理后所得。平均气温、平均最高气温以及平均最低气温单位为"℃"（摄氏度）。

表 3-2 数据显示，天镇县从 11 月份开始气温下降到 0 摄氏度以下，在 1 月份出现最低气温 −17.3℃，从 3 月份开始，气温回升到 0 摄氏度以上，在 7 月份出现最高气温 28.3℃，春夏秋季气温持续保持在 0 摄氏度以上。

3. 降水情况

天镇县全县全年降雨量在 396.5 毫米左右，无霜期最长达 130 天，年平均降水情况为：春季（3—5 月）平均降水量为 5.7 毫米，占全年降水量的 14.2%；夏季（6—8 月）平均降水量为 250.4 毫米，占全年降水量的 63.8%；秋季（9—11 月）平均降水量为 80.8 毫米，占全年降水量的 20.6%；冬季（12 月至次年 1 月）平均降水量为 5.5 毫米，占全年降水量的 1.4%。[①] 天镇县整体降水量偏低，夏季降水量最高，冬春季节降水量最低。

---

① 《天镇县志（1991—2008）》，山西出版集团、山西人民出版社 2008 年版，第 55 页。

（二）社会经济发展情况

据《2015 年天镇县宏观经济与社会发展基础数据调查统计》[①]，天镇县 2015 年地区生产总值达 20.67 亿元，公共财政收入达 8618 万元，天镇县地区生产总值、公共财政收入指标与全市以及全国中位数的比较情况如表 3-3 所示。

表 3—3 2015 年天镇县地区生产总值情况

指标	天镇县	全市中位数	全国中位数
地区生产总值（亿元）	20.67	27.83	119.22
公共财政收入（万元）	8618	17186	64228

注：数据资料源自《2015 年天镇县宏观经济与社会发展基础数据调查统计》，经统计整理后所得。

据 2015 年统计年鉴数据显示，山西省全市的地区生产总值中位数为 27.83 亿元，全国地区生产总值中位数为 119.22 亿元，天镇县的地区生产总值还未达到全市中位数的水平，还有一定差距，而全市地区生产总值中位数水平与全国中位数水平之间悬殊较大；山西省全市公共财政收入中位数为 17186 万元，全国公共财政收入中位数为 64228 万元，天镇县的公共财政收入仅达到全市中位数水平的一半，差距较大，而全市公共财政收入中位数与全国中位数水平相比有一定差距，但悬殊较小，天镇县的整体经济发展水平还未达到市级中位数水平。

表 3-4 2015 年天镇县各经济指标情况

指标	省内排名	梯队
整体经济实力	67	第二梯队
地区生产总值	83	第三梯队
公共财政收入	89	第三梯队

---

① 《天镇县宏观经济与社会发展基础数据》，2015 年，http://d.ocn.com.cn/area/shanxi/tianzhenxian.shtml。

续表

指标	省内排名	梯队
公共财政支出	40	第二梯队
各项税收	91	第三梯队
居民储蓄存款余额	68	第二梯队

注：数据资料源自《天镇县宏观经济与社会发展基础数据》，经整理后所得。省内排名为 114 个县域的排名情况。

　　表 3-4 为 2015 年天镇县各项经济指标排名情况，天镇县整体经济实力在省内排名第 67 位，位于省内第二梯队；其公共财政支出、居民储蓄存款余额两项指标均排名在 70 位之前，分别是第 40 位和第 68 位，位于省内第二梯队；地区生产总值、公共财政收入、各项税收三项指标均排名在 80 位以后，位于省内第三梯队。天镇县整体经济实力位于省内第二梯队，主要经济指标位于第三梯队，整体经济情况与省内第一梯队的地区还存在着一定的差距。①

表 3-5　2015 年天镇县产业总值概况

指标	总值	市内排名
地区生产总值	20.67	8
人均地区生产总值	9842.86	5
第一产业生产总值	5.83	5
第二产业生产总值	5.54	8
第三产业生产总值	9.3	9

注：数据资料源自《天镇县宏观经济与社会发展基础数据》，经整理后所得。地区生产总值与第一、二、三产业生产总值单位为"亿元"，人均地区生产总值单位为"元"，市内排名为 14 个县 / 区的排名。

　　表 3-5 为 2015 年天镇县各项经济指标总值情况，以及各项指标在市内的排名情况。2015 年天镇县地区生产总值为 20.67 亿元，在大同市内排名第

---

① 《天镇县整体经济实力综合分析评估报告》，2015 年，http://d.ocn.com.cn/analyse/shanxi/tianzhenxian-hj1000.shtml。

8 位；人均地区生产总值为 9842.86 元，在市内排名第 5 位；第一、二、三产业生产总值分别为 5.83 亿元、5.54 亿元、9.3 亿元，市内排名依次为第 5、第 8、第 9 名。大同市一共有 14 个县 / 区，天镇县地区生产总值占到大同市内的中下位，人均地区生产总值和第一产业占据市内排名中上位，第二产业以及第三产业同样处在市内排名中下位，天镇县的总体经济发展水平在大同市内处在中下位状态。①

据 2015 年统计数据分析，天镇县的总体经济发展水平与省内、市内其他地区经济发展水平相比，存在着较大差距，产业发展能力较弱，公共财政支出较大，整体的经济发展水平还未达到全市的中位数的标准，经济发展条件严重不足。

二、天镇县贫困情况

天镇县将整个县域划分为 5 镇 7 乡，其中 5 镇包括玉泉镇、谷前堡镇、米薪关镇、逯家湾镇、新平堡镇；7 乡包括卅里铺乡、南河堡乡、贾家屯乡、赵家沟乡、马家皂乡、南高崖乡、张西河乡，5 镇 7 乡一共有 235 个行政村，总人口数达到 23.17 万人。② 总人口数 23.17 万人中，农业人口有 19.17 万人，占总人口的 82.7%，其中贫困人口有 2.21 万户共 5.18 万人，占农业总人口的 27%。③ 天镇县土地主要分为农用地、建设用地和其他用地，其中农用地占全县土地的一半以上，农用地主要分为耕地、园地、林地、牧草地等。④ 全县耕地 74.06 万亩，水浇地 25.67 万亩，整体土壤壤质较好，无污染。

---

① 《天镇县宏观经济与社会发展基础数据》，2015 年，http://d.ocn.com.cn/area/shanxi/tianzhenxian.shtml。

② 天镇县人民政府门户网站：《走近天镇》，2020 年 12 月 5 日，http://www.dttz.gov.cn/dttzx/zjtz/201806/7577236f580f404e8d78a1347bc65bac.shtml。

③ 天镇县人民政府：《天镇县县情概况》。

④ 天镇县人民政府：《天镇县土地利用总体规划（2006—2020 年）调整方案》，2017 年 10 月。

该地主要种植的作物有玉米、马铃薯、甜菜、大豆等，在部分地区种植了当归、黄芪等中药材作为经济作物。

天镇县在2012年被列入全国扶贫开发工作的重点县域，属燕山—太行山连片特困地区，是山西省连片特困地区区域发展和扶贫攻坚试点县、全省10个深度贫困县之一。自2014年天镇县开展脱贫攻坚工作以来，全县建档立卡贫困户1.92万户，贫困人口4.66万人，全县共有126个贫困村，占天镇县行政村总数的54%，贫困发生率达到26.5%。2014年当年开展脱贫攻坚工作后，累计脱贫贫困户有2497户，脱贫人口共5673人，剩余贫困人口为17343户42439人，2014年底贫困发生率为22.22%。截至2020年上半年，经过两次动态调整，天镇县全县贫困人口19630户，共47728人，累计已脱贫19274户，共46956人，目前还剩未脱贫贫困户356户，共772人[1]，总体贫困发生率已低于省定贫困退出2%的标准。

天镇县的贫困状况在开展脱贫攻坚之初是严峻的，贫困人口规模较大，贫困程度较深，126个贫困村占据了全县行政村的54%，政府采取了多种扶贫形式来助力天镇县的脱贫攻坚工作，大规模的易地搬迁、危房改造、基础设施建设、教育医疗保障的跟进、产业扶贫等，缓解了当地的贫困状况。由于天镇县贫困村贫困基础较为深厚，勤劳致富、自力更生等意识不强，思想观念较为封闭，对于新思想新观念的接受程度较低较慢；贫困村的许多青壮年选择外出务工，谋求更好的发展，村落里从事农业生产的大多为留守妇女和留守老人，这些群体的受教育程度不高，接受新事物新技术能力欠缺，先进的农业种植等技术难以在这些群体中进行推广，导致产业发展缓慢；通过产业扶贫进行增收情况较为缓慢，大多农产品产业增收受到市场、自然天气等因素影响，存在一定风险，不稳定因素较多。这使得贫困村贫困户脱贫的

---

①　天镇县：《天镇县脱贫摘帽及贫困人口脱贫情况》，2019年。

内生动力不足，脱贫工作及巩固脱贫成果还需进一步加强。[①]

2015年国家能源局印发了《关于下达2015年光伏发电建设实施方案的通知》（国能新能〔2015〕73号），安排150万千瓦规模专门用于光伏扶贫试点县的配套光伏电站项目，下达的光伏扶贫电站分布在河北、山西、安徽、甘肃、宁夏、青海6个省（区）。

山西省天镇县自然地理条件符合光伏扶贫电站建设要求，充足的光照资源为其提供坚实的发电基础；适宜的气候条件较大促进了光伏扶贫电站各个设备组件的环境适应情况，减少环境温度对光伏发电系统性能发挥以及建设过程的影响；降水时日短、降水量偏低，减少其对日照强度的影响，保证电站能够获得充足的日照时数，发挥电站的最大效益；以及较弱的经济发展水平、严峻的贫困状况为天镇县开展光伏扶贫试点工作提供了探索性的基础。山西省天镇县作为第一批光伏扶贫试点项目建设以来，经过5年的不断探索，天镇县的光伏扶贫发展态势良好，发展成效可观，做到了发电效率稳步到位、运营维护监管到位、收益分配精准到位，围绕光伏扶贫资产建设走出了一条具有天镇特色的光伏扶贫发展道路。

三、天镇县光伏扶贫项目的起步和实施

（一）政策指导

山西省作为第一批光伏扶贫项目试点地区，于2016年印发了《关于开展光伏扶贫工作的指导意见》，对开展光伏扶贫工作的总体要求、重点任务、政策支持、保障措施等做出了总体指导；同年又印发了《山西省光伏扶贫项目管理暂行办法（试行）》的通知，就光伏扶贫电站的建设、运行维护、收益分配、保障服务等做出了更详细的管理指导，进一步明确了光伏扶贫项目

[①] 天镇县人民政府：《天镇县攻克深度贫困脱贫攻坚计划（2018—2020）》，2017年。

各个环节的具体执行事项，加快了光伏扶贫项目在山西省各个县域的落实情况。

为了解天镇县光伏扶贫整体规划安排以及市级、县级的相应情况，笔者梳理了天镇县光伏扶贫相关的电站建设、收益分配、电站确权等政策文件，以及各乡镇各村级对相关政策的回应情况。

表 3-6　光伏扶贫电站建设规划相关政策文件

文件	印发日期
国家能源局　国务院扶贫办《关于下达 2015 年光伏发电建设实施方案的通知》（国能新能〔2015〕73 号）	2015
国家能源局　国务院扶贫办《关于下达第一批光伏扶贫项目的通知》（国能新能〔2016〕280 号）	2016.10.17
国家能源局　国务院扶贫办《关于下达"十三五"第一批光伏扶贫项目计划的通知》（国能新能〔2017〕91 号）	2017.12.29

注：表中资料来自国家能源局和国务院扶贫办下达的有关光伏扶贫电站建设规划的政策文件，经整理而成。

表 3-6 中的文件为笔者梳理的国家能源局和国务院扶贫办三次下达的关于光伏扶贫电站建设规划的政策文件。2015 年出台的政策文件中下达给山西省天镇县的光伏扶贫电站指标为 41 兆瓦，其中包括 1 座 40 兆瓦的集中电站，10 座装机规模为 100 千瓦的村级电站；2016 年出台的政策文件中下达给山西省天镇县光伏扶贫电站总装机规模 1.1 兆瓦；2017 年"十三五"规划下达给山西省天镇县光伏扶贫电站指标为 11900 千瓦。

表 3-7　光伏扶贫电站建设规划相关政策文件

文件	印发日期
山西省发改委《关于同意大同市天镇县 4.1 万千瓦光伏扶贫项目开展前期工作的函》	2015
山西省发展和改革委员会　山西省扶贫开发办公室关于转发《国家能源局　国务院扶贫办关于下达第一批光伏扶贫项目的通知》的通知	2016.10.21
山西省脱贫攻坚领导小组关于印发《关于深入推进光伏扶贫工作的实施意见》的通知	2017.10.25

续表

文件	印发日期
山西省发展和改革委员会　山西省扶贫开发办公室《关于下达我省"十三五"第一批光伏扶贫开发项目计划的通知》	2018.1.5
山西省光伏扶贫工作领导小组办公室《关于报送"十三五"第一批光伏扶贫项目实施方案的通知》	2018.1.16
大同市发展和改革委员会　大同市扶贫开发领导组办公室关于印发《大同市 2018 年光伏扶贫电站实施方案》的通知	2018.3.12

注：表中资料来自山西省、大同市转达、报送、印发的关于光伏扶贫电站建设相关政策文件，经整理而成。

表 3-7 中的文件为笔者梳理的山西省、大同市响应国家能源局、国务院扶贫办关于光伏扶贫建设相关的政策文件，从发文日期来看，山西省、大同市积极响应了国家下达的光伏扶贫相关政策文件，从省级政策传达到市级政策实施，再到县级政策具体落实，对山西省、大同市、天镇县的光伏扶贫建设及时做出了指导规划。除了光伏扶贫电站规划建设相关政策之外，国家能源局、国务院扶贫办等还出台了一系列的光伏扶贫收益分配、资产确权、考核评价、补贴目录等相关的政策文件。

表 3-8　光伏扶贫电站建设规划相关政策文件

文件	印发日期
关于贯彻落实《国土资源部、国务院扶贫办、国家能源局关于支持光伏扶贫和规范光伏发电产业用地的意见》的通知	2018.3.22
关于印发《关于对纳入国家补助目录光伏扶贫项目开展核查工作的实施方案》的通知	2018.5.23
关于印发《山西省村级光伏扶贫电站收益分配管理办法（试行）》的通知	2018.6.15
《关于做好村级光伏扶贫电站投保的通知》	2018.7.19
关于印发《山西省光伏扶贫电站管理实施细则》的通知	2018.10.24
大同市发展和改革委员会《关于做好我市集中式光伏扶贫电站验收评估工作的通知》	2019.1.16
《天镇县村级光伏扶贫电站收益分配管理办法》	2019.4.2
关于印发《山西省光伏扶贫项目考核评价实施办法》的通知	2019.5.9
关于转发《关于做好 2019 年度光伏扶贫电价补贴发放的通知》的通知	2019.7.12

续表

文件	印发日期
《关于进一步做好光伏收益分配工作的指导意见》	2019.10.29
关于贯彻落实国务院扶贫办　财政部《积极应对新冠肺炎疫情影响切实做好光伏扶贫促进增收工作的通知》的通知	2020.2.24
关于印发《2020年度光伏扶贫收益分配管理工作指南》的通知	2020.3.2
关于抓紧落实国务院扶贫办《关于进一步加强全国光伏扶贫信息监测系统建设和应用的函》的通知	2020.3.3
关于印发《天镇县村级光伏扶贫电站收益分配管理办法（试行）》的通知	2020.3.20
《关于做好2020年光伏扶贫收益分配促进增收脱贫工作的通知》	2020.3.24
《天镇县光伏扶贫村级电站资产权属管理办法（试行）》	2020.8.17
关于印发《山西省2020年村级光伏扶贫项目成效评估实施方案》的通知	2020.10.9

注：表中资料来自光伏扶贫项目相关的土地政策、补贴政策、收益分配、资产确权、实施管理相关
　　的政策文件，经整理而成。

表3-8中的文件为笔者梳理的山西省、大同市、天镇县为响应上级光伏扶贫政策相关文件印发、传达的光伏扶贫电站相关实施管理、收益分配、考核评估等政策。在政策文件传达上做到了及时性，在政策实施执行上做到了灵活性和实际性，根据山西省各个县域的光伏扶贫项目实施的实际情况出台相关的收益分配和资产权属的管理文件。以天镇县为例，天镇县针对光伏扶贫电站收益分配情况，出台了光伏扶贫村级电站资产权属管理办法，该办法明确规定了光伏扶贫电站固定资产确权到村，进一步明确光伏扶贫电站固定资产确权和收益分配的具体细则。在光伏扶贫电站收益分配上，天镇县也积极响应，各乡镇及时出台光伏扶贫收益分配管理和实施方案响应县级、市级、省级政策，以玉泉镇、贾家屯乡为例。

表3-9　光伏扶贫电站建设规划相关政策文件

乡镇/村	文件	发文日期
玉泉镇	《玉泉镇关于村级光伏扶贫电站收益分配实施方案》	2018.11.13
玉泉镇	关于印发《2020年玉泉镇村级光伏扶贫电站收益分配资金使用管理办法》的通知	2020.4.1

乡镇/村	文件	发文日期
玉泉镇葛家屯村	《玉泉镇村光伏扶贫公益岗位分配方案》	2020.3.17
贾家屯乡北冯夭村	《贾家屯乡北冯夭村关于村级光伏扶贫电站收益分配的实施方案》	2018.11.28
贾家屯乡	《贾家屯乡村级光伏扶贫和接本付息项目资产收益分配管理办法》	2020.2.20

注：表中资料来自玉泉镇、贾家屯乡关于光伏扶贫收益分配的相关政策文件，经整理而成。

以上政策文件为笔者梳理的玉泉镇和贾家屯乡关于光伏扶收益分配政策，乡镇响应县级政策，积极出台光伏扶贫收益资金分配和使用管理办法，乡镇以下乡村，以玉泉镇葛家屯村和贾家屯乡北冯夭村为例，出台了村级光伏扶贫电站收益分配的具体实施方案，从上至下，从宏观收益分配管理办法到中观村集体具体方案落实，再到微观公益岗位设置与分配，将上级政策文件逐级细化到村，指导村集体做好收益分配的具体工作。

（二）建设实施条件

1. 技术条件

天镇县境内风能、光能资源丰富，属于全国太阳能和风能资源丰富带，该县新能源产业发展势头较好，是全国新能源产业百强县、山西省光伏产业重点县。天镇县近年来也在不断推动新能源的发展，打造了百万千瓦的新能源发电基地，积极推进了华能、中船盛风、首欣、华岩邦盛等风力发电项目，晋能光伏发电项目，以及凯迪生物热点联产项目建设。[1]天镇县新能源产业发展有着较好的基础，新能源企业实力雄厚，技术条件成熟，为天镇县光伏扶贫项目的发展提供了强有力的技术支撑和品质保证。

2. 建设条件

天镇县光伏电站在建设实施上，严格把握选址条件，地面集中式电站选

---

① 大同市人民政府：《天镇县加快推进新能源产业发展》，2019年。

160

址在土地平坦开阔处、无遮挡处，不占用耕地，不占用基本农田。天镇县境内有大量的未利用地，荒坡荒地较多，面积较大，其海拔较高，坡度合适，满足建站需求，便于光伏电站大面积建站及有效采光，同时也便于排水，光伏电站可用地也不在需要征收土地使用税及耕地使用税的范围内。光伏电站的建设采取 EPC 总承包模式，选择具有雄厚实力的央企实施建设，有效提高了勘测、设计、施工等各环节效率，高速度、高质量提前完成施工任务，在省市同批次电站中率先建成并网发电。

3. 接网条件

在光伏电站建设的技术层面上，其选址要求电网接入基础较好，电网公司负责建设配套接入电网工程，将光伏扶贫电站接网工程优先纳入电网改造升级计划，确保村级扶贫电站和接入电网工程同步建成投产。天镇县光伏扶贫电站的接网条件：一是 10 千伏级以下的供电系统，提高了线路绝缘化的处理；二是 6 兆瓦以下的电站容量，村级电站总装机规模在 6 兆瓦以下更加方便接网并网；三是产生的电可就近使用，电站的选址及接网等满足可以就近使用原则，避免电网损耗。

2020 年 9 月 22 日，全国光伏扶贫工作现场会在山西省大同市举行，全国会议代表实地观摩了天镇县光伏扶贫项目，共同交流了天镇县的光伏扶贫工作的经验，刘永富主任对山西省的光伏扶贫工作表示了肯定，肯定了山西省光伏扶贫起步早、做得好、成效好。作为本次案例点的天镇县，在光伏扶贫做法上也得到了全国会议代表们的肯定，其光伏扶贫运行维护、资产确权方式和资产建设机制做法突出，确保了每一座电站都发电高效，每一处电站资产确权到村、确权到户（户用电站），每一笔电站收益都确权到村、确权到户。为了更加深入详细地了解天镇县光伏扶贫的特色做法，调研团队进行了为期 5 天的实地考察。

四、天镇县光伏扶贫资料收集与分析

为了更加全面系统地了解天镇县光伏扶贫项目开展的具体做法、运行维护、资产确权、资产建设等情况，切实做好调查点光伏扶贫项目案例总结，本次调查研究的主要思路为：

首先，全面了解天镇县县域发展的基本情况，通过查阅天镇县政府网站的各项政府脱贫攻坚工作报告、国民经济统计年鉴、天镇县志等了解该县脱贫攻坚的发展历程，了解该县的政治、经济及文化等发展水平。搜集省级、县级光伏扶贫项目的相关政策，大致把握该县光伏扶贫项目的发展历程。

其次，通过实地调研等形式，对调查点光伏扶贫项目进行案例总结。把握该调查点光伏扶贫项目实施过程中的电站建设、运行维护、收益分配、资产确权等关键环节，了解调查点光伏扶贫项目具体实施情况。为了更加精准地把握光伏扶贫的落实情况及光伏扶贫效益发挥情况，调研团队将到山西省和天镇县扶贫办、各乡镇和各村进行实地调研，以省扶贫办和县扶贫办座谈交流、村委座谈、村民访谈、村务资料等为基础来收集详细具体的资料，挖掘各乡镇各乡村在光伏扶贫项目实施中的亮点做法、典型案例。

最后，针对实际调研和所收集到的资料进行分析，总结天镇县光伏扶贫项目实现资产建设长效发展的机制，就光伏扶贫项目过程中存在的问题与挑战进行分析，结合脱贫攻坚的大环境，探讨光伏扶贫在新的环境形势下，如何应对问题与挑战，如何把握机遇，同乡村治理乡村振兴发展道路相结合，如何进行长远规划、探索新的发展方向。

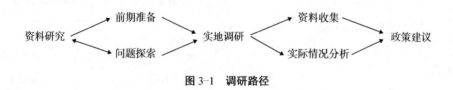

图 3-1　调研路径

图 3-1 所示为本次调研路径，本次调研是以问题导向为主：山西省天镇县的发展状况如何？光伏扶贫项目的相关原理知识、经验模式是什么？目前光伏扶贫项目发展状况、所产生的扶贫效益如何？光伏扶贫项目在未来长远发展中面临哪些问题、挑战与机遇？如何将光伏扶贫项目同新环境新形势相结合等等。带着山西省天镇县光伏扶贫项目相关问题出发，结合本次调研任务，通过查阅调查点光伏扶贫相关文献资料，搜集山西省天镇县政府网站相关光伏扶贫工作报告、脱贫攻坚总结报告、相关光伏扶贫政策文件，以及全国光伏扶贫现场会等相关会议报告。基于对文件报告的分析，初步了解调查点光伏扶贫项目实施过程，光伏扶贫过程中涉及的各个环节，初步把握了天镇县光伏扶贫的发展方向。针对天镇县光伏扶贫在运行维护、资产建设方面的特色做法，调研团队展开了实地调研，收集各个村镇和光伏扶贫电站的相关资料，对其进行分析和总结，提炼天镇县光伏扶贫工作的亮点，探讨光伏扶贫未来的发展。

（一）实地调研

为了收集到丰富的一手材料，调研组于 2020 年 10 月 15 日至 19 日前往天镇县，进行为期 5 天的实地调研。到达天镇县后，调研团队首先同天镇县扶贫办展开座谈交流，与会的成员有天镇县扶贫办主任、能源局局长、保利公司负责人、县扶贫办工作人员等。座谈会上调研团队组长首先了介绍此次调研的目的、任务和调研的整个流程，山西省天镇县光伏扶贫的做法得到了刘永富主任的肯定，具有典型性，此次主要任务就是进行天镇县光伏扶贫的案例总结，了解天镇县光伏扶贫的发展历程、典型案例、发展中的问题、关键性的收益分配和落实情况以及光伏扶贫在乡村振兴中发挥的作用等。调研团队对资料的收集也做出了说明，本次调研主要以清淡资料和访谈资料为主，需要各部门相互配合，提供光伏扶贫相关的历年政策资料、光伏站点资料、权威性的资料（县志、统计年鉴）、光伏扶贫收益分配资料等。对于本次调研的安排，调研团队和天镇县扶贫办也做出了详细计划，以光伏扶贫站点为主，调研团队自行进行调查和访谈，调研结束后进行整体汇报，最后赴山西省扶贫办进行座谈交流汇报。对调研事宜进行详细说明之后，调研团队和天镇县扶贫办等各部门进行了长达两小时的座谈交流，座谈会上，天镇县扶贫办等各部门介绍了光伏扶贫建站发展历程、初始建站过程中存在的问题、电站建设的模式、电费结算、电网消纳以及产生的效益等相关内容。

为了收集到更翔实的各个电站、乡镇和村的一手材料，调研团队展开了光伏扶贫电站实地观察和实地访谈工作。

天镇县扶贫办工作人员按照本次调研的计划安排，带领调研团队首先前往保利公司，与保利公司进行深入交流，了解天镇县光伏扶贫发展的历程、电站运行过程中各个管理部门、收益分配机制、电费转结以及光伏扶贫成效，重点观摩天镇县的光伏扶贫电站监测系统和国网监测系统，监测系统展示了天镇县所有光伏扶贫电站情况和发电情况，技术人员向调研团队详细介绍了整个光伏扶贫监测系统的运行操作，系统如何监测到电站故障、监测到故障后运维人员如何操作等。

在了解光伏扶贫电站整个建设运行过程后，县扶贫办工作人员带领调研团队走访了几种不同建站模式的电站，从大型集中电站、联村电站、村级电站到户用电站，了解其电站规模和选址、发电效益、运行维护等详细情况。重点考察了晋能集团40兆瓦集中电站，了解该电站建站历程、投资主体、收益分配及电网消纳情况，该电站为企业投资电站，以市场化运作方式进行收益，将收益中的480万元分配给天镇县的非贫困村的贫困户，以此种方式经营光伏电站；对于联村电站，重点了解了黑石梁百村电站和中地生态牧场联村电站，两座联村电站的规模情况以及电站确权到村的规模和确权方式，通过实地调研了解到联村电站是以村为单位，根据村级贫困规模进行分配，按照电站的阵列分布进行具体确权，保证电站确权到村。

观摩完重点集中电站和联村电站后，县扶贫办工作人员带领调研团队深入村级电站和户用电站进行考察，先后去往谷前堡镇、赵家沟乡、贾家屯乡的村级电站，在对每一座村级电站进行考察过程中，调研团队同该村级电站确权所属的村委会进行座谈交流，针对该村脱贫攻坚情况、光伏扶贫电站的发展情况、光伏扶贫具体收益分配情况、光伏扶贫资金使用比例情况、村级公益岗位设置情况、村级小型公益事业发展情况、奖励补助情况、村民反响、村庄变化等情况进行了长达数小时的座谈，了解村"两委"光伏扶贫工作开展的实际情况，以及在开展光伏扶贫工作中遇到的问题和阻碍。在进行村委座谈的同时，明确开展文件资料收集工作。除村委座谈外，调研团队成员还进行了入户访谈和就近访谈，进一步了解村民的家庭生活状况、经济收入情况，以及光伏扶贫收益分配落实情况。访谈过程中，主要了解光伏扶贫收益人和非收益人对光伏扶贫收益及分配情况的了解，他们对光伏扶贫项目的收益情况了解多少、自身获得光伏扶贫收益的情况、对收益分配的用途了解多少、是否参与村上的公益岗位工作、对光伏扶贫及其公益岗位的设置及条件有什么看法和建议等，作为本次调研的补充材料。

在天镇县光伏扶贫实地调研工作结束后，调研团队将调研收集到的材料、了解到光伏扶贫项目相关的信息和问题后，赴山西省扶贫办，省扶贫办主任带领调研团队观摩了光伏扶贫全国信息监测系统，详细展示了系统中关于各个省、市、县、村的光伏扶贫收益情况以及公益岗位分配情况。观摩结束后，进行了生牺牲你扶贫办座谈会，与会成员有山西省扶贫办主任、产业站站长、处长、科员等，共同就此次光伏扶贫调研情况进行了交流。

（二）资料收集与分析

在调研前期，调研团队就本次光伏扶贫调研任务及天镇县光伏扶贫特色做法详细资料列出了材料收集清单。在调研团队到达天镇县扶贫办进行座谈会当天，就与县扶贫办进行接洽，说明所需资料，包括天镇县政策纲领性文件、县域发展情况、光伏扶贫实施情况、脱贫攻坚情况等文件资料，县扶贫办也积极配合提供相关资料；其次在进行村级和户用电站考察过程中，与村委进行座谈时，也进行了相关资料收集，包括该村的基本村情、历年脱贫攻坚工作汇报、光伏扶贫收益分配情况、资金使用情况、村级公益岗位设置情况、村级公共服务发展情况等详细资料；最后是调研团队与省扶贫办、县扶贫办、村委会进行座谈的各项录音材料，以及调研小组成员与各村民进行访谈的录音材料。

在收集文件资料的同时，为了补充更多清晰详细、可视化的资料，调研团队成员在实地调研过程中做了一些照片和视频记录，在实地考察各个电站过程中，用照片和视频记录实地考察的各个电站规模、各个村级情况、村民情况、相关光伏扶贫纸质资料，为后期案例报告撰写提供辅助材料。整个调研过程中，每位调研小组成员大概收集了 1.5G 的照片、视频和录音材料，每位调研小组成员在天镇县收集将近 20 条录音访谈资料。调研结束后，调研小组成员进行了长达几天的录音转录工作，将各个座谈、访谈录音材料整理成文字稿，将所有收集到的文件资料和数据资料进行整理，分成录音、视频、图片、上墙的制度规范材料 4 个大类，根据所收集到的照片和视频中的各项资料进行精确分类和归档，将文字材料进行分类编号，整理出材料清单。在所有资料收集整理完毕后，调研团队成员进行了详细的资料阅读，将资料进行了分类，包括政策性文件、村级文件，初步把握调研报告所需的各项文件材料，对资料中的报告数据进行提炼总结。以下是调研团队整理的在天镇县收集到的文件材料清单。

天镇县材料清单

1.天镇县志

2.天镇县国民经济统计资料（2015 年、2018 年）

3.天镇县脱贫攻坚工作总结（2016—2020 年）

4.天镇县光伏扶贫探索实践

5.山西省光伏扶贫相关文件

第三节　天镇县光伏扶贫发展历程

一、光伏扶贫整体发展情况

天镇县通过在光伏扶贫产业发展上的不断探索、不断创新、不断实践，截至 2020 年在光伏扶贫项目上累计投资 5.8 亿元，建成并网光伏扶贫电站 6.48 万千瓦，其中村级电站 2.45 万千瓦，在全省率先实现贫困村村级电站全覆盖、集体经济全破零、光伏收益行政村全覆盖，探索出一条有效壮大集体经济、有效保障脱贫成效的扶贫道路，为天镇县顺利实现脱贫摘帽奠定了良好的基础。

表 3-10　截至 2020 年天镇县光伏电站建设总规模

电站类型	数量（座）	装机规模	投资金额
集中式电站	1	4	3.79
村级电站	23	2.45	1.985
户用式电站	1	300	270

注：表格资料来自天镇县《电站规划建设》，经统计整理而成。户用电站共涉及 100 户，集中式电站与村级电站的装机规模与投资金额单位分别为"万千瓦""亿元"，户用式电站装机规模与投资金额单位分别为"千瓦""万元"。

天镇县先后建成光伏扶贫电站 25 座，其中 1 座集中式电站，总装机规模 4 万千瓦，投资 3.79 亿元，该座集中式电站由企业出资，全权投入（晋能集团）；23 座村级电站，总装机规模 2.45 万千瓦，投资 1.985 亿元，建站资金全部为财政资金投入，主要由中央、省、市、县四个层级的财政投入，其中中央投资 8980 万元，省级政府投资 4540 万元，市级政府投资 6050 万元，以及县级政府投资 280 万元；1 座户用式电站，该电站涉及农户 100 户，总装机规模 300 千瓦，共投资 270 万元，按照 2∶7∶1 的资金投入，政府投资 20%，农户个人自筹 10%，银行贷款 70%，每户户用式电站共投资 2.7 万元。

表 3-11　天镇县村级光伏扶贫电站投资结构

投资类型	投资金额（万元）	投资占比（%）
中央投资	8980	45
省级投资	4540	23
市级投资	6050	30
县级投资	280	2

注：数据资料来自《天镇县光伏扶贫工作探索与实践》手册，经整理而成。

表 3-11 是天镇县村级光伏扶贫电站投资结构，全权由政府资金投入进行光伏扶贫电站的建设。其中中央投资 8980 万元，投资占比 45%，占整个

投资的最大比重；市级政府投资 4540 万元，投资占比 23%；市级政府投资 6050 万元，投资占比 30%；县级政府投资 280 万元，投资占比 2%，投资比重最小，天镇县光伏扶贫电站建设主要投资主体为中央、省级和市级政府，无企业参与。

表 3-12 天镇县光伏扶贫电站建设具体情况

电站名称	电站规模	纳入补贴目录	总投资
晋能集团光伏电站	40000	第一批目录	34385
一畔庄村村级电站	100	第一批目录	92
孙家店村村级电站	100	第二批目录	70
范家屯村村级电站	100	第一批目录	123
白小山村村级电站	100	第一批目录	123
高墙框村村级电站	100	第一批目录	123
王家山村村级电站	100	第一批目录	123
王家山村村级电站	100	第一批目录	123
迁安新村村级电站	100	第一批目录	123
侯家夭村村级电站	100	第一批目录	97.4
塔儿村村级电站	100	第一批目录	123
袁家夭村村级电站	100	第二批目录	70
红土夭村村级电站	100	第一批目录	123
夭沟村村级电站	100	第二批目录	70
夭沟村村级电站	100	第一批目录	123
杨家屯村村级电站	100	第三批目录	74
右所窑村村级电站	31	待纳入	123
东要泉村村级电站	47	待纳入	123
廿里铺村联村电站（北站）	390	第一批目录	365
廿里铺村联村电站（南站）	390	第一批目录	365
将军庙村联村电站	5800	第二批目录	4060
北冯夭村联村电站（南站）	4900	第一批目录	4541
北冯夭村联村电站（北站）	5100	第一批目录	4727
同庆窑联村电站	600	第一批目录	432
魏家夭联村电站	100	第一批目录	123
楼子町联村电站	5700	第二批目录	3990

注：数据资料来自大同市天镇县光伏扶贫电站建设情况，经整理而成。电站规模单位为"KW"（千瓦），总投资单位为"万元"。

表 3—12 数据为天镇县光伏扶贫电站建设具体情况，天镇县总共建成光伏扶贫电站 26 座。其中纳入第一批补贴目录的电站有 18 座，纳入第二批补贴目录的电站有 5 座，纳入第三批补贴目录的电站有 1 座，待纳入补贴目录的电站有 2 座。

表 3-13　2015 年以来天镇县村级电站建设情况

时间	数量	装机总规模
2015 年	10	1
2016 年	6	11
2018 年	7	12.5

注：数据资料来自《天镇县光伏扶贫村级电站资产权属管理办法（试行）》，经整理而成。数量单位为"座"，装机总规模单位为"MW"（兆瓦）。

从 2015 年光伏扶贫电站试点建设开始，以村级电站建设为主，总共建成 10 座村级电站，总装机规模为 1MW；2016 年建成 6 座扶贫电站，其中包括 4 座联村电站（分南北站的 10MW 北冯夭村联村电站、分南北站的 800KW 二十里铺村联村电站）和 2 座村级电站（100KW 侯家夭村村级电站、100KW 一畔庄村村级电站），总装机规模为 11MW；2018 年建成扶贫电站共 7 座，其中包括 3 座联村电站（600MW 同庆窑联村电站、5.7MW 楼子町联村电站、5.8MW 将军庙联村电站），4 座捐建的村级电站（100KW 袁家夭村村级电站、100KW 孙家店村村级电站、100KW 夭沟村村级电站、100KW 杨家屯村村级电站），总装机规模为 12.5MW。[①]

二、光伏扶贫发展阶段

山西省作为第一批光伏扶贫项目试点地区，开始进行了项目试点探索。山西省天镇县的光伏项目实施、光伏电站建设也在上级领导和相关部门的支

---

① 天镇县光伏扶贫领导小组：《天镇县光伏扶贫村级电站资产权属管理办法（试行）》，2020 年 6 月 18 日。

持和指示下，在全县相关部门的配合下，在各个乡镇干部的努力下，在光伏扶贫的发展道路上进行了不断的探索，天镇县光伏扶贫项目经历了"单村—联村—'联村+'"电站建设类型发展阶段。

（一）单村电站模式为主的建设阶段

随着 2015 年天镇县人民政府发布关于印发《天镇县 2015 年光伏扶贫试点工作实施方案（试行稿）》的通知，将天镇县列为山西省首批光伏扶贫试点工作项目县。结合天镇县的贫困状况、太阳能源充足的优势、基础设施的完善、地区区域优势等，在天镇县开展了总规模为 1MW 的 10 座村级电站的指标电站建设，同时期建设的电站还有晋能集团 40 兆瓦电站，第一批电站建设以村级电站建设为主。

1. 单村电站——以一畔庄村村级电站为例

一畔庄村位于天镇县城西部，是谷前堡镇 13 个行政村之一，总土地面积 5279 亩，耕地面积 4285 亩，该村产业结构主要由种养殖业、土地流转、光伏收益、借本付息构成，其中光伏产业达到 18.3 万元，借本付息达 5 万元，该村人均可支配收入达 1.73 万元。全村总共 233 户 635 人，其中常住人口有 133 户共 366 人。2014 年，遵循建档立卡贫困识别程序，全村共确定了贫困人口 50 户 79 人，经动态调整，截至 2020 年，现有贫困户 42 户 58 人。该村在 2015 年实现整村退出贫困村，在 2017 年底，实现了全村贫困户全部脱贫摘帽。

一畔庄村的村级扶贫电站总装机规模 100KW，总投资金额达 85 万元，全部由政府资金投入。该电站于 2017 年 11 月 23 日正式并网发电，电价为每度 0.88 元，截至 2020 年，一畔庄村光伏扶贫电站发电情况如表 3-14 所示。

表 3-14　一畔庄村 2017 年至 2020 年 1—8 月发电量情况

年度	发电量
2017	5383

续表

年度	发电量
2018	168343
2019	171813
2020	117067

注：数据资料由一畔庄村村委会提供，经整理而成。2020年度为1—8月发电情况。发电量单位为"度"。

2017年发电量为5383度，2018年发电量为168343度，2019年发电量为171813度，2020年1—8月发电量为117067度，电站建成后的2018年至2020年年发电量较为稳定。一畔庄村电站累计发电46.26万度，年均发电量17.15万度、年均有效发电量时数为1715小时，超过当地参考标准14.3%，累计实现收益40.17万元，年均收益15.1万元；日均发电量467度、日均发电有效时数为4.67小时，日均收益能够达到411元。

2017年至2020年8月，一畔庄村光伏扶贫电站总收益资金为44.06万元，这些收益资金的用途分为三大块：公益岗位及小型公益事业用工占比50.2%，共计投入22.13万元；小型公益事业占比32.1%，共计投入14.15万元；奖励补助占比17.7%，共计投入7.78万元。2020年由于受疫情影响，光伏扶贫资金收益在分配上的比重有所调整，一畔庄村2020年累计1—8月收益资金分配主要是：公益岗位及小型公益事业用工占比62.5%，共计投入4.85万元；救助补助奖励占比19.8%，共计投入1.54万元；小型公益事业占比17.7%，共计投入1.37万元。①

2. 集中电站——晋能集团40兆瓦电站

晋能集团40MW光伏电站项目位于天镇县谷前堡镇环翠山光伏产业园区，该项目占地1780亩，规划总投资3.5亿元，于2015年4月开工建设，2016年4月8日并网发电，每年可向电网输送6000万千瓦时的绿色电能，

① 天镇县一畔庄村村委会：《一畔庄村光伏扶贫收益资金分配情况》。

按照上网电价 0.95 元 /kwh，年销售收入达到 5700 万元。

表 3-15　晋能集团 40MW 年度发电情况

年度	上网电量
2017（6—12 月）	2568.4096
2018	6288.5158
2019	6149.6816
2020（1—7 月）	2048.55

注：数据资料来自《晋能集团清洁能源基地及 40MW 光伏扶贫项目情况》，经统计整理而成。上网电量单位为"万千瓦时"。

晋能集团 40MW 从 2017 年 6 月开始到 2020 年 7 月，累计发电 17055.157 万千瓦时。与政府投资建设的联村电站不同的是，晋能集团 40MW 光伏电站是由企业投资建设，电站的实施建设、运行维护等都由企业自行负责管理。该电站的收益分配情况也与其他联村电站不同，40MW 电站每年从电量收益中提取 480 万元的发电收益作为天镇县的扶贫基金，用于帮扶全县 109 个非贫困村的建档立卡户。截至目前，已提取 1800 万元扶贫基金，全部发放到村，惠及了 109 个非贫困村的 4200 多户 1.4 万贫困人口。

（二）联村电站模式为主的建设阶段

继 2015 年下达光伏扶贫电站试点建设政策文件后，国家能源局、国务院扶贫办又颁布《关于下达第一批光伏扶贫项目的通知》（国能新能〔2016〕280 号），安排山西省 2016 年第一批光伏电站的建设，加快推进山西省光伏扶贫项目工程的建设。在以单村电站模式为主的建设的过程中，天镇县围绕建站成本、运行维护成本、光伏扶贫电站高效发电等方面综合考量，逐渐探索以多村一站的联村电站模式为主的电站建设模式，充分利用现有资源，进行联村电站建设为主的建设阶段，同时期天镇县的光伏扶贫电站也进行了部分地区的户用式电站的探索建设。

1. 联村电站——黑石梁联村电站

黑石梁联村电站位于天镇县城东南 30 公里处的贾家屯乡黑石梁，平均海拔为 1400 米。海拔高于县城 400 米左右，同时刻气温低于县城 2.6 摄氏度。该联村电站占地面积 445 亩，装机容量 10 兆瓦，共建设 2 个光伏电站，覆盖 10 个乡镇 100 个贫困村。黑石梁联村电站一期项目工程，占地面积 445 亩，于 2016 年 9 月规划设计、10 月开工建设、12 月 31 日并网发电，进入试运行。黑石梁联村电站二期工程，占地面积 560 亩，装机容量 12.1 兆瓦，项目总投资 8725 万元，共建设 3 个光伏电站，惠及 12 个乡镇 93 个贫困村。项目于 2018 年 2 月规划、3 月开工建设、6 月 13 日并网发电，进入试运行。

表 3-16 黑石梁一期发电及结算情况

年度	上网电量	结算金额	利用小时
2017	1722.468	1515.7718	1722
2018	1732.458	1524.5630	1732
2019	1736.16	1527.8208	1736.16

注：数据资料来自《天镇县村级电站电量统计表》，经整理而成。上网电量单位为"万度"，结算金额单位为"万元"。

黑石梁一期联村电站于 2016 年 12 月正式并网，并网发电以来，截至 2019 年，一期电站累计上网电量达 5191.086 万度，累计发电收益高达 4568.16 万元。平均每年发电利用小时数达 1720 多小时，已经超过当地二类发电标准。

表 3-17 黑石梁二期发电及结算情况

年度	上网电量	结算金额	利用小时
2018	1007.83	332.54	832
2019	2134.94	1559.39	1764.41

注：数据资料来自《天镇县村级电站电量统计表》，经整理而成。上网电量单位为"万度"，结算金额单位为"万元"。

黑石梁二期联村电站于 2018 年 6 月正式并网开始发电，2018 年至 2019 年，两年间累计上网电量达 3142.77 万度，累计发电收益达 1891.93 万元，

2019 年全年发电小时数也高达 1760 多小时。黑石梁联村电站自建设以来就保持着高水平的发电时数、高质量的发电收益，惠及了 193 个贫困村，在全省率先实现了贫困村村级光伏扶贫电站全覆盖，集体经济全破零。

黑石梁联村电站模式建设主要优势在于：一是充分利用土地资源，通过林光互补的模式，选择合适的荒地坡地，充分利用林地资源，解决用地难的问题；二是以多村一站的联村建站模式进行规划建设，可以节约土地成本。通过集中建设的模式能够降低电站建设成本，提高电站建设效率，使得电站能够尽早投入运行和发电。同时也便于运维人员进行集中检查和维护，大大降低了运行维护的成本。通过节约成本，提高运行和发电效率，能够使电站稳定运行、持续收益；三是在选址上，满足了电站建设所需的温度条件、地形条件、海拔条件、日照质量条件，保证黑石梁联村电站能够最大限度发挥其发电效益，保障光伏扶贫电站持续高效收益。

2. 户用电站——以迁安新村、段家沟村户用电站为例

自 2015 年天镇县光伏扶贫电站实施试点项目以来，户用电站作为一种建站模式开始了探索。2015 年 7 月组织规划了卅里铺乡迁安新村户用光伏扶贫电站的建设，该村户用电站于 2015 年 11 月建设完成，材料选用新型薄膜光伏组件（铂阳 630），共计投入扶贫资金 11.9 万元（户均 2.38 万元），总装机规模为 12.6KW，惠及迁安新村建档立卡深度贫困户 5 户 7 人，每户总装机容量为 2.52KW。该村户用电站于 2015 年 12 月初调试完成，并于 12 月 25 日并网发电，进入试运行。产生的光伏扶贫收益全部精准分配到该村的深度贫困户。

2015 年迁安新村户用电站投入运行后，为户用式光伏电站建设提供了经验，为结合本村实际情况、有意向建设户用电站的村级提供了模式借鉴。2016 年米薪关镇段家沟村计划建设户用式电站，与迁安新村户用式电站建设不同的是，迁安新村户用电站建设投资资金为政府扶贫资金，而段家沟村是以农户自愿原则为主，在自愿建设的前提下，采取政府补贴、农户银行贷款、农户自筹资金（2∶7∶1）的模式，进行资金投入。段家沟村户用式电站于 2016 年 12 月实施建设，材料选用新型薄膜光伏组件，共计投入资金 305 万元（户均投资 2.7 万元），总装机规模达 266KW，惠及段家沟村 95 户，这 95 户不局限于贫困户和非贫困户的差别，每户总装机规模 2.8KW。于 2017 年 3 月全部建成并网发电，其发电收益确保精准到户。

（三）"联村+"电站模式发展阶段

中地光伏扶贫电站是分布式农光互补多村一站联村电站，中地电站的建设选址与其他光伏电站建设不同，该电站占用中地万头奶牛科技园区内的牛舍棚，中地公司无偿提供两栋牛舍棚顶 1.2 万平方米，在棚顶上加盖的光伏电站，总装机规模为 800KW。考虑到电站设备建设在棚顶上，为安全起见，光伏板的选材上选用薄膜太阳能电池板，投资 712 万元，覆盖卅里铺乡王家山，米薪关镇师家梁、盆儿夭、韩家梁、段家沟、于西堡、石羊庄以及南高崖乡冯奈庄共 8 个贫困村。该电站于 2015 年 9 月 1 日开工建设，同年 12 月完工。2016 年 12 月 24 日并网发电，累计发电 338.6 万度，实现累计收益 297.9 万元。通过光伏扶贫电站和产业园区相结合的模式，实现了一块土地，双重利用，双重收益，极大地节省了土地资源，提高了土地的利用率，扩大了土地的效益产出。表 3-18 为中地联村电站产权权属情况。

表 3-18　中地联村电站确权情况

确权资产归属单位	确权容量（千瓦）	装机容量（千瓦）	阵列编号
卅里铺乡王家山村	100	100	ZL001—ZL010
米薪关镇师家梁村	100	100	ZL001—ZL020
米薪关镇盆儿夭村	100	100	ZL001—ZL030
米薪关镇韩家梁村	100	100	ZL001—ZL040
米薪关镇段家沟村	100	100	ZL001—ZL050
米薪关镇于西堡村	100	100	ZL001—ZL060
米薪关镇石羊庄村	100	100	ZL001—ZL070
南高崖乡冯奈庄村	100	100	ZL001—ZL080

注：数据资料来自《中地 800KW 光伏扶贫联村电站确权牌》。

中地光伏电站资产的权属，是根据贫困村贫困人口规模综合占比和扶贫需求差异，经过规模核算、现场确认，对电站资产进行合理分配，将确权结果进行公示公告并发放确权证，按照每村 100KW 规模，分别确权到卅里铺乡王家山、米薪关镇师家梁、盆儿夭、韩家梁、段家沟、于西堡、石羊庄以及南高崖乡冯奈庄 8 个贫困村，对每个村庄发放电站《产权证》，切实增强贫困群众获得感和拥有感。

与中地扶贫电站建设模式相似的还有同煤光伏扶贫电站，通过与同煤现代工业园区相结合，利用该园区内两栋日光温室后墙顶建设光伏扶贫电站，采用薄膜太阳能电池板，总装机容量为 100KW，总投资 95 万元，覆盖侯家夭一个贫困村，该电站于 2016 年 12 月 24 日进行并网发电[1]。

将光伏电站与产业相结合，因地适宜地探索出了农光互补的电站建设模式，实现一块土地，两重收益，不断推进更加高效更加高产的"联村+"电站建设的发展。

三、光伏扶贫参与部门职能分工

为了确保天镇县顺利开展和实施光伏扶贫项目建设，加快推进当地光伏扶贫产业的发展，天镇县在光伏扶贫项目管理上，遵循"中央统筹、省负总责、市（县）抓落实"的管理体制，其组织主体、实施主体和责任主体是地方政府，市、县是组织实施光伏扶贫工程的责任主体。天镇县成立了县光伏领导小组、领导小组办公室和领导小组成员单位，光伏扶贫项目领导成员组织架构如图 3-2 所示。

县光伏扶贫领导小组由县委书记和县长担任组长，县委、县政府分管领导担任副组长，定期研究光伏扶贫工作，对天镇县光伏扶贫工作的开展进行统筹协调，及时推送各项政策信息，监督各乡镇光伏扶贫工作进程。

---

① 《天镇县光伏扶贫电站模式典型案例》。

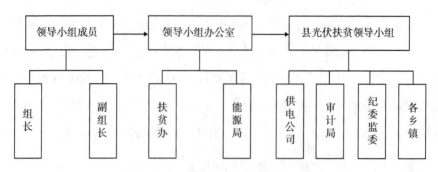

图 3-2　光伏扶贫项目领导成员组织架构

领导小组办公室由扶贫办和能源局共同组成，扶贫办主要进行指导、监督光伏扶贫收益分配，及时报送各项收益分配政策，指导各级乡镇进行光伏收益合理分配，执行光伏收益分配方案，针对各乡镇收益分配中存在的问题进行讨论并提出合理解决方案。能源局主要是指导、监督光伏扶贫电站运行管理，严格把控各地光伏扶贫电站运行情况，协调企业做好运行维护工作，实现设计发电量和发电收入的长期稳定，确保光伏发电效益最大化，从而保障扶贫收益。

领导小组成员单位包括供电公司、审计局、纪委监委和各乡镇，各部门之间相互配合，各司其职，共同推进光伏扶贫项目，确保光伏发电收益确权到村确权到户，壮大村集体经济，带动贫困户向好发展，巩固脱贫攻坚成果。县级供电公司根据村级光伏扶贫电站实际上网发电量核算发电收入。燃煤标杆电价对应收入按月结转到结转机构的专户，并由该机构划拨至光伏扶贫项目所在的村集体；审计局将进行定期审计，严格规范执行审计工作，对光伏扶贫政策措施落实情况、光伏扶贫收益资金分配和使用、光伏扶贫电站项目的建设和运行维护等情况进行核查审计，保障光伏收益落实到户；纪委监委主要进行巡查督查，严肃纪律。通过查阅资料、组织座谈访谈和实地考察等方式，详细了解各乡镇光伏电站的运行维护情况、光伏收益分配情况、村集体经济以及村民收益情况，确保光伏收益落实到位；各乡镇将对辖区内各村光伏电站发展情况进行审核指导和监督考核，指导项目村做好宣传发动、公示公告等工作，及时了解各村光伏电站运行情况，以及收益分配情况，协调光伏扶贫电站建设和发展过程中遇到的问题和困难，配合光伏扶贫电站项目接管和验收工作，监督村"两委"合理使用光伏扶贫资金、调动村民参与积极性、激发其内生动力不断发展。

保利公司（天镇县保利光伏产业开发有限公司）负责光伏扶贫电站的建设管理服务工作，与财政部门、电力部门结算电费，以及光伏扶贫收益拨付工作。要对受委托管理的电站进行科学核算，做好运行维护管理和安全管理，实现科学规范管理，确保光伏扶贫电站资产安全，确保资产收益最大化。

四、主要做法

光伏扶贫项目在天镇县落地实施发展以来，在上级领导和相关部门的支持和指示下，在全县相关部门的配合下，在各个乡镇干部的努力下，在光伏扶贫的发展道路上进行了不断的探索，在建设实施、运行维护、资产确权、收益分配各个环节上推动着天镇县的光伏扶贫向好发展。

（一）建设实施

在政府部门和上级领导的大力支持下，天镇县光伏扶贫电站建设逐渐起步发展。采取政府主导、市场化运作和企业化管理，从电站实施建设初期，就严格把控，把好质量关卡，做好监管工作。

在电站建设上，充分考虑到光伏发电所需的光照、海拔、温度等自然条件，尽量选择未利用地、牧草地、集体建设用地等，充分利用荒山荒坡。结合各地实际情况，坚持因地制宜的原则，进行电站选址建设。建设实施过程中，天镇县坚持电站与并网系统同步规划、同步设计、同步建设、同步启用原则，选择实力雄厚、技术过硬的团队，进行实地勘测、设计和实施，保证光伏电站高效、高质量落地建成。同时还聘请专业光伏技术人员进行指导和监管，严格把控光伏电站施工过程中的安全问题及质量问题，确保工程质量达到国家建设标准。黑石梁联村电站原计划 3 个月的工期，只用 70 余天就实现了建成与并网发电，创造了天镇速度。

在光伏电站设备选择上，坚持精益求精的原则，对光伏电站各个设备组件进行比对挑选，选择性价比高、质量高的光伏产品。如在光伏组件上，2016 年多晶硅组件选用了 265 瓦的组件，2018 年则选用了功率为 275 瓦的主流组件，产品性能明显提升，而价格则大幅下降，既节约了成本，又提高了发电效率。

在光伏设备运行上，坚持因地适宜、灵活调节的原则。结合本地实际情况，在可允许的操作范围内，对光伏设备进行改造提升。[①] 在光伏组件安装倾角上，从理论上说，应以当地纬度加 5—10 度为最佳角度。如天镇大约在北纬 40°，最佳角度应在 45—50 度。但在具体设计中，考虑到天镇县的气候条件、风载量等因素，实际角度选择为 37.5°。在光伏组件的组串数量上，一般设计单位设计组串的串联数量以 18—20 片为多，天镇县的建设团队结合本地气候条件，将组串数调整为 22—24 片，使光伏组件与之相匹配的逆变器（起始电压 200V）早上早启动半小时发电、晚上迟关停半小时发电，这样操作为光伏扶贫电站增加了 1 小时的有效发电时间。

（二）运行维护

天镇县光伏扶贫电站的管理服务工作采取政府主导、市场化运作模式，将光伏电站的维护管理问题交由天镇县保利光伏产业开发有限公司（后简称保利公司）负责，从 2015 年光伏扶贫电站建设以来，保利公司参与了天镇县光伏扶贫电站项目设计、建设实施、运维管理和收益分配的全过程，建立了"专业队伍管理、保利公司全权负责的"运行维护管理机制，专门组建了

---

① 天镇县光伏扶贫领导小组：《天镇县电站规划建设材料》。

一支专业队伍来进行光伏扶贫电站的运行维护，团队成员均具备电力入网许可证、高压电工证、电力调度员证等证件，为进行电站维护提供了专业保障。保利公司及其运维成员对光伏扶贫项目有着深入的了解，更能围绕光伏扶贫政策要求、上级领导部门各项要求，高效地协助政府部门推进光伏扶贫项目工作。

2019 年 4 月，天镇县光伏扶贫电站作为首批电站接入全国光伏扶贫信息管理系统，实现全部村级扶贫电站实时运行数据的全国联网监控，能够实时监控到各个电站的运行情况。为了更加清晰明确天镇县各个电站的运行情况，天镇县设立了光伏扶贫电站监控中心，在天镇县阳光智慧云运营管理系统基础上结合国家级运营管理系统，对分布在全县各处的地面集中电站、村级电站、户用电站进行远程集中统一监控管理，并进行完整的记录存档和统计分析。实现 24.8 兆瓦光伏扶贫电站、497 台逆变器、9.69 万块光伏组件运行情况、发电收益透明化，各设备投运率 100%。及时准确定位发生故障的设备或装置，大大提升了维修响应速度，减少了电站故障停机时间，节约运维成本，最大程度上保证了光伏扶贫电站的运营效益。

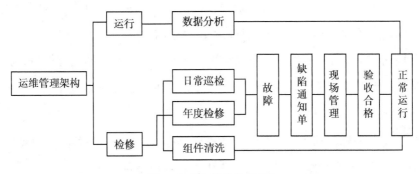

图 3-3　运行维护管理架构

图 3-3 是运维公司在运行维护管理过程中的管理机制，用平均故障间隔时间和平均故障恢复时间作为运维工作的衡量指标。平均故障间隔时间越长，说明光伏电站运行可靠性越高，这是衡量光伏电站发电效益的一项重要

指标。平均故障恢复时间越短，说明光伏电站设备恢复性越好，同时也说明运维工作效率越高，这是衡量运维工作及运维管理水平的重要指标。

运维管理严格把握平均故障时间和平均故障恢复时间两个重要指标，指导运维人员开展运维服务工作。运维管理内容包括运行和检修两个部分。运行过程中主要是严格执行运维管理制度，进行实时的信息和数据监测，监测各电站运行发电情况，通过远程监控，实时采集各电站运行发展数据，进行完整数据记录，定期将发电情况和发电数据上报相关管理部门。检修包括日常巡检、年度检修、组件清洗三个方面的工作。运维人员通过全国光伏扶贫信息管理系统远程智能监控及时发现电站故障，一旦电站出现故障，系统将会自动派发工单、缺陷通知单，运维人员将通过接单的方式，赶赴现场进行故障排查，对电站存在的故障问题进行检修，故障处理完成后，现场运维人员提交检修工单，系统检测平台严格执行验收制度，验收合格后，电站将恢复正常运转，数据恢复正常上传状态。这样一套严格规范的运行管理机制，以及专业技术的支撑，保障各个环节能够相互协调、相互配合，提高运维工作效率，保证电站持续高效发电。

调研成员在同保利公司进行访谈过程中，向保利公司负责人询问为什么能够保证光伏电站达到1700多小时的发电小时数时，保利公司负责人讲了一个特别的运维经历：某一年的大年初一，有一处光伏电站出现故障，公司立马派运维人员上山，对故障电站进行检修。本来完全可以过几天修，但是这些运维人员一收到通知就上山了，把这个问题解决了它就能发电，要是说过个7天再去修，比如一个100千瓦的电站，7天发电量就是2800度，那要是黑石梁10兆瓦的电站，7天不发电，这些电就都损耗了。

除了严格规范的管理机制外，运维人员的工作态度、工作责任心与积极性也是运维过程中需要关注的重要因素。运行维护以及管理是光伏扶贫电站高效发电的重要环节，严格把握平均故障间隔时间和平均故障恢复时间这两个指标，运维人员在及时处理光伏电站故障的过程中，就缩减了平均故障恢复时间，使得光伏扶贫电站能够尽快恢复发电状态，同时也降低了光伏电站故障过程中的发电损耗。运维人员积极的工作态度在一定程度上也决定着光伏电站效益的发挥，因此在光伏扶贫电站运行维护管理过程中应当注重运维人员工作积极性和责任性的提升。

表 3-19　天镇县运维费用支出情况

年度	总收益	运维支出	占比
5 年累计	9980	381.13	3.82
2019 年	3355.7	126.52	3.77

注：数据资料来自《天镇县光伏扶贫工作探索与实践》手册。总收益、运维支出单位均为"万元"，占比单位为"%"。

表 3-19 为运维公司 5 年累计运维支出总计 381.13 万元，占总收益比重 3.82%，2019 年运维总支出 126.52 万元，占总收益比重 3.77%，均不超过 5% 的运维支出标准。运维公司合同保持五年不变，运维费用 4.5 分 / 瓦，每年 110 万元。明确保证每千瓦保底发电量不得低于 1300 度，如果达不到要求，将按照运维费用的 30%—70%的比例扣除 [①]。

（三）资产确权

天镇县为加强光伏扶贫村级电站的管理，于 2020 年 6 月 18 日颁布了《天镇县光伏扶贫村级电站资产权属管理办法（试行）》，在该办法的第三章"固定资产确权"中，对光伏扶贫村级电站固定资产进行确权做出了明确规定。该办法明确规定光伏扶贫村级电站固定资产属于天镇县 123 个贫困村集体所有，其中不包括因行政区域划分调整原归属阳高县建设并已确权的 3 个贫困村。在确权方式上遵循以下几个原则。

1. 单村归本村

依据天镇县光伏电站资产确权管理办法，严格规定单村电站原则上确权

---

① 天镇县光伏扶贫领导小组：《天镇县光伏扶贫工作探索与实践》。

到本村，归本村所有，有效提升了本村的村集体经济收入，增加了村级固定资产。

表 3-20　单村电站确权情况

村级电站	村	贫困人口	确权容量	所属电站位置
一畔庄村村级电站	一畔庄村	58	100	一畔庄村村级电站
孙家店村村级电站	孙家店村	545	100	孙家店村村级电站
侯家天村村级电站	侯家天村	131	100	侯家天村村级电站
杨家屯村村级电站	杨家屯村	135	100	杨家屯村村级电站
塔儿村村级电站	塔儿村	497	300	塔儿村村级电站
袁家天村村级电站	袁家天村	124	100	袁家天村村级电站
天沟村村级电站	天沟村	536	200	天沟村村级电站

注：数据资料来自天镇县单村电站情况，进行整合而成。确权容量单位为"千瓦"。

　　表 3-20 为单村电站确权情况，以 7 个单村电站为例，这几个村建有属于该村的光伏扶贫电站，按照光伏扶贫村级电站资产权属管理办法，单村电站确权到本村，所以以上 7 个光伏电站固定资产是确权到本村的。根据各个村的贫困人口规模确权光伏电站容量，像上表中贫困人口规模较小的村，光伏电站确权容量为 100 千瓦，针对贫困人口规模较大或是集体经济较为薄弱的村，确权容量根据贫困村的贫困情况，可达到 200 千瓦或者是 300 千瓦。

　　2. 联村分因素

　　贫困村确权容量依据贫困人口数确定各村容量，由于各个贫困村的大小规模不同、经济发展情况不同，以及贫困程度和贫困规模都有着较大差异。因此，对贫困人口在 130 人以下的经济薄弱小村，保底确权 100 千瓦；对贫困人口 130 人以上的较大村，在确权方式上要考虑贫困村大小、贫困人口多少和集体经济强弱等因素，进行明确和合理确权。

　　3. 精确到阵列

　　针对大型联村电站的权属问题，管理办法也明确规定确权标的精确到阵列，不足或超出的部分，以四舍五入的办法取整。9 个阵列为 100 千瓦。

表 3-21 黑石梁联村电站中玉泉镇 6 个村确权情况

村	贫困人口	确权容量	所属电站位置
李家庄	203	179	黑石梁联村电站（ZL0001—ZL0015 共 15 个阵列）
葛家屯	408	345	黑石梁联村电站（ZL0016—ZL0044 共 29 个阵列）
三里屯	177	155	黑石梁联村电站（ZL0045—ZL0057 共 13 个阵列）
唐八里	377	321	黑石梁联村电站（ZL0058—ZL0084 共 27 个阵列）
潭沱店	232	202	黑石梁联村电站（ZL0085—ZL0101 共 17 个阵列）
石家庄	114	107	黑石梁联村电站（ZL0102—ZL0110 共 9 个阵列）

注：数据资料来自《光伏扶贫村级电站资产确权明细表（最终）》，经整理而成。确权容量单位为"千瓦"。

表 3-21 是黑石梁联村电站对玉泉镇的 6 个村确权情况，可以看出这 6 个村的贫困人口规模存在着差异，确权容量也存在着差异。按照光伏扶贫村级电站资产权属管理办法的规定：确权标的精确到陈列，李家庄根据贫困人口规模分到黑石梁联村电站中的 15 个阵列，共计 179 千瓦；葛家屯分到 29 个阵列，共计 345 千瓦；三里屯分到 13 个阵列，共计 155 千瓦；唐八里分到 27 个阵列，共计 321 千瓦；潭沱店分到 17 个阵列，共计 202 千瓦；石家庄分到 9 个阵列，共计 107 千瓦。以贫困规模为依据，通过精确到阵列的确权方式，使得确权更加公平规范。

4. 确权证到村

为了使确权更精准到位，权属更加公平明晰，天镇县光伏扶贫领导小组制作并发放给各个贫困村固定资产管理确认书。固定资产管理确认书上注明了该村所属电站资产的容量、建设地点及陈列编号、固定资产账目代持，运营管理等内容。固定资产管理确认书 1 式 3 份（1 正 2 副），村集体持正本，县光伏领导组和运营平台各持一副本，并盖章确认。[①] 使得光伏扶贫电站的上级管理部门、运维部门能够清楚把握各电站、各个村的确权情况，有效规避了资产模糊、管理不到位的情况发生。

---

① 天镇县光伏扶贫领导小组：《天镇县光伏扶贫村级电站资产权属管理办法（试行)》。

5. 显示屏到村

天镇县的一些村庄在村头安装了电子显示屏，显示该村光伏电站的确权规模、确权场地以及每天的发电收益状况，来往的村民每天都可以看到自己村上的光伏电站发了电，每天到账了多少钱，明确知道自己电站所属的位置以及规模情况，通过这样一种方式，潜移默化地提升了村民对于光伏电站的归属感、获得感与满足感。

（四）收益分配

天镇县光伏扶贫收益分配从 2017 年以来，进行了不断的调整，不断地探索更加合理的方式进行收益分配，确保高效发挥光伏扶贫收益资金的效益。

2018 年山西省脱贫领导小组办公室印发《山西省村级光伏扶贫电站收益分配管理办法（试行)》，对光伏扶贫电站的收益进行了详细的说明。该办法规定村级光伏扶贫电站的发电收益形成村集体经济，经由贫困村进行二次分配。光伏扶贫收益资金的分配旨在鼓励贫困户通过劳动来获得收入，杜绝出现"等、靠、要"的情况，重点向老弱病残贫困人口倾斜。该办法对光伏扶贫收益的用途也做出了相应规定：村级光伏扶贫电站的收益主要用于开展公益岗位扶贫、小型公益事业扶贫、奖励补助等。各个村获得村级光伏电站收益后，根据各村贫困人口及实际情况开展岗位和标准的设置。

2019 年，天镇县脱贫攻坚领导小组办公室印发《关于进一步做好光伏分配工作的指导意见》，在 2018 年收益分配标准上进行了细化，注重各项分配的占比，明确规定村级光伏扶贫电站收益重点是加大公益岗位和小型公益事业的占比，明确了公益岗位 40%、小型公益事业 40%、奖励补助不超过 20%，到户率不得低于 60%。并且对于各项生活补助制定了详细的标准，例如：对于因病因残因灾发生较大支出，在享受了其他各项报销、保险和救助后，个人支出仍然较大的重点予以生活补助（一般为 2000 元）等。

2020 年，山西省光伏扶贫工作领导小组办公室印发《2020 年度光伏扶贫收益分配管理工作指南》的通知，为了积极应对新冠疫情影响，该项政策文件明确了 2020 年光伏扶贫电站收益的 80% 重点用于贫困户的增收。由于疫情影响，农村居民无法外出务工，无法获得稳定的收入，据此，该项政策强调要充分利用光伏扶贫收益，为贫困户提供就近的工作岗位，拓宽贫困户增收的途径。

光伏扶贫电站收益分配经历了一个不断完善的过程、不断进行动态调整的过程，能够及时应对新的环境形势，确保光伏扶贫收益资金的合理使用，发挥光伏扶贫收益的最大效益。

第四节　天镇县光伏扶贫成效

一、天镇县光伏电站整体效益情况

光伏扶贫项目在天镇县实施建设以来，经过不断的探索和不断发展，在助力脱贫攻坚道路上，做出了重要的贡献。光伏扶贫电站效益发挥的唯一途径就是通过持续稳定的发电，将光伏扶贫电站发电收益输送到全县的各个贫困村和非贫困村、贫困户和非贫困户，为他们送去新能源、新希望。天镇县自电站建设并网发电以来，截至 2020 年 8 月，天镇县全县光伏扶贫电站累计发电 12082.41 万度，累计收益 9980 万元。

表 3-22　天镇县 2016—2020 年度总发电及效益情况

年度	上网电量	结算金额	利用小时数
2016	64.87	61.6141	
2017	1975.40	1749.73	8734.10
2018	3010.30	2105.86	11439

年度	上网电量	结算金额	利用小时数
2019	4166.85	3358.57	12711.42
2020（1—8 月）	2882.56	2353.02	

注：数据资料来自《天镇县村级电站电量统计表》，经整理而成。上网电量单位为"万度"，结算金额单位为"万元"。

表 3-22 中的数据是根据现有的收集到的数据进行整合的，展示了从 2016 年到 2020 年 8 月以来，天镇县每一年度所有电站的上网电量、结算金额以及利用小时数。2015 年试点建设的光伏扶贫电站在 2016 年实现并网发电，2016 年累计上网电量 64.87 万度，全年累计收益 61.61 万元；2017 年累计上网电量 1975.40 万度，全年累计收益 1749.73 万元；2018 年累计上网电量 3010.30 万度，全年累计收益收益 2105.86 万元；2019 年累计上网电量 4166.85 万度，全年累计 3358.57 万元；截至 2020 年 8 月，累计上网电量 2882.56 万度，累计收益 2353.02 万元。从 2016 年到 2019 年，光伏扶贫电站在不断发展建设过程中，实现了光伏扶贫持续高效地发电、实现了发电收益的稳步增收。

表 3-23　天镇县 2016—2019 年度各电站发电效益情况

电站	上网电量（万度）	结算金额（万元）	利用小时数
黑石梁一期	5191.086	4568.16	8022.1556
黑石梁二期	3142.77	1891.9331	943.84
一畔庄村	34.5486	30.403444	4957.18
塔儿村	171.2138	162.64063	4984.18
夭沟村	55.4938	52.71935	4890.53
迁安新村	318.5847	302.65483	4659
同煤	37.2032	32.7434	3720
中地	266.5169	234.53704	3331.5057

注：数据资料来自《天镇县村级电站电量统计表》，经整理而成。

表 3-23 中的数据是天镇县 24.1MW 电站中各电站从 2016 年到 2019 年累计上网电量、累计收益及利用小时数的整体情况。其中需要说明的是，其

中塔儿村电站、夭沟村电站、迁安新村电站是从 2016 年开始实现并网发电，并获得了光伏扶贫电站的发电收益；黑石梁一期电站、一畔庄电站、同煤电站、中地电站是从 2017 年开始并网发电；黑石梁二期电站是 2018 年接续实施建设的，从 2018 年底开始并网发电。

表 3-24   天镇县 2017—2020 年（1—8 月）光伏扶贫收益分配到村情况

年份	到村资金
2017	960
2018	1260
2019	4752
2020（1—8 月）	2467.09

注：数据资料来自《天镇县光伏扶贫工作探索与实践》手册，经整理而成。到村资金单位为"万元"。

表 3-24 中的数据是全县光伏扶贫电站从 2017 年到 2020 年 8 月，每一年度光伏扶贫电站收益分配到村情况。全县光伏扶贫电站 4 年来累计收益 9980 万元，到村资金 9439.1 万元，光伏收益资金到村率达到 95%，强有力地推动了各乡镇、村的发展。

表 3-25   天镇县 2019 年全社会用电量情况

用电类型	用电量	同比增长
第一产业	1630.7268	12.8
第二产业	12937.5023	3.2
（工业用电）	11537.0144	2.6
第三产业	6770.6048	8.6
居民用电	6127.0574	10.3

注：数据资料来自天镇县光伏扶贫领导小组提供的《全县用电量情况》，经整理而成。用电量单位为"万千瓦时"，同比增长单位为"%"。

如表 3-25 数据所示，2019 年天镇县全社会用电量主要集中在三大产业和居民用电量上，各用电类型的用电量同比上年都有增幅。2019 年全年社会用电量达 27465.8913 万千瓦时，同比增长 6.5%。其中用电量同比增长较大的是第一产业、第三产业和居民用电，第一产业用电量同比增长

12.8%，第三产业用电量同比增长 8.6%，居民用电量同比增长 10.3%。第二产业用电量呈现小幅度增长趋势。其中第二产业中工业用电量同比增长 2.6%。光伏扶贫电站在天镇县的持续稳步发展，不仅为当地提供了丰富的清洁电能，间接提高了产业发展效益，助力了产业的发展；同时也提升了居民用电规模，一定程度上改善了居民的用电习惯，极大地便利了居民的生产生活。

天镇县光伏扶贫电站持续高效的发电与运营维护这个关键环节密不可分。一是依托天镇县自发系统与国网系统的双重实时监测，能够及时发现电站故障信息，提高回应故障信息的效率，缩短发现问题、回应问题的时间，为及时进行故障检修节约了时间成本。二是依托严格规范的运维管理制度，制定了详细具体的故障处理机制，从监测系统中故障信息的提示、故障自动派单到运维人员系统接单再到现场维修最后进行系统验收，这样一套规范的运行维护程序大大提升了运维人员的工作效率，减少平均故障恢复时间，降低电站的发电损耗，为光伏扶贫电站的运行争取更多的时间。三是依托保利公司运维团队的专业性、高效性，运维人员端正的工作态度及工作责任心，极大提高了运维工作的效率。运维人员是光伏扶贫电站运行维护过程中的关键力量，其工作效率决定着整个光伏扶贫电站效益的情况。运维公司在天镇县整个光伏扶贫电站发展过程中做出了重要贡献，也是天镇县光伏扶贫具有的特色之处。

二、光伏扶贫项目的经济效益

各个村级光伏扶贫电站以装机规模、发电容量为基础，通过电站大规模发电来获得光伏扶贫发电收益。联村电站以贫困人口规模、经济情况的薄弱程度等为衡量标准，进行阵列分配，精确到光伏电站的阵列来进行收益分配。通过资产确权将光伏扶贫电站的收益精确到各村。

（一）促进村集体发展

早期的光伏扶贫发电收益早期光伏扶贫项目按照地方政府出资比例按股分红，原则上保障每位扶贫对象获得 3000 元以上年收入，这样的分配方式使得光伏扶贫电站的收益全部落实到户，但是这种情况下光伏扶贫电站的收益无法惠及村集体经济。2018 年至 2019 年相继出台了关于光伏扶贫电站收益分配的管理办法，明确指出村级光伏扶贫电站根据收益管理办法，将光伏扶贫收益用于公益岗位、小型公益事业、奖励补助等，规定 60% 以上惠及贫困户，到户给贫困户，将近 40% 可用于村集体经济和小型公益事业。以 2020 年村级光伏扶贫电站收益计划分配为例。

表 3-26　2020 年贫困村光伏扶贫收益计划分配

乡镇名	乡村数	贫困人数	预计到村资金
谷前堡镇	5	1075	87.76
逮家湾	11	1804	161.83
卅里铺	10	2141	170.09
新平堡	13	1667	160.43
南河堡	7	904	92.26
米薪关	11	1038	111.03
贾家屯	15	4210	314.31
张西河	11	1393	140.12
玉泉镇	6	1511	120.63
南高崖	16	4338	337.80
马家皂	6	1436	50.13

注：数据资料来自《天镇县 2020 年第一次贫困村光伏扶贫收益分配到村统计表》，选取表中预计全年可到村金额，经整理而成。预计到村资金单位为"万元"。

表 3-26 中数据为天镇县 2020 年贫困村光伏扶贫收益计划分配，笔者选取了统计表中预计全年可到村金额，该表是以乡镇为单位，根据贫困村贫困人口规模进行光伏扶贫收益分配。需要说明的是马家皂乡有 3 个村的光伏扶贫收益由阳高县管理分配，所以实际上马家皂乡贫困人口数应为 600 人，预

计全年光伏扶贫收益分配金额为 50.13 万元。

表 3-27 2020 年非贫困村光伏扶贫收益计划分配表

乡镇名	乡村数	贫困人数	预计到村资金
谷前堡镇	8	1326	28.65
逮家湾	15	2860	61.79
卅里铺	5	1017	21.97
新平堡	9	3267	70.59
南河堡	14	1357	29.71
南河堡	3	314	6.78
米薪关	14	2290	49.48
贾家屯	7	455	9.83
张西河	6	1322	28.56
张西河	4	1231	26.60
玉泉镇	6	2441	52.74
南高崖	5	480	10.37
马家皂	7	986	21.30

注：数据资料来自《2020 年非贫困村光伏扶贫收益第三季度（7—9 月份）计划分配表》，选取表中
预计全年可到村金额，经整理而成。预计到村资金单位为"万元"。

表 3-27 数据是以 2020 年光伏扶贫电站收益分配为例，光伏扶贫收益不仅惠及贫困户，同时对于非贫困村的贫困户也进行了扶贫收益的倾斜，让非贫困村的贫困户也享受到光伏扶贫政策的效益。以具体光伏扶贫收益分配管理办法为依据，村集体严格遵照公益岗位 40%、小型公益事业 40%、奖励补助 20% 的分配比例，对光伏收益进行合理支配。在一些产业薄弱的村，无法依靠产业发展带动村集体经济的发展，陷入一种劣势循环：产业薄弱——村集体经济薄弱——产业薄弱，当光伏扶贫电站收益确权到村后，村集体多了一项持续稳定的光伏产业收益，光伏扶贫不仅使贫困户受益，也推进了村集体经济的发展，为村集体经济注入了活力，有助于实现村集体经济发展的良性循环。

（二）实现贫困户的稳定增收

自村级光伏扶贫收益分配管理办法出台以来，管理办法强调光伏扶贫电站的收益分配重点用于公益岗位的设置，将公益岗位的比重设置为60%，鼓励贫困户通过自身的劳动来获得劳务收入。在2020年受新冠疫情影响下，政府部门又出台相关收益分配调整的管理办法，将公益岗位的设置比重提升到80%，通过扩大公益岗位规模，为贫困户提供更多增收的工作渠道，鼓励贫困户积极参与公益岗位，以应对严峻的务工环境。

表 3-28　2017—2020 年（1—8 月）光伏扶贫收益分配到村情况

年份	到村资金	公益岗位	奖励补助	小型公益事业
2017	960	224.3	503.3	232.4
2018	1260	432.53	489.08	338.39
2019	4752	1401	1089.05	2261.59
2020（1—8）	2467.09	769.73	693.75	1003.61

注：数据资料来自《天镇县光伏扶贫工作探索与实践》手册，经整理而成。各数据的单位为"万元"。

表 3-28 数据为 2017 年至 2020 年 1—8 月光伏扶贫收益分配到村的详细情况，2017 年在公益岗位上分配了 224.3 万元，2018 年分配了 432.53 万元，2019 年分配了 1401 万元，截至 2020 年 8 月，分配到公益岗位上的资金是 769.73 万元。

表 3-29　天镇县光伏扶贫收益分配结构情况

年度	公益岗位工资及公益事业劳务工资	公益事业及其他	奖励补助
建站以来	48	23	29
2020	76	5	19

注：数据资料来自《天镇县光伏扶贫工作探索与实践》手册，经整理而成。各数据的单位为"%"。

表 3-29 数据为天镇县光伏扶贫总收益的分配结构，自光伏扶贫电站建设以来，总收益达 9980 万元，分配到公益岗位工资以及公益事业中的劳务支出占 48%，村级公益事业占 23%，奖励补助占 29%。2020 年由于疫情原

因严重影响到农户的经济收入，上级政策也在光伏扶贫资金的收益分配比重设置上进行了调整，重点向公益岗位倾斜，公益岗位占到 2020 年光伏扶贫资金收益的 76%，奖励补助占比 19%，村级公益事业占比 5%，这一调整积极回应疫情可能会造成的返贫影响，通过公益岗位和救助，保障了贫困户的基本经济收入，确保脱贫攻坚能够顺利实现。

光伏扶贫收益分配具体到村的情况，以段家沟村光伏扶贫电站收益分配为例。段家沟村位于天镇县的东南方，距离县城 35 公里，属于高寒地区，全村林地面积 1100 亩，耕地面积 2780 亩，主要种植玉米、土豆、杂粮等。全县共计 182 户 437 人，现有贫困户 44 户 116 人、低保户 28 户 45 人、五保户 6 户 6 人。该村村民收入靠农业种植和外出务工，外出务工发展为主要收入来源。

表 3-30　2019 年段家沟光伏扶贫收益分配情况

收益分配	数量	共计金额
公益岗位		149740
保洁员	13	41520
临时用工	13	3500
巡逻员	11	13600
民事纠纷调节	2	3600
防火护林员	2	2200
宣传员	1	700
道路维护员	1	5000
爱心超市管理员	1	3400
补助		8400
大病救助	9	8400
小型公益事业		63680
扶贫超市	1（项）	10000
修缮田间道路	1（项）	19800
粉刷房屋	1（项）	33880

注：数据资料来自段家沟村光伏扶贫收益分配报告，经整理而成。数量单位为"个"，共计金额单位为"元"。

如表 3-30 数据所示，段家沟村 2019 年光伏扶贫电站收益分配主要是在公益岗位、补助以及小型公益事业上，在公益岗位共计投入了 149740 元，依据村级实际情况，设置了 8 个公益岗位，公益岗位可根据村级动态需要随时进行调整，且公益岗位仅限于贫困户，带动了 44 个贫困户的就业，提高了贫困户的基本经济收入；在补助上，对高龄、大病、无劳动能力等人群发放补助资金，2019 年根据村级情况，对 9 位村民进行疾病救助以及残疾补助，共计投入 8400 元；在村级小型公益事业上，针对村集体公共服务需求，发展村级小型公益事业，遵循"一事一议"的方式，共同讨论决定并进行公示，2019 年村集体按照要求设立扶贫超市，主要进行超市物资采购，设施添置、修缮田间道路，机械用工、粉刷房屋共计投入 63680 元。段家沟村光伏电站收益在公益岗位上投入比重最大，其带贫效益也更高，拓宽了贫困户就业增收的渠道。

（三）助力村级公共事业的发展

光伏扶贫项目实施以前，村级公共事业的发展主要靠专项资金投入，以村级基础设施建设为主，通过专项工程的投入，使村级基础设施建设达到标准，满足村集体日工工作以及生活设施的需求。光伏扶贫项目实施后，村集体经济得到了助力，在满足基础设施需求后，能够通过光伏扶贫分配到村集体经济的这一部分资金进行再计划、再分配、再建设，促进村集体向好发展。以一畔庄村为例。

表 3-31　2018—2020 年度一畔庄村村级公益事业情况

年度	村级公共事业
2018	1. 解决 2018 年小型公益事业贫困户用工工资及机械用工
	2. 购置垃圾清运车 2 辆及部分卫生保洁用具
2019	1. 解决 2019 年小型公益事业贫困户用工工资及机械用工
	2. 贫困户幸福大院动机取暖用煤及锅炉用电电费

年度	村级公共事业
2020	1. 解决 2020 年小型公益事业贫困户用工工资及机械用工
	2. 解决贫困户幸福大院动机取暖用煤及锅炉用电电费
	3. 购买爱心扶贫超市物品
	4. 结余转到到户资金使用

注：表格资料来自一畔庄村光伏扶贫收益分配报告，经整理而成。

　　一畔庄村 2017 年至 2020 年 8 月，光伏扶贫电站累计总收益资金为 44.06 万元。光伏扶贫电站收益资金分配中，小型公益事业占比 32.1%，共计投入 14.15 万元；关于村级小型公益事业的资金使用，要结合村级实际需求进行组织实施，通过村民决议，需要进行开展的小型公益事业。涉及需要临时性用工的岗位，也优先考虑有劳动能力的贫困户。对于村集体经济结余的部分，村集体可考虑将其用到贫困户身上，或者根据实际情况对于小型公益事业的实施，需要向上级政府提出申请报备，采取"一事一议"的方式来进行决策和组织实施。

　　该项数据收集的是从 2018 年到 2020 年一畔庄村村级公益事业的情况，从 2018 年到 2020 年，该项资金的使用都以村级的需求为导向，满足乡村设施建设、公共服务用具等需求，以及惠及贫困村民的相关扶贫服务、贫困户幸福大院和扶贫超市的服务用度。2020 年 1—8 月，一畔庄村光伏扶贫电站收益分配到小型公益事业上的比重为 17.7%，共计 1.37 万元，解决了村级公益事业的支出以及各项服务的开展，该项资金的使用扩大了村集体的服务范围，在满足村级各项设施建设需求的基础上，不断提高村级服务能力，使服务惠及到村、惠及到户，提升村民居住环境质量和生活质量，有助于增强村民的归属感。

三、光伏扶贫项目的社会效益

（一）推动生态保护

光伏扶贫电站建设发展以太阳能源为依托，用光发电，靠天发电，促进了能源丰富地区的能源开发。与传统发电形式火电煤电相比，光伏扶贫在一定程度上节约了不可再生化石能源的消耗，极大地提高了可再生能源的利用率，以及对清洁能源的利用率。运用光伏发电极大地减少了二氧化碳的排放，降低了对环境的污染，光伏发电更加清洁高效。相比于火电煤电等发电形式，光伏发电有效地规避了发电过程中可能会出现的安全隐患，其发电过程更加安全可靠。

光伏扶贫电站在天镇县大面积地推广和建设，尤其是大型联村电站的建设，其选址多为空旷平坦的荒坡荒地，对土地的大面积覆盖，能够有效地减少土壤水分的蒸发，进一步减少整个生态区域土壤水分的蒸发量，巩固了水土，有效地增加了空气湿度，保护了脆弱的土壤条件及生态条件，为植被的生长提供了重要的环境条件，对于改善生态脆弱地区的环境发挥了重要作用。

光伏扶贫电站的收益分配大部分用于公益岗位的设置，许多县级部门下达护林员岗位的指标，在村镇设置护林员的岗位，村级公益岗位的设置中也安排了相对较多的护林员、保洁员和防火安全员等岗位，自上而下地推进了天镇县的生态绿化工作，逐步地认识到强调生态和环境的重要性，村集体对公益岗位的设置也体现了其对生态环境的重视和关注。

光伏扶贫这一扶贫模式壮大了新能源的开发和运用，提升新能源在扶贫产业中的影响力。在光伏扶贫项目实施的过程中，向贫困地区输送了新能源的观念、改变了农村地区对于能源的使用观念、强化了节能减排以及环境保护的新观念，提升了贫困地区对于新能源的认知、对于生态环境保护的意识。坚持社会与自然和谐发展的道路，聚焦绿色城市建设，改善了当地的空气质量，提升了居民的宜居水平，促进了绿色生态发展。

（二）增强人才培养

对于贫困村而言，教育扶贫是扶贫工作中的重中之重，坚持扶贫同扶智相结合。光伏扶贫在收益分配中专门设置了奖励补助的比重，许多村在对奖励补助部分进行资金分配时，在奖励项目中设置了就学奖励，如谷前堡镇一畔庄村在奖励中明确了对本年度考上本科院校（二本 B 类以上）、研究生等优秀学生贫困户予以奖励，提供教育扶持。这一举措鼓励了这些优秀学生朝着更好的方向发展，为当地培养更多的优秀人才，振兴当地教育，助力教育脱贫。

除了在教育上的政策支持，光伏扶贫收益在分配过程中也潜移默化地鼓励人才的发展和培养。光伏扶贫收益分配在公益岗位和公益事业上充分听取广大群众的意见，通过集体的智慧，进行更加合理的分配资金使用和岗位设置。广大群众可充分表达自己的意见，提出对岗位设置和乡村发展的建议见解，从中发现有想法、有动力的人才，进行村民骨干的挖掘和培养，不断壮大集体的人才，为乡村发展贡献人才力量。

天镇县的多个村也进行了技术培训的探索，如贾家屯乡在 2020 年光伏电站收益办法上就提出：对在县万家乐产业园区参加培训和就业的建档立卡户实行培训、就业补助、鼓励贫困对象积极参与万家乐产业园的劳动和技能培训。通过技能培训的方式，培养村镇中的技术人才，帮助这些贫困户掌握一技之长，走向脱贫致富道路，培养领头人。在光伏扶贫的推动下，通过集体经济的壮大，对优秀创业人才和技术人才进行奖励奖助，激发其内生动力，充分发挥创业就业先锋、种植能手等致富带头人的作用，引导更多的村民共同发展产业，核心聚力，实现主动脱贫、技术脱贫、带头脱贫。通过优秀人才培养带动集体发展，壮大集体实力，助力人才培养，实现良性的双向互动。

（三）培育乡风文明

光伏扶贫电站的收益有效地壮大了村集体经济，村集体对光伏收益资金进行分配的过程中，在岗位设置上，安排了相关为老服务的公益岗位，一方面鼓励贫困户通过公益岗位的就业，实现增收。另一方面通过为老服务的开展，为村镇中的弱势老人提供日常照顾服务，极大地便利了老人的日常居家生活，提高了弱势老人的生活质量，增强了村民之间的互动，进一步促进了邻里和谐，强化了村民对于集体的融入感和归属感，同时也借此公益岗位和服务，弘扬尊老敬老的传统美德，弘扬传统的孝道文化，在日常生活中潜移默化地宣传和感染其他村民，营造和谐的乡风氛围。

除了分配公益岗位之外，一些村镇还通过集体经济的使用，来开展道德积分超市、文明户的评选等活动。道德积分超市是以良好道德行为作为积分标准的活动，用以鼓励村民做好事，积极参与村级事务。当积分到一定程度，就可以到村里的小超市兑换一些物品。道德积分超市活动不局限于贫困户，对于非贫困户也同样适用，该活动鼓励全村村民共同参与。对于积分的良好道德行为，村集体会做出明确的行为标准和积分标准。文明户的评选活动同样也是针对全村村民共同开展的，评选文明户的标准和评分标准，也会由村集体讨论后进行公示。被选上文明户的家庭会获得相应的表彰和奖励，在村级进行公示公开，以此来激励全村村民向文明户看齐，争做文明户。村集体通过评选和奖励机制，激发村民主动规范行为道德，注重村民良好的道德素质培育，培养良好的乡风文明，促进乡村形成良好的道德风俗文化。

（四）促进乡村治理

明确规定将光伏扶贫电站固定资产确权到村，将电站收益确权到村集体，经由村集体来进行二次分配。其中收益分配中的一部分分配到村集体经济，由村集体合理支配用于村级公共服务以及小型公益事业等。光伏扶贫收益一定程度上壮大了村集体经济，使得村集体的发展掌握一定的自主性，降低了村集体对于发展公共事业和公共服务的局限性。为村集体组织注入了活力，能够激发村委干部的主动性和创造性，改变了以往村集体发展的局限性，激发村委组织的积极性，将发展的好想法借助光伏扶贫的推力不断地落实，为创造民生福祉而努力。

在收益分配过程中，村级组织坚持集中评议、群众参与、公开透明的原则，严格规范评议机制，确保将光伏扶贫收益精准到岗、精准到户。村委根据年度情况制订分配计划，提交村民代表大会通过后进行公示。在此基础之上，召集村民代表召开评议大会，共同讨论确定公益岗位及帮扶对象，并进行公示公开。在收益分配的奖励补助环节，也由村民代表参与讨论，明确奖励扶助对象。通过村民参与评议机制，充分调动村民参与村级各项事务的积极性，同时村民在其中也起到监督监管的作用，促使村级各项事务的处理更加公正合理，有效地提升了村民参与乡村治理的积极性、能力和水平。

在进行光伏收益分配的过程中，实行严格"五步两公示一备案"评定程序，由贫困户自行申报后，村民代表大会再进行民主评议，由村民代表共同参与进讨论。严格实施"一事一议"原则，针对村级小型公益事业和公共服务等，进行专项提议，提议审核通过后，由村委进行组织和实施。各项评定制度及议事原则在这一过程中不断得到强化，也为村事村务的各项治理提供了制度保障，严格规范村民参与自治机制，促进了村民参与乡村治理及村民自治的长效发展。

（五）助推新能源产业的发展

随着光伏扶贫项目作为十大精准扶贫项目之一在全国范围内的推广，社会各界越来越关注光伏扶贫在扶贫中的作用，越来越关注到新能源行业的发展，这对新能源行业来说既是机遇也是挑战。在政府强有力的政策推动下，不少的光伏扶贫企业积极参与到扶贫工作中来，助力扶贫工作的开展，在政府部门大规模推进光伏扶贫电站建设的形势下，推动了光伏产业的发展，扩大了新能源产业在能源市场上的影响力，助推了能源产业的发展态势。在新能源行业发展的良好态势下，同时也提高了光伏企业进入脱贫攻坚工作的门槛，提高了对能源行业技术发展的要求，这也进一步促使各大新能源企业不断进行技术创新，研发更加高效的设备组件，提高新能源的利用率，推动新能源行业的发展。

第五节　天镇县光伏扶贫经验模式分析

资产建设是国家或政府帮助贫困人口有计划地进行资产积累，而非简单地增加其收入，村集体的资产建设能够提高村民的获得感和参与感，激发村民的内生动力，对于提高扶贫效果的持续性具有重要的作用。天镇县将单村电站资产划归到本村，联村电站按照阵列划分，根据多种因素将产权归属到贫困村[①]，是天镇县贫困村通过光伏扶贫项目进行资产建设的重要基础之一，而完善的监管体系以及系统化的运维管理架构保障了天镇县光伏扶贫电站的发电量，为其资产建设提供了保障。从 2014 年天镇县被确立为全国第一批光伏扶贫试点县以来，经过不断的探索，形成了具有自己特色的发展模式。从试点时期户用电站的建设，到小型联村电站的建设，再到大型联村电站的建设，不断地总结经验，提升巩固所取得的成效，最终形成了以村级电站为主、户用电站为辅的建设模式。对于村级电站的产权归属问题，运用按阵列进行划分、按要素归属到村集体的方式，不仅解决了产权归属的难题，同时

---

① 参见 2020 年 6 月 18 日天镇县光伏扶贫领导小组文件《天镇县光伏扶贫村级电站资产权属管理办法》。

壮大了村集体经济，为贫困村建设提供了资金支持，加快了贫困村脱贫工作的进程，提高了脱贫效果的可持续性，对于乡村振兴战略的实施具有重要的作用。

一、光伏扶贫电站资产确权到村——保障资产不流失

光伏扶贫电站产权归属明晰是进行资产建设的基础。确权即产权确定。产权是一项权利，经济学中的产权是指产权所有者对所拥有的资产的控制权。[①]"确权"一词较多地运用在农村土地权利方面，农地确权即对农村土地的产权进行界定，并登记和颁证[②]。光伏扶贫电站的确权是对光伏扶贫电站的固定资产按照一定的方式进行划分后归属到贫困户或贫困村或者其他对象。天镇县光伏扶贫电站的建设是以村级电站为主要模式。目前，天镇县的光伏电站大致有三种类型，分别是户用光伏扶贫电站、单村光伏扶贫电站、联村光伏扶贫电站。在建设的初期阶段，先后试验示范了多种规划建设模式，包括地面集中、单村电站、联村电站、户用电站等；在推广阶段，在前期试点的基础上，以联村电站为主要建设模式；在提升阶段，按照省市推进光伏扶贫工作总体部署，根据贫困村贫困人口规模，增加村级电站装机容量，最终形成了"以村级电站为主、户用电站为辅"的光伏扶贫电站格局。在光伏扶贫电站的各种类型中，户用分布式电站的产权关系简单清晰，贫困户只要能够在国家相关政策支持下筹集足够的初期建设资金，后期的收益就由贫困户自己享有，几乎不存在产权归属和收益分配的问题。但是对于村级电站来说，由于在初期投资建设过程中，涉及政府扶贫资金资助、企业投资等问题，建设完成后的资产确权成为光伏扶贫过程中必须解决的问题。光伏扶贫电站确权时可以采取不同的划分方式，比如按照建设容量的百分比划分

---

① 周雪光：《"关系产权"：产权制度的一个社会学解释》，《社会学研究》2005 年第 1 期。

② 狄金华：《"权力—利益"与行动伦理：基层政府政策动员的多重逻辑——基于农地确权政策执行的案例分析》，《社会学研究》2019 年第 4 期。

之后进行确权，但是按照这种方式划分存在划分不明晰、村民获得感不足等方面的问题。天镇县光伏扶贫电站的资产确权按照光伏电板的阵列划分后归属到村集体的方式进行，这种方式具有划分明确、保证公平的作用，同时，将光伏扶贫电站产权归属到村集体能够增加村集体资产，同时提高了村民的获得感、参与感，对于激发村集体发展的动力、推动脱贫进程具有重要作用。

（一）确权的标准：按照阵列进行划分

光伏扶贫电站的资产确权对于加强电站的管理、建立利益联结和带贫减贫长效机制具有重要作用。对于联村电站的划分，可以有多种方式，天镇县具有一个独特的标准，就是将光伏电板按照阵列进行划分，并对每一个阵列进行编号，比如第 1 个阵列为 ZL001，第 2 个阵列为 ZL002，以此类推，这样每一个阵列都有明确的名称，为接下来的确权工作提供方便。

以中地牧场的光伏扶贫点站为例，中地牧场光伏扶贫点站的建设容量为 800KW，共划分为 80 个阵列，每 10 个阵列为一组[①]，每个阵列的阵列号都进行明确的标注，以便对光伏板进行明确的划分，为下一步产权归属的明确性打下基础。

表 3-32　中地光伏扶贫电站确权情况

乡镇	村	贫困人口	确权容量	所属电站位置
卅里铺	王家山	74	100	中地联村电站（ZL001—ZL010 共 10 个阵列）
	师家梁	85	100	中地联村电站（ZL011—ZL020 共 10 个阵列）
	盆儿夭	87	100	中地联村电站（ZL021—ZL030 共 10 个阵列）
米薪关	韩家梁	74	100	中地联村电站（ZL031—ZL040 共 10 个阵列）
	段家沟	116	100	中地联村电站（ZL041—ZL050 共 10 个阵列）

---

①　天镇县光伏扶贫领导小组：《天镇中地 800KW 光伏扶贫联村电站》。

乡镇	村	贫困人口	确权容量	所属电站位置
	于西堡	90	100	中地联村电站（ZL051—ZL060 共 10 个阵列）
米薪关	石羊庄	108	100	中地联村电站（ZL061—ZL070 共 10 个阵列）
	冯奈庄	173	100	中地联村电站（ZL071—ZL080 共 10 个阵列）

注：数据资料来自《光伏扶贫村级电站资产确权明细表》，经整理而成。确权容量单位为"KW"（千瓦）。

从表 3-32 可以看出，中地联村电站的光伏板按照阵列划分后确权到两个镇八个村，每个村 10 个阵列，也就是 100KW。

（二）确权的流程：按照"三因素、一证书、全程公示"办法确权到村

按照阵列把光伏扶贫电站进行划分，具有直观、明确的优点，为保障光伏扶贫电站确权的公平性提供了基础，在具体进行确权工作时按照"三因素、一证书、全程公示"的方式，将光伏扶贫电站的产权归属到相应的村集体，最终解决了光伏扶贫电站的产权归属问题，具有一定的参考意义。

天镇县光伏扶贫领导小组按照《中共中央 国务院关于打赢脱贫攻坚战的决定》《国务院扶贫办村级光伏扶贫电站收益分配管理办法》《山西省扶贫办村级光伏扶贫电站收益分配管理办法》有关工作要求，坚持"联村统建、资产到村、平台代持、专业运维、收益共享、县乡监管"的原则，制定了资产确权方式。天镇县具体确权流程如下：首先，按照三个因素，即贫困村大小、贫困人口多少、集体经济强弱这三个因素来判定相应的村庄应有多少个阵列的光伏板，不足或者超出的部分按照四舍五入的方法取整，贫困人口在 130 人以下的贫困村，确权统一按照 100KW。其次，天镇县光伏扶贫领导小组制作并发放给各个贫困村集体固定资产管理确认书，固定资产管理确认书要注明该村所属电站资产的容量、建设地点及阵列编号、固定资产账目代

持、运营管理等内容。固定资产管理确认书 1 式 3 份（1 正 2 副），村集体持正本，县光伏领导组和能源局各持一副本，并盖章确认。最后，在整个确权的过程中都要进行公示，包括电站划分的阵列数、每个村分到的阵列数、分到的哪几个阵列等，由村民代表进行现场确认，并在村里将每天的发电量用电子显示屏进行公示，以确保贫困村集体以及村民对资产确权情况有足够的了解，提高村民的参与感。[①]

表 3-33　调研点光伏扶贫电站确权情况

电站	贫困人口（人）	确权容量	归属位置
中地联村电站	634	800	8 个贫困村
黑石梁联村电站	—	10000	100 个贫困村
夭沟村级电站	536	200	夭沟村
一畔庄村级电站	58	100	一畔庄村

注：数据资料来自《光伏扶贫村级电站资产确权明细表》，经整理而成。确权容量单位为"KW"（千瓦）。

由表 3-33 可知，调研点的中地联村电站、黑石梁联村电站分别确权到 8 个和 100 个贫困村，确权容量分别为 800KW、10000KW，夭沟村级电站以及一畔庄村级电站分别归属于所在村庄的村集体。

（三）明晰的产权

通过利用中央财政资金、地方各级政府资金以及社会资金等方面的支持来发展项目以实现脱贫的目标具有重要的意义，国家各级政府以及社会各界资金的注入，为实现贫困人口脱贫、贫困县摘帽发挥了巨大的作用。光伏扶贫电站是在国家财政资金以及地方各级政府资金的支持下建设的，在脱贫减贫方面发挥了巨大作用，但是如果不能对扶贫资产进行良好的管理与运用，就会产生扶贫资金使用效率低下、监管出现漏洞等问题，因此解决产权归属

---

① 天镇县光伏扶贫领导小组：《天镇县光伏扶贫村级电站资产权属管理办法》，2020 年。

问题是光伏扶贫过程中必须要面对的一个环节。在光伏扶贫点站的资产确权方面，引起了国家以及地方各级政府的重视，天镇县根据国家政策要求，发展出一种独特的确权方式，将光伏扶贫电站产权归属到村集体，不仅解决了光伏扶贫资产的管理困难，也增加了村集体的资产，为贫困村村集体资产建设提供了一条有利的途径。在一畔庄村的调研过程中，一畔庄村支部书记对光伏扶贫资产确权发表了自己的看法：

> 建成联村电站就涉及确权到村了，这就是为了补贴困难群众，让他们知道有这么一个好项目，国家政策，人家得到收益以后，贫困村里边就开始选，根据贫困村的人口规模进行核算，然后核算到每个村以后进行现场确认，下面都有每个村的电站牌，然后村里进行公示，村里就给办理产权证，这就算是确权到村了。确权到村以后，老百姓得知道他的村里有一个电站，之后就在电站所有权村通过网络的形式给村里安装了电子显示屏，就是电站每天发了多少电，折算成每天的收益是多少，那个显示屏上都能看到，也就是老百姓站在街上的显示屏前边就能看到我们村今天又发了几度电，我们村又收入多少。通过这个显示屏让老百姓看得见，这些钱通过运维中心和国家电网结算，结算完之后把电费发给村里，通过发放程序，评议、公告、公示、设置公益岗、深度贫困户的奖补，把资金利用起来，通过电子显示屏老百姓可以看得见，通过分配收益老百姓能实实在在摸得着了，这就是获得感、拥有感，实现了咱们当初建设电站扶贫的目标了，通过这个形式主要就是打造了一个扶贫产业吧，年限都在二十年，像现在才四五年，后边还有很长的时间。①

---

① 访谈时间：2020 年 10 月 16 日 15 : 26；访谈地点：一畔庄村。

贫困不仅是收入缺乏问题，更主要的是资产积累不足，而资产具有改变人们的思维方式和互动方式的作用[1]，将资产建设与贫困人口的脱贫政策结合起来，对于实现贫困人口"真脱贫，脱真贫"的目标具有重要的作用，有利于实现由"输血式扶贫"向"造血式扶贫"的转变，在打好精准脱贫攻坚战、实施乡村振兴战略中发挥着重要作用，是高质量脱贫与乡村振兴发展之间进行有效连接的纽带。

二、系统化的运维管理架构——保障资产可持续性

光伏扶贫项目所形成的资产积累离不开资产的稳定与持续。光伏扶贫电站的建成并不是光伏扶贫工作的终点，没有后续的运维管理，就无法保证光伏电站的长久稳定运营，也无法保证资产的稳定与持续。光伏电站一经安装，后期运维便是决定光伏扶贫收益情况的关键。光伏扶贫电站的运维就是及时发现光伏扶贫电站出现的故障，并根据故障的情况决定故障处理方式，对电站所出现的问题进行及时处理，减小故障停机时间，尽可能保障电站的持续稳定运营，为实现最大发电量提供保障。一般情况下，光伏发电系统的设计使用年限为 25 年。[2] 但是如果光伏扶贫电站的重要组件和逆变器出现故障或者损坏，电站的可使用寿命和发电率将会受到很大的影响；此外，光伏扶贫电站建设会选择光照条件好的地区，而这类地区通常风沙较大，极易造成电站组件损害。因此，光伏扶贫电站建成后的运营维护和初期建设同样重要，是光伏扶贫项目持续运行的一项重要保障，光伏扶贫项目建设完成后运维管理的严格要求对于光伏扶贫电站收益的持续稳定具有重要的意义，保利公司的庞经理在天镇县扶贫办的座谈中也强调了运维管理的重要性：

---

① 迈克尔·谢若登：《资产与穷人》，商务印书馆 2005 年版，第 6 页。

② 2020 年 2 月，国家能源局和可再生能源司国务院扶贫办开发指导司编制的《光伏扶贫工作百问百答》，第 34 页。

电站建设得好，必须要运维好，运维这是一个关键的方面。如果是板子出现了故障，你没有管它，或者是你今天没管，放了一天第二天再管，100 千瓦发电就是 400 多度，所以的话这个运维很重要。天镇县对运维管理抓得很严的，所以的话就是保证我们发电收益。像我们现在大同地区或者是我们天镇县有很多商业电站，我们的水平还是可以说是很高的。像我们全部 24 兆瓦的发电，达到了 1700 多小时，二类地区一般 1500 小时，我们全部电站黑石梁达到 1800 小时，全部电站加起来 1700 多小时，这就在周边地区，这是一个很好的数据。按照全国我们是二类地区，一类地区它是 1600 小时，我们就远远高于它的一类地区的水平。所以的话我们运维管理是跟得上。①

光伏扶贫电站的运维管理如果无法达到一定的标准，就会导致电站的运行效率降低，从而导致发电量无法达到预期目标。天镇县扶贫办主任在谈话中也强调了光伏扶贫电站运维管理的重要性：

运维管理是保证天镇县有效的发电时长高于同类地区的一个有力的支撑。因为你同样一块板，你隔一天修它就少发多少度电。所以说你修得及时，它的发电利润率就高了。②

由此可见，要保障光伏扶贫电站能够稳定持续运行，达到目标发电效益，确保光伏扶贫电站资产的稳定性，离不开运维管理工作的高质量开展。天镇县的光伏扶贫电站已经形成了一套系统性的运维管理体系，专业化的运维技术团队、高效的排障速度、制度化的检修规章、智能化的管理

---

① 访谈时间：2020 年 10 月 15 日 16：30；访谈地点：天镇县扶贫办。
② 访谈时间：2020 年 10 月 18 日 14：59；访谈地点：保利公司。

系统，确保了光伏扶贫电站故障的及时解决，确保了电站的高质量、可持续发展，从而保障了光伏扶贫电站的发电效率，保障了村集体资产持续稳定发展。

（一）专业化的运维团队

专业化的运维团队是进行专业化运维的基础。运维管理工作的质量对电站设备的性能维护至关重要，运维管理工作是否到位，在很大程度上可以影响电站的收益水平，因此聘用专业人员进行专业化运维就变得十分必要。保利公司的庞经理在电站建设初期就认识到了这个问题：

> 当时我看那个文件上好像意思是村级电站建成以后让村里自己派人去运维管理，实际上不科学，村里边毕竟不专业。第二个就是维护啊啥的、看护的，这是一个很大的问题。通过这个试点工作做了以后，我们天镇县就找出一个新的办法，就是建一些相对集中的电站，就是刚刚陈教授说的这个联村电站，我们就是能不能把这些电站联合起来建设一个电站，这样就容易管理、容易运维、容易看护，只有运维好了、看护好了，电站的发电量才能高，收益才能好。①

天镇县聘用专业技术人员负责光伏扶贫电站的运维工作。对于单村电站和联村电站，贫困户中的适龄劳动力可以对光伏组件进行日常管护、定期清洁，但是对于光伏组件的故障，就需要专业技术人员来进行维护。天镇县光伏扶贫领导组委托专业公司组建专业化管理和技术团队，聘用专业的队伍处理专业问题，选聘第三方运维企业，坚持市场化运营、合同化管理，实现光伏扶贫电站平台公司自行运维，在很大程度上减少了电站故障停机时间。该

---

① 访谈时间：2020 年 10 月 15 日；访谈地点：天镇县扶贫办。

公司注重强化培训管理，每月定期进行一次安全技术培训、专业技术问答培训，每季度进行一次安全技术考试，考试内容包括安全规范书籍、增加生产技能、实际操作等问题，不断提高安全生产人员的技术、加强理论基础，不断丰富工作经验，不断提升员工的相关技能，为更好地开展运维管理工作打下基础。

（二）智能化的管理系统

天镇县光伏扶贫电站的运维管理团队在注重运维人员专业性的基础上，运用现代科学技术的成果，为运维管理效率的提高提供了技术保障。天镇县在 2016 年重点引进全国领先的阳光智慧光伏云运营管理系统，平台公司运行人员实时观察电站各设备运行数据，对数据进行完整的记录、存档并分析，对组串级设备实时监控，及时定位，消除故障；于 2019 年首批接入全国光伏扶贫信息管理系统，对电站运行进行远程监控、实时分析，快速发现故障，及时抢修消缺，实现电站运行数据全国联网监控。设立光伏扶贫电站监控中心，在阳光智慧云运营管理系统基础上结合国家级运营管理系统，对分布在全县各村级电站进行远程集中统一监控管理，并进行完整地记录存档和统计分析，实现 24.1 兆瓦光伏扶贫电站的 497 台逆变器、9.69 万块光伏组件运行情况透明化，各设备投运率 100%。[①] 及时准确地定位发生故障的设备或装置，明显提升了维修响应速度，减少了电站故障停机时间，节约运维成本，最大程度上保证了光伏扶贫电站的运营效益。同时，天镇县率先接入"山西省光伏扶贫收益分配管理系统"，实现光伏扶贫项目运维管理和收益分配全过程的信息化管理，为天镇县光伏扶贫项目的精细化管理和项目运行的科学决策提供了有力的数据支撑和工作手段。另外，晋能 40MW 扶贫

---

① 天镇县保利光伏产业开发有限公司：《科学管理增效益，精准扶持促脱贫——天镇县保利光伏产业开发有限公司先进事迹材料》，2020 年 6 月 1 日。

电站配备了生产管理系统，该系统包括汇流箱、逆变器、箱变等相关信息，并可以通过手机 APP 及时发现设备的运行情况，明显提高了消缺率。以下相关数据统计也证明了智能化的运维管理系统对于及时发现问题、解决问题、保障发电效率所发挥的重要作用：

2019 年分布在全县的各类光伏扶贫电站（因雷击、暴雪、大风等自然灾害以及其他各类非人为因素）共计发生停电故障 27 起，全容量累计总停机时间仅 14.4 小时，加之多次故障抢抓夜间无光照时间处理，使全年累计故障损失电量仅 3.96 万度，损失电量仅占 0.01%。①

损失电量所占比例可以很好地反映出故障停机所造成的电量损失状况，是衡量运维管理效率的一个重要指标，天镇县的损失电量占全年发电量的 0.01% 的数据证明了天镇县光伏扶贫电站的运维管理工作的效率，而智能化的运维管理系统是提高效率的重要保障。

（三）制度化的检修规章

运维团队根据国家光伏电站管理标准，建立健全相关管理制度。包括《天镇县光伏扶贫电站运行管理制度》《天镇县光伏扶贫电站电气"五防"制度》《天镇县光伏扶贫电站交接班制度》《天镇县光伏扶贫电站值班管理制度》等，保证天镇县光伏扶贫电站的运维管理有章可循、有据可查；明确规定安全生产部、运检员、值长等各个岗位的职责，并进行定期培训管理，提高了运维管理人员的生产技能，解决了实际操作中所出现的问题；每月定期巡检，及时消缺故障，确保光伏组件及配套设备正常运行，每年聘请第三方专业资质单位进行年度检修，对电站电器设备等进行安全预防性实验，并出具检验报

---

① 《脱贫路上"种太阳"，小康生活指"日"可待——天镇县实施光伏扶贫的探索与实践》。

告，并且对出现的大风、雷雨等恶劣天气，组织进行特殊巡检，防止因灾意外损坏设备、影响运行。这些检修规章制度的建立，确保了运维管理的高效性、专业性，使电站发挥出最大的运营效益。

对于每一个运维管理的环节进行明确规定，使运维管理工作有章可循，提高运维管理速度，保障发电效率。

（四）高效化的排障速度

及时发现问题并及时解决问题，才能真正发挥运维管理的优势。天镇县聘用专业的运维管理团队，运用智能化的运维管理系统，制定制度化的检修规章，为提高运维管理的质量提供了重要的保障。另外，以最快的速度排除故障，以解决电站故障带来的发电效益损失，也是运维管理工作质量的重要参考。追求实现最小的平均故障恢复时间，即光伏电站从出现故障到恢复完成所使用的时间，包括维修团队的响应时间、获得设备的时间、将设备重新投入使用的时间等，以提高运维管理的及时性。

天镇县的运维管理团队在发现故障之后及时处理，减少因故障而停机的时间，对于保障发电量、提高发电效率具有重要的意义。

天镇县在运维管理方面所形成的专业化的运维技术团队、高效的排障速度、制度化的检修规章、智能化的管理系统，确保了光伏扶贫电站故障的及时解决，确保了电站的高质量、可持续发展，从而保障了光伏扶贫电站的发电效率，保障了村集体资产持续稳定发展。

综上所述，从社会政策实践的角度看，农村贫困地区的发展并非可以仅仅依靠完善社会保障制度、促进生计等收入为社会政策的实施而逐渐提高贫困人口在发展中的参与度、主动性、可持续性。主要有以下原因：第一，因为农村贫困地区的经济社会发展水平较为滞后，国家财政支持有限，再加上地方政府财政资金有限，社会保障政策的实施仅能解决贫困人口的基本生存问题。第二，贫困地区的经济市场不完善和贫困人口缺乏经济资源，使促进生计的社会保障政策难以达到预期效果。第三，由于贫困村中贫困人口的文化水平、思维能力有限，再加上实施者对政策的理解有限，限制社会政策的实施效果，难以调动贫困人口的内生动力。第四，贫困人口只是被动地接受政策支持，难以保证贫困村发展的可持续性。因此，运用资产建设社会政策的理论与方法，有利于促进贫困村的资产积累，激发贫困户的内生动力。天镇县将光伏扶贫电站产权归属到村，增加了村集体资产，有利于激发村民的内生动力、提高村民的参与感和获得感，有利于与乡村振兴战略的对接，为下一步工作打下基础。

第六节　问题与建议

光伏扶贫是资产收益扶贫的有效方式，是产业扶贫的有效途径，同时也是国务院扶贫办提出的十项精准扶贫工程之一，与干部驻村帮扶、职业教育培训等传统扶贫项目相比，光伏扶贫属于新手段、新方法。[1] 项目建设也是从无到有的过程，光伏扶贫的合力一旦形成，便具有在精准扶贫理念下其他扶贫方式不能替代的优越性。在光伏扶贫项目建设过程中天镇县的各相关部门进行不断探索、不断提高与巩固，形成了光伏扶贫的主要建设模式与发展方式，为村集体的资产建设提供了有效的途径。与此同时，天镇县的光伏扶贫项目在从试点开始逐步推广到形成独特发展模式的过程中，所存在的一些问题也不容忽视，包括扶贫资金使用效率问题、项目实施所带来的问题以及项目的可持续发展问题，只有合理处理这些问题才能保障光伏扶贫项目的持续稳定高质量发展，才能使光伏扶贫项目更有效地发挥扶贫的作用。

---

[1]　国家能源局新能源司、国务院扶贫办开发指导司：《光伏扶贫工作的百问百答》，2020 年 2 月。

一、天镇县光伏扶贫存在的问题

天镇县作为全国首批光伏扶贫试点县，在光伏扶贫项目建设与发展方面开展了大量的工作，并在这个过程中不断总结经验，为更好地发挥光伏扶贫项目的作用做出了不懈努力，利用光伏扶贫项目带动了贫困村甚至是整个县的发展，推动了脱贫减贫工作的进程。目前，在中国光伏行业回暖、国家积极扶持的背景下，天镇县的光伏扶贫项目发展有着广阔的前景，但与此同时，光伏扶贫中也存在一定的不足，主要表现在以下几个方面。

（一）光伏扶贫项目收益资金使用效率问题

光伏扶贫项目收益资金能否合理高效使用，是决定光伏扶贫实施效果的重要一环，在调研过程中可以发现天镇县在资金的使用效率方面需要在以下几个方面做出改进。

1.政策规定严格，约束资金使用的高效性

按照政策规定各村的光伏资金主要用于开展公益岗位扶贫（如道路维护员、保洁员等）、小型公益事业扶贫（村内生产设施维护、道路维修等）、奖励补助扶贫（如奖励现金、资助困难等），在使用方向上，以工资分配为主、救济性分配为辅，鼓励贫困户依靠劳动所得增加收入，而且用于村集体扶贫公益事业的光伏扶贫资金，应由村级向乡镇申请，采取"一事一议"的办法组织实施。[①] 村级光伏扶贫电站的发电收益形成村集体经济，由贫困村进行二次分配，重点向老人倾斜。收益分配严格执行公告公示制度，制订的收益分配使用计划经村民代表大会通过并公示后，乡镇政府审核，县光伏扶贫领导小组备案，村委会年底公告收益分配使用结果。

虽然光伏扶贫资金进入村集体经济对于带动贫困户以及村集体的发展具

---

① 天镇县光伏扶贫领导小组：《天镇县光伏精准扶贫收益分配办法》。

有积极正向的作用，但是政策约束使基层干部资金分配的自主性受到限制，村集体很难对光伏收益进行高效利用，政策的变动也一定程度上增加了基层干部的工作量，增加了村干部进行村庄治理工作的复杂性。

2. 系统性和整体规划不足，限制资金使用的合理性

村"两委"工作的开展需要预先进行合理的规划，制订合理的方案，然后再付诸实施，但是由于政策规定严格，加上分配工作的复杂性，导致村干部难以进行合理的规划。对于资金使用的对象、使用的方式以及公益岗位设置方面缺乏系统性、整体性规划，对于资金分配缺少主动性，资金利用缺乏合理性，从而导致资金使用的合理性受到一定的限制，村民对光伏扶贫资金的认同方面存在一定的问题。在调研过程中，有对光伏扶贫资金使用进行的讨论：

被访者一：每年就是常规性的支出预计需要多少钱。

被访者二：像护林员、安全防护……

被访者一：公益岗位，你说的是到户的。小型公益事业，你比如说修水管、清理河道。

被访者二：这个十万二十万不够的，咱们给护林员都 4 万多块钱。

任：不算护林员这些。

被访者一：路不好走修一修，那个河道清理下，处理下，你说的这种，这种 10 万不够，……

访谈者：那每年能向乡里要多少钱呢？

被访者一：钱不知道乡里……修路的话，有条件乡里给修修，转移支付，这是两码事。关键是没有集体经济，……明年假如要有个 10 万块钱，还能流转下。

访谈者：如果这个项目明年批下来，那咱们光伏的集体经济准备用在哪一块呢？

被访者二：这个光伏的收益，村委会日常支出可以吗？给村里免费电费水费。

被访者一：这个收入是村集体经济，它是为全村的老百姓的。

访谈者：除了给村里免费供水供电，有没有想过其他的，因为这个钱集体经济嘛，有收益了，你现在给他免费了，给他买单，实际上还是给他发下去了，有没有想过再想办法挣点钱？①

光伏扶贫资金的使用效率关系到光伏扶贫的效果，光伏扶贫资金分配的政策约束、缺乏整体性和系统性规划、分配主体的抵触心理，限制光伏扶贫资金的使用效率，影响光伏扶贫效果的发挥。

（二）光伏扶贫项目效果持续问题

光伏扶贫项目的实施不仅可以解决部分贫困地区的用电问题，还可以助推新能源产业发展，提高贫困人口的收入水平，为贫困村村集体资产建设提供一条可行的道路。但是光伏扶贫项目的实施较多地依靠国家政策以及财政资金的支持，在脱贫攻坚任务完成之后，国家政策的变化以及项目建设时期存在的问题可能会对光伏扶贫的效果可持续性造成一定的影响，包括光伏扶贫收益对象的生计可持续性问题以及政策转变下的项目发展问题。

1.受益对象的生计可持续性问题

光伏扶贫项目是通过国家的财政支持、政策支持等途径建设具有稳定收益的光伏电站开展的扶贫项目，在贫困地区的脱贫攻坚战中对于贫困人口脱贫、提高贫困人口收入水平等方面发挥了较大作用。光伏扶贫不仅让贫困人口享受光伏扶贫电站的发电红利，同时帮助贫困人口通过产业和劳动的形式

---

① 访谈时间：2020年10月16日15：26；访谈地点：天沟村村委会。

实现脱贫，在脱贫攻坚工作中具有一定的独特性，但是在项目实施过程中，较大程度地依赖国家政策以及财政资金支持，在发展的持续性方面存在一定的挑战。受益对象通过光伏扶贫项目的支持提高经济收入水平、改善生活质量，但是这都是在国家政策的支持下得到的改变，贫困户应该做到在国家政策支持撤出之后，可以依靠自己的力量抵制贫困，减少返贫的风险。1992年钱伯斯的《可持续性农村生计发展：二十一世纪的实践概念》一文提出："生计包含农户为生存或者谋生所需的能力、资产（物质的和社会的资源）和从事的活动。只有当一种生计能够应对并在压力和打击下得到恢复；能够在当前和未来保持乃至加强其能力和资本，同时又不损坏自然资源基础，这种生计才是可持续性的。"在光伏扶贫项目建设中，只有保障农户生计的可持续性，才能保障扶贫项目的长效性、稳定性，减少贫困户返贫现象的发生。

2.政策转变背景下的项目发展问题

光伏扶贫工程是针对贫困户所开展的扶贫项目，在 2020 年结束贫困村全部脱贫、贫困县全部摘帽的同时，相应的收益分配机制也要发生变化，而目前并没有相关的适应性政策调整，给光伏扶贫的可持续发展带来一定的不确定性。

二、相关政策建议

天镇县的光伏扶贫工作经过几年的探索、提升、巩固，形成了一定的工作经验与发展模式，对于其他与天镇县情况相似或在贫困人口分布、地理条件相类似地区的光伏扶贫项目建设与发展具有一定的指导借鉴意义，但是其光伏扶贫工作仍旧有很大的提升空间。根据目前的调研情况和各指导文件的目标要求，对于天镇县光伏扶贫工作中所存在的不足，可以从以下几个方面进行改进。

（一）平衡公益性和经济效益，保证扶贫项目的可持续性

光伏扶贫电站的建设是为解决贫困地区的贫困状况在国家政策以及财政资金的支持下建立的产业扶贫的一种重要方式，对于贫困人口脱贫发挥了重要作用，只有坚持光伏扶贫点站的公益属性，才能保障光伏扶贫效果的持续性。但与此同时，要兼顾光伏扶贫点站的经济效益，做到类似社会企业的做法，产生经济效益，为村集体的资产建设提供稳定的支持作用。

（二）完善光伏扶贫项目运作形式，保障资产收益的持续性

完善光伏扶贫项目的运作形式，主要包括两个方面任务，一是完善监测系统，即解决国家监测系统与地方监测系统的对接问题；二是坚持光伏扶贫项目的市场化运作形式。

首先是光伏扶贫监测系统的完善问题。对光伏扶贫电站的实时监测是及时发现故障、解决故障的前提，是实现最大的 MTBF[①] 和最小的 MTTR[②] 的重要基础。从一定程度上讲，光伏扶贫电站在建成并投入运行之后，后期的光伏电站的持续有效运行就变得尤为重要，因为电站运行状况对于发电收益具有重要的决定作用。天镇县在 2016 年重点引进全国领先的阳光智慧光伏云运营管理系统，平台公司运行人员实时观察电站各设备运行数据，对数据进行完整的记录、存档并分析，实现了组串级设备实时监控，及时定位、消除故障，该系统是天镇县对光伏扶贫电站进行监测时所使用的主要系统。

[①]　即 Mean Time Between Failure，平均故障间隔时间，是指光伏电站平均能够正常运行多长时间，才会发生故障，电站的平均故障间隔时间越长，说明可靠性越高，这是体现光伏电站发电能力的一项重要指标。

[②]　即 Mean Time To Repair，平均故障恢复时间，是指光伏电站从出现故障到修复完成所使用的平均时间，包含维修团队的响应时间，获得配件的时间，将设备重新投入运营的时间等，平均故障恢复时间越短，表示设备恢复性越好，这也是评价电站运维团队运维管理水平的一项重要指标。

2019 年，天镇县应用了"全国光伏扶贫信息管理系统"，在全国是首批使用该系统的地区①，虽然该系统可以对村级扶贫电站实时运行数据进行全国联网监控，但是对于地方电站的运维管理工作有待发挥应有的作用。

国网监测系统与地方监测系统对接障碍，导致监测人员需要在该系统上填报运维管理信息，使运维管理人员工作变得烦琐，对天镇县的电站监测工作并没有发挥明显的正向作用，不利于运维管理效率的提高。因此，完善光伏扶贫项目的运作形式具有一定的重要性。国家光伏电站监测系统的建立是为更客观全面地对全国各个贫困地区光伏扶贫电站的监督管理，是及时制定和调整相关政策的重要参考，对于国家层面对光伏扶贫工作进行监管来说发挥了重要的作用，但是对于地方的电站运维管理工作所发挥的作用比较有限，这是因为不同地方的光伏扶贫电站的建设情况、运维管理机制等方面存在较大的差异。全国各个运维管理站点运用一套统一的监测管理系统并不现实，每个站点都有适合该地区的监测系统，同时运行两个系统，会增加运维管理人员在监测方面的工作量，会造成地方运维管理人员对国家监测系统的排斥。因此，有必要将国家监测系统与地方监测系统进行对接，这需要相关技术人员的努力，将国家监测系统作为主监测系统，可以看到全国光伏电站的整体情况，地方监测系统作为次级监测系统，能够对地方光伏电站的详细情况进行监测，打通两个系统之间的通道，地方运维管理人员可以从国家监测系统的通道进入地方监测系统，地方监测系统上的信息会自动整合到国家监测系统中。

其次，坚持光伏扶贫项目的市场化运作形式。光伏扶贫是资产收益扶贫的有效方式，是产业扶贫的有效途径。②光伏扶贫电站的建设是以当地的光照条件充足、土地可利用面积较大等因素为前提的，综合考虑当地发展条件

---

① 天镇县光伏扶贫领导小组：《天镇县实施光伏扶贫的探索与实践》。

② 国家能源局新能源和可再生能源司、国务院扶贫办开发指导司：《光伏扶贫工作百问百答》，2020 年。

引入光伏扶贫项目，在政府政策以及财政资金的支持下建立光伏扶贫电站，为当地贫困户提供一条增收的手段，对于贫困地区脱贫具有重要的作用。但是为了保障光伏扶贫电站在国家政策倾斜以及资金支持减少的情况下可以持续稳定运营下去，就需要逐渐改变光伏扶贫项目的运作形式，通过市场化的方式进行运作，提高光伏扶贫电站在市场中的竞争力，为光伏扶贫电站收益以及扶贫效果的持续性提供基础。

（三）改变收益分配制度约束方式，提高资金使用的高效性

有关政策对光伏扶贫收益可以使用的途径进行了明确的规定，减小了基层干部的运作空间，在一定程度上有利于减少基层腐败现象的发生，避免贫困村村民收入差距的扩大。但是与此同时，制度约束限制了资金使用的高效性、合理性，限制村干部在资金分配上的自主性，使村干部在村级事务中无法发挥自己的主动性，光伏扶贫的效果受到约束，不利于扶贫效果的持续性、稳定性。虽然基层干部是按照政策进行收益分配，但是很多村民只看到了分配的结果，没有得到扶贫资金的村民会心生不满，不利于村民之间的和谐相处，更不利于基层干部村庄治理工作的开展，从而对贫困村脱贫的可持续性带来挑战。通过调整光伏扶贫政策，给基层管理者一定的空间，能够使其发挥主动性，更好地进行村庄治理，对于保障脱贫效果的可持续性具有重要作用。在政策文件中，改变以往明确规定光伏扶贫项目收益使用途径的做法，对光伏扶贫资金不可运用的方面进行规定，由基层管理者根据要求对扶贫资金的使用途径进行规划，由村民代表同意之后实施，并对资金使用情况进行及时记录。另外，可以运用树立典型的方式，由扶贫资金分配方式较好的村庄向其他村庄传授经验，其他村庄根据本村的实际情况，参考该村的收益分配方式，对本村的扶贫资金进行规划使用，充分发挥基层干部在村庄治理工作中的自主性，提高运作效率。

光伏扶贫资金的收益分配方面有较多可行的并且适应村庄情况的方法，

但是因为政策约束而无法付诸实施，对于其在村庄治理中自主性的发挥产生了一定的限制，不利于光伏扶贫效果的发挥，体现了改善政策约束情况的必要性。

（四）动态调整分配方案，确保资金分配的合理性

现阶段的光伏扶贫项目建设以及各个方面的规划计划是根据目前的贫困户贫困情况以及国家政策的相关规定等实施的，是适应当前贫困地区发展状况的方案，但是贫困户的贫困状况，尤其是脱贫攻坚任务结束后的国家政策会发生变动，以当前情况为基础建立起的规划计划可能并不适用变化之后的情况，如果仍旧按照目前的规划计划进行资金分配的工作，可能会产生一定的不利影响，包括资金使用的有效性受到限制，无法帮助到真正贫困的人口，加深村民之间的矛盾，增加村民对基层治理人员的不满情绪，这些方面会限制光伏扶贫的效果发挥以及村庄治理工作的有序进行，因此对光伏扶贫资金的分配方案进行动态的适应性调整，对于保障资金分配的合理性具有重要意义。收益分配方案根据当下情况进行动态调整，提高收益分配的合理性，实现村级公共事业与贫困户帮扶之间的平衡，对于光伏扶贫效果的有效实现具有重要的意义。

第七节　结论与讨论

天镇县利用光照条件等方面的优势，通过在光伏扶贫产业上的不断探索、不断创新、不断实践，在光伏扶贫项目建设中形成了以村级电站为主要建设模式、阵列划分后按要素进行产权归属的特色，运维管理及时高效等方面的优势保证了天镇县光伏扶贫电站的发电效率，为增加村集体资产、脱贫减贫效果的长期可持续性提供了保障，为天镇县的资产建设提供了必要的支持。光伏发电清洁环保、技术可靠，充分利用清洁、安全和可靠的太阳能资

源，将太阳能直接转变为电能，转化为贫困群众的稳定资产，在光照资源条件较好的地区，因地制宜建设光伏扶贫电站项目，既符合国家精准扶贫、精准脱贫战略，又符合国家的"绿色发展"新理念。以光伏为代表的清洁能源的发展，增强了扶贫开发的"造血"功能，促进贫困地区能源结构转型升级，是践行"绿水青山就是金山银山"的理念和高质量推进乡村振兴的重要支撑，光伏扶贫电站项目的实施对于推动贫困人口脱贫进程发挥了重要作用。同时，我们也不能忽视天镇县资产建设的可持续性问题，在脱贫攻坚任务即将完成的情况下，国家的政策会发生一定程度的变化，推进光伏扶贫项目的可持续发展，确保光伏扶贫项目与乡村振兴战略的对接，保障扶贫效果的长效性就需要做进一步的探索。

一、结论

天镇县作为全国第一批光伏扶贫试点县，在光伏扶贫工作方面做出了很多的探索与巩固工作，天镇县在光伏扶贫工作中所取得的成果、所获得的经验、所遇到的问题以及所采取的解决措施，对于我国其他地区乃至世界各国光伏扶贫工作的有效开展与高质量推进具有重要的参考意义，包括天镇县发展光伏扶贫项目的条件、光伏扶贫项目的脱贫减贫效果以及天镇县进行资产建设的机制等方面。

首先，天镇县各方面的条件为实施光伏扶贫政策提供了基础。天镇县位于山西省东北端，地处晋冀蒙三省区交界处，具有日照充足、太阳辐射能力强、荒地荒坡较多且面积较大等特点，而且电网公司将光伏扶贫电站接网工程优先纳入电网改造升级计划，对于光伏电站的建设提供了多方面的便利。2014年12月天镇县被列为全国第一批光伏扶贫试点县，各级部门在国家政策支持下，开始积极进行光伏扶贫电站的规划建设，天镇县在光伏扶贫工作的不断摸索中形成了具有一定特点的发展模式，在带动贫困户稳定增收、增强发展内生动力方面发挥了积极效益。

其次，天镇县的光伏扶贫工作发展到现在已经取得了一定的成果。从建设初期的探索到现在的巩固提升的整个过程中，天镇县的光伏扶贫电站建设形成了以村级电站为主、户用电站为辅的建设模式，天镇县的光伏扶贫工作在电站的建设技术、运维管理、产权归属等方面具有一定的优势，为全省、全国甚至全球的光伏扶贫工作发挥了一定的示范作用。以村级电站为主的建设模式减少了当地政府的财政压力，产权归属到村集体的方式帮助天镇县的贫困村形成了自己的村集体经济，对于壮大村集体资产、激发村集体内生动力、保障脱贫成效等方面具有重要作用。另外，天镇县光伏扶贫电站在建设技术方面的严格要求在保证电站的发电效率方面打下了坚实基础，运维管理方面的及时高效为维持发电效率的稳定性提供了后期保障。建设和运维方面的优势保障了天镇县光伏扶贫收益的高效性、持续性、稳定性，村级电站产权归属到村的方式确保了光伏扶贫收益对贫困村脱贫发挥切实有效的作用，各方面的综合作用使天镇县在光伏扶贫方面显现出显著优势。

再次，天镇县的光伏扶贫工作开展经历了不同的发展阶段，是一个不断探索、不断创新、不断巩固提升的过程，具有一定的脱贫减贫的效果。从2014年被确立为第一批光伏扶贫试点县开始，进行项目试点探索，建立了10个村级电站，在总结经验时发现单村电站的选址、运维管理等方面存在一定的局限性。在下一个阶段的建设过程中选择了建设联村电站以及大型集中式电站，先后建设中地光伏扶贫电站、晋能40MW光伏扶贫电站、黑石梁光伏扶贫电站3座具有代表性的光伏扶贫联村电站。在各部门的相互配合与共同努力下，天镇县的光伏扶贫工作不断向前发展，逐渐形成了自己的一套运维管理、资产确权的方式，光伏扶贫项目建设发展对于天镇县贫困村的脱贫减贫工作发挥了一定的作用。高效的运维管理模式为保障发电量提供了条件，而发电量的持续高效是保障收益的重要条件。发电量的持续高效对于促进贫困村集体发展、实现贫困户稳定增收、推动村级公共事务的开展等方面具有重要作用。

最后，天镇县所形成的以资产确权为基础的资产建设模式是一套值得肯定的发展方式。针对资产确权的问题，天镇县按照"整体统筹、合理分配、兼顾弱小"的原则，将光伏扶贫电站的产权归属到村集体。这种资产确权方式有多方面的作用，主要表现在以下几个方面：一是增强村集体经济实力，带动村集体发展的活力。村集体经济建设具有重要的意义，贫困村的贫困原因有很大一部分是村集体经济力量薄弱，无集体财产、无集体企业、无集体资源、无集体收入的"四无"村和"空壳村"现象突出。将光伏扶贫电站资产确权到村，增加了村集体的经济实力，使村集体具有了促进村民发展以及进行村集体建设的资金，通过发展和壮大集体经济，不仅提升了农业生产水平，也激活了农村集体经济组织的社会服务功能。通过运用光伏资金设置道路维护员、保洁员、护林防火员等公益岗位，进行村内设施维护，对困难人群进行一定的补助，促进了贫困村协调有序发展，有利于激发贫困村发展的活力，提高发展的效率。通过参与村级公益岗位的职责，锻炼了村民的能力，通过劳动获得了报酬，实现了自己的价值，树立了信心，赢得了尊重，激发了村民依靠自己的劳动脱贫的内在动力，有利于保障贫困人口脱贫的效果的持续性、稳定性。二是提高村民参与村级治理的积极性，有利于提高基层治理的效率。村级治理重要的参与对象就是村民，村民积极参与将有利于提高基层治理的效率。改革开放以后，我国经济获得了巨大发展，在国家政策的作用下，贫困村的经济在近年来得到了一定的发展，但是仍然存在发展不足的问题，从多个方面限制村民参与乡村治理，包括由经济发展不足带来的人口外流以及相关设施、信息获取能力等方面的影响，因此，在提高村民参与治理的积极性方面，增加村集体资产可以发挥重要的作用。通过光伏扶贫电站的资产确权，将光伏扶贫资产划归村集体，可以起到扩大村集体经济的作用，通过设立公益岗位、开展公益事业、进行奖励补助等方式，使村民切实参与到乡村治理中来，提高基层治理的效率。通过这种方式促进村民互助，激发农村熟人社会里的凝聚力、归属感，提高村民的幸福指数，不仅使贫困人口的生活得到改善，也提高了他们脱贫的自信心和动力。三是提高村级组织的话语权，提高政策落实的有效性。基层干部的核心领导对于农村的健康有序发展具有重要作用。作为基层领导，应当不断提高自己的学习能力、组织管理能力，才能从全局把握农村发展的大方向。但是村集体经济的匮乏会限制村领导班子组织管理能力的发挥，阻碍其带领村庄进行村庄发展建设的道路。光伏扶贫资产对村集体经济的补充，为基层领导干部带领村民开展有计划、有组织的村庄建设提供了经济基础，根据政策规定对资产分配到村民或者用于村集体发展，使村民感受到村领导干部对其发展的关心与重视，有利于政策更加有效地实施。激发村干部进行基层治理的主动性与自信心，发挥村干部基层治理的能力，提高基层治理的意识，激发基层治理的热情，树立了村干部的良好形象，增进了官民沟通，对于上级政策的落实具有一定的推动作用。四是为贫困村的建设提供资金，有利于村庄的整体发展。农村建设的开展需要资金的支持，光伏扶贫项目为村庄建设提供了条件。公益岗位的设置给村民提供了参与村庄公共事务的途径，贫困户通过担任公益岗位，为村庄建设贡献力量，参与村庄治理，提高村民的文化素质，促进基层领导干部和村民以及村民和村民之间的协调合作，带动贫困户脱贫的积极性。村庄的发展包括村庄自身的发展以及村民的发展，资产确权到村不仅为村庄建设提供了条件，而且为村民的发展提供了基础，光伏扶贫资金可以用于建设村级小型公益事业，设置公益岗位，对于村庄的整体发展具有重要的意义。

二、讨论

从天镇县光伏扶贫发展的条件、所取得的成果、所经历的发展阶段以及所形成的资产建设模式中，可以总结出以下光伏扶贫发展的经验。

首先，光伏扶贫电站的建设要因地制宜、因村制宜，把好建设质量关。根据当地实际情况，综合考虑海拔、光照、地形、接入等条件，选择最合适的地段，选聘资质高、业绩强的施工队伍，使用质量高的光伏组件，进行光伏扶贫电站的建设，并在建设过程中进行技术监督，保证建设质量，这是保障光伏扶贫电站长期稳定高效运行的基础。

其次，要明确光伏扶贫电站的建设完成并不是终点，是否能够保障光伏电站发电效率也是判断光伏扶贫效果的重要指标。聘请专业化的运维技术团队、制定制度化的检修规章、运用智能化的管理系统，不断完善光伏扶贫电站的运维管理体制，保障对电站的及时监测、及时排障，保障光伏扶贫电站的发电量，为光伏扶贫电站实现最小故障损失电量提供有力保障。

再次，光伏电站的产权归属合适与否关系到后期收益分配的公平性以及村级治理的效率。户用电站的产权关系明晰，没有产权归属方面的问题，但是户用电站所存在的局限性使户用电站的推广受到了一定的限制。与户用电站相比，村级电站在选址、建设、运维管理等方面的优势决定了村级电站能够更广泛地推广，但是村级电站的产权归属是一个必须解决的问题。按照光伏板的阵列进行划分，根据贫困村大小、贫困人口多少以及集体经济强弱 3个因素将联村电站的产权归属到贫困村，由贫民代表进行现场确认，并在村里将发电情况用电子显示屏进行公示，并给村集体发放固定资产管理认定书，不仅增加了村集体资产，还提高了贫困村村民的获得感、参与感，激发贫困户的内生动力，为贫困人口的脱贫以及贫困村的建设提供了资金支持。

最后，要建立健全收益分配机制，只有将发电收益按照合理的方式分配到贫困户手中，才能使发电收益真正惠及贫困人口。在收益分配方面，政策规定不宜过于精细，不宜对光伏扶贫的使用途径进行过多的限制，否则会影响基层管理者的自主性，并且会影响其治理能力的有效发挥，不利于贫困村的村级事务的开展以及贫困户的脱贫进行，限制光伏扶贫项目的扶贫效果。

2020 年是我国完成脱贫攻坚战的收官之年，同时也是实施乡村振兴战略的关键时期，对于脱贫攻坚与乡村振兴的衔接问题是目前需要关注的方面。目前我国的脱贫攻坚工作已经取得了一定的成效，贫困人口明显减少，贫困人口收入明显增长、生活质量明显提高，在天镇县的脱贫攻坚工作中，光伏扶贫项目的建设发挥了一定的促进作用，保障光伏扶贫效果的持续性，实现光伏扶贫项目与乡村振兴的有机衔接具有重要的意义。

从产业发展的角度来看，继续实施光伏扶贫政策并且做好光伏扶贫项目建设规划，是实现光伏扶贫与乡村振兴对接的重要手段。光伏扶贫对于实现贫困人口脱贫、贫困人口增收具有重要作用，在项目实施的过程中，带动了贫困地区的经济发展、绿色发展，与乡村振兴的"产业兴旺""生态宜居"的要求相契合，但是天镇县要实现光伏扶贫项目的可持续发展、与乡村振兴进行有效衔接的目标，就要对以下问题进行探索，包括如何在市场化运作中保持光伏扶贫项目的公益属性，如何在乡村振兴战略中继续发挥光伏扶贫项目的社会效益以及经济效益，这是我们接下来需要进行深入探索的问题，也是亟待解决的问题。

第四章　甘肃省渭源县光伏扶贫调研报告

第一节　导　言

渭源县位于甘肃省中部、定西市中西部，是黄河最大支流渭河的发源地，全县总面积达 2065.51 平方公里，下辖 8 镇 8 乡，共有 3 个社区、217 个行政村，行政区域平均面积为 129.06 平方公里。截至 2019 年末，渭源县总常住人口数为 33.31 万人，人口自然增长率为 3.28‰，城镇化率为 27.36%，均低于全国平均水平。受地形地势以及环境温度等的影响，渭源县耕地面积较小，仅占总面积的 26%，难利用土地有 26.32 万亩，占总面积的 8.50%，农业发展条件有限；而渭源县工业发展基础薄弱，对农业的依赖程度高，因此其经济发展所受限制较多。2001 年，渭源县被国家确定为扶贫开发重点县，至 2013 年底，全县共有建档立卡贫困人口 2.35 万户 10.23 万人。2013 年 2 月 3 日，习近平总书记曾亲临渭源县视察，作出了"让我们一块儿努力，把日子越过越红火"的重要指示。此后，县级政府全面落实中央各项决策部署和省市委工作要求，聚焦深度贫困及特殊困难群体，以脱贫摘帽为目标，展开一系列脱贫攻坚工作。渭源县地处中纬度地区，日照时间长，光能资源充足，全年日照总时数平均可达 2396.2 小时，立足于其良好的区位优势，2017 年，甘肃省、定西市发改委下发正式政策文件要求在渭源展开光伏扶贫项目的建设工作。截至 2019 年，渭源县总投资 35373.75 万元，共建成村级光伏扶贫电站 81 个，装机规模达到 60.249 兆瓦，覆盖全部 135 个贫困村、带动建档立卡贫困户 10205 户，光伏扶贫项目成为全县脱贫攻坚工作的重要组成部分。

渭源县的光伏扶贫项目建设共分为 3 个阶段：首先是依据 2016 年下达指标所建设的一期工程，此工程项目建设资金由政府各部门各单位多方筹集组成，且引进了企业投资；第二阶段始自 2018 年，根据国家对光伏电站建设的相关规定，渭源县开始对已建成的电站进行产权回收工作，变更正源扶贫开发有限公司为电站发电收益结转主体和项目流转土地经营主体，并陆续开始"十三五"第一批建站的建设，全部采用村级电站的形式，严格按照国家指标和要求开展；第三阶段以渭源县编制的《"十三五"第二批 13 兆瓦光伏扶贫村级电站建设项目实施方案》为标志，全县于 2019 年 4 月正式开始"十三五"第二批 13 兆瓦电站的招标建设。另外，渭源县委县政府带头成立光伏扶贫领导小组，领导发改委、财政局、农业农村局、扶贫办、国土局等政府机构分别负责光伏扶贫项目编制、资金筹集、资产管理、收益分配以及用地报批等工作，同时配套开发了渭源县光伏扶贫信息平台以对各电站运行情况进行监管。各个部门密切配合，共同推进光伏扶贫工作的顺利开展。

在光伏扶贫收益的分配方面，渭源县委县政府首先积极跟进中央政府对光伏扶贫工作下达的各项要求与政策，回收电站产权全部归至村集体，随后依据该县的实际发展情况进一步明确对收益发放与落实的要求，限定资金下拨的宏观方向与分配比例，给予村级基层政府充分的自主权。各村在得到正源公司统一结转下发的光伏收益后，充分动用群众的力量，以"四议两公开"制度为核心对光伏扶贫资金的具体分配与落实作出明确的管理及监督要求，构建出日渐完善的扶贫资金管理与分配体系，实现了光伏收益的高效能利用。整个过程充分展现出"政府牵头划定宏观方向，地方主动细化实施"的互嵌式乡村治理模式，充分激发了基层自治的主动性，有效减少了光伏扶贫资金的浪费与资产的流失，为我国其他光伏扶贫点县具体工作的开展作出了生动示范。

光伏扶贫收益的分配方式也直接影响着光伏扶贫的效果与带贫作用的可持续性，依托其合理有效的收益分配机制，渭源县的光伏扶贫项目取得了较大成效。一方面，截至2020年9月底，渭源县全部81座光伏电站已累计结算发电收益6731.42万元，扣除运维及数据流量等费用后，剩余实际分配收益共5495.02万元已全部拨付到位，壮大了贫困村的村集体经济；另一方面，光伏扶贫项目资金收益由各村依照自身发展实情用于开展产业建设、乡风文明建设、村容村貌建设、人才队伍建设、基层组织建设等系列工作，有效提升了基层治理能力、激发了贫困村及贫困户的发展内生动力，与乡村振兴战略规划相衔接，充分发挥出相应的社会效益。

另外，渭源县的光伏扶贫项目在发展过程中也存在着三大方面的问题：一是关于电站收益的问题，包括自然条件差异大而导致部分电站发电效益不高、设立行政性公司进行管理而造成了运行成本的无效用增加、电站运维管理不到位而使其难以获得最大化的收益；二是项目运行方面的问题，包括管理部门众多而职责不清、电站运行信息监管平台与国家平台衔接不畅、项目的具体落实导致贫困户与基层干部以及贫困村与非贫困村之间产生矛盾冲突；三是扶贫效果持续性的问题，包括村民对光伏扶贫项目的认同感与获得感不高、光伏收益分配方案的制订缺乏长远规划等。针对上述问题以及后续发展过程中存在的挑战，本书提出了相应的政策建议：首先，应转变发展理念，对光伏扶贫项目建设做好长远规划；其次，要加强各部门组织之间的协调与沟通，减少职能交叉所带来的额外工作成本；再次，应制定明确规章制度，规范电站项目的运行程序、提高运维水平；最后，应立足于后脱贫时代的社会发展需求，从提升脱贫效果可持续性的角度出发探索光伏扶贫工作后续推进发展的新道路，力争与乡村振兴战略进行良好衔接。

第二节　研究背景

2015 年，光伏扶贫被国务院扶贫办确定为我国"精准扶贫十大工程"之一，并于河北、甘肃、宁夏、山西、安徽、青海六个省（区）30 个县开展首批试点工作。

光伏扶贫具体指利用政府性资金在具备光伏扶贫实施条件的地区投资建设光伏电站，将所得的政府性资金资产收益全部用于扶贫事业，是资产收益扶贫的有效方式，亦是产业扶贫的有效途径。[①] 与其他产业扶贫相比，光伏扶贫具有以下特点：（1）建设技术可靠、质量高、建设期短。首先，在重要设备选型方面，政府规定光伏组件、逆变器等项目建设中选用的主要设备应得到国家资质检测认证机构认证，并鼓励采用达到"领跑者"技术指标的先进产品；[②] 其次，在承建与运维主体方面，国家通过招标等市场化方式委托具备相当技术基础的专业机构负责光伏电站的建设、运行与维护；再次，电站建设过程中及建设完成后均有专门质量监督机构对建设工程进行管控与评估。光伏扶贫项目质量得到可靠保障；最后，光伏电站施工期的建设周期一般在 4—6 个月，从政府指标下达、招标确定承建企业、正式开展工程到最终的并网验收，整个过程也基本控制在 1 年以内，总体建设期短。（2）收益持续性、稳定性强，风险小。电站建成后，有专门的运维公司负责电站的运行与维护管理，且光伏板使用寿命较长，在稳定的气候条件之下能持续产生定量收益。此外，光伏电站不参与竞价，执行国家制定的光伏扶贫价格政策，光伏扶贫项目价格水平较高、定价固定，不受市场波动风险的影响，可

---

① 国家能源局新能源和可再生能源司、国务院扶贫办开发指导司：《光伏扶贫工作百问百答》，2020 年版，第 1 页。

② 国家能源局新能源和可再生能源司、国务院扶贫办开发指导司：《光伏扶贫工作百问百答》，2020 年版，第 18 页。

保证贫困户在 20—25 年内持续获得稳定的发电收益。(3) 具有附加的经济效益与社会效益。一方面，光伏电站的建设可与农村电网改造相结合，加强农村能源安全保障，同时也能够在一定程度上转变村民的用能观念，推广清洁能源的使用；另一方面，采用农光互补的发展模式，可促进土地的节约集约利用，提高农村土地综合利用率，降低农业及相关产业的发展成本，进而增加其经济收益。(4) 可提升贫困村的自我造血能力，增强乡村活力。村级光伏扶贫电站的发电收益可用于发展村集体经济，增强村民的参与感，调动村民参与乡村自治的积极性，从而激发农村发展的内生动力。

  渭源县是六盘山片区扶贫开发工作重点县，是甘肃省深度贫困县之一，也是国务院扶贫办的定点帮扶联系县。截至 2013 年底，渭源县共有建档立卡贫困人口 2.35 万户 10.23 万人，有深度贫困乡镇 5 个（含省级 2 个）、贫困村 135 个，全县贫困发生率达 31.66%。① 渭源县境处中纬度地区，日照时间长、强度大，而由于地处内陆，属温带大陆性气候，年降水量少，不利于部分农作物的生长，这对于一个工业基础落后、经济增长仍旧主要依靠农业发展的地区来说，无疑是较为不利的条件。然而，也正是这独特的区位优势，使得渭源成为建设光伏电站的理想场所：渭源县日照丰富、降水少，光能资源充足；地处中纬，温度年际变化幅度较小，极端高低温在维持光伏电板组件运作承受范围之内；地域广阔而居住人口分散、人均占有用地少，且山地、坡地较多，能为光伏电站的建设提供大量可利用土地；另外，渭源县已经进行过全县范围内主干电线线路的改造升级，具有良好的电网接入基础，能与光伏扶贫工程进行良好的对接。在这些良好基础条件的支撑下，渭源县被确定为光伏扶贫项目定点县，并于 2017 年开始正式建设光伏扶贫电站。数年来，电站扶贫资金成为渭源县经济发展的强大助推力，光伏扶贫产业项目的发展也为该县的脱贫攻坚工作带来了活力。

---

  ① 渭源县统计局：《渭源县 2013 年国民经济和社会发展统计资料》，2014 年。

渭源县的光伏扶贫项目之所以能发挥如此大的作用，很大程度上也是由于其在工程建设过程中探索出的、日渐完善的扶贫资金收益分配制度体系，这也是本次调研工作探究的核心所在。为了尽可能掌握丰富翔实的数据资料、完整地呈现渭源县光伏扶贫项目的发展历程与运作机制、总结出其独特的经验模式（尤其是对光伏资金收益分配的管理），调研组采取实地研究法，于2020年10月19日前往渭源县开展了为期6日的实地调研。其间通过座谈、访谈等形式与甘肃省及渭源县政府有关部门领导、渭源县各乡镇与村级干部、供电公司与光伏电站运维公司负责人以及各受益村村民进行交流，获取了丰富的研究材料，随后则通过一系列操作化手段，利用比较研究等方法对所获资料进行整理与分析，最终将研究成果撰写为此篇调研报告。

一、渭源县社会经济发展情况概述

（一）行政区人口

渭源县辖清源镇、莲峰镇、会川镇、五竹镇、路园镇、北寨镇、新寨镇、麻家集镇、锹峪镇、庆坪镇、祁家庙镇、上湾镇12镇，大安乡、秦祁乡、峡城乡、田家河乡4乡，共3个社区、217个行政村，行政区域平均面积为129.06平方公里。

表 4-1 2019 年渭源县常住人口主要数据

指标名称	年末数（万人）	占总人口比重（%）
城镇人口	9.12	27.36
乡村人口	24.19	72.64
男性人口	17	51.04
女性人口	16.31	48.96
0—14 岁人口	5.32	15.98
15—64 岁人口	24.07	72.26

指标名称	年末数（万人）	占总人口比重（%）
65 岁及以上人口	3.92	11.76
出生率	—	11.19
死亡率	—	7.91

资料来源：渭源县统计局《2019 年渭源县国民经济和社会发展统计公报》，2020 年。

由表中数据可得，截至 2019 年末，渭源县总常住人口数为 33.31 万人，人口自然增长率为 3.28‰，城镇化率为 27.36%，均低于全国平均水平。[①]

（二）经济发展状况

2019 年，渭源县全县人均生产总值达 368718 万元，同比增长 6.7%，占定西市、甘肃省生产总值的比重分别为 8.9%、0.4%。其中，第一、二、三产业结构比调整为 33.2∶8.5∶58.3，对经济增长的贡献率分别为 32.2%、9.8%、58.0%。在第三产业中，批发和零售业、交通运输仓储和邮政业、住宿和餐饮业、金融业、房地产业、营利性服务业和非营利性服务业增加值分别增长 6.5%、7.8%、8.5%、9.2%、5.2%、20.2%和 5.1%。[②]

表 4-2　2019 年渭源县主要经济指标及增速

指标名称	2019 年	同比增长（%）
一、地区生产总值（万元）	368718	6.7
第一产业	122284	5.9
第二产业	31387	7.6
第三产业	215047	7.2
二、工业增加值（万元）	13368	11.5
规模以上工业增加值	9576	23.2
三、建筑业增加值（万元）	18019	4.5
四、固定资产投资（万元）	—	15.0

---

① 国家统计局发布的《2019 年国民经济和社会发展统计公报》数据显示，2019 年中国常住人口城镇化率为 60.60%，人口自然增长率为 3.34‰。

② 渭源县统计局：《2019 年渭源县国民经济和社会发展统计公报》，2020 年。

续表

指标名称	2019 年	同比增长（%）
五、社会消费品零售总额（万元）	85682.2	6.8
六、大口径财政收入（万元）	26407	4.13
一般公共预算收入	15335	3.78
公共财政预算支出	312133	5.35
七、金融机构人民币存款余额（万元）	733801	9.12
金融机构人民币贷款余额	544578	10.15
八、城镇居民人均可支配收入（元）	25225	7.6
农村居民人均可支配收入	8208	10.1
九、年末常住人口（自然率、‰）	33.31	3.28

资料来源：渭源县统计局《2019 年渭源县国民经济和社会发展统计公报》，2020 年。

由表中数据可知，渭源县第三产业发展态势良好，对经济增长的贡献率最大，第二产业即工业发展则较为落后，但近年其工业增加值大，呈良好的上升趋势，整体来说，渭源县目前以第三产业发展为主导，且仍对农业生产依赖程度大，工业基础较为薄弱。另外，城镇居民人均可支配收入较农村居民高 17017 元，虽然后者增速高于前者，但差值巨大，城乡差距仍旧明显。

（三）脱贫攻坚情况

1.2013 年贫困人口情况

2001 年，渭源县被国家确定为扶贫开发重点县，列入扶贫开发重点乡镇 8 个，重点村 78 个。[①]2013 年底，渭源县共有建档立卡贫困人口 2.35 万户 10.23 万人、城市居民最低生活保障对象 4500 人、农村最低生活保障对象 79467 人、农村五保户供养对象 1727 人、新型农村合作医疗参保人 292818 人，贫困发生率为 31.66%；有深度贫困乡镇 5 个（其中省级 2 个）、

---

① 渭源县志编撰委员会：《渭源县志》，兰州大学出版社 2013 年版，第 523 页。

贫困村 135 个。[①]

从地理环境看，北寨镇、大安乡、秦祁乡、新寨镇、清源镇、庆坪镇地处北部黄土高原沟壑梁峁区，该区域气候干旱少雨，人口密度小，交通条件相对较差，脱贫成本较高，区域内有建档立卡贫困人口 8147 户 32779 人，占比 32.19%；会川镇、莲峰镇、路园镇、锹峪镇、五竹镇地处中部河谷地带，该区域土地平整、水热条件好、适宜种植业发展，农户居住集中，距离县城近，交通条件便利，脱贫成本相对较低，区域内有建档立卡贫困人口 10349 户 42580 人，占比 41.82；麻家集镇、祁家庙镇、上湾镇、田家河乡、峡城乡地处南部高寒土石山区，该区域多为林缘山地、高寒阴湿，降水相对较多，交通不便，脱贫成本仅次于北部山区，区域内有建档立卡贫困人口 6579 户 26463 人，占比 25.99%。

从贫困人口所在村的贫困属性看，71 个深度贫困村内共有建档立卡贫困人口 9309 户 38368 人，占比 37.68%；64 个一般贫困村内共有建档立卡贫困人口 7262 户 29522 人，占比 28.99%；82 个非建档立卡村内共有建档立卡贫困人口 8504 户 33932 人，占比 33.32%。

2. 截至 2019 年底脱贫攻坚工作成效

第一，基础设施建设。

县政府紧紧围绕"两不愁三保障"的脱贫目标，增大基础设施建设投入，全力补齐短板。

表 4-3 渭源县 2013 年与 2019 年农村社会发展情况对比

指标名称	2013 年	2019 年
通电户数（户）	77029	77084
自来水收益村数（个）	189	217
自来水收益人口（个）	218241	304992
通有线电视的村数（个）	84	65

---

① 渭源县统计局：《渭源县 2013 年国民经济和社会发展统计资料》，2014 年。

续表

指标名称	2013 年	2019 年
通电话村数（个）	217	217
村现有房屋（万平方米）	—	1021.2
居民现有房屋（万平方米）	—	856.28
通公路的村数（个）	—	217
农户计算机拥有量（台）	—	5383
通宽带的村数（个）	—	217

资料来源：渭源县统计局《渭源县 2013 年国民经济和社会发展统计资料》，2014 年；渭源统计局《2019 年渭源县国民经济和社会发展统计公报》，2020 年。

据表 4-3 数据可知，2019 年渭源县全县自来水普及率达到 97.6%，安全饮水达标率、全县行政村通畅率、全县自然村动力电覆盖率及行政村有线宽带覆盖率均达到 100%；另累计完成农村危房改造 19738 户 8.3 万人、易地搬迁 6779 户 32303 人，保障了居民的住房安全。[①] 总体而言，渭源县的基础设施正不断完善。

第二，完善公共服务。

截至 2019 年，渭源县九年义务教育巩固率达 99.39%，高中毕业升学率达 83.26%，与 2013 年相比增长了 62.09 个百分点；医疗卫生机构数达 331 个，较 2013 年增加了 304 个；另实现了 217 个行政村标准化村卫生室全覆盖，城乡居民医疗保险参保率达到 98.7%，建档立卡贫困人口基本医保参保率达 100%，居民基本医疗卫生服务得到了全面保障。

表 4-4 渭源县 2013 年与 2019 年教育与医疗卫生事业情况对比

指标名称	2013 年	2019 年
教育		
学龄儿童入学率（%）	100	100
初中毕业升学率（%）	63.65	100

① 渭源县政府：《2019 年度脱贫攻坚工作自评报告》，2020 年。

续表

指标名称	2013 年	2019 年
高中毕业生升学率（%）	90.33	83.26
本科录取率（%）	21.17	72.4
医疗卫生		
医疗卫生机构数（个）	27	331
医疗卫生机构床位数（个）	1386	1586
卫生技术人员数（人）	858	1065

资料来源：渭源县统计局《渭源县 2013 年国民经济和社会发展统计资料》，2014 年；渭源县统计局《渭源县 2019 年国民经济和社会发展统计资料》，2020 年。

此外，渭源县坚持将就业扶贫作为脱贫攻坚的有效举措。其一，加强劳动力培训，2019 年全县共对 2325 人进行就业技能培训，对 1764 人进行实用技术培训；其二，开展劳务转输，引导贫困劳动力转移就业，累计输转建档立卡贫困劳动力 4023 人，实现劳务收入 4593 万元；其三，兴办扶贫车间，吸纳建档立卡贫困劳动力 385 人；其四，开发设立公益岗位，截至 2020 年 6 月，全县在 71 个深度贫困村共开发乡村公益岗位 142 个，丰富了贫困群众的增收渠道。[①]

第三，完善产业体系，构建产业带贫机制。

渭源县积极发展十大扶贫产业，将产业扶贫作为实现脱贫的治本之策。形成了"主导产业保收入、新兴产业拓渠道、就业扶贫促增收"的产业发展格局：其一，全力推进特色产业发展。采取"龙头企业＋合作社＋基地（园区）＋农户"的独特经营模式与"五统一分一标三提高"的发展要求，集合 18 家龙头企业、1100 家农民专业合作社，带动 2.18 万户贫困户参与生产经营，形成了新型资产收益分配模式，构建起稳定的带贫机制。其二，积极发展新兴产业。截至 2019 年底，共建立 4 个大于 500 亩的高原

---

① 中共渭源县委：《渭源县 2019 年度脱贫攻坚工作总结》（〔2020〕5 号）。

夏菜示范基地、1 个大于 100 亩的钢架塑料大棚蔬菜示范基地以及两个花卉养殖基地；建成 32 个乡镇电商物流服务站点、378 个电商村级物流服务点，带动 400 多人走向电商从业；建成 135 个村级光伏扶贫电站，总装机规模达到 60.249 兆瓦，实现贫困村村级光伏电站全覆盖，带动建档立卡贫困户 10205 户。其三，开拓资产收自带贫新机制。目前全县共开发公益岗位 5815 个，为贫困户提供每年 2000—6000 元不等的劳动报酬，保障了贫困户的稳定增收。①

图 4-1　渭源县 2013—2019 年贫困人口情况

至 2019 年底，渭源县全县共减少贫困人口 2.47 万户 10.04 万人，剩余贫困人口 369 户 1384 人，贫困发生率降至 0.43%，与 2013 年相比下降了 31.23 个百分点；减少农村低保对象 55668 人，剩余 8702 户 23799 人，占全县农业人口的 7.5%；累计出列贫困村 130 个，占比达到 96.3%，剩余贫困村 5 个。此外，2019 年建档立卡户人均可支配收入达 6262 元，较上一年增长了 25%。②

2015 年，光伏扶贫被国务院扶贫办确定为我国"精准扶贫十大工程之

---

①　中共渭源县委：《渭源县 2019 年度脱贫攻坚工作总结》（〔2020〕5 号）。

②　渭源县政府：《渭源县 2019 年度脱贫攻坚工作自评报告》，2020 年。

（单位：%）

图 4-2　渭源县 2013—2019 年贫困发生率

一"，综合以上数据，可以看出渭源县脱贫攻坚工作成效明显，其中，光伏扶贫项目的建设与发展就起到了很大的助推作用。光伏扶贫项目产生丰富收益的基础便是扶贫点应具有良好的建设条件与对接协调能力，渭源县区位优势明显，具备一定的建站条件，且各级政府均能积极响应、推进建设实施，充分发挥了光伏扶贫的效益，使得该县能够成为光伏扶贫项目建设的典型案例县。

二、光伏扶贫与渭源县的对接

（一）渭源县承建光伏扶贫项目的基础条件

1. 太阳辐射

光伏电站的发电量与太阳辐射直接相关，在太阳电池组件转换效率一定的情况下，光伏系统的发电量由太阳辐射强度所决定。渭源县地处中纬地区，日照时间长、强度大，光能资源充足。全年日照总时数平均达到 2396.2 小时，日照百分率最高可达 71%，最低为 42%。夏季 6—8 月日照时数为 668.4 小时，占全年日照时长的 54%，其中 6 月日照时数最长，可达 239.6 小时。

表 4-5　渭源县各月日照时数和日照百分率

月份	一月	二月	三月	四月	五月	六月	七月	八月	九月	十月	十一月	十二月	全年
日照时数（小时）	201.3	182.6	196.8	209.8	225.1	239.6	225.6	210.9	156.3	172.5	180	214.4	2421
日照百分率（%）	67	59	53	54	52	55	51	51	42	49	58	71	55

资料来源：渭源县志编撰委员会：《渭源县志》，兰州大学出版社 2013 年版，第 54 页。

另外，县全年太阳辐射量可达 139.1 千卡 / 平方厘米，5—8 月为全年太阳辐射峰值区，各月辐射量均在 15.4 千卡 / 平方厘米以上，最大值出现在 6 月，为 16.1 千卡 / 平方厘米；最小值出现在十一月上旬，为 7.8 千卡 / 平方厘米。依据太阳能年等效利用小时数相关标准的划分，渭源县被划为二类资源区[①]。

表 4-6　渭源县各月太阳辐射量

单位：千卡 / 平方厘米

月份	一月	二月	三月	四月	五月	六月	七月	八月	九月	十月	十一月	十二月	全年
总辐射量	8.3	8.7	11.6	13.7	15.4	16.1	15.5	14.2	10.4	9.4	7.8	8.0	139.1
有效辐射量	4.2	4.4	5.8	6.9	7.7	8.1	7.8	7.1	5.2	4.7	3.9	4.0	69.8

资料来源：渭源县志编撰委员会：《渭源县志》，兰州大学出版社 2013 年版，第 55 页。

光伏项目引入以前，由于水热条件匹配不协调，受到干旱、低温、缺

---

①　根据年等效利用小时数，全国划分了三类太阳能资源区：年等效利用小时数大于 1600 小时为一类资源区；年等效利用小时数在 1400—1600 小时之间为二类资源区；年等效利用小时数在 1200—1400 小时之间为三类资源区。渭源县所处的甘肃省定西市属二类资源区。三类资源区执行不同的光伏标杆上网电价。

肥、病虫害及生产力低下等因素的限制，渭源县的年光能利用率仅占 0.1%—0.2%，与光能利用率的理论极限数值 6%、世界高产地块光能利用率的近 5% 以及我国北方高产地区光能利用率的 2.5% 相比有较大发展潜力，因此光伏项目在该地有充分的发展空间。[1]

2. 环境温度

光伏组件的发电功率会受到环境温度的影响，外界环境温度的变化及组件在运作过程中产生热量致使其温度升高都会使发电功率降低。渭源县多年均温为 5.8℃，极端高温为 33.3℃，极端低温为 -23.3℃，年日较差气温 26.0℃，环境温度对光伏电池组件及逆变器的安全性没有影响，且可保持其一定的发电功率。[2]

表 4-7　渭源县代表地点主要月份平均气温、年平均气温（℃）

地点	代表地区	1 月	4 月	7 月	10 月	年平均
北寨	北部河谷	-7.0	7.9	18.0	6.8	6.2
莲峰	东南川区	-7.7	7.2	17.1	6.4	5.6
会川	西南川区	-8.5	6.7	16.1	6.2	5.0
五竹	阴湿河谷	-9.0	5.6	15.3	5.5	4.4
秦祁	北部山区	-9.0	5.7	15.9	5.5	4.5
祁家庙	中部山区	-9.0	5.7	15.9	5.5	5.0
田家河	阴湿山区	-9.3	5.3	15.5	5.3	4.8

资料来源：渭源县志编撰委员会：《渭源县志》，兰州大学出版社 2013 年版，第 57 页。

---

[1]　渭源县志编撰委员会：《渭源县志》，兰州大学出版社 2013 年版，第 54—55 页。

[2]　渭源县委、县政府：《渭源县"十三五"第一批光伏（新增）村级电站扩容建设项目》；所选用的逆变器工作环境温度范围为 -25—45℃，选用电池组件的工作温度范围为 -40—85℃，正常情况下，太阳电池组件的实际工作温度可保持在环境温度加 30℃ 的水平。

表 4-8　渭源地面、地中温度（℃）

项目	温度	一月	二月	三月	四月	五月	六月	七月	八月	九月	十月	十一月	十二月	年
地面	平均	−6.4	−2.6	4.3	11.0	16.2	20.1	21.6	20.1	14.1	8.3	1.3	−4.8	8.6
	最高	28.5	39.3	47.0	53.5	59.2	65.0	16.7	60.3	50.4	44.0	35.2	26.1	65.0
	最低	−27.4	−28.0	−20.2	−17.2	−7.6	−3.6	2.1	2.5	−4.8	13.7	−19.6	−24.6	−28.0
地中	5mm平均	−4.6	−1.9	2.9	10.1	14.7	18.4	20.3	19.2	13.9	8.5	2.2	−2.5	−8.5
	10mm平均	−4.1	−1.9	2.4	9.8	14.4	18.1	20.1	19.2	14.2	8.8	2.7	−1.9	−8.5
	15mm平均	—	—	—	7.8	13.3	17.8	19.8	19.2	14.3	8.3	—	—	—

资料来源：渭源县志编撰委员会：《渭源县志》，兰州大学出版社 2013 年版，第 57 页。

由上表数据可知，渭源县各类地形代表地区年均温均在 4℃ 至 7℃ 之间，冬季低温不低于 −10℃；渭源县地面温度极端值分别为 65℃ 及 −28℃，在光伏组件最佳运作温度范围之内，对其工作效率的影响小。

3. 环境湿度

光伏组件不适合长期在潮湿环境内工作，而光伏系统安装在室外，受雨雪天气影响较大，如果湿度过大，水汽会透过背板渗透至组件内部，致使其电性能衰减，出现发电量下降现象。渭源县属温带大陆性气候，具有明显的大陆性季风气候特征，全县 60% 的面积年降水量低于 500 毫米，年降水 300—500 毫米的出现概率为 68%，超过 700 毫米的出现概率为 4%，对光伏组件工作效率的影响较小。

表 4-9　渭源县代表地点主要月份、年降水量

单位：毫米

地名	1 月	4 月	7 月	10 月	全年
清源	3.3	33.5	98.1	40.2	525.7
莲峰	2.3	36.9	78.5	44.2	525.7

地名	1月	4月	7月	10月	全年
五竹	4.1	31.8	142.5	65.5	717.7
祁家庙	2.6	36.9	98.1	44.2	578.2
庆坪	4.0	33.5	107.9	40.2	525.7
秦祁	3.0	30.2	88.3	32.2	420.6
北寨	4.0	33.5	88.3	36.2	420.6
会川	3.8	41.7	113.6	38.7	582.6
麻家集	3.3	36.9	117.7	52.3	631.1
锹峪	5.6	60.0	117.7	78.8	630.8

资料来源：渭源县志编撰委员会：《渭源县志》，兰州大学出版社2013年版，第58页。

受南北悬殊地势及季风影响，渭源四季分明，降水分配不均且年际变化大，南部特多，北部偏少；夏季最多，集中了全年降水量的50%左右，秋季次之。[①] 由表中数据可知，渭源县各代表乡镇年均降水量在600毫米上下波动，降水多集中于夏秋季，冬季最少，整体来看环境湿度不高，光伏组件能保持正常运作。

4.施工条件

地面光伏电站适宜建在地质较好、开阔、较为平坦且无遮挡的地带，荒山、荒地则尤其适合进行大规模集中电站的建设。渭源县地处东经103°44′—104°20′、北纬34°53′—35°25′之间，东西长60公里，南北宽56公里，总面积2065.51平方公里，309.83万亩。[②] 全县地域广阔、人均占有土地数量少，难以用于农垦开拓的土地较多，有26.32万亩，占总面积的8.50%，城乡居民用地9.2万亩，占总面积的2.97%，光伏电站建设的空间大；同时，渭源地处陇西台地黄土高原西部及西秦岭地槽西端交汇地带，属多回旋构造运动山地，境内山地、坡地多，但地势较缓且砂石地带较

---

① 渭源县志编撰委员会：《渭源县志》，兰州大学出版社2013年版，第56页。
② 渭源县志编撰委员会：《渭源县志》，兰州大学出版社2013年版，第3页。

少。一方面，地质条件较好，电站建设的施工难度小；另一方面，山体对光伏区域的遮挡少且坡度较缓，建设大规模集中式电站时可适当缩小阵列间距，实现对土地的集约利用。

5. 电网接入基础

"十三五"期间，国网渭源县供电公司对县主干线路进行升级改造，提高了10千伏及以下线路绝缘化改造率，全面保证居民用电安全，同时进行配电自动化建设，保障了电力的稳定供应，全县用电量逐年增长，电网接入基础良好。[1] 另外，由电网公司专项负责建设配套接入电网工程，可考虑将光伏扶贫电站接网工程优先纳入电网改造升级计划，实现村级电站与接网工程的同步建成投产。

（二）渭源县光伏扶贫项目建设的制度安排

2014年底，国家能源局、国务院扶贫办印发《关于组织开展光伏扶贫工程试点工作的通知》，要求在河北、甘肃、宁夏、山西、安徽、青海6个省区30个县开展首批试点工作。2016年，国家发改委等五部门联合下发《关于实施光伏发电扶贫工作的意见》，明确了光伏扶贫工作的目标与原则，强调了精准识别扶贫对象、建立长期可靠的运维体系与合理收益分配管理制度等重点任务要求。2017年，国务院印发《村级光伏扶贫电站收益分配管理办法》，进一步明确了电站收益分配的管理与实施细则。自光伏扶贫项目建立以来，中央政府就始终将促进贫困人口稳收增收、打赢脱贫攻坚战作为首要目标，持续下达各类政策文件以指导地方政府有关光伏扶贫工作的具体安排、规范地方工程建设及项目实施，各省市也都在结合地方实际的基础上作出了进一步的工作部署，以期促进光伏项目与本地的良好衔接、充分发挥光伏扶贫的效益。

---

① 渭源县发改局：《关于全县能源发展情况的报告》，2019年。

1. 省市统筹规划

甘肃省、定西市积极响应中央政府有关光伏扶贫项目的整体规划与各项要求，出台政策文件，规划各市县光伏电站项目建设规模与资金补助，规定光伏扶贫电站投资主体、产权归属及受益对象，为渭源县政府有关部门进一步推进光伏扶贫工程建设提供了宏观指导。

表 4-10　甘肃省、定西市光伏扶贫项目建设的相关政策

时间	出台政策
2018.7.16	《甘肃省光伏扶贫实施细则》
2018.11.14	《(定西市) 全市新型扶贫业态助推脱贫攻坚实施意见》
2019.3.4	《关于光伏扶贫助推脱贫攻坚的实施意见》
2019.4.1	《可再生能源电价附加资金补助目录（光伏扶贫项目）》
2019.4.22	《分解下达"十三五"第二批光伏扶贫项目计划》通知
2019.4.25	《全省重点投资项目等三个清单考核激励办法》
2020.5.26	《甘肃省扶贫开发办公室关于加强村级光伏扶贫电站收益分配使用管理的指导意见》

注：以上为笔者按照光伏扶贫工作推进时间历程对甘肃省发展和改革委员会、定西市政府信息公开平台网站信息进行系统梳理而形成的表格资料。

2. 县级政府的推进

以甘肃省、定西市相关政策规定及指示为基础，渭源县相关政府部门依据本县发展实情制定并发布了对于光伏扶贫项目建设更加细化的政策文件，包括电站建设规模与指标、电站产权回收置换办法、电站资产收益监管办法、收益分配基本原则（确定对象、规定支出方向比例）以及"光伏+"产业发展规划等，促进了渭源县光伏扶贫项目工作的有序开展。

表 4-11　渭源县光伏扶贫项目建设的相关政策

时间	出台政策
2018.3.16	《关于印发渭源县"十三五"第一批光伏扶贫项目实施方案》
2018.6.6	《渭源县 2018 年东西部扶贫协作晋安区帮扶资金建设村级光伏电站实施方案》

时间	出台政策
2018.9.26	《渭源县"十三五"第一批光伏扶贫（新增）村级电站扩容建设项目实施方案》
2019.3.13	《渭源县村级光伏扶贫电站资产收益监管办法（试行）》
2019.5.9	《渭源县"十三五"第二批13兆瓦光伏扶贫村级电站建设项目实施方案》
2019.5.28	《渭源县2019年东西部扶贫协作第二批市级财政帮扶资金建设村级光伏电站实施方案》
2019.5.28	《2018—2019年部分财政专项扶贫资金调整使用建设村级光伏电站实施方案》
2019.12.4	《2019年财政专项扶贫结余资金及历年光伏扶贫项目结余资金调整项目计划》
2019.12.31	《国务院扶贫办2019年定点帮扶资金田家河乡光伏食用菌大棚建设项目实施方案》
2020.3.18	《国务院扶贫办定点帮扶资金渭源县庆坪镇光伏食用菌续建及产业配套设施建设项目实施方案》
2020.7.1	《渭源县"十三五"第二批13兆瓦村级光伏扶贫电站项目结余资金调整项目计划》

3. 基层村政府的细化实施

根据渭源县下发的政策文件规定，各村依据村况实情、密切联系群众，严格依照"四议两公开"程序制订具体的光伏扶贫电站资金收益管理与分配方案，在所规定的收益发放方向比例中灵活分配资金，立足本村发展实际，以贫困户切实需求为导向落实光伏收益资金的发放，促使光伏扶贫效益最大化。

整体上，通过各级政府自上而下政策文件的下发与规章制度的制定，渭源县地方与光伏扶贫项目进行了有效对接，光伏扶贫工作得以有序推进，充分发挥其益贫、带贫、脱贫效益。

三、调研资料的获取与分析

为了尽可能完整地呈现渭源县光伏扶贫项目发展历程、探析其有关扶贫资金收益分配的经验模式，本次调研主要采用实地调查的方法，通过深入渭源县乡镇村落进行观察、与各级政府相关部门公务人员进行座谈交流、对维运管理公司项目负责人及各村村民进行访谈等，获取了大量珍贵的一手资料，并通过归档分类、文字转换、建立档案库等方法对所获资料进行处理，在此基础上通过比较研究的方法对资料展开细化分析，最终整理为完整的调研报告。

（一）研究思路

为获取尽可能丰富翔实的经验材料、系统全面地展现调研点光伏扶贫项目建设及发展的历程，本次调研的开展主要遵循以下思路。

首先，初步掌握调研点发展状况。通过查阅相关政务公开报告、统计年鉴资料及数据，采取定性与定量相结合的方法，对渭源县及其光伏扶贫项目的整体发展情况进行客观描述与分析。

其次，深挖典型案例，剖析亮点与挑战。根据研究需要进行实地调查，并在调查过程中发掘具有典型特征的村落进行深入调研，探析当地推进实施光伏扶贫工作、构建独特光伏收益分配管理体系的方法及其成效，同时结合当前国家决战决胜脱贫攻坚关键阶段的背景与农村发展实情，分析查找光伏扶贫工作开展中所面临的问题与新挑战。

最后，提出政策建议，应对挑战、把握机遇。与当地光伏扶贫项目各级负责人进行交流沟通，并认真研读相关扶贫研究著述与成果，结合渭源县发展实际，提出应对光伏扶贫发展难题并使之与乡村振兴发展机遇相衔接的政策建议。

整体调查研究工作的技术路径如图4-3所示。

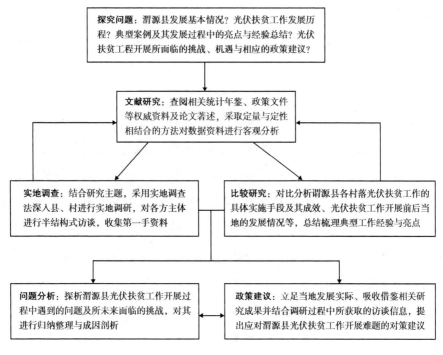

图 4-3　研究思路

（二）研究资料的获取

深入案例县对其光伏电站的实际建设及运作情状进行观察能让调查者对该地光伏扶贫工作开展情况有一个直观的了解，且通过与该县相关部门领导及工作人员、贫困村村干部及村民进行面对面的交流沟通能收集到更丰富、全面的一手资料，从而避免简单以官方数据说明问题的漏洞。因此，在研究资料获取方面，本书主要采取实地研究的方法，具体包括观察法、座谈法以及访谈法。

调研组于 2020 年 10 月 19 日至 24 日赴甘肃省渭源县开展了为期 6 日的实地调研。首先，调研组成员与甘肃省光伏领导小组成员取得联系，对甘肃省光伏扶贫项目建设的整体情况进行了整体层面的认知，随后在省扶贫办产业处主任科员的陪同下前往渭源县，第一时间与渭源县政府相关部门领导进行座谈交流，与会人员有县政府相关部门公务人员（包括县脱贫攻坚领导小组、发改局、农业农村局、财政局领导）、供电公司与负责运维工作的正源公司等单位代表，交流内容主要涉及各个单位部门在光伏扶贫项目中的具体职责及工作安排与规划、渭源县光伏扶贫工程建设情况与发展历程等，通过该座谈会，调研组较为系统、全面地掌握了渭源县光伏扶贫工作的具体实施情况。随后，调研组在县脱贫攻坚领导小组的陪同下先后深入渭源县数个乡镇的典型村庄，实地观察其村级电站的建设与运维情况，与乡镇及村级领导干部就光伏扶贫资金的获取以及分配管理情况展开座谈交流，同时，为了尽量弥补政府部门相关主体单一视角叙述的不足、更全面地考察光伏扶贫项目的成效和评价，调研组还对贫困村中光伏扶贫的受益者（建档立卡贫困户）和非受益者（一般户）开展深度访谈，了解他们对光伏扶贫项目的看法和态度，访谈的内容包括实施光伏扶贫项目前后的家庭收入、对光伏扶贫项目的了解程度、村中公益岗位的设置情况等，访谈的地点一般选择访谈对象的家中，便于通过对家庭环境与设施的观察了解其经济和生活状况。在基本结束对渭源县下属乡镇村落的调研之后，调研组成员再次回到县城内，对县扶贫办、运维公司、信息监测平台、贫困村的驻村干部等重点部门和人员开展半结构式访谈，访谈内容涉及电站的产权归属、收益分配情况、项目建设中遇到的问题和解决的措施等，由此对该县光伏扶贫工作中遇到的实际问题进行了深入的了解。最后，调研组离开渭源县，前往甘肃省扶贫办与省光伏领导小组成员进行座谈交流，与会人员有甘肃省扶贫督查专员、省发改委新能源处处长、省扶贫办项目三处处长以及省扶贫办村级光伏扶贫专办主任。首先由调研组成员向省处总结汇报在渭源县展开实地调查后初步了解到的该县光伏扶贫工作开展情况，随后由省处领导对甘肃省全省光伏扶贫项目的建设情况进行介绍，同时也提出其在工作开展过程中遇到的困难与调研组进行交流探讨，加深了调研组成员对甘肃省整体光伏扶贫工作情况的了解，明晰了渭源县光伏项目发展的总体背景。

另外，除通过座谈、访谈获取了丰富的口头材料外，调研组也通过与各部门负责人沟通而拿到了更为细致的文件资料，包括渭源县的县情，脱贫攻坚和产业发展情况，各级政府各部门有关光伏扶贫电站的建设、确权、收益分配的文件，光伏扶贫电站的建设情况，村集体召开光伏扶贫收益分配村民大会会议记录等。调研过程中调研小组共收集百余份电子版资料、数十本纸质资料，整理出万字的录音访谈逐字稿，还拍摄有关于光伏电站、贫困村、光伏产业基地等各地各类型的图片与视频，为后续研究工作的展开奠定了坚实的基础。

（三）研究资料的分析

首先，调研组成员将所收集的各类资料进行分类归档，建立资料库。具体流程为：

1. 将实地调研前的准备资料单独归档，包括有关光伏电站和光伏扶贫项目的研究论文、中央政府所下达的各项政策文件、调研过程中所需材料清单。

2. 先依据甘肃省省市级文件、渭源县县级文件、渭源县各村文件三大标准对所有文字材料进行分类，然后在每一大类中分别整理出区域发展概况总结文件、脱贫攻坚总结及规划文件、光伏扶贫项目建设规划文件、光伏扶贫电站建设情况文件、光伏扶贫电站资产收益文件、光伏扶贫电站收益分配文件、光伏产业建设及发展文件几个类别。

3. 依据拍摄地点与时间将拍摄的图片与视频进行汇总与分类。

4. 整理座谈会及访谈录音，依据时间、地点、访谈对象进行归类，由调研小组成员分工对录音资料进行逐字稿转录。

在做好资料的分类整理工作后，则运用比较研究法对所收集的各类材料进行具体的比对分析。报告选取从渭源县各部门及基层村落所获取的相关资料，依据不同的典型指标对其进行分析比对：首先，将光伏扶贫工程自开启以来电站的建设数量与规模、装机容量、发电收益等的变化进行对比，分析光伏项目的发展及运维情况；其次，对光伏扶贫项目开展前后渭源县整体及各乡镇村庄的经济发展状况、贫困户人数与人均收入等数据进行比较，分析其扶贫成效；最后，通过对各村庄在光伏扶贫收益分配方面不同具体实施方法及其效果的比对，总结出项目发展过程中光伏扶贫资金收益分配管理方法的亮点与经验做法。通过具有不同侧重、对各方面数据的比较分析，报告得以更直观地展现出光伏扶贫项目开展的成效，同时为政策建议的提出提供了思路。

第三节　渭源县光伏扶贫发展历程

自光伏扶贫项目开展以来，各试点省纷纷依据国家规定在贫困地区建设扶贫电站，开展光伏扶贫的实践。2016 年，甘肃省发改委制定出台了《甘肃省光伏扶贫实施细则》，决定利用 5 年时间，在定西、天水、庆阳等 9 个市（州）的 48 个贫困县（区）和酒泉市的 11 个移民乡实施光伏扶贫工程。[①] 指标下达以来，渭源县政府相关部门各尽其责，分期分批开展电站建设和收益分配工作。

一、发展阶段

2014 年甘肃省被列为光伏扶贫试点省；2017 年渭源县按照甘肃省、定西市发改委的相关要求正式开始光伏扶贫电站的建设。按照定西市 2017 年制定的规划要求，2017 年至 2019 年三年间，渭源县光伏电站的建设规模总量为 47.165 兆瓦，计划带动贫困户 9433 户，总投资 35373.75 万元，其中市

---

① 甘肃省发展改革委：《甘肃省"十三五"光伏扶贫发展规划》，2016 年。

县整合扶贫资金2140万元，福州帮扶资金2140万元，引进社会资本4563万元，银行贷款26530.3万元。分年度的规划情况见表4-12。

表4-12　2017—2019年渭源县光伏电站建设规划

年度	总投资（万元）	村级光伏扶贫电站数量	总容量（兆瓦）	各村容量（兆瓦）	涉及贫困村数量	贫困户年收入（元）	脱贫户/人口数量
2017	11073.8	49	14.765	0.3（朱堤村0.365）	49	3000	2109/8773
2018	13500.0	60	18	0.3	60	3000	2571/10356
2019	10800.0	48	14.4	0.3	48	3000	2057/8358
总计	35373.8	157	47.165	0.9	157	9000	6737/27487

注：1.规划规定2017年扶贫电站涉及的贫困户分布情况：朱堤村51户、罗家磨村、南沟村、康家村、脱家山村、韦家河村、高石崖村各42户，其余42个村均为43户；2018年岗家岔村、芨芨沟村、三河口村、双轮磨村、锹甲铺村、盛家坪村、小园子村、大路村、胜利村各42户，其余51个村均为43户；2019年潘家沟村、李家窑村、龚家沟村、线家沟村、松树村、梁家沟村、庆坪村各42户，其余41个村均为43户。2."总投资"根据定西市《关于开展光伏扶贫实施方案编制工作的通知》整理而成；其余数据根据《渭源县发展和改革局关于〈渭源县2017—2019年光伏扶贫实施方案〉的报告》整理而成。

由表可知，2017年制定的规划规定新建的电站以村级电站为主，收益分配不以各贫困村规模、贫困人口数为依据，而是按照平均分配的方式将权益确认到各村，各贫困村涉及的电站规模、容量、贫困户户数、贫困户年收入水平相当。

在实践中，该县的光伏扶贫项目建设共分为三个阶段：2016年下达指标的一期工程，该批电站引进企业投资，2018年以后根据国家相关规定开始回收产权；2018年陆续开始建设"十三五"第一批和第二批项目，严格按照国家指标和要求开展。

（一）2016年光伏扶贫一期工程

国家首批光伏扶贫电站指标于2016年10月17日下达，根据此指标规定，渭源县于2017年开始光伏扶贫电站一期工程的建设，具体情况见表4-13。

表 4-13　渭源县光伏扶贫建设项目（一期工程）建设情况

所属乡镇	电站名称	总投资（万元）	承建公司	涉及贫困村	并网规模（千瓦）	带动贫困户户数（户）
清源镇	小石岔村村级电站	310.37	甘肃东海高科节能服务有限公司	小石岔村	300	61
	里仁村村级电站	310.19	甘肃东海高科节能服务有限公司	里仁村	300	61
北寨镇	张家堡村村级电站	311.47	甘肃东海高科节能服务有限公司	张家堡村	300	61
	郑家川村村级电站	310.49	甘肃东海高科节能服务有限公司	郑家川村	300	61
	盐滩村村级电站	306.9	甘肃东海高科节能服务有限公司	盐滩村	300	61
会川镇	棉柳坪村村级电站	311.34	甘肃东海高科节能服务有限公司	棉柳坪村	300	61
	干乍村村级电站	312.17	甘肃东海高科节能服务有限公司	干乍村	300	61
莲峰镇	绽坡村村级电站	207.85	渭源县康荣中药材科技有限公司	绽坡村	202	41
麻家集镇	毗达村村级电站	278.1	兰州英琪新能源开发利用有限公司	毗达村	300	61
秦祁乡	铜钱村村级电站	240	兰州英琪新能源开发利用有限公司	铜钱村	300	61
大安乡	杜家铺村村级电站	308.1	兰州英琪新能源开发利用有限公司	杜家铺村	300	61
祁家庙镇	瓦楼村村级电站	308.1	甘肃东海高科节能服务有限公司	瓦楼村	300	61
田家河乡	香卜路村村级电站	312.66	甘肃东海高科节能服务有限公司	香卜路村	300	61
	元古堆村村级	240	田家河乡政府	元古堆村	300	60
上湾镇	园树村村级电站	304.15	渭源县上湾光伏农业科技发展有限公司	园树村	300	61
	杨家寺村村级电站	235.45	兰州英琪新能源开发利用有限公司	杨家寺村	240	60

续表

所属乡镇	电站名称	总投资（万元）	承建公司	涉及贫困村	并网规模（千瓦）	带动贫困户户数（户）
峡城乡	秋池湾村村级电站	310.84	甘肃东海高科节能服务有限公司	秋池湾村	300	61
祁家庙镇	会川园区一分区（联村电站）	2200	渭源县源盛现代农业开发有限公司	烟雾沟村	300	60
				团结村	300	60
				古迹坪村	300	60
				菜子坡村	300	59
				簸箕湾村	300	59
				川套村	300	60
				方家庄村2/3	200	40
会川镇	会川园区二分区（联村电站）	2618	定西市源顺生物科技有限责任公司	和平村	300	60
				永丰村	300	60
				马家窑村	350	70
				王家川村	350	70
				窑坡村	310	62
				田家河村	350	70
				苏家口村	320	64
				方家庄村1/3	100	19
清源镇	会川园区三分区（联村电站）	2200	甘肃圣源投资管理有限公司	聂家山村	300	60
				小寨村	200	61
				丁家湾村	300	61
				邱家川村	300	60
				杨川村	300	60
				七圣村	300	60
				红岘村	300	60
新寨镇	三合村（联村）村级电站	1174.85	甘肃新锐电力工程有限公司	三合村	300	61
				廖家寨村	300	61
				大坪村	300	61
				泉湾村	300	61

续表

所属乡镇	电站名称	总投资（万元）	承建公司	涉及贫困村	并网规模（千瓦）	带动贫困户户数（户）
路园镇	路园园区村级（联村）电站	2323.2	甘肃天润泽生态科技发展有限公司	潘家岔村	300	60
				东湾村	300	60
				峪岭村	300	60
				四沟村	300	60
				袁家河村	300	60
				渭河源村	312	62
				郭家沟村	300	60
锹峪镇	曹家庄村（联村电站）	619.76	甘肃东海高科节能服务有限公司	曹家庄村	300	61
				乔阳村	300	61
庆坪镇	关山根村（联村电站）	686.51	甘肃新锐电力工程有限公司	关山根村	300	61
				李家堡村	300	61
				前进村	300	61
				红堡子村	300	60
大安乡	田家河园区（联村电站）	2200	甘肃圣源投资管理有限公司	潘家湾村	300	60
				中庄村	300	60
				池坪村	200	60
				康家村	300	60
				大林村	300	60
上湾镇	侯家寺村村级电站	241.73	渭源县上湾光伏农业科技发展有限公司	户用电站	303	101
总计	17个村级电站、8个联村电站（43个贫困村）、1个户用电站系统	19182.23		60个贫困村、1个非贫困村（侯家寺村）	18137	3742

注："带动贫困户户数"根据《渭源县人民政府办公室关于进一步明晰渭源县光伏扶贫电站产权的通知》整理而成；其余资料由渭源县光伏扶贫信息平台导出整理而成。

　　该批项目于2017年4月1日开始招标，6月30日完成并网验收，共计建设17个村级电站、8个联村电站以及1个户用电站系统（侯家寺村），涉及 61 个村 3742 户贫困户。资金来源为多方筹集，包括省预算补助、整合扶贫项目资金、帮扶单位帮建、企业自筹和融资贷款等。项目的运维管理统一由苏州腾晖光伏技术有限公司负责。

在光伏扶贫项目实施前期，相关政策允许企业参与电站建设，发电收益按比例分配给投资企业和贫困村。2018 年 3 月 26 日，国家能源局、国务院扶贫办制定颁布了《光伏扶贫电站管理办法》，规定光伏扶贫电站不得负债建设、企业不得投资入股，根据该办法，渭源县于 2019 年初开始以置换的方式从全县参与扶贫电站投资的 9 家企业回收光伏扶贫电站的经营管理权。截至目前，除由甘肃东海高科公司参与投资建设的电站尚未完成项目工程结算外，其余 8 家社会企业均已按照政策规定退出光伏扶贫电站的建设运营，61 个光伏扶贫电站的所有权基本完成向贫困村的移交。

（二）"十三五"第一批电站

1."十三五"第一批指标工程

2018 年 2 月 26 日，定西市发改委、市扶贫办下达了渭源县"十三五"第一批光伏扶贫项目指标。依据规定，渭源县于 2018 年 5 月 31 日开始招标，2018 年 12 月 30 日并网验收。具体情况见表 4-14。

表 4-14 渭源县"十三五"第一批电站建设情况

所属乡镇	电站名称	总投资 （万元）	并网容量 （千瓦）	带动贫困户户数 （户）
清源镇	秦王村村级电站	195.65	301	48
	年家河村村级电站	195.65	301	48
	崔家河村村级电站	195.65	301	48
五竹镇	路麻滩村村级电站	195.65	301	48
	暖阳村村级电站	195.65	301	48
北寨镇	麻地湾村村级电站	195.65	301	48
	陈家渠村村级电站	195.65	301	48
	阳坡村村级电站	195.65	301	48

所属乡镇	电站名称	总投资 （万元）	并网容量 （千瓦）	带动贫困户户数 （户）
北寨镇	马莲村级电站	195.65	301	48
	祁坪村村级电站	195.65	301	48
	阳山村村级电站	195.65	301	48
	罗家磨村级村电站	191.1	294	47
	南沟村村级电站	191.1	294	47
会川镇	醋那村村级电站	195.65	301	48
	常家湾村村级电站	195.65	301	48
	王家咀村村级电站	191.1	294	47
	半阴坡村村级电站	195.65	301	48
路园镇	元寺滩村村级电站	195.65	301	48
	王家山村村级电站	195.65	301	48
	陆家湾村村级电站	195.65	301	48
	下寨村村级电站	195.65	301	48
莲峰镇	岔口村村级电站	195.65	301	48
	坡儿村村级电站	195.65	301	48
	石门村村级电站	195.65	301	48
	天池村村级电站	195.65	301	48
麻家集镇	塄坎村村级电站	195.65	301	48
	土牌湾村村级电站	195.65	301	48
锹峪镇	罐子口村村级电站	195.65	301	48
	锹峪村村级电站	195.65	301	48
秦祁乡	白土坡村村级电站	195.65	301	48
	廉川村村级电站	195.65	301	48
	中坪村村级电站	195.65	301	48
庆坪镇	樊家湾村村级电站	195.65	301	48
	老王沟村村级电站	195.65	301	48
	清泉村村级电站	195.65	301	48
大安乡	张家川村村级电站	195.65	301	48
	大石岔村村级电站	195.65	301	48
	大涝子村村级电站	195.65	301	48
	井儿山村村级电站	195.65	301	48

续表

所属乡镇	电站名称	总投资 （万元）	并网容量 （千瓦）	带动贫困户户数 （户）
祁家庙镇	边家堡村村级电站	195.65	301	48
	红土庄村村级电站	195.65	301	48
	祁家沟村村级电站	195.65	301	48
	石家营村村级电站	195.65	301	48
田家河乡	韦家河村村级电站	191.1	294	48
	高石崖村村级电站	191.1	294	48
上湾镇	朱堤村村级电站	232.05	357	57
	周家窑村级电站	195.65	301	48
	凡家洼村村级电站	195.65	301	48
峡城乡	脱甲山村村级电站	191.1	294	47
总计	49 个村级电站	9595.95	14763	2357

注："带动贫困户户数"根据《渭源县人民政府办公室关于进一步明晰渭源县光伏扶贫电站产权的通知》整理而成；其余资料由渭源县光伏扶贫信息平台导出整理而成。

建设模式方面，依据国家规定，该批电站全部采用村级电站的形式，共计涉及 49 个贫困村 2357 户贫困户；资金方面，使用财政资金，整合县级财政、扶贫、易地扶贫搬迁和东西部帮扶资金等投入；运维方面，按总收益的 4%提取维修运营基金，由苏州腾晖光伏技术有限公司负责统一维护工作。

2."十三五"第一批扩容指标工程

2018 年 9 月，甘肃省对全省光伏扶贫项目指标进行调整，对渭源县村级电站项目进行了扩容，共增加全县装机规模 14.349 兆瓦。扩容项目于2018 年 10 月 26 日开展招标，2019 年 10 月 13 日完成并网验收；建设 3 个联村电站，涉及 72 个贫困村 2156 户贫困户；资金筹集和管理形式与原项目相同。具体见表 4-15。

表 4-15 渭源县"十三五"第一批光伏扶贫村级电站扩容情况

电站名称	总投资（万元）	乡镇名称	涉及贫困村	并网容量（千瓦）	带动贫困户户数（户）
峪岭村联村电站（26村联建）	568	秦祁乡	杨川村	200	30
			糜川村	200	30
			白土坡	200	30
			中坪村	200	30
			峪岭村	200	30
	426	路园镇	东湾村	200	30
			潘家岔村	200	30
			烟雾沟村	200	30
	426	祁家庙镇	瓦楼村	200	30
			川套村	200	30
	326.6	上湾镇	杨家寺村	260	39
			元树村	200	30
			王家川村	150	23
	525.4	庆坪镇	窑坡村	190	29
			关山根村	200	30
			李家堡村	200	30
			康家村	200	30
	572.26	峡城乡	大林村	200	30
			秋池湾村	200	30
			脱甲山村	206	31
			马家窑村	150	23
			里仁村	200	30
	816.5	清源镇	小石岔村	200	30
			秦王村	200	30
			年家河村	200	30
			崔家河村	200	30
菜子坡村联村电站（20村联建）	426	锹峪镇	永丰村	200	30
			乔阳村	200	30
			曹家庄村	200	30

续表

电站名称	总投资（万元）	乡镇名称	涉及贫困村	并网容量（千瓦）	带动贫困户户数（户）
中庄村联村电站（26村联建）	426	麻家集镇	四沟村	200	30
			毗达村	200	30
			袁家河村	200	30
			团结村	200	30
	1473.25	莲峰镇	绽坡村	275	42
			古迹坪村	200	30
			菜子坡村	200	30
			簸箕湾村	200	30
			下寨村	200	30
			岔口村	200	30
			坡儿村	200	30
			石门村	200	30
			天池村	200	30
			渭河源村	188	29
	403.28	五竹镇	苏家口村	180	27
			郭家沟村	200	30
	106.5	田家河乡	田家河村	150	23
	568	新寨镇	三合村	200	30
			泉湾村	200	30
			廖家寨村	200	30
			大坪村	200	30
			方家庄村	200	30
			邱家川村	200	30
			潘家湾村	200	30
			红堡子村	200	30
	1278	大安乡	中庄村	200	30
			张家川村	200	30
			大石岔村	200	30
			大涝子村	200	30
			井儿山村	200	30

续表

电站名称	总投资（万元）	乡镇名称	涉及贫困村	并网容量（千瓦）	带动贫困户户数（户）
	852	北寨镇	前进村	200	30
			张家堡村	200	30
			盐滩村	200	30
			丁家湾村	200	30
			郑家川村	200	30
			小寨村	200	30
	426	会川镇	干乍村	200	30
			和平村	200	30
			棉柳坪村	200	30
			聂家山村	200	30
	568	清源镇	七圣村	200	30
			红岘村	200	30
			池坪村	200	30
3个联村电站	10187.79		72个贫困村	14349	2156

注："带动贫困户户数"根据《渭源县人民政府办公室关于进一步明晰渭源县光伏扶贫电站产权的通知》整理而成；其余资料根据中共渭源县委办公室、渭源县人民政府办公室《关于印发渭源县"十三五"第一批光伏扶贫（新增）村级电站扩容建设项目实施方案的通知》整理。

（三）"十三五"第二批电站

2019年5月，渭源县编制了《"十三五"第二批13兆瓦光伏扶贫村级电站建设项目实施方案》，正式开始"十三五"第二批13兆瓦电站的建设。该项目指标于2019年4月12日下达，5月23日开展招标，12月12日完成并网验收；共建3个联村电站，涉及26个贫困村1950户贫困户；资金来源为县财政自筹，整合县级财政、扶贫和东西部帮扶资金等。具体情况见表4-16。

表 4-16　渭源县"十三五"第二批光伏扶贫电站建设情况

电站名称	所属乡镇	总投资（万元）	涉及贫困村	并网容量（千瓦）	带动贫困户户数（户）
官路村联村电站（12 村联建）	祁家庙镇	1420	郭家山村	500	75
			官路村	500	75
			乔家沟村	500	75
			金家坪村	500	75
	庆坪镇	355	线家沟村和清泉村	500	75
			上湾村	500	75
	上湾镇	1420	尖山村	500	75
			常家坪村	500	75
			大庄村	500	75
			杨家大庄村	500	75
	峡城乡	1065	祁家寨村	500	75
			门楼寺村	500	75
漫庄村联村电站（9 村联建）	清源镇	3195	苏家窑村	500	75
			刘家河村	500	75
			王家店村	500	75
			葛家湾村	500	75
			星光村	500	75
			树山村	500	75
			漫庄村	500	75
			新林村	500	75
			蛟龙村	500	75
小园子村联村电站（5 村联建）	锹峪镇	710	古树村	500	75
			新丰村	500	75
	路园镇	355	小园子村	500	75
	会川镇	710	大庄村	500	75
			哈地窝村	500	75
3 个联村电站		9230	26 个贫困村	13000	1950

注："带动贫困户户数"根据《渭源县人民政府办公室关于进一步明晰渭源县光伏扶贫电站产权的通知》整理而成；其余资料由渭源县光伏扶贫信息平台导出整理而成。

通过三个阶段的建设，渭源县目前共有光伏扶贫电站81个，总装机规模60.249兆瓦。其中联村电站14个，并网容量40.241兆瓦；村级电站66个，并网容量19.705兆瓦；户用电站系统1个，并网容量0.303兆瓦；覆盖全县全部贫困村在内的136个村10205户贫困户。①

二、政府相关部门分工

为了推进光伏扶贫工作的顺利开展，渭源县县委、县政府成立了光伏扶贫项目建设工作推进小组，负责牵头和组织协调各项事宜；领导小组包括县扶贫、发改、国土、电力等相关部门工作人员，设置集中办公地点，便于各部门的沟通协调；项目地所在乡镇成立光伏扶贫工作领导小组，负责具体组织实施。

光伏扶贫电站的建设方面，渭源县发改局负责争取国家和省市的光伏发电指标、立项和全县光伏扶贫规划和实施方案的编制，总体协调电力部门、企业和技术支持单位的工作。

资金筹集方面，县财政局通过整合资金、多渠道筹措，加大对光伏扶贫产业的投入。2016年以来，财政共筹集各类资金5.57亿元投入光伏扶贫项目，其中：

2016年筹集省级预算内资金991万元。

2017年整合各类资金2860万元，包括财政专项扶贫资金1720万元，东西部协作资金840万元，村集体经济300万元。

2018年筹集各类资金12887.66万元，包括2018年第一批财政专项扶贫资金1815.76万元，中央预算内投资670万元，中央农业生产发展资金651万元，东西部协作帮扶资金840万元，易地扶贫搬迁后续产业5357.9万元，县级基本财力保障奖补资金933万元，国扶办定点帮扶及捐赠2000万元，光大

---

① 渭源县共135个贫困村，侯家寺村为非贫困村。

碳素集团捐赠 250 万元，存量资金 170 万元，以及其他涉农资金 200 万元等；

2019 年整合各类资金 34672.93 万元，包括第一批及第二批中央专项扶贫资金 6394.6 万元，第一批专项扶贫资金及历年结余调项 637.64 万元，中央水利发展资金、农业综合改革转移支付、林业生态保护恢复资金、农田建设补助资金等 5532.6 万元，东西部协作资金 1850 万元，以工代赈资金 663 万元，深度贫困县帮扶资金 2508 万元，省级财政专项扶贫资金 5195 万元，省级农田建设补助、农业综合改革转移支付、农业生产发展资金 1689 万元，市级专项扶贫资金 429 万元，县级扶贫资金 3874.35 万元，县级基本财力保障 1938 万元，项目结余资金重新安排 780.74 万元，预算内投资 1963 万元，县级基本财力保障奖补资金 418 万元，车辆购置税补助 800 万元。

2020 年投入 4340 万元，包括财政专项扶贫资金 2800 万元，财政涉农资金 1540 万元。[①]

财政支持为光伏扶贫项目提供了有效的资金保证，使该项目能够按规划顺利推进。此外，县财政局还负责协调光伏电站的保险工作。

资产管理方面，为了防止集体资产流失，根据 2018 年 1 月 4 日国务院扶贫办印发的《村级光伏扶贫电站收益分配管理办法》第三条"村级扶贫电站资产确权给村集体，联村扶贫电站资产按比例确权至各村集体"的规定，县农业农村局清查了全县农村集体经济资产，对包括光伏扶贫电站在内的村集体扶贫资产项目进行了确权登记，共颁发了 144 本《渭源县农村集体经济扶贫资产产权证》，产权归属 20 年不变。目前全县共有 301 项村集体扶贫资产项目，包括光伏扶贫电站 193 项，总投资 46152.02 万元，其中 2016 年总投资 160 万元，2017 年总投资 19177.12 万元，2018 年总投资 8876.25 万元，2019 年总投资 17938.65 万元。[②]

---

① 资料来源：根据渭源县财政局提供的材料整理。

② 资料来源：根据渭源县农业农村局提供的材料整理。

收益结转方面，作为结转单位，正源扶贫开发有限公司（后文简称"正源公司"）负责全县光伏扶贫电站的收益结转工作，上报各类资料文件，与省、市、县电力部门沟通协调，接收发电收益并按确权比例下发至各村。

正源公司成立于 2016 年 7 月，是由渭源县渭河源文化旅游投资开发管理有限责任公司出资成立的国有公司，现有员工 10 人，其中管理人员 3 名（事业编兼职）、光伏电站运维人员 7 人（专业技术人员）。成立初期，正源公司选择了 9 家社会企业，采取吸引社会扶贫资金和贷款等方式进行融资，共吸收约 4000 万元社会扶贫资金和 1.45 亿元贷款，保障电站的建设工作，并负责监督中标企业的电站运营维护；电站产权回收后，该公司委托第三方进行项目审计和工程量核算，截至目前，除由甘肃东海高科公司所建 13 个村级电站外，其余 8 个企业均按照政策规定退出村级电站的运营，由其承担建设的村级电站的所有权、收益权全部划归贫困村村集体。①

收益分配方面，县扶贫办负责开展摸底调查、对象确定和收益分配方案的制订等工作，指导和监督光伏扶贫收益的使用行为。根据国家和甘肃省的要求，结合自身情况，渭源县扶贫办对村级电站收益分配的内容和形式进行了规范：内容方面，杜绝直接发钱发物的形式，实行差异化分配和奖补措施；形式方面，规范收益分配程序，采取"四议两公开"的方式，加强收益分配的正式和非正式监督。

平台管理方面，统一使用"光伏扶贫信息平台"进行扶贫电站的信息汇总和管理，由县扶贫办指派两名技术人员负责运行。平台汇总了全县光伏扶贫电站建设、收益、运行状况等信息，具体包括：全县 81 个扶贫电站的基本信息（经纬度位置、投资额、并网容量、上网电价、运维单位、负责人），光伏电站的运行情况（实时发电量、预计收入、电站维护费用和人数）和光

---

① 资料来源：由正源公司提供的简介整理而成。

伏扶贫收益的分配情况（电站的收益总额，各乡镇和村的获益情况、分配方案、公益岗位花名册和村民大会会议记录）等，便于直观地了解和查询相关信息。

其他保障方面，县林业服务中心、国土局和环保局按照规划保障扶贫电站的用地需求，提供项目用地报批和环境保护等相关服务；供电公司做好并网的准备工作，为光伏发电并网接入提供电网保障；中标企业为项目提供设备的日常维护、知识培训等技术保障；项目所在乡镇政府配合进行贫困户的筛选，负责实施场地的选择，处理项目推进过程中遇到的各类问题。

在实践过程中，各个部门相互配合，共同为光伏扶贫项目的顺利运行提供保证。各部门的职责分工见图 4-4。

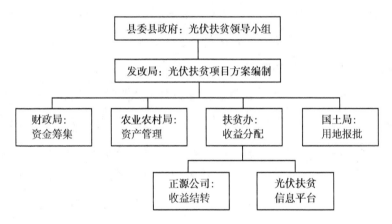

图 4-4 渭源县光伏扶贫项目的部门分工

三、具体做法

在政策执行和项目落地的过程中，板下土地如何利用、收益资金如何分配以及运维管护如何开展是渭源县面临的三个问题。根据光伏扶贫实施方案和文件规定，县政府各相关职能部门、项目建设地乡镇政府、村"两委"自上而下逐级细化落实，探索建设模式、产权置换、收益分配和电站日常管护形式。

（一）建设模式

按照国家规定，渭源县光伏扶贫项目以村级电站为主，不具备相关条件的村以联村电站的形式进行建设。联村电站的规模和占地面积较大，为了提高土地资源利用效率，该县探索以"农光互补"立体农业生产模式的方式提高土地单位面积产出。

渭源县农光互补产业园园区占地 610 多亩，采取光伏产业和农业产业各自运营的形式。该产业园由三个分区组成，分别位于祁家庙镇、会川镇和清源镇（即会川园区一、二、三分区）。光伏产业方面，园区电站总容量 8.466 兆瓦，其中包括建设初期三个分区 6.38 兆瓦的联村电站，其后"十三五"第一批工程又在会川镇为七个贫困村增建了共 2.086 兆瓦容量的电站。政府出资回收会川园区电站的产权并确权到贫困村后，正源公司接手了电站的运维、收益结转和分配工作，为项目涉及的 28 个贫困村提供光伏扶贫产业的保障服务。农业产业方面，采用市场化经营的方式，由企业带动村集体和贫困户发展种植业，参与主体包括 3 家企业、1 家合作联社、12 家村级合作社和 175 户建档立卡贫困户。政府为贫困户提供免费的菌棚场地，并以每户 1.2 万元的标准为贫困户提供菌种补贴资金；农户在企业的技术指导和合作社的协调下开展种植经营活动；贫困户、企业和村集体按 4∶4∶2 的比例出资购入菌棒。在产业的选择上，"板下经济"苛刻的太阳光照、温度、湿度等自然条件对作物提出了特殊要求；当地企业选择喜低温高湿和微弱光照的羊肚菌为主要作物，为农户提供菌种，并寻找市场销路，以订单农业和保底收购的形式保障农户的收入来源。

目前园区共建成五连体菌棚 12 栋 60 个，单体菌棚 85 个，年种植各类食用菌 56 万多棒，除 1.3 万多平方米羊肚菌外，还种植了香菇、滑子菇、

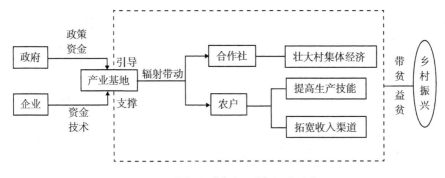

图 4-5　渭源县"农光互补"运作形式

鸡菇、熊掌菇、金耳等品种。[1]具体收益方面，以元古堆村为例，截至2020年10月，该村的农业合作社共收羊肚菌鲜菇3000余斤，出售2000余斤，收入11.3万元；干货出售10.5斤，收入1.05万元。[2]除了联村电站，一些村集体还利用村级电站下的空间发展养殖业，雇用村内贫困户进行管理。

"光伏＋"的形式对于农业产业项目的选择有更高的要求。太阳能光伏板下的自然环境适宜食用菌的生长，且依靠光伏板支架建菌棚的做法有利于缩减菌棚的建设成本。通过光伏和农业产业的有效结合，渭源县的农光互补产业项目不仅提高了土地利用效率，而且实现了贫困户收入来源的多元化。

（二）产权置换

在第一批电站的建设初期，渭源县采取吸引企业共建的方式筹资，后依据国家规定回收产权并确权至村。在产权置换的过程中，正源公司负责整体协调工作，确保置换工程的顺利进展。置换的具体步骤包括：结算审计方

---

①　资料来源：根据《渭源县光伏食用菌产业园会川园简介》整理。

②　资料来源：根据《元古堆村种植农民专业合作社汇报材料》整理。

面，正源公司委托具有资质的第三方公司对光伏扶贫一期工程展开全面质量检测和工程结算审计，以核算的企业实际工程量与自筹部分的建设金额为置换工作的基础。资金置换方面，依据审计结果，利用政府财政资金、东西部扶贫协作、定点帮扶、社会捐赠资金和项目发电收益置换企业自筹垫付的资金，包括建设资金、兑付的农发行贷款本息、运维管理费用等。截至2020年5月31日，置换项目共完成投资25261.97万元，包括建筑安装工程4357.04万元，设备投资及安装17276.62万元，田家河园区养殖场改造为农业大棚70.57万元，备品备件3.98万元以及其他费用[①]。收益结转方面，变更正源公司为田家河园区、会川园区以及元古堆村级电站发电收益结转主体和项目流转土地经营主体，前期土地流转费用由正源公司补偿。电站管理方面，解除正源公司前期与企业签订的不符合国家最新政策规定的合同协议，将正源公司由国有控股混合所有制企业变更为政府独资企业，并将该公司指定为全县光伏扶贫电站的统一运营管理和农业设施经营主体。为了提高设施农业的经营效率和水平，县农牧林业局负责统一规划指导村级光伏扶贫电站设施农业发展，由管委会负责光伏食用菌产业园的招商引资、乡镇政府指导贫困村农民专业合作社的发展经营、鼓励乡镇政府以扶贫车间等形式在具备发展农光互补条件的电站发展设施农业、优先与已正常发展经营设施农业的企业签订合作协议。[②]

以会川镇千乍村为例，该村村委会、正源公司和会川镇政府于2019年11月21日签订了电站及设施农业交管协议，完成了电站产权的移交，移交的内容如表4-17所示。

---

① 资料来源：由正源公司委托负责项目审计的甘肃信立新会计师事务所所做《渭源县光伏扶贫项目（一期工程）村级光伏电站建设项目审计报告》整理而成。

② 资料来源：中共渭源县委办公室、渭源县人民政府办公室《关于印发渭源县光伏扶贫建设项目（一期工程）实施调整方案的通知》。

表 4-17 会川镇干乍村 300 千瓦光伏电站主要设备及附属设施清单

设备名称	数量	单位
光伏组件	1265	块
逆变器	10	台
支架	20	吨
配电柜	1	台
电缆	6236.75	米
防雷接地系统	1	套
管理用房		平方米
农业设施（大棚）		平方米
10 千伏输出线路变压器		台
光伏并网接入箱	1	台
围栏	338	米
大门	1	座
监控设备及摄像头		套
发电数据采集传输系统		套

资料来源：根据会川镇干乍村村委会、渭源县正源扶贫开发有限公司和会川镇人民政府签订的《渭源县光伏扶贫建设项目（一期工程）村级光伏扶贫电站及设施农业发展交管协议》整理而成。

各方职责方面，干乍村村委会负责电站的日常管理，职责包括妥善维护和保管电站、农业设施等资产，如选派公益岗位人员进行安全巡视、卫生保持、杂草清理等工作；村党支部书记、村委会主任等在手机上安装应用程序，查看村级电站的实时发电量、收益情况和太阳能电池板状况等信息。正源公司提供技术性支持，如协调政府部门、电力公司和第三方运维公司的关系，核算并下发发电收益等。乡镇政府负责监管工作，监管的内容包括电站的运营维护状况、收益分配的使用情况、农光互补集体经济的经营和效益情况等。

（三）收益分配

收益分配是将光伏发电形式与贫困户增收相连接的重要环节。2018 年 1 月，国务院扶贫办印发了《村级光伏扶贫电站收益分配管理办法》，规定了光伏扶贫收益的用途：

村级光伏扶贫电站的发电收益形成村集体经济，用以开展公益岗位扶贫、小型公益事业扶贫、奖励补助扶贫等。

根据该办法规定，渭源县脱贫攻坚领导小组于 2018 年 9 月印发了《渭源县贫困村村级光伏扶贫电站收益分配管理办法》，对收益分配的对象做出了明确规定：

村级光伏电站产权归村集体所有；分配对象为建档立卡贫困户，贫困户应以劳务的形式获取薪酬。

2019 年 3 月，经渭源县脱贫攻坚领导小组会议审议，县委县政府印发了《渭源县村级光伏扶贫电站资产收益监管办法（试行）》，进一步规定了收益分配方式和对象，即以"四议两公开"的程序确定获得公益性岗位的贫困户和获得直接救济的特殊救济户（因重病、二级以上残疾、重灾而导致的失能半失能，家庭生活特别困难的人员）。该方案首先在会川镇干乍村和田家河乡香卜路村试行，随即于 2019 年 7 月在全县 217 个村全面推行。2020 年初为了减小疫情对务工的影响，2 月 19 日国务院扶贫办综合司、财政部办公厅联合下发《关于积极应对新冠肺炎疫情影响切实做好光伏扶贫促进增收工作的通知》，规定 2020 年光伏扶贫发电收益的 80% 用于贫困人口参加公益岗位和公益事业建设的工资及劳务费用。为了进一步规范和细化收益的使用，根据甘肃省相关规定，10 月 26 日渭源县脱贫攻坚领导小组印发了《渭源县村级光伏扶贫电站公益性岗位管理办法》，规定村集体留存光伏收益资金的 20%，公益岗位工资支出不低于 40%，村级公益事业的劳务费用占 30% 左右，困难救助、奖励补助资金不高于 10%。

在具体落实过程中，各个主体在收益分配的各个环节严格执行政策规定。各主体职责方面，电力公司将电费收入和国家财政补贴直接拨付到结转机构（正源公司），由结转机构核算管理费、土地流转费等费用后，按确权比例将收益拨付村集体账户，村集体按收益分配方案进行分配；乡镇干部、驻村工作队、村委会成员制定考核办法并据此开展监督考察；村民只有收益权，没有对资产的处置权；收益用途方面，主要用于壮大村集体经济，扶持贫困人口，巩固脱贫成果；分配原则方面，以按劳分配为主，主要通过贫困户参与公益性劳动的方式获取薪酬，兼顾特殊救济；分配对象方面，村级电站的受益对象是全县135个贫困村集体以及建档立卡贫困户；分配程序方面，召开村民大会，以"四议两公开"的形式分配光伏扶贫收益，确保过程公开和结果公正。

（四）电站日常管护

光伏电站能否维持良好的运行状态关系着其持续发电和收益能力。为了更好地保存村集体资产，渭源县将全县扶贫电站的维护工作外包给具有资质的第三方公司，由专业的运营主体提供技术保证。

以一期工程为例，正源公司委托苏州腾晖光伏技术有限公司开展运行、维护和管理工作，并按照电站管理制度对其开展监督。[①] 委托价格方面，按照8分/瓦的标准购买服务，一期工程签订的合同价格为每年145.4万元，由腾晖公司承担电站的正常运维费用，包括人工费用、工器具使用费、保修期外的辅助设备更换费用等；费用按季度结算，每季度36.35万元。委托期限方面，运维合同保持10年不变，即从合同签订的2019年9月1日起，至2029年8月31日止。委托内容方面，腾晖公司承担项目及设备的管理、安全、运行、维护及损坏设备更换等方面的工作（包括太阳能组件、支架、逆

---

① 正源公司制定了《渭源县光伏扶贫建设项目（一期工程）村级光伏扶贫电站运维管理制度》，以此作为对第三方公司的监督标准。

变器、汇流箱、汇流柜等），配套的变压器、并网箱、并网箱内计量系统等的巡查和维护（不包括以上设备备件的采购和大修费用）。双方权利义务方面，正源公司有权利对被委托方工作、委托范围内的资产、信息化平台各项数据进行监督管理，同时协调因电网公司、政府部门、村民等责任方引起的影响电站发电事件；腾晖公司按照规定开展安全生产，提供为期两年的设备质保服务，接受所属电网的调度命令和工作安排。考核标准方面，合同规定了电站发电量标准，即理论发电量[①]的95%—120%为正常范围；若未达到约定的考核发电量[②]，腾晖公司按照约定进行赔付[③]，由正源公司直接从应支付的运维费用中扣除，上限不超过年度运维服务费总额的30%。[④]"十三五"第一批29.112兆瓦电站的运维内容与此类似，运维价格为232.8万元/年，按季度结算（58.2万元/季度）。[⑤]

虽然渭源县通过委托第三方专业机构的方式从技术层面解决了电站的维护问题，然而全县村级电站数量多，建设位置分散，不利于统一管理。为了解决这一问题，该县还为每个电站配备了由村"两委"从建档立卡贫困户中选定的管护人员。管护人员经过运维企业的培训考核后上岗，由企业支付每人年均6000元的工资；考核不合格的管护人员由村"两委"负责替换，保障电站的管护水平。

---

① 年理论发电量计算公式："年理论发电量＝装机容量 × 年峰值日照小时数 × 系统效率 × 设备利用率 × （1–衰减率）"。按照METEONORM数据库，一期工程20年平均峰值日照小时数为1681小时；电站的系统效率为80%；设备利用率为95%；组建衰减率符合行业规范要求或技术协议书要求。

② 年度考核发电量计算公式："(1+ 气象局发布的当年该地区'总辐射距平百分率') × 理论发电量 – 免赔发电量"。

③ 赔付计算方法："电费收入损失 ＝（年度考核发电量 – 当年实际发电量） × 电站使用的电价 /1.13"。

④ 资料来源：根据正源公司和腾晖公司签订的《运行维护委托合同》相关内容整理而成。

⑤ 资料来源：根据渭源县正和城市建设投资经营有限责任公司与腾晖公司签订的《运行维护委托合同》相关内容整理而成。

第四节　渭源县扶贫成效

渭源县光伏扶贫项目发展至今已取得了一定的成效。一方面，光伏电站覆盖面广、装机容量大，上网电量及发电收益可观；另一方面，光伏扶贫电站发电带来的资金收益壮大了村集体经济，并为贫困户拓宽了稳定增收的渠道，有效带动了贫困村、贫困户发展脱贫，兼具经济效益与社会效益，且能在一定程度上与乡村振兴战略相对接。

一、光伏扶贫项目总上网电量及发电收益情况

渭源县光伏扶贫项目为全县贫困户提供了持续稳定的增收渠道，有效提升了脱贫攻坚的质量和成效。截止到 2020 年 9 月底，渭源县全部 81 座光伏电站已累计结算发电收益 6731.42 万元，其中基本电费结算 3990 万元，国家补贴结算 2741.42 万元，扣除运维及数据流量等费用 1236.4 万元后，剩余实际分配收益共 5495.02 万元，已全部拨付至村集体经济账户。[①]

表 4-18　渭源县光伏扶贫项目（一期工程）村级电站上网电量及发电收益汇总 [②]

时间	上网电量（度）	发电收益（元）[③]
2017 年（7—12 月）	1367874	1203729.12
2018 年（1—12 月）	11483859	10105795.92
2019 年（1—12 月）	21119006	18584625.28
2020 年（1—8 月）	17828751	15689300.88
合计	51799490	45583451.2

注：数据资料均由渭源县正源扶贫开发有限公司提供，经调研组成员整理所得。

---

① 中共渭源县委、县政府：《渭源县村级光伏扶贫电站建设情况汇报》。

② 注：由于电力公司原因，2019 年下半年上网电费侯家寺电站结算余出 9367.1 元，此项费用已从 2020 年第一季度收益中扣除。

③ 发电收益电价由政府统一定为 0.3078 元 / 度，自光伏项目建设以来直至目前尚未发生变动（此数据中包含可再生能源补贴 0.5722 元 / 度）。

由上表可知，渭源县光伏项目一期工程自 2017 年正式建成、投入使用以来，其上网电量呈逐年升高趋势，截至 2020 年 8 月，其上网电量已达 5179.95 万度，为全县带来了 4558.35 万元的发电收益。

表 4-19　渭源县"十三五"第一批村级光伏电站上网电量及发电收益汇总

时间	上网电量（度）	电力公司应付发电收益（元）	可再生能源补贴（元）①
2019 年（1—12 月）	17575201	5409646.90	7771753.88
2020 年（1—8 月）	14664735	4143871.78	6484745.81
合计	32239936	9553518.68	14256499.69

注：数据资料均由渭源县正源扶贫开发有限公司提供，经调研组成员整理所得。

上表数据显示了渭源县"十三五"第一批村级光伏电站的发电量与发电收益情况，截至 2020 年 8 月，累计上网电量 3223.99 万度，带来 2381 万元的发电收益。

表 4-20　渭源县"十三五"第一批扩容电站上网电量及发电收益汇总

时间	上网电量（度）	电力公司应付发电收益（元）	可再生能源补贴（元）
2019 年（10—12 月）	3952645	1216624.13	1747859.61
2020 年（1—7 月）	12928217	3979305.18	5716857.57
合计	16880862	5195929.31	7464717.18

注：数据资料均由渭源县正源扶贫开发有限公司提供，经调研组成员整理所得。

上表显示，"十三五"第一批扩容电站累计上网电量达 1688.09 万度，总收益有 1266.06 万元。另，渭源县"十三五"第二批村级光伏电站于 2019 年 12 月 12 日完成并网验收，在 2020 年 1—7 月的总上网电量达到 1132.1063 万度，总发电收益为 8490801.66 元。三批电站中，由于一期工程建站早、上网时间长，因此目前其发电收益最高。

---

①　除 2016 年一期工程建设电站所获可再生能源补贴为 0.5722 元 / 度外，其余电站可再生能源补贴统一定为 0.4422 元 / 度，自光伏项目建设以来直至目前尚未发生变动。

截至 2020 年 10 月，渭源县共建有联村电站 14 个、村级电站 66 个、户用系统电站 1 个^①。各电站建设规模与实际装机容量对其发电量与发电收益具有较大影响，现于渭源县联村电站、村级电站中各举一例，将其在 2020 年 7—10 月的具体发电量、等效利用小时数以及预计收益进行对比，详细数据如表 4-21 与 4-22 所示。

表 4-21　联村电站：渭源县会川园区一分区联村电站（2000kw）
2020 年 7—10 月发电情况

时间	发电量（度）	等效利用小时数（小时）	预计收益（元）
7 月	194294.8	97.1	170979.42
8 月	161053.7	80.5	141727.26
9 月	92869.92	49.8	81725.53
10 月	92989.1	46.5	81830.41
合计	541207.52	273.9	476262.62

备注：数据资料源自渭源县光伏扶贫信息平台系统，经统计整理后得出。

表 4-22　村级电站：渭源县五竹镇路麻滩村光伏电站（300kw）
2020 年 7—10 月发电情况

时间	发电量（度）	等效利用小时数（小时）	预计收益（元）
7 月	19617.02	65.1	14712.77
8 月	21425.77	71	16069.33
9 月	12810.23	42.7	9607.67
10 月	15042.42	50	11281.82
合计	68895.44	228.8	51671.59

备注：数据资料源自渭源县光伏扶贫信息平台系统，经统计整理后得出。

光伏电站的等效利用小时数则更多地与气候环境及光伏电板本身的组件及电站运维相关，因此二者差别较小，但与村级电站相比，联村电站建设规模大、装机容量大、发电量及发电收益更高，辐射带动的贫困村与贫困户也更多。

---

① 渭源县上湾镇侯家寺村村级电站为 2016 年一期工程建设项目中的试点式户用光伏系统电站，侯家寺村为非贫困村。

二、光伏扶贫项目收益资金分配及带贫、脱贫效益

光伏扶贫项目开展早期，电站发电收益依地方政府出资比例按比分红，保障各扶贫对象获得 3000 元保底的年收入，此时的收益分配主要直接采取现金拨付形式，给予贫困户基本生活资金保障。从 2018 年起，依据国务院扶贫办印发的《村级光伏扶贫电站收益分配管理办法》相关要求，渭源县进一步完善光伏扶贫收益分配管理体系，明确规定光伏电站产权归村集体所有，发电收益应形成村集体经济，用以开发公益岗位、发展小型公益事业，将收益资金以劳务报酬及奖励补助的形式拨付给建档立卡贫困户，该方案的具体落实有效促进了贫困村及贫困户的共同发展。

（一）对贫困村的带动作用

1. 村集体经济的壮大

村级集体经济是农村经济的重要组成部分，关系农村经济整体发展的大局。截至 2020 年 7 月，渭源县全县 217 个行政村共有 301 项村集体扶贫资产项目，总投资 59280.52 万元，涉及 16 个乡镇 144 个村，其中光伏扶贫电站项目达 193 项，总投资 46152.02 万元，涉及 136 个村（含 135 个贫困村，1 个非贫困村），有效带动了村集体经济的发展壮大。

表 4-23　2018—2020 年 5 月渭源县村集体资产收益情况

时间	光伏电站收益（万元）	其他资产收益（万元）	总收益（万元）	光伏电站收益占比（%）
2018 年	295	21.04	316.04	93.3
2019 年	3651.86	102.59	3754.45	97.3
2020 年（截至 5 月底）	965.05	7.2	972.25	99.3
合计	4911.91	130.83	5042.74	97.4

备注：数据资料源自渭源县农业农村局《渭源县农村集体经济组织扶贫资产管理工作汇报》，经整理后所得。

另以会川镇干乍村为例，依托村级光伏电站扶贫项目，干乍村 2018 年共增加村集体经济收入 5 万元，2019 年增加村集体经济收入 27 万元，2020 年已到付光伏扶贫收益资金 23.3 万元。自 2018 年起，干乍村集体经济累计已达 100.3 万元，其中光伏扶贫收益资金占比 55.1%。

2.村级公益事业的发展

渭源县光伏扶贫资产收益坚持全部归村集体经济所有，扩充了村级公益事业建设的资金来源。渭源县利用光伏收益积极进行农村环境卫生整治、村级基础设施建设、公共服务建设和集美超市建设等，建设项目惠及全体村民，有效带动了乡村的整体性发展。2017—2019 年，渭源县各村村集体收到光伏扶贫项目分配资金共 757.28 万元，除公益岗位工资发放以及特困救助补贴外，用于发展村公益事业与公共服务的支出有 66.2 万元，占比达 8.7%。

表 4-24　2017—2019 年渭源县村集体专项资金分配

具体用途	支出金额（元）
集美超市	22154
公共设施维护	175200
公共服务	184690
易地搬迁后续产业	75683
扶贫超市（爱心超市）	24208
道路维修	14751
风貌改造	10000
公益岗位保险费	8106
带动新贫困户	39000
村集体公共基础设施基金	7800
村集体资金留存	100000
合计	661592

备注：数据源自渭源县光伏扶贫信息平台系统，经统计整理后所得。

以上为全县村集体资金大类支出情况，现列举一村级案例。截至 2020 年 6 月，香卜路村集体经济收入累计 86.2 万元，其中光伏扶贫项目收益分配资金共计 72.2 万元，占总收入的 83.8%。以下为其 2018—2019 年上半年光伏收益支出明细（表4-25）。

表 4-25　香卜路村 2018—2019 年上半年光伏收益支出

时间	具体用途	支出金额（元）
2018 年	大学生寒假支教经费	15813.19
	道德集美超市积分兑换	8637
	公益岗位工资	100333.32
	网格员工资	3600
	办公费	32996.19
	面山绿化树苗	57600
	村部维修	7480
	光伏电站接水费	800
	雇佣人员报酬	4000
	风貌改造挖机租赁	1740.3
	合计	233000
2019 年上半年	风貌改造挖机租赁	2759.7
	五星级文明户、文化艺术节活动	9308
	道德集美超市积分兑换	2900
	网格员工资	7560
	公益岗位工资	43988
	合计	66515.7

备注：数据资料由香卜路村村民委员会提供，经统计整理后所得。

2018 年及 2019 年上半年香卜路村光伏收益分配总资金分别为 233000 元、66515.7 元，其中各年用于公益事业与公共服务的总支出分别为 73717 元、14967.7 元，分别占到总支出的 55.4% 与 22.1%。

（二）对贫困户的带动作用

1. 带动脱贫情况

光伏扶贫电站收益全部归村集体所有，由村集体具体分配落实到户，能为贫困户增加一定量的收入，并辐射带动贫困村的整体发展。目前渭源县共有 81 座电站，覆盖全村 16 个乡镇，带动贫困户共 10205 户。

表 4-26　渭源县各乡镇光伏电站带动贫困户户数

乡镇	光伏电站带贫户数（户）
清源镇	1717
会川镇	1170
莲峰镇	593
五竹镇	134
路园镇	683
北寨镇	699
新寨镇	326
麻家集镇	247
锹峪镇	458
大安乡	992
秦祁乡	325
庆坪镇	447
祁家庙镇	1023
上湾镇	744
田家河乡	217
峡城乡	455
合计	10205

备注：数据资料由各村村委会提供。

以五竹镇为例。该镇严格按照《渭源县村级光伏扶贫电站资产收益监管办法（试行）》落实收益分配，将收益的80%用于支付贫困人口公益岗位工资以及村级公益事业建设劳务费用，10%用于困难补助、奖励补助等，剩余10%则用于发展村集体经济以及小型公益事业。电站建设以来，共带动了135户贫困户共同发展，其光伏扶贫资金得到了有效利用。

表 4-27　五竹镇各村脱贫情况

村名	原建档立卡贫困户户数（户）	已脱贫户数（户）	现贫困发生率（%）	光伏电站带动贫困户户数（户）
路麻滩村	160	159	0.37	48
苏家口村	138	137	0.03	27
渭河源村	181	181	0	29
郭家沟村	134	133	0.47	30

续表

村名	原建档立卡贫困户户数（户）	已脱贫户数（户）	现贫困发生率（%）	光伏电站带动贫困户户数（户）
合计	613	610	—	134

备注：数据资料由五竹镇各村村民委员会提供。

截至 2018 年 12 月 5 日，渭源县光伏电站项目一期工程（共 26 个）已全部并网发电，发电量达 1 亿余度，收益 1145.5 万元，含结算标杆电费 437.2 万元，另有国家可再生能源补贴共到账 708.3 万元。依照渭源县光伏扶贫电站收益资金分配管理办法，每个贫困村每年可得到光伏扶贫分红 5 万元，给予每个贫困户每年 3000 元的分红。到 2018 年 12 月底，共拨付光伏扶贫收益资金 354.9 万元，其中拨付给 21 个贫困村村集体经济分红资金共105 万元，拨付给 22 个贫困村 833 户贫困户分红资金 249.9 万元。[1]2019 年初，剩余 38 个贫困村集体经济分红 190 万元以及 2808 户建档立卡贫困户分红资金 758.4 万元也全部拨付到账。[2]

2. 贫困户获得可持续性增收

渭源县积极利用光伏扶贫项目资产收益开发村级公益岗位、发放村级公益事业劳务补助，为符合条件的贫困户创造了稳定、可持续增收的机会，同时也拓宽了其收入渠道。截至 2019 年底，全县共设立 2592 个公益岗位，普及全部 135 个贫困村，发放工资 694.47 万元。到 2020 年 7 月 31 日，全县公益岗位在职人数又增加 1250 个，达到 3827 人。根据统计数据汇总情况，渭源县全县各村主要设有以下 14 个公益岗位：保洁员、电站管理员、道路维护员、绿化员、自来水管维修员、安全员、信息员、公共设施维护员、交通协管员、网格员、护理员、宣传员、管水原、公厕管理员，各岗位工作的

---

[1] 元古堆村暂无集体经济分红。

[2] 渭源县政府：《渭源县定点扶贫工作情况专报》，2019 年。

技能要求低，上岗门槛低，可保障贫困户获取切实收益。

表 4-28　渭源县各乡镇公益岗位在岗人数

截止时间：2020 年 7 月 31 日

乡镇	公益岗位在岗人数（人）
清源镇	55
会川镇	412
莲峰镇	146
五竹镇	160
路园镇	158
北寨镇	250
新寨镇	143
麻家集镇	367
锹峪镇	285
大安乡	290
秦祁乡	105
庆坪镇	153
祁家庙镇	316
上湾镇	596
田家河乡	177
峡城乡	214
合计	3827

备注：表中数据资料由渭源县光伏工作领导小组提供，经调研组成员统计整理后所得。

　　2020 年 1—6 月，光伏扶贫收益拨付到村资金 1676.06 万元，累计拨付到户资金占村总资金的 39.5%，共 662.27 万元，其中发放公益岗位工资 570.15 万元、村级公益事业劳动报酬 92.12 万元。截至 2020 年 6 月底，全县累计开发村级公益岗位 4168 个，共有 1.8 万名具备劳动能力的贫困人口参与村级公益事业劳动，已发放村级公益岗位工资 1500 多万元、村级公益事业劳动补助 1000 多万元。① 依《渭源县村级公益性岗位管理办法》规定，

---

① 数据资料由渭源县委、县政府提供。

工薪按照"多劳多得、动态调整"的原则及"632"工资标准①予以给付，各岗位平均时薪为10元，年收益可达2000—6000元。

三、光伏扶贫项目的社会效益

光伏扶贫项目的开展拓宽了村集体经济收入的渠道，对集体经济的多样化支出以及有效利用起到了支撑作用。渭源县各村落合理分配使用光伏扶贫项目资金收益，开展了产业建设、乡风文明建设、村容村貌建设、人才队伍建设、基层治理建设等系列工作，与乡村振兴战略要求相衔接，充分发挥了光伏扶贫项目的社会效益。

（一）"光伏+"产业建设

渭源县地理位置优越，拥有丰富的土地资源以及光能资源，其气候环境稳定，尤其适宜马铃薯、玉米等农作物以及当归、党参等草根植物的生长，农业产业发展潜力大。近年来，渭源县在大力发展光伏项目的同时，抓准机遇，开始推进农业生产项目以及光伏项目的同步规划与建设，大力发展"光伏+蔬菜""光伏+食用菌""光伏+中药材育苗""光伏+养殖"等农光互补产业，以"光伏+农业"的发展模式构建起新型全产业链光伏扶贫发展体系。截至2020年10月，在8家龙头企业的引领之下，渭源县全县共建立了3个农光互补食用菌园区，总面积达1217亩，带动16个合作社、3125户贫困群众参与经营，多渠道增加了贫困群众收入。

以会川镇光伏食用菌产业园为例。该园区位于本庙村，占地610多亩，截至2020年10月底，已完成投资1.4亿元，建成3个农光互补片区以及1个农光互补片区的光伏发电部分，光伏发电总装机容量达8.48兆瓦。园区

---

① "632"工资标准具体指：重劳动力6000元/年，中度劳动力3000元/年，轻度劳动力2000元/年。

内的光伏发电区域由渭源县正源扶贫开发有限公司负责管理，农业生产区则由 3 家龙头企业、1 家农村合作联社、12 个村级合作社以及 175 户建档立卡贫困户共同经营，预计在园区全面建成后，其农业部分年生产能力可达 6000 余吨，年产值超过 1000 万元，将直接带动近 200 户贫困户，每户每年均增收预计超过 1 万元。[①]

产业兴旺是乡村振兴的重要基础，也是解决农村一切问题的前提。长期以来，我国农村一直面临着产业结构单一、农村经济体不活跃、农业生产经营效能低下、农民增收困难的问题，因此，构建新型农业产业体系、转换农业生产经营思路尤为重要。光伏扶贫项目的发展为农村新型产业发展带来了良好机遇，一方面，光伏电站由政府投资建设，其产权明确在各个贫困村，贫困户的收益能得到有效保证；另一方面，针对产业园区内的农业生产，政府向每户贫困户提供专门的农资补贴，并免费提供生产养殖棚，龙头企业则为贫困户提供技术培训与指导，贫困户通过自己的生产劳动平均每年能获得 1 万元左右的直接经济收入。此外，园区收益分红在壮大农村集体经济基础的同时，也有效促进了产村融合，助推了乡村现代化水平的提升。

（二）精神文明建设

渭源县部分村庄将一定比例的光伏扶贫收益用于道德集美超市建设以及星级文明户评选，将光伏资金以实物补助的形式分配给符合条件的贫困户，促进村民养成良好行为习惯，对于乡村的精神文明建设起到积极作用。

1. 道德集美超市

道德集美超市由村内现有小卖部改建而成，建设资金从光伏扶贫项目收益分配中拨划。超市实行积分兑换制，依据村制专用积分奖励标准，村民的

---

① 数据资料由会川镇光伏食用菌产业园扶贫交流基地负责人提供。

特定良好行为（包括集孝、集善、集信、集勤、集俭、集美六类[①]）会被予以相应积分奖励，由村"两委"负责做好台账记录，群众可凭借自己所获得的积分券到道德集美超市兑换指定商品，亦可在购买其他商品时以积分进行现金抵换或在月末直接于村"两委"处将积分券兑为现金。

2. 星级文明户评选

村委组织每季度在村内评选一次"星级文明户"，主要包括科技致富之星、遵纪守法之星、诚实守信之星、和谐友爱之星、文明新风之星等5类文明户，在村民自荐以及他荐的基础上，村委广泛听取群众意见并进行实地调研，依照文明户评选标准以及"四议两公开"程序进行评选。"星级文明户"可获得奖状、集美超市积分券、生活物资等奖励。

截至2020年10月20日，渭源县田家河乡各村投入道德集美积分超市的建设资金达到5.8万元，占全乡集体经济总和的9%，向乐于助人、品学兼优、积善进步、勤俭孝顺、诚实守信等几大类道德行为者发放了19130分积分券；共评出星级文明户175户，其中含单星级文明户121户、多星级文明户54户，投入的表彰奖励资金达1.62万元，占收益总额的2.5%。积分分配与文明户的评选表彰结果全部通过张贴公告、发布至微信群或上传至扶贫网等方式公开公示，挖掘并宣扬推广了村内的善人善行，对群众起到了正向引导作用。

精神文明是乡村振兴的内在动力。积分兑换的激励措施能有效帮助村民养成良好行为习惯，有力提升村民思想觉悟、道德水准、文明素养以及整个乡村社会的文明程度，从而在整体上提振乡村精神风貌。同时，开展村民大

[①] 集孝行为包括被评选为孝顺星级文明户、在校学生获得"三好学生"荣誉等；集善行为包括见义勇为、主动帮助弱势群体、积极化解邻里矛盾等；集信行为包括诚实守信、不造谣生事等；集勤行为包括主动参与村级各项会议与活动、各类技术培训以及主动参与扶贫车间等；集俭行为包括妥善进行垃圾分类、不铺张浪费、不搞迷信祭祀活动等；集美行为包括主动美化居住环境、积极参与卫生打扫等。

会，严格选举流程，可以有效提高村民对社会公共事务的参与程度和参与热情，培养其责任担当意识，为该地区的经济建设、生产发展提供强大的智力支持和思想保证，助力乡村振兴。

（三）生态文明建设

一方面，光能是一种清洁能源，光伏发电清洁高效，光伏电站的建设在一定程度上提高了渭源县太阳能利用率，同时也促进了村民用能观念的改变，推广了清洁能源的使用，用光伏发电替代火力发电或秸秆燃烧可有效减少资源浪费、降低农村地区的碳排放率；另一方面，渭源县各村充分利用光伏扶贫资金，通过设立护林员、农村绿化员、保洁员等公益岗位以及发展村绿化建设、村容村貌建设等公益事业，在增加贫困户收益、提高农民的生活质量的同时，又改善了农村的生态环境，推进了农村的生态文明建设。

渭源县立足其独特的区位优势、自然生态特点和太阳能、生物质能等清洁能源资源丰富的条件，抓准光伏项目建设机遇，充分发挥其可再生能源资源分布广、替代功能多、社会效益好的优势，按照"因地制宜，多能互补，综合利用，讲求效益"的能源建设方针，以科技为先导，将清洁能源开发作为推进能源建设的主要切入点，延伸新能源产业链条，增强新能源产业的辐射带动作用。在光伏电站的建设过程中，渭源县采取"农光互补"模式，同步规划光伏建设与农业推行，大力发展"光伏＋食用菌""光伏＋蔬菜""光伏＋中药材育苗""光伏＋养殖"等农光互补产业，此举有利于推广绿色清洁、低碳环保的农业发展模式，在促进农村土地的集约化使用、扩大清洁能源受益面的同时，还使老百姓切实感受到了清洁能源的益处、享受到了农村的清洁生活环境，能够有效推动其用能观念的转变，从而减少传统能源燃料对生态环境的污染，促使乡村生态改善与经济发展协调共进，以绿色发展引领生态振兴。

（四）人才培养

对于奖励补助性质的光伏扶贫资金，渭源县部分村庄选择将其应用于人才培养方面，力图为村庄发展提供高质量人才支持。元古堆村充分考虑贫困户在加强子女教育、提高生产技术及生活水平等方面的需求，由村"两委"召开村民会议广泛征求意见，在协调链接好相关资源后，依"四议两公开"程序对有需要的村民开展教育资助、技能培训以及外出交流学习等活动，将扶贫与扶智相结合，充分激发了贫困户的发展内生动力。

另外，人才振兴是乡村振兴的重要推力，加强农村基层基础工作、健全完善乡村治理体系，这些都需要人来推动完成。因此，农村人才的培养工作对乡村的发展繁荣有着至关重要的作用。除去以上所提到的光伏扶贫资金对于人才培养在教育方面的补贴作用外，光伏扶贫项目本身的发展也具有辐射带动人才养成的效益：其一，光伏扶贫收益全部归村集体所有，由村级干部领导规划收益资金的分配与具体使用，在这一过程中，村级干部需要与乡村群众密切联系，听取群众意见与建议、协调化解村民矛盾，同时确保扶贫资金用到实处、发挥最大效益，这便为培养具有务实工作作风、坚实群众基础、能够积极组织开展群众工作的村级干部提供了良好契机；其二，在光伏扶贫产业项目的建设过程中，渭源县各村镇涌现出不少具有较强发展能力、熟悉农村传统产业发展、思维活跃且对新兴产业的发展具有新想法新思路的致富带头人，他们引领着村民群众开拓农业发展新道路，为乡村发展注入了新活力。可见，光伏扶贫项目的发展效益对人才培养也具有十分强大的辐射带动效应，能为乡村振兴输入优质人才资源。

（五）治理能力提升

光伏收益促进了村集体经济的发展壮大，渭源县各地方部门严格依照"四议两公开"的程序对村集体经济进行分配管理，即资金分配与使用由党支部会提议、村"两委"会商议、党员大会审议、村民代表会议或村民会议决议通过，决议结果以及落实结果面向群众全公开，有效提升了群众参与村庄治理的积极性与参与度，同时实现了光伏扶贫收益资金的灵活使用，使其得以发挥出更大的使用效益。

从另一层面来看，也正是由于光伏项目的发展、光伏扶贫资金的存在，才使得村级基层政府有了更多的责任、有了更多构建与完善自身组织体系的机会：各村严格按照"四议两公开"程序对光伏扶贫资金予以划拨给付，由农村基层党组织发挥工作统领的职能作用，首先负责指导设计收益分配方案，随后与下级村民自治组织以及集体经济组织对接，在充分了解民情民意、与群众密切联系的基础上商讨决议敲定最终方案，在此过程中，三者形成了良好的合作互动关系，共同组成了在实践中得以不断完善健全的农村基层组织，引领乡村的建设与发展，为乡村振兴提供了重要保障。

第五节　渭源县光伏扶贫的经验模式

光伏扶贫收益的分配方式直接决定了光伏扶贫效果的可持续性。在确保电站产权全部归至村集体后，渭源县首先制定了明确的收益分配管理办法，在整体层面划定了光伏电站的发电收益用向，并对各领域的分配比例做出了一定的限制，有效减少扶贫资金在分配过程中的浪费流失；随后，渭源县各乡镇村落则密切联系群众，以"四议两公开一监督"程序为核心构建起更为具体与完善的光伏扶贫资金分配制度，包括对受益对象资格条件的认定、对扶贫资金进行细化专项分配等，避免了村集体"沉睡资产"的产生，使得扶贫资源能更好地瞄准贫困村与贫困户的实际需求，从而保障光伏收益的高效能利用。另外，综观渭源县整个收益分配体系的构建过程，一方面，县政府出台管理办法对各个乡镇的收益发放进行自上而下的宏观指导，同时又给予了村级基层政府对村集体经济收益分配充分的自主权；另一方面，各乡镇村落充分发挥主动性，立足于村况实情，在与群众进行交流沟通、了解各方实际所需的基础上制定具体的扶贫资金分配制度，并严格依照监督程序保障资金分配的落实，如此便在保障光伏扶贫资金发挥实际效益、保障其效益可持续性的同时，也激发了村民自治的积极性、提升了乡村基层治理能力，实现了乡村基层自下而上对国家治理的主动参与。在这样一种互嵌式的乡村治理体系下，光伏收益的效用得以扩展与放大，能够进一步与乡村振兴战略实现有效衔接。

一、产项确权到村、资金按比拨付——收益分配体系构建的基础

村级光伏电站的发电收益直接归村集体所有，由村集体和贫困户按比例分配，此政策直接避免了扶贫资金下发过程中各个主体之间经济纠纷的产生，一方面加强了政府部门对扶贫资金的宏观管理、减少资金的浪费流失，另一方面也给予了村级基层政府对村集体经济收益进行分配充分的自主权，是渭源县高效、长效的收益分配体系构建之基础所在。

（一）回收电站产权，保证村集体扶贫资金的足额获取

渭源县光伏项目开展初期，电站建设工程由地方政府与企业共同融资参与，企业对电站拥有一定股权，电站发电收益先经由电网公司全部发放给承建企业，再由企业依照合约按比例分给各个贫困村，整个过程中光伏扶贫资金的下发并非完全公开透明，村集体只能拿到固定的分红，与光伏电站的发电效益无关，发电收益总体由企业掌控，存在扶贫资金被侵占、难以发放到位的风险。

> 访问员：当时村里面的这个收益是怎么分下来的？
>
> 元古堆村村干部：收益它（企业）就是每年给村里20万。

访问员：固定的吗？

元古堆村村干部：诶对，固定的……以前是打到那家公司，然后就公司给我们打。现在是那个钱，就是并到国网里面，然后就是打到村里面。

访问员：那之前就是直接公司在固定的时候给你们发20万了？

元古堆村村干部：不是，是会把全部的钱发给我们，然后我们只留20万，其他的全部返还给公司。

访问员：这个是你们和企业签过什么合同吗？

元古堆村村干部：嗯，签过。我们当时签的合同是……十年，前十年都照这样。他不管收益有多少，他就是，给村里20万就行了。①

为充分发挥光伏电站发电收益的扶贫效益，2018年3月26日，国家能源局与国务院扶贫办出台《光伏扶贫电站管理办法》，明确规定禁止企业入股，将电站产权收归村集体，确立了光伏电站的扶贫属性：

> 光伏扶贫电站是以扶贫为目的，在具备光伏扶贫实施条件的地区，利用政府性资金投资建设的光伏电站，其产权归村集体所有，全部收益用于扶贫。②

根据该管理办法要求，渭源县自2018年起便开启了对光伏电站的产权置换与回收工作，变正源公司为电站收益结转主体，逐步将电站产权全部确认至村集体。光伏电站发电收益经县脱贫攻坚领导小组办公室审定后，由县扶贫办、正源公司总和整理，根据各贫困村电站容量占比拨付到相关贫困村

---

① 访谈时间：10月21日10：50；访谈地点：田家河乡元古堆村。

② 国家能源局、国务院扶贫办：《光伏扶贫电站管理办法》第二条。

集体经济账户。截至 2020 年 6 月，渭源县所有光伏电站已全部完成产权回收与划归至村的工作，村级光伏电站产权全部归该村所有，联村电站产权则按照各村电站容量、计划指标等予以细分，各村产权占比基本一致，产权年限一律为 20 年。

光伏电站产权与经营管理权的回收方便了政府对光伏扶贫资金的统一管控，同时也确保了各贫困村足额扶贫资金的获取。另外，以此为基础，各村集体也同时获得了对光伏电站收益进行分配与管理的充分的自主权，极大提升了乡村基层政府参与治理的主动性。

（二）明确收益资金用向，避免资产流失

2019 年以前，渭源县的光伏收益资金基本以"贫困人员补助"的形式直接发放，给予贫困户每户 3000 元的"困难救助金"[1]，另单独留出部分村级专项资金，如"村集体资金""危房维修资金"。2017 年至 2018 年，渭源县共支出困难补助金 9078221.95 元、专项资金 219000 元，结余资金达 14771256.07 元。[2] 此阶段光伏收益分配形式单一、覆盖面狭窄、利用效率相对较低。

> 那还是不能直接发钱的，不是会那什么，养懒汉啊……你给他再多钱他也能马上给你用了，用了就没有了。（杨家寺村驻村干部：冯）[3]
>
> 那时候用不出去啊，也不敢用，怕他们（村民）有意见，又吵起来……没个谱，还是不能随便用。（香卜路村驻村帮扶小队队员：马）[4]

---

① 除北寨镇、大安乡、上湾镇以及峡城乡外，其余乡镇均按照每户 3000 元的标准予以拨付。

② 数据来源：由渭源县光伏扶贫信息平台导出整理。

③ 访谈时间：10 月 22 日 16：30；访谈地点：上湾乡杨家寺村。

④ 访谈时间：10 月 21 日 15：00；访谈地点：田家河乡香卜路村。

反正光伏的这个集体经济收入啊，这个钱反正就是不好发出去，就是现在除了这些他前面说的这些分出去一点，其他的钱不好往出去花，好多还在账上……不好花呀这个钱。（香卜路村驻村帮扶小队队员：马）①

可见，在缺少一定具有正向引导与激励作用的宏观政策的情况下，基层村级政府参与乡村治理的信心不足、积极性不高，一方面因拿不准光伏扶贫资金的用向而不敢"分钱"，易于形成"沉睡资产"；另一方面其对光伏扶贫项目的收益分配与贫困户需求难以匹配，带动贫困户可持续性增收的效用低，不利于脱贫工作的长远发展。

2018 年 1 月，国务院扶贫办对光伏扶贫收益的用途作出了具体规定，明确提出将村级光伏扶贫电站的发电收益纳入村集体经济之中，用以"开展公益岗位扶贫、小型公益事业扶贫、奖励补助扶贫等"②。在上级政府宏观政策的指引之下，渭源县委县政府联合印发《渭源县村级光伏扶贫电站收益分配管理办法》，规定光伏扶贫收益应以劳务报酬发放的形式分配给符合条件的贫困户，其余另专门划拨资金用于村级公益事业建设，小部分用以发放奖励补助。此政策有效减少甚至杜绝了扶贫资金的积存或滥用，亦对基层村级政府就光伏扶贫收益分配的细化管理实施提供了宏观层面的导向指引。田家河乡元古堆村就照此基本分配原则制定了《元古堆村光伏扶贫项目收益使用管理办法》，对分配原则作出如下规定：

2016—2019 年：收益的 90% 主要分配到建档立卡贫困户，用于建档立卡贫困家庭成员参与村内相关公益岗位的务工收入、发展生产的资

---

① 访谈时间：10 月 21 日 15：50；访谈地点：田家河乡香卜路村。
② 国务院扶贫办：《村级光伏扶贫电站收益分配管理办法》，2017 年。

金补贴、脱贫成效明显家庭的奖励激励，以及少数一、二类低保户、特殊困难户的问题；收益的10%用于村内公共设施的运营、管理和维护以及公益活动的举办。

2020年，在新冠疫情暴发的背景之下，根据国务院扶贫办、财政部所印发的相关通知规定，[①] 渭源县脱贫攻坚领导小组办公室发布《渭源县光伏扶贫项目2020年4—6月份收益分配方案》，对各贫困村电站发电收益的分配作出明确规定：

各乡镇应督促各贫困村及时将发电收益的80%用于贫困人口公益性岗位工资和村级公益事业建设劳务费用方面的支出，切实提高贫困户收入。[②]

另外，根据各乡镇发展实际情况与各贫困村发展需要，渭源县脱贫攻坚领导办公室又于2020年10月26日印发《渭源县村级光伏扶贫电站公益性岗位管理办法》，对光伏扶贫收益的分配做出了按比例进行划分的规定："村集体留存20%，公益性岗位补贴支出不低于40%，村级公益事业建设劳务费用30%左右，困难救助、奖励补助资金不高于10%"，且另对村集体留存资金支出做出了一定的项目规划，如道德集美超市、网格员、村级公益事业建设、公益性岗位保险等，其中，又进一步点明"村级公益事业建设劳务包

---

① 《关于积极应对新冠肺炎疫情影响切实做好光伏扶贫促进增收工作的通知》（国开办司发〔2020〕3号）：2020年光伏扶贫发电收益的80%用于贫困人口承担公益岗位任务的工资和参加村级公益事业建设的劳务费用支出，支持鼓励贫困劳动力就地就近就业。疫情严重地区也可以奖励补助方式，对在防疫工作中表现突出的贫困户予以奖励，对受疫情影响生活陷入困境的贫困群众和因疫致贫返贫群众予以补助。

② 渭源县脱贫攻坚领导小组办公室：《渭源县光伏扶贫项目2020年4—6月份收益分配方案》（〔2020〕120号）。

括村庄环境集中治理、绿化美化、村内基础设施与公益设施维修维护等方面"，在明确电站收益资金使用方向、减少扶贫资金滥用流失、保障资金使用效益的同时，也为基层乡镇政府对光伏扶贫收益的具体拨付提供了框架性支撑。①

二、以"四议两公开一监督"程序为核心的收益细化分配与落实

"四议两公开一监督"中，"四议"即指涉及村庄发展以及村民切身利益的重大事项需要经过村党支部会提议、村"两委"会商议、党员大会审议后，提交村民会议或村民代表会议讨论从而进行决议；"两公开"指村级重大事务决议公开和实施结果公开；"一监督"即村重大事项的决议以及决议实施的全过程需自觉接受党员与村民的评议监督。"四议两公开一监督"程序为渭源县各乡镇具体建构其收益分配管理制度的核心，具体做法为：在广泛征求村民意见、进行科学调研与论证的基础上，首先召开村党支部会，拿出对光伏收益的具体分配方案；其次，在村"两委"会上由"两委"成员对该提案进行充分讨论，形成商议案；随后召开党员大会，表决、完善实施方案；最后，围绕该方案开展村民代表会议或村民会议，由村民进行投票表决，形成最终的制度安排。另外，一方面，决议结果要在村务公告栏进行公示，鼓励村民提出问题与意见，对最终方案进行补充完善；另一方面，资金分配的落实情况也必须接受村内民主管理监督小组的审查核实。各村庄的光伏扶贫资金分配工作均严格依照此程序进行，一方面有效减少了村内就扶贫资源倾斜问题可能引发的矛盾，另一方面也使扶贫资金能与贫困户实际需求进行更精准的对接，使光伏扶贫收益得到高效用分配，确保分配资金能够落到实处、惠及全体贫困村户。

---

① 渭脱贫领办：《渭源县村级光伏扶贫电站公益性岗位管理办法》（〔2020〕175 号）。

（一）公益岗位的设立

各公益岗位负责人由村党委组织召开村民大会选出，选举标准由与会人员共同商议决定，最终结果打印成表单在公示栏予以公示，方便群众及时了解相关信息、监督决议落实情况。另外，公益岗位实行轮换制度，即村内会定期组织召开村民大会对岗位负责人的工作进行监督与考核评价，若出现在岗人员工作效率不达标或劳动能力降低、自愿退出的情况，则考虑重新推选符合条件的村民接替该岗位职责。

1. 岗位确认

渭源县各乡镇村落的公益岗位人选均通过召开村民大会或代表大会确定。首先由村党支部工作人员立足于本村发展实情，在密切联系村民群众、收集群众意见的基础上针对公益岗位设置的类别和数量、岗位职责和工薪以及上岗人员的资格条件等提出议案，议案经由村"两委"商议、党员大会审议，最后移至村民大会由全体村民商讨、表决，形成完整的公益岗位管理办法。在管理办法进行公示之后，再次召开村民大会，以贫困户自荐与群众推荐相结合的方式提名公益岗位候选人，其是否任职以及任何职位均通过村民投票决定。

访问员：这个公益岗位是怎么选出来的呢？有没有具体的什么标准啊？

杨家寺村驻村干部冯主任：还是村民大会，开会选……首先就是看你是不是贫困户嘛，如果不是就不行。然后就在剩下的，那些申请了的，就大家看他们每家具体情况是啥样，那种困难一些的，家里有重病的，有大学生的用钱多的，就优先。①

---

① 访谈时间：10 月 22 日 16：00；访谈地点：杨家寺村。

另外，公益岗位的任职采取轮换制，即在岗人员若临时受身体健康状况或家庭因素影响，可依据自身情况提出申请下岗，空缺职位仍通过召开村民大会选出符合条件的贫困户补齐。

> 元古堆村安文书：公益岗位是轮流安排的。
>
> 访问员：轮流的？那是怎么个操作？
>
> 元古堆村安文书：嗯。有的是采取自愿，有的，出去务工嘛，家里面……
>
> 元古堆村村主任：有的是没有时间做这个公益性岗位。我们就通过这个自愿申请，然后我们做一个评议，最后有一个选聘。
>
> 访问员：那是多久会开会轮一次呢？
>
> 元古堆村村主任：这个也是动态的，如果他不想做了，他就提前申请，然后我们再补上去。[①]

2. 责任确认

各公益岗位的职责同样通过"四议两公开"程序决定，村内各社在公益岗位人员中选出小组长带领组内成员定期进行劳动，同时对各岗成员的到岗情况做好如实记录；另外，村内组建专门的管理监督领导小组对公益岗位人员的工作进行监管与考核，若发现有工作不到位、绩效不达标者，则对其进行撤职处理。

> 访问员：村里公益岗位的工资是怎么发的呢？
>
> 香卜路村驻村干部潘书记：一季度发一次，季度末的时候考核，考核完了之后就发工资了。

---

① 访谈时间：10 月 21 日 10∶50；访谈地点：田家河乡元古堆村。

访问员：考核有什么标准码？如果没有达标就没有钱了？

香卜路村驻村干部潘书记：有标准的，当然有。每个岗位不一样，但是会有工作时长的那个标准。再比如就是看你工作是不是确实完成了……如果有村民举报了，说你做得不好，我们开会确认了确实是有这个问题，那就会把你撤职，工资就不发的了。[①]

3. 薪酬确认

各类型公益岗位的薪酬基本一致，维修岗基础工资相对较低，按照动工次数在基础工资上累计结算，其余岗位基本按照时薪进行计算。具体薪酬标准同样依照"四议两公开"程序进行确定，由管理领导小组对在岗人员工作进行考核后发放。

具体以田家河乡为例。岗位确认：在收集到各类村情民意的基础之上，村党委依据农户所提出的意见与村情实际，通过"四议两公开"流程设置保洁岗、照料岗以及公益设施维护岗三大类公益性质岗位共114个，各村依照责任分到社、岗位分到户的原则分村民小组召开村民大会，经过农户自荐与群众推荐相结合的方式按1：1的比例提名贫困户为公益岗位的候选人，候选人的薪资等相关待遇管理同样经过"四议两公开"程序确认。责任确认：各社在公益性岗位人员中选举出一小组长，负责带领社内所有的公益性岗位人员开展日常工作，并定期对其工作进行管理、监督与考核；另外，在村内组建公益性岗位管理领导小组，指派驻村工作队、村"两委"、村监委、公益性岗位小组长为领导小组成员，通过在微信群内进行沟通交流以及实地督查等方式监督公益性岗位人员的具体工作，负责工作考核以及发放薪酬工资的工作。薪酬确认：对各类公益性岗位的工作职责及薪酬进行明确规定。要求各类型公益岗位人员每月必须参加一次村上组织的集

---

① 访谈时间：10月21日14：30；访谈地点：田家河乡香卜路村。

体活动，在此基础上，保洁员对片区内所划定的公共区域负有每周进行四次打扫清洁的保洁责任，每次约两小时，年平均工资为 6000 元；公共设施维护员负责维修管护全村的公共设施，基础工资为每年 600 元，每次维修获 50 元报酬；照料员主要负责看护村内无人照料的老弱病残，帮助其购买物资、打扫卫生等，由已有公益岗位人员兼任，每人补贴 600 元；另还设有二级网格员，主要负责联系农户的日常管理、民情收集、政策宣传等，年平均工资 600 元。

再如元古堆村，该村也针对各公益岗位的工作达标要求而专门设立监督岗，制定了相关监督细则：

> 监督岗人员根据划分片区，对辖区内保洁岗和护理人员到岗及工作情况进行监督，监督成效由村"两委"及管委会综合评定，一次不达标扣发 20 元工资，三次不达标由管委会责令辞退。[1]

经由选举而获得公益岗位工作的村民多为无外出务工条件、家庭经济情况困难而自身仍有一定劳动能力的建档立卡贫困户，他们以劳动形式获取光伏扶贫收益，其劳务工作也受到来自群众集体的监督。因此，一方面，村民们对村集体收益分配发放于此类贫困户的意见较小；另一方面，公益岗位的设置对此类条件相对困难的贫困户具有更大的生活保障作用，能为其提供稳定、持续的增收渠道。

（二）公益事业的发展

各村村"两委"定期开展"大走访"以及"和煦春风"行动，将所收集到的农户意见、建议进行归纳整理，建设管理台账，逐一制定相应的解决措

---

[1]　资料来源：《元古堆村村级光伏电站收益分配方式》。

施。其中，"大走访"行动指由驻村工作队牵头，每月组织村"两委"以及结对帮扶责任人对全村所有农户进行全覆盖式走访，了解、收集农户日常生活中存在的问题以及对村支部工作开展的意见与建议，撰写调查记录表反馈至村"两委"，归类整理建立台账。"和煦春风"行动即由村"两委"牵头，在村民小组中建构两级网格化管理体系，村社社长为一级网格员，另每10户一组推选出一名二级网格员。网格员依照村"两委"相关活动的安排组织全社群众对社内事务进行讨论与决策，形成基本提案上报到村"两委"；另外，网格员还负责进行社情民意调查、信息采集反馈、矛盾纠纷排查以及乡风文明建设等行动。

以莲峰镇为例。网格管理员定期组织群众讨论本社基础设施和公共服务存在的困难和问题，形成相应的解决问题项目清单，村党支部负责汇总各社项目清单，在此基础上形成全村基础设施和公共服务项目库，经村"两委"商议、党员大会审议和村民大会或村民代表大会决议并公开征求群众意见后在村社进行公示，由驻村工作队和乡镇包村领导负责链接帮扶资源。

项目清单中村级能够自己解决的问题主要由村级自己组织群众或利用集体经济收入解决，如香卜路村和干乍村村委组织人员对全村危旧房屋、路边垃圾与杂物等进行了改造与清理，促进了乡村风貌的改造提升，具体做法包括种植花卉以营造整洁干净美丽的宜居环境，对村部、广场、道路以及饮水点等公共基础设施进行维修改造等；清单中村级难以解决或短时间内无法得到对接的项目，若有政策支持，则报送乡镇、县级政府，纳入脱贫攻坚项目库予以帮扶支持，按照"四议两公开"程序决策后由村集体经济予以支持建设。

村集体在充分听取民意、经由村民商讨决议的基础上划拨部分光伏扶贫收益用以发展小型公益事业，如建设交通水利、教育医疗、文化体育设施等，此举不仅完善了乡村基础设施的建设、提升了乡村的公共服务能力、增强了村民的获得感，更有效提高了村民参与村级事务的积极性与能动性，激发了乡村发展振兴的内源性动力。

（三）奖励补助的发放

为充分激发群众内生动力，村集体从光伏扶贫收益中划出一小部分用以设立奖励基金，通过奖励先进典型等方式提升贫困群众脱贫积极性。各村主要有以下两种做法。

一是建立道德集美超市体系。主要以本社小卖部为载体，赋予其道德集美超市的附加功能。各村民小组依据走访以及平时所掌握的本地精神文明风貌实际情况，以村社内存在的问题为导向，研究确定在全村范围内进行精神文明建设、文明户评选类型和用表现换取积分、用积分换物品的具体实施办法，交由村"两委"商议，党员大会审议后再交由村民会议或村民代表会议决议，决议结果在征求群众意见后再组织实施。以下为庆坪镇龚家沟村"道德集美暨巾帼家美积分超市"的积分管理办法及运作机制：

积分项目及赋分标准：以弘扬社会公德、职业道德、家庭美德以及个人品德为主要内容，每户基础分值为100分，按照"最美家庭"、"美丽庭院"及"六积"确定积分项目，实行加减分。

积分管理和运用：1.以户为单位建立台账对村民道德积分进行整理，由组收集、村评定，采取个人自荐、群众推荐以及组织推荐3种方式收集数据，确保不漏户、不漏人；2.由村民小组道德评议会分会以户为单位对个人积分进行统计汇总，按月上报积分数据，再由村道德评议会进一步核实、评议、公示后计入道德积分卡内；3.被计入道德积分卡的积分，可依照村制定的《积分兑换办法》，在"道德讲习集美超市"内用积分兑换点兑换实物；4.村道德评议会严格履行监督、评议的职责，通过开展月评分、半年评星、年评模的形式强化评议结果的运用，教育引导鞭策村民崇德向善、见贤思齐；5.道德积分以正向激励为主，但同时也对违反《村规民约》等的失德行为进行扣分处理，对积分排名靠后者要分配帮教人员，采取帮教措施；6.道德积分管理坚持公平公开公正原则，实行动态管理。

二是开展五星级文明户的评选。各村制定统一标准的《村五星级文明户评选表彰办法》，按照每季度或每半年、每年评选一次的要求，通过汇总道德积分数、开展村民大会进行评议选举以及集体把关综合评估拟产生出一定数量的五星级文明户候选人，再经过"四议两公开"的流程，最终正式将其评定为村级五星级文明户，在村民大会上对其进行表彰奖励，同时予以其在门口悬挂五星文明户牌、文明户奖状等奖励。以下为田家河乡香卜路村2020年第一季度评选五星级文明户的村民大会会议记录，较为完整地展现了该村社进行文明户评选的目标、所参考的标准以及具体流程。①

时间：2020年3月25日

地点：烂泥沟社社长张凡红家中

参会人数：28人

主持人：温少华

内容：烂泥沟社评选五星级文明户会议

一、村党支部书记温少华向参会人员介绍香卜路村五星级文明户评选办法

评选目标：通过评选活动的开展，使广大群众成员从自觉参加活动中受到教育、转变思想观念、强化自我约束，努力使村庄变得美丽整洁，环境卫生得到大力改善。

评选标准：1.孝老爱亲，家庭和睦，邻里和谐；

2.家中环境卫生整洁、无垃圾，柴草码放整齐；

3.积极发展产业，带头致富，示范创业增收。

评选程序：采取半年评选一次，以社为单位，按照"四议两公开"

---

① 会议记录资料由香卜路村村委会提供。

的程序进行评选，大社2—3户、小社评选1户为五星级文明户，作为社的表彰鼓励对象，激发群众的自觉性。

二、张凡红组织分发选票，会议推荐计票人：党新昌、韩海军；监票人：党小平、张俊清，并向参会群众介绍选票填写

三、统计票数

马海东：9票，韩海军：21票，南立新：7票，南岳坤：6票，党小平：10票，韩玉成：3票，韩小军：6票，贺国林：24票，秦天逢：12票，张俊清：8票，张海军：28票，张俊华：11票，马永奎：16票

四、公布2019年下半年五星级文明户最终评选名单

由监票人党小平当场宣布五星级文明户当选名单

党小平：按照现在的投票看当选人，贺国林24票，张海军28票，得票最多的这两户当选为2019年下半年五星级文明户。

温少华：以上两户得票最多，今天被评选为五星级文明户，希望其他群众向这两户学习，现在初选很成功，我们回去在本村党员大会上进行审议、村民代表大会上决议后再到村公务栏和社情公示栏中进行公示，希望群众随时监督，无异议后再进行表彰。

道德集美超市的建设以及五星文明户的评选促进了各村乡村治理能力的提高与良好精神文明体系的建立，在全乡范围内形成了积善积美、争当示范户、比学赶超的优良氛围。除此以外，部分乡镇还专门设有助学奖励补贴，向儿女学习成绩优异或是高考本科上线的学生家庭发放实物补贴（学习或日常生活用品）或为其提供一定比例的学费资助，从而进一步增强了群众进行自我发展与提升的内生动力。

总的看来，"四议两公开一监督"程序贯穿着渭源县各乡镇村庄光伏扶贫资金发放落实的全过程，该程序充分动员、发挥了基层群众的力量，来自上级的规划安排得以与乡村基层的实际需求进行有效衔接，促使扶贫资源能

够更精准地落到实处，发挥出光伏扶贫资金的最大效益。

三、互嵌式乡村治理模式下的收益分配体系建构

在多年来的扶贫实践之中，"参与"与"赋权"常被视为指导展开精准扶贫工作的两大核心思想。其中，"参与"强调的是农村基层政府以及村民、贫困户的参与，具体表现在参与扶贫规划决策、扶贫资金与资源投放的领域，参与对扶贫项目的管理与监督、参与项目收益的分配等。[①] 而参与的关键又在于赋权，"赋权"则是要求在完善相关制度建设、促进体制机制创新等方面保障贫困人口的参与需求，赋予贫困群体参与扶贫治理的权利。在此种思路之下，相关领域学者提出了"复合治理"和"嵌入式治理"的概念。"复合治理"即强调通过构建一种多主体合作互补的复合治理机制，在公共事务管理与决策之中组织联系政府部门、民间组织、基层社区公民与市场企业等主体，促进各方的交流与沟通，形成一种复合治理主体以实现公共利益的最大化。"嵌入式治理"则强调将国家对乡村社会自上而下的权力下沉和嵌入同乡村社会自下而上的主动参与及反嵌相结合，使二者力量达到某种平衡，既能发挥国家引导乡村社会发展、弥补乡村治理能力不足的作用，又能激发乡村基层参与治理的主动性，提升其自治能力。

总的来看，以上两种思路都强调了国家中央政府与乡村基层在社会治理中的互通互动，具体到扶贫工作中来看，也就是一方面要求国家做好有关扶贫项目建设发展的顶层设计工作，为乡村基层的参与做好制度保障；另一方面则需要贫困主体在扶贫项目实施过程中的主动参与，以保障国家顶层设计的落实，要在政府与地方基层之间搭建起良好的互动关系。渭源县的光伏扶贫收益分配管理体系就是在一种"互嵌式"乡村治理模式下所构建出来的，整个过程充分体现了政府管理与村民群众自治的有序衔接。

---

① 许源源：《中国农村扶贫：对象、过程与变革》，中南大学出版社2007年版，第53页。

（一）国家嵌入——政府自上而下的宏观指导

从自上而下的统领管理视角来看，渭源县政府紧密跟进中央政府有关光伏扶贫工作所下达的各项政策与要求，立足于本县发展现状与光伏项目建设的实际情况，及时制定进一步明确化的工作指示。一是指导开展对各项类村级光伏电站的产权置换与回收工作，保障光伏电站扶贫资金全部足额发放至村集体；二是设定一定比例对光伏电站扶贫收益资金的去向作出框架式规范要求，避免扶贫资金的滥用与非正常流失。在总体掌握管理扶贫资源、规划光伏扶贫项目建设、限制收益分配的不合理使用方面，渭源县政府始终处于主导性角色地位，起到了顶层设计、宏观指导、合理规划、上层监督的作用；而在如何设定具体的收益分配细则、调整支出比例等方面，政府则给予了地方基层充分的自主权，扮演着合作者的身份，与各个扶贫主体平等沟通、经协商而达成共识。

（二）地方反嵌——乡村基层自下而上的主动参与

从自下而上的基层参与视角来看，渭源县各基层乡镇村社首先与上级政府的宏观政策相对接，在政府所规定的扶贫资金发放大方向之中细化政策实施，整个过程中密切联系群众，以"四议两公开一监督"程序为核心制定具体的光伏扶贫收益分配管理与监督制度，做到了对宏观政策进行灵活变通后的细化与实施，如经评议选举而产生公益岗位职员、职位实行轮换制；经村民群众商讨而决定扶贫资金在村级公益事业建设中的具体投入数额与用向；在集体推选、开会表决的基础上评选出星级文明户并对其进行积分、实物或资金补贴奖励等。一切有关光伏扶贫资金分配的重大决定均是在召开村民大会、由村民投票表决后得出的，这一方面减少了村民对于扶贫资金的分配向部分人群倾斜可能产生的不满与矛盾，维持了乡村秩序；另一方面也使得光伏电站的发电收益切实与贫困村、贫困户的需求相贴合，且从整体层面提升了乡村自治能力，充分激发了基层政府以及村民群众参与乡村治理的积极性。

（三）光伏电站收益扶贫效用的最大化

正是在这样一种以国家上级政府与乡村基层社会协同参与、协商互动为特征，充分整合多元力量、强调地方自主性发挥的互嵌式治理体系之下，渭源县构建起了长效的光伏扶贫收益分配体系，有效减少了光伏扶贫资金的浪费与村集体经济中"沉睡资产"的产生，光伏项目收益的扶贫效用得到了扩展与放大，实现了与乡村振兴战略的有效衔接。

精准扶贫是实施乡村振兴的基本前提，乡村振兴则是巩固脱贫成果、保障与提升脱贫质量的有效手段，因此，在现阶段的脱贫实践中需要将乡村振兴的顶层设计与精准扶贫的微观政策有效衔接起来，渭源县光伏扶贫发展的独特经验模式就在这方面提供了一个生动的范本。作为精准扶贫项目工程之一，光伏扶贫项目的建设带来了巨大的扶贫、脱贫效益，不仅促进了全县经济产业的发展、带动一万多名贫困户持续增收，更发挥了良好社会效益，其中，渭源县光伏扶贫收益分配体系建构的实践促使光伏扶贫资金的扶贫益贫

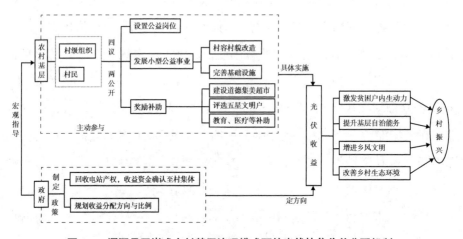

图 4-6　渭源县互嵌式乡村基层治理模式下的光伏扶贫收益分配机制

效用得以充分发挥，更进一步促进了乡村社会治理能力的提升，成为乡村振兴战略实施的重要基石。

第六节　问题与挑战

渭源县光伏扶贫项目自实施以来，在经济和社会等方面均产生了一定成效，也在资金收益分配方面形成了独特的机制，使贫困村村集体和贫困户个人的收入水平得到提高。然而该县的光伏扶贫工程仍然存在一些问题，需要从根本上转变发展观念，在坚持扶贫电站公益性的基础上探索更加灵活有效的管理方式。

一、存在的问题

渭源县光伏扶贫项目存在的问题主要体现在电站收益、项目运行和效果的持续性等方面，这些问题影响到扶贫电站的发电效益和经济收益，同时关系到贫困户能否从光伏扶贫项目中获益、共享经济发展成果。

（一）电站收益问题

电站的收益水平直接关系到贫困村和贫困户是否能够从光伏扶贫项目中受益、能够获得多少利益。渭源县光伏扶贫项目的高成本与低效益共同形成了收益水平有限的局面，使电站不能在最大程度上发挥优势。具体体现在自然条件差异造成的电站发电效益差异、市场化中的行政性公司造成的运行成本负担以及较高的运维费用对经济效益的消耗。在对项目的评价方面，虽然电站的收益按规定分配给了贫困村村集体和贫困户个人，但档卡户和非档卡户对该项目的评价普遍不高。

1. 自然条件差异大，部分电站效益低

自然条件方面，以年等效利用小时数为标准，全国分为三类太阳能资源

区，定西市为二类资源区，即年等效利用小时数在 1400—1600 小时之间。虽然全县整体降水量较小，但复杂的地形条件使当地许多地方形成了局部气候特征，使各电站的发电量和效益产生了较大差异。

> 书记：40 万度一年，大约是 40 万度。
>
> 乡长：像今年 9 月份到 10 月份这两个月就是天天下雨，这一段时间是发电量一个月在 1 万度左右，这样的话就少了。
>
> 刘书记：1250 小时。这边低一点。这边二类地区。
>
> 乡长：咱们的算了 9 月份的时间，咱们是只有 7 天时间，10 月份的时候我算了不到 12 天时间。光伏板只要没太阳就不发电，这就不一样。
>
> 刘书记：全县应该能到 1400，是吧？
>
> 乡长：其他地方就是明显的元古堆、香卜路要比其他的地方少一点，这个是比较明显的，因为这个地方经常就是说，没有太阳。
>
> 门书记：它是一个小（气候）系统，两山夹了一个沟里边。
>
> 书记：你在县城里边不下雨，到我们田家河就下雨了。①

访谈显示，局部气候特征对光伏电站的发电效益产生较大影响。以位于田家河乡的三个村级电站为例。图 4-7 至图 4-9 分别为 2020 年 10 月香卜路村、元古堆村和韦家河村三个村级电站的发电量和等效利用小时数。

10 月 23 日香卜路村村级电站发电量为当月最高的 1796.9 度，等效利用小时数为 6 小时。

10 月元古堆村发电量最高为 1735.59 度（10 月 21 日），等效利用小时

---

① 访谈材料由元古堆村座谈会录音整理。书记：田家河乡书记；乡长：田家河乡乡长；刘书记：国扶办挂职渭源县县委副书记；门书记：国扶办挂职田家河乡香卜路村书记。

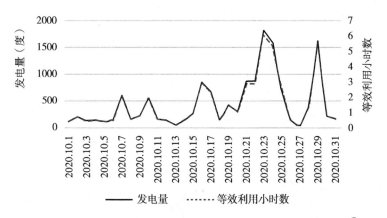

图 4-7　香卜路村村级电站 2020 年 10 月发电量和等效利用小时数 ①

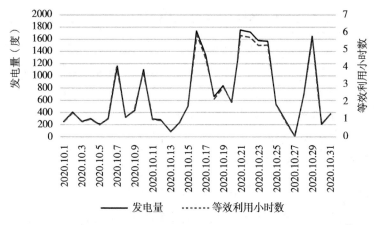

图 4-8　元古堆村村级电站 2020 年 10 月发电量和等效利用小时数 ②

数 5.8 小时。

韦家河村 10 月最高发电量为 21 日的 1327.35 度，等效利用小时数 4.5 小时。

表 4-29 列出了三个电站的发电量和等效利用小时数相关数据对比。

---

① 数据来源：根据渭源县光伏扶贫信息平台数据整理而成。

② 数据来源：根据渭源县光伏扶贫信息平台数据整理而成。

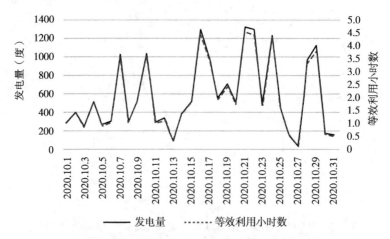

图 4-9　韦家河村村级电站 2020 年 10 月发电量和等效利用小时数 [1]

表 4-29　田家河乡香卜路村、元古堆村及韦家河村村级电站 10 月发电情况

| | 发电量（度） | | | | 等效利用小时数 | | | |
	最高	最低	平均	总计	最高	最低	平均	总计
香卜路村	1796.9	0	431.47	13375.5	6	0	1.43	44.4
元古堆村	1735.59	1.38	701.01	21731.27	5.8	0	2.34	72.4
韦家河村	1327.35	28.88	584.22	18110.82	4.5	0.1	1.98	61.4

注：根据渭源县光伏扶贫信息平台数据整理而成。

　　由表 4-29 可知，虽然同位于田家河乡，但三个村级电站的发电情况差异较大。2020 年 10 月元古堆村和香卜路村电站的日均发电量差异达到 269.54 度，总发电量的差距达 8355.77 度，按 0.3078 元 / 度的基本电价计算，收益的差距达到 2571.91 元。可见自然条件导致的发电量的差异会引起村集体经济收益的差距。

2. 电站运维管理不到位

　　渭源县光伏电站运维管理中的技术、操作问题也对经济效益产生了影响。太阳能二类资源区的年等效利用小时数应在 1400—1600 小时之间，然而

---

① 数据来源：根据渭源县光伏扶贫信息平台数据整理而成。

渭源县一些条件较差的地方仅能够达到三类地区的水平，即每年 1200 小时。除自然条件外，对于电站的管理运维水平较低也是造成低效益的原因。一方面，渭源县光伏扶贫项目建设时间较晚，整体发展较为落后。该县光伏扶贫第一批指标于 2016 年下达，2017 年开始正式建设和并网验收；最后一批项目于 2019 年底建设完毕。由于项目开展初期引进企业进行建设，且没有统一规范，因此出现太阳能电池板质量良莠不齐的情况，给运维带来了较大难度。

实际上，由于光伏电站运维工作的复杂性、低经济效益等各种因素，委托第三方公司开展运维服务存在许多困难，作为市场化主体的公司并不愿接受这项业务。

另一方面，该县虽然设置了电站日常巡护人员，但一些规模较大的电站仍然出现太阳能电池板表面被灰尘覆盖、清洁不及时等问题。运维不及时对电站的发电量和经济效益产生了不利影响，使村集体资产处于流失状态。

除电站建设和运维过程中出现的技术性问题外，资金分配过程中也出现了操作不规范的问题。在农光互补项目中，企业与村集体、贫困户签订的合同并不明晰，没有对农业产业发展中各方的权益做出明确划分，可能使资金分配产生争议。

3. 村民"无感增长"的困境

在项目实施地开展的访谈中，一些贫困户和非贫困户对光伏扶贫项目的评价体现出对增长的无感。"无感增长"指民众所获得的利益与国家经济增长速度和发展水平不成比例，即民众的幸福感和获得感有限，甚至产生"被增长"的感觉。无感的增长是一种发展幻象，经济的快速发展以巨大的社会成本为代价，其后果往往是民众对社会的认同感被削弱、社会成员的弱势化和不可持续的发展模式。[1] 在渭源县光伏扶贫的项目地，一些村民并没有对

---

[1] 郑杭生、黄家亮：《从社会成员"无感增长"转向"有感发展"——中国社会转型新命题及其破解》，《社会科学家》2012 年第 1 期。

该项目显示出认同感。

国家、省和县级有关光伏扶贫收益分配的文件中均有明确规定，收益的一部分用于村内公益事业的建设，贫困村在政策落实过程中也通过积分兑换超市、公共设施的维护、景观打造等方式改善了村庄环境，提升了基层治理能力。然而对于非受益人员的访谈仍显示，他们普遍认为光伏扶贫项目的实施与其"关系不大"，甚至"没有关系"。

光伏扶贫项目中村民的"无感增长"表面上是操作性问题，即村集体对光伏扶贫资金实行"统收统支"，村民并不知道公益岗位工资以及村内公益事业资金的来源，造成他们对项目的认同感不强；同时更是结构性问题，即长期以来经济增长高于一切的发展主义思想使政策制定者不自觉地忽视对人的关怀，从而导致矛盾的出现。

（二）项目运行问题

作为光伏扶贫项目的试点运行地区，渭源县在政策执行的过程中不可避免地遇到行政性问题，如各参与部门之间职责不分明、两套信息监测平台造成运行成本增加等。此外，从分配的结果来看，光伏扶贫项目的运行给基层干部与贫困户、贫困村与非贫困村之间造成了一些矛盾。

1. 参与部门众多，职责划分不明

渭源县光伏扶贫项目的参与主体众多：县发改局负责制订建设方案，财政局负责资金筹集和拨付，扶贫办负责协调各部门的职责以及资金分配，此外还有农业农村局、国土局、环保局、林业服务中心等。作为光伏扶贫政策的落实主体，扶贫办面临"小马拉大车"的局面，其职责的落实受到各方牵制。

正源公司运行过程中的阻滞就体现出了各部门之间的权力牵扯。

此外，公益岗位的设置也体现出管理部门冗杂的问题。渭源县 2020 年共设置乡村公益岗位 246 个，由人社部牵头，发改、财政、扶贫等部门共同

开发，省级和县级财政各负担 123 个。[①] 岗位方面，涉及书屋管理员、道路维护员、保洁员、绿化员、水电保障员、公共安全管理员、公益设施管理员等，然而各岗位的职责可能出现交叉，如道路维护员的职责包括清理公路沿线堆积物，同时乡村保洁员的职责也涉及清扫、维护公共区域卫生和环境，虽然村委会对每个贫困户的岗位职责和负责区域进行区分和细化，但人为划分依据的标准不一，其合理性仍然存在争议。

2. 国家系统和地方系统的矛盾

在信息平台的使用上，渭源县使用国家系统和地方系统双线并举的方式进行信息化管理。该县选择品联科技自主研发的系统，这套系统汇总了陕西省 10 个市、甘肃省 3 个市（自治州）以及宁夏回族自治区 4 个市光伏扶贫电站的信息。在操作上，该系统比国家系统更加简便，信息的上传和更正不需要经过层层审批；在内容上，可以监控全县 81 个电站的发电量、实时功率、故障情况等，信息更加全面。因此在日常管理中，渭源县使用品联公司的系统进行信息的汇总中转和状况监测。

同时，地方启用另一套系统也是基于电站运行维护便利性的考虑。

省光伏扶贫领导小组成员：国网电商，你既然拿到这个数据，那么你就应该分析清楚哪个地方的电站有问题，你应该有更专业的团队和力量来做好每一个地方的光伏扶贫的维护，这样就把故事讲圆了，结果他给我讲了一半，就讲到拿了数据就没了。甘肃省渭源县 A 电站有故障，没了。[②]

而根据要求，扶贫电站的相关信息必须上传至国家光伏扶贫信息系统。于是渭源县出现了两套系统并行的局面：使用品联系统进行日常信息登记和维护，定期将相关信息上传至国家系统。两套系统共同运行的做法徒增了不少监测平台的负担和成本。

---

① 资料来源：根据《渭源县 2020 年开发 246 个乡村公益性岗位实施方案》整理。

② 访谈材料由甘肃省扶贫办座谈录音整理。

（三）效果持续问题

除项目收益水平与评价、项目运行过程和结果存在问题外，渭源县光伏扶贫政策的实行还存在效果的持续性问题，即在目前的收益分配方案下，资金的用途受到严格限制，村级自治组织和村民个人无权决定分配的形式、内容，其积极性被抑制。

根据国家相关政策规定，为了补偿新冠疫情期间贫困户不能外出务工而损失的收入，光伏扶贫电站收益的 80% 需用于贫困人口参加公益性劳动的工资和劳务费用。然而村中公益岗位的数量有限，各个岗位工资水平也有相应的限制，因此一些光伏收益资金规模较大的村面临"钱分不出去"的局面。为了解决这一问题，一些贫困村出现了"制造"公益岗位的情况。以香卜路村为例，截至 2020 年 3 月 26 日，该村光伏扶贫的收益剩余达到 297196.87元；在 2020 年集体收益资金分配使用方案中，香卜路村计划在公益岗位中投入 18.5 万元，用于公益岗位人员工资福利费用、工作用具的购买、保险费、宣传费等方面。而在实际安排中，该村不仅安排了保洁员、护林员、护理员等岗位，还将村合作社参与建立的鲜切花基地工人的工资包含在公益岗位的工资支出中。公益岗位的"商业属性"实质上是在以公益岗位工资为光伏电站收益资金的主要分配途径下，地方为了提高治理有效性而进行的变通，体现出权威体制与治理有效性之间的矛盾[1]。

类似的变通也体现在杨家寺村公益岗位的数量规定上。杨家寺村 2019年共设置 90 个公益岗位，后县政府下发通知规范公益岗位的设置行为，该村由此开始裁撤冗余岗位，精简岗位数量至 36 个。

公益岗位应以"按需设置"为原则，相关文件也做出"因事设岗、以岗

---

[1] 周雪光：《权威体制与有效治理：当代中国国家治理的制度逻辑》，《开放时代》2011年第 10 期。

定人、因岗定责"的规定，然而公益岗位数量的多少根据光伏扶贫收益资金规模的大小改变实质上是"因钱设岗"的逻辑，体现出村集体在资金收益的分配过程中缺乏整体意识和大局思维。

二、政策建议

针对渭源县光伏扶贫项目运行过程中出现的问题，应从发展理念、组织协调和技术改进等方面入手，加以解决。

对于光伏扶贫收益分配中存在的问题，应坚持光伏扶贫项目的公益属性，兼顾其公益效益和经济效益。光伏扶贫项目不仅是政府出资为贫困户谋取福利的措施，更是对于乡村经济和社会的投资。从这个角度来看，光伏资金收益分配问题不仅是应该如何设置公益岗位、村集体和贫困户个人分别应该占有何种比例的问题，更是资金应该投向何处，即资金的用途问题。关于资金分配的组织形式，社会企业的经营模式或许可以为光伏资金的使用提供启示和借鉴，即以光伏资金为经济来源，建立一个旨在解决社会问题（如医疗、教育、养老等）而不是以营利为目的的企业，或成立一个由穷人所有的营利公司；[①]关于资金在各主体之间的分配比例，可以建立资金在村集体和贫困户个人之间的动态分配方案；关于资金用途约束的规定，相比于"正面清单"，列出资金使用的"负面清单"更能激发基层组织的主动性和创新力，即规定不可以使用光伏资金的领域，形成收益资金分配的制度软约束。

对于项目运行中出现的行政性问题，需要加强组织间的协调与沟通。在光伏扶贫项目的落实层面，基层组织面临着缺乏自主权利的尴尬局面，对此，应该从制度层面给予其自主性和灵活性，提高工作效率，同时做好监督管理工作。

---

① ［孟］穆罕默德·尤努斯：《穷人的银行家》，吴士宏译，生活·读书·新知三联书店2006年版，第98—100页。

对于技术和操作性问题，需要提高运维水平，规范运行程序。在运行形式上，强化市场化运作形式，发挥市场和企业在电站运维、系统监测等方面的专业技术优势，减少行政性管控和要求，激发市场的活力；在技术层面，根据专业标准加强对第三方运维公司的监督和管理，提高运维效率，保证发电时数；在操作层面，增加对太阳能电池板的日常清洁和巡护频率，依据考核标准加强对巡护人员的考核力度，严格按照制度规定实行奖惩。

第七节　结论与讨论

作为一种新型产业扶贫方式，光伏扶贫具有不同于以往产业项目的特点：与农业产业项目相比，对于自然条件的依赖程度较低，受气候变化的影响较小，只要有太阳辐射就可以发电并获得经济收入；电是日常生活中的必需品，需求弹性小，受市场风险和价格机制的影响较小，收益水平较为稳定；前期投入高，可持续发展能力较强，建成后可保证 25 年左右的持续收益。固有特点使光伏扶贫成为增加村集体经济收入的有效途径。甘肃省于 2015 年开始实施光伏扶贫项目，截至 2019 年底，共在 13 个市州（除嘉峪关外）的 49 个县区建成总并网容量 127.6 万千瓦的光伏扶贫电站（国家下达指标 126.5548 万千瓦，参建项目 1.04 万千瓦），包括集中式电站 25 座 33 万千瓦，村级电站 811 座（含联村电站）92.1 万千瓦（确权到 2879 个贫困村），户用式电站 7774 座 2.5 万千瓦电站；以公益岗位的形式实现 6 万多贫困户家庭收入的增加。[①] 作为国家级贫困县，渭源县经济基础薄弱，产业发展水平较低，为了增加贫困村村集体收入、提高贫困户个人生活水平，在国家和甘肃省政府的指导下，该县于 2016 年开始实施光伏扶贫项目，共建成规模为 60.249 兆瓦的电站，覆盖全县 135 个贫困村，电站建设规模和带动贫困村数

---

① 甘肃省政府：《光伏扶贫工作汇报》，2020 年 9 月 16 日。

量占全省的比例分别为 4.72% 和 4.69%。项目建成以来，渭源县贫困村村集体收入明显提高，村级治理能力有效提升，以公益岗位分配光伏收益的方式既增加了贫困户的经济收入，也培养了村民的环保意识，促进了村内人居环境的改善。

由于自然条件、经济发展、组织协调、技术局限等原因，该县的光伏扶贫项目发展仍然存在一些问题。乡村振兴的背景下，如何应对这些问题，实现可持续发展是该县应解决的问题。

一、结论

渭源县发展光伏扶贫项目具有自然条件优势，气候条件方面，该地位于典型的温带大陆性气候区，晴多雨少，太阳辐射较强，极端气候少，全年平均气温适宜；地形条件方面，地面遮挡少，开阔地带较多，有利于电站的建设，适宜的自然条件为扶贫电站的建设提供了可能性。经济条件方面，渭源县虽然已经实现脱贫出列，但经济发展水平仍然有限，体现在经济总量低、产业结构不合理等方面，落后的经济社会条件使当地具有发展产业扶贫项目的必要性。项目开展四年以来，该县的社会和经济条件明显改善，体现在贫困村和贫困户个人两个层面。

村级层面，村集体经济实现了从无到有、从少到多的增长。集体经济规模的扩大来自两个方面：光伏产业方面，发电收益由电力公司经县正源公司结转发放给村集体账户，村按一定比例留存，进行小型公益事业的发展，如村内公共设施的维护、道德积分超市的物品兑换以及奖补等，不仅改变了村内的落后面貌、改善了村庄人居环境，更通过激发村民参与乡村自治的动力提升了基层治理能力。除了光伏设施的直接收益，渭源县还探索利用太阳能电池板下的闲置土地，通过发展立体经济提高土地利用效率，采取企业引导合作社和农户的方式在板下种植食用菌，不仅创造了适宜食用菌生长的环境，而且缩减了菌棚建设成本，增加了农业生产效益；合作社聘用村内的贫困户开展食用菌种植和菌棚管理等工作，也激发了贫困户通过劳动改变自身境况的内生动力，从思想上改变落后状况。

贫困村民个人层面，按照国家规定，光伏扶贫收益的固定比例分配给贫困村民个人，渭源县通过公益岗位劳动、公益事业劳务以及特殊救济的方式，将收益补偿给有需要的农户，提高了其生活质量和水平。这种分配方式既避免了"福利养懒汉"的现象出现，提高了资金的使用效率，同时考虑到公平性，维护了缺少劳动能力的特殊困难村民的权益。

渭源县的光伏扶贫项目在经济和社会等方面均发挥了显著的减贫作用。除此之外，在收益分配机制方面，该县以"四议两公开一监督"的程序为核心构建起高效且长效的扶贫资金分配体系，为基层治理的科学化民主化发展提供了借鉴经验。渭源县政府发布政策文件将扶贫电站的产权全部回收确认到各个贫困村，并依据中央政府的政策指示划定光伏电站扶贫资金的用向与分配比例，有效避免了扶贫资金的浪费与流失，同时也给予了各乡镇地方政府在收益分配管理上充分的自主性；随后，渭源县各乡镇村落的基层政府则在密切联系群众的基础上，充分发挥能动性，通过"四议两公开"程序构建起更为具体、完善的光伏扶贫资金管理、分配与监督制度，有效避免了村集体"沉睡资产"的产生，也使得扶贫资源能更好地瞄准贫困村与贫困户的实际需求，保障了光伏收益的高效能利用。另外，这一收益分配体系的构建在整体上也反映出渭源县政府与地方"互嵌式"的乡村治理体系，在这一体系的良好运转之下，光伏扶贫资金的效用被放大，更进一步延伸出其激发乡村与村民自治积极性，提升乡村基层治理能力的社会效益，成为基层治理方式的有益探索与创新，能够与乡村振兴战略相对接，为其他地方实现基层的有效治理提供了一定启示和借鉴。

二、乡村振兴战略视域下的光伏扶贫

作为一项社会政策，光伏扶贫项目实施应以促进社会公平为目的，维护电站收益分配的公益属性；同时在运行过程中要提高电站发电水平，实现经济效益的最大化，即在市场化运行的形式下，提高扶贫电站经济效益的同时注重社会效益。

虽然渭源县通过复合治理的机制实现了光伏资金的有效分配，但在光伏扶贫项目运行的整体过程中仍然存在一些问题，最突出的是资金的用途问题。在绝对贫困即将被消除的前提下，光伏资金如何在所谓的"贫困户"和"非贫困户"之间合理分配，即"贫困户"和"非贫困户"的权益应该如何平衡是光伏扶贫项目下一步发展中需要解决的重点问题。从发展而不是救济的视角分析，该项目不仅是针对贫困村村集体、建档立卡贫困户和贫困村民个人展开的扶贫兜底项目，更是渗透进乡村社会结构的一项政策措施。当前政策文件中对于光伏扶贫资金的规定较为详尽，对资金的用途、村集体与贫困户所得比例都做了规范，但相应地也产生了一些问题，即地方自主性被忽视。

在乡村振兴的视域下探讨光伏扶贫政策的发展方向，应以积极的社会政策视角进行考察，以帮助穷人积累资产的理念为基础[①]，建设更加积极的"投资型"社会[②]，实现从收入到资产的政策、从福利到生机的变迁，即将光伏扶贫政策内容视为乡村社会的一项资产进行维护和建设。

光伏扶贫项目的推行在积累了一定经验的同时不可避免地遇到了许多问题和困难。解决现阶段出现的问题最根本的途径是转变发展思路和方式，应以可持续生计而不是福利甚至救济的视角看待和分析。在乡村振兴的背景下如何发挥光伏扶贫这一社会政策的作用，使之实现经济效益与社会效益的平衡，此为下一阶段发展过程中需要重点思考的问题。

---

① 钱宁：《资产建设理论与中国的反贫困》，《社会建设》2019年第2期。

② 何振锋：《资产建设理论形成、实践及启示》，《社会福利（理论版）》2019年第9期。

附录 研究资料获取情况

资料类别	内容主题	数量（份）
省市级政策文件资料	甘肃省年度脱贫攻坚总结报告	4
	甘肃省光伏扶贫工程整体情况	2
	定西市光伏扶贫建设相关文件	1
县级资料	《渭源县志》	1
	渭源县国民经济和社会发展统计资料	4
	渭源县年度扶贫开发工作总结	8
	渭源县年度脱贫攻坚总结报告	7
	渭源县全县能源发展情况报告	1
	渭源县产业扶贫及光伏扶贫实施情况相关文件	7
	渭源县光伏扶贫电站建设情况文件	8
	渭源县光伏扶贫电站确权相关文件	1
	渭源县光伏扶贫电站收益和分配情况文件	12
	渭源县光伏扶贫电站运维相关文件	5
乡镇及村级资料	光伏扶贫电站收益分配方案	63
	光伏资产收益情况文件	17
	村集体经济收入情况文件	4
	村集体收益分配使用方案	4
	公益岗位管理办法及人员信息	42
	光伏扶贫项目带贫情况文件	26
	村脱贫攻坚工作汇报	8
	农光互补产业园资料	3
	上湾镇扶贫车间资料	1
	光伏电站确权书（干乍村）	5

第五章　秭归县光伏扶贫报告

第一节　秭归县经济社会发展情况与贫困问题概述

一、秭归县基本情况简介

秭归县地处湖北省西部、长江西陵峡畔、高峡平湖之滨、三峡工程坝上库首，是伟大爱国诗人屈原、和平使者王昭君和革命先烈夏明翰的故里，是著名的"中国脐橙之乡""中国龙舟之乡""中国诗歌之乡""中国民间文化艺术之乡""中国美食之乡""中国最美外景地"。全县国土面积2427平方公里，辖12个乡（镇）、174个行政村、8个居委会，全县总人口36.86万人，其中乡村人口27.93万人[①]。

（一）地理自然与气候条件

秭归县地理坐标为北纬30°38′—31°11′，东经110°18′—111°0′。东邻夷陵区，南接长阳土家族自治县，西毗巴东县，北连兴山县。秭归县地势西南高东北低，属长江三峡山地地貌，山岗丘陵起伏，河谷

---

① 湖北省秭归县地方志编纂委员会：《秭归县志（2020）》。

纵横交错。秭归自然环境多样，包括耕地、园地、林地和水面。县境内水能资源和水资源丰富，水能蕴藏量 18 万千瓦；河流水系发达，溪河网布，长江横贯县境 64 公里和常流溪河 135 条，流域总面积 2032 平方公里。县境内矿产资源种类繁多，现已探明的有煤、铁、金、硅石等 20 多种，其中黄金和煤炭储量丰富，被誉为"千两黄金县"和"重要产煤县"。

境内山峦起伏，气候垂直变化明显，整体气候分低山河谷温热区、半高山温暖区、江南南部温湿区、江北东部温凉区，分别占全县总面积的 20.9%、56.1%、16.4%、6.6%。秭归全县属亚热带大陆性季风气候，年平均气温 16.3—18.79℃，无霜期 250—300 天，年均降水量 1215.6 毫米。境内四季分明，雨量充沛，日照充足，气候温和，盛产柑橘、烤烟、茶叶、板栗等特色农产品[①]。

（二）历史文化与经济社会特征

秭归县历史悠久，商朝时期为归国所在地，西周朝为夔子国，战国后期称归乡，汉朝置秭归县，秭归县名因屈原而定。据《水经注》称："屈原有贤姊，闻原放逐，亦来归……因名曰秭归。"秭归是楚文化的发祥地，至今已有 3200 年的文字史。这里诞生了伟大爱国诗人屈原，走出了民族和平使者王昭君，孕育了革命先驱夏明翰。秭归文化灿烂，屈原文化举世闻名、移民文化引人注目、峡江文化丰富多彩、巴楚文化在这里相互交融，屈原故里端午习俗已被列入世界非物质文化遗产。秭归县"上控巴蜀，下引荆襄"，属沟通渝东鄂西的咽喉要地，峭壁千仞的西陵峡、神秘险峻的链子崖、被誉为"天然氧吧"的泗溪大峡谷、惊险刺激的九畹溪探险漂流等，构成三峡大坝库首旅游新亮点；秭归已跨入湖北省优秀旅游县之列。县城先后荣获"中

---

① 湖北省秭归县地方志编纂委员会：《秭归县志（1979—2005）》，方志出版社 2018 年版，第 44—52 页。

国人居环境范例奖"、国家卫生县城、国家园林县城、全国文明县城、全省
环保模范县城等称号。

秭归县坚持以习近平新时代中国特色社会主义思想为指导，深入贯彻落
实党的十八大、十九大精神，全面贯彻落实习近平总书记视察湖北、亲临宜
昌重要讲话精神，积极抢抓长江经济带、三峡后续工作规划、脱贫攻坚等
政策叠加机遇，以"两园三区"为主战场，加速推进三峡翻坝物流产业园、
九里生态工业园、县城主城区、金缸城新区、三峡屈原文化生态旅游区建
设。全县农业基本形成低山柑橘、中山茶叶和核桃、高山烤烟和蔬菜的立体
产业带；工业初步形成光电制造、食品加工、纺织服饰、新型建材、清洁能
源等骨干产业；第三产业形成以旅游为龙头，商贸流通、港口物流、电子商
务、现代服务等产业竞相发展的良好格局。2019年，全年GDP达到164.5
亿元，增长7.3%；完成地方一般公共预算收入8亿元，增长2.3%；完成固
定资产投资96亿元，增长12.2%；完成社会消费品零售总额60亿元，增
长12.4%；城镇居民、农村居民人均可支配收入30517元、11596元，分别
增长9.4%、10.1%。全县经济社会呈现出增长较快、结构优化、民生改善、
协调发展的良好态势[①]。

未来几年，是秭归巩固脱贫、建成小康的攻坚期，是秭归机遇叠加、优
势后发的机遇期，是秭归动力转换、产业升级的重要期，是秭归实施"桥头
堡"战略的关键期。全县上下将以习近平新时代中国特色社会主义思想为指
导，全面贯彻党的十九大精神，认真贯彻落实习近平总书记视察湖北、宜昌
重要讲话精神，按照"五位一体"总体布局和"四个全面"战略布局，全面
落实五大发展理念，对标高质量发展要求，着力推进供给侧结构性改革，大
力实施旅游引领、生态崛起战略，积极推进"精品农业大县、生态工业强县、
文化旅游名县、现代物流新县"建设，全力打造"长江三峡旅游核心区、长

---

① 湖北省秭归县地方志编纂委员会：《秭归县志》（2020）。

江上游物流集散区、三峡库区精品农业示范区、三峡库区生态工业融合创新发展试验区"，坚决打赢脱贫攻坚战，全面建成小康社会，奋力建成湖北长江经济带"桥头堡"。

（三）制约经济社会发展的原因分析

秭归作为山区县市，产业结构相对单一，主要发展特色农业，具有第一产业比重大、第二产业体量小、第三产业发展不足的特点。县内山高坡陡，以起伏的山岗丘陵和纵横交错的河谷地带为主。由于长江水系川流不息，地面切割较深，大片平地少，多为分散河谷阶地、槽冲小坝、梯田坡地。秭归县海拔800米以上高山地区占总土地面积的30%，海拔500—800米半高山地区占总土地面积的54.9%，海拔500米以下低山地区占总土地面积的15.1%。全县土地总面积22.74万公顷。其中林地14.84万公顷，占土地总面积的65.26%；剩下耕地、园地、城镇工矿用地、交通运输用地等合计占土地总面积的34.74%[①]。秭归县地质环境条件复杂，地质灾害种类多样较为频发。由于地形条件与地貌特征的限制，国民经济和社会发展存在矛盾和问题，主要表现为经济总量不大、结构不优；发展动能不足，产业项目不多；教育、文化、卫生、基础设施等民生领域仍有不少短板，基本公共服务不均衡。

二、秭归县贫困状况及扶贫成效

（一）秭归县贫困的原因

秭归地处山区、灾害频发，山大人稀，交通不便，长期处于贫困状态。

---

① 湖北省秭归县地方志编纂委员会：《秭归县志（1979—2005）》，方志出版社2018年版，第44—45页。

《归州志》曾有"行数十里不能粜斗粮，竟有以人而食者"的记述。中华人民共和国建立后，秭归被定为丙等县。部分人温饱问题长期不能解决。1990年，国务院贫困地区开发领导小组将秭归县列入国家重点扶贫县。

秭归是三峡库区移民大县，也是国家扶贫开发工作重点县、武陵山扶贫攻坚片区县。1992年，秭归被确定为三峡工程移民规划试点县。三峡工程坝、库区涉及秭归县9个乡镇71个村。为确保三峡工程如期开工、如期蓄水、如期发电，秭归县实施搬迁，共淹没1座县城、8个集镇、6个场镇，动态移民达10万之多，淹没综合指标占全库区的10%、湖北省库区的53%、宜昌市库区的70%以上[①]。1994年秭归又被列入"八七"扶贫攻坚重点贫困县，2002年再次被列入新阶段扶贫开发重点县。2011年7月，秭归县被纳入国家武陵山片区区域发展与扶贫攻坚试点；2012年2月，被省委、省政府纳入湖北武陵山少数民族经济社会发展试验区。

秭归县围绕"两果两叶"（柑橘、茶叶、核桃、烟叶）培育主导产业，但半高山以上地区的核桃产业效益暂时没有充分显现，烟叶面积受计划缩减；由于秭归地形地貌特点，土地规模化、集约化经营很难形成，特色主导产业还需要进一步探索和培育，农业产业抵御自然风险和市场风险能力有待加强，农业比较效益不优。

（二）秭归县贫困的特点

秭归县贫困的特点是贫困人口多、贫困发生率高，贫困人口生活困难。贫困人口集中分布在高山边远地区和深山峡谷地带，基础设施薄弱，少数高山贫困村存在季节性用水不便。随着城镇化的发展，农村青壮年劳动力大量外出，全县留守老人、留守妇女、留守儿童较多，村庄空心化、农户空巢

---

① 湖北省秭归县地方志编纂委员会：《秭归县志（1979—2005）》，方志出版社2018年版，第308—310页。

化、农民老龄化现象严重，农业生产缺乏充足的劳动力、现代生产技术和现代农业经营理念。

（三）秭归县脱贫攻坚的过程

2014 年初，全县建档立卡贫困人口 27131 户 75766 人，贫困发生率 24.23%，建档立卡贫困村 47 个，深度贫困村 15 个。

2017 年秭归县建档立卡贫困人口 27532 户 73329 人。"十三五"期间重点贫困村 47 个。经过全县上下一年的努力，经自查验收和市级复核，县内茅坪镇四溪村、水田坝乡郝家湾村、泄滩乡桂花坪村、两河口镇中心观村、梅家河乡鲁家湾村、郭家坝镇百日场村、九畹溪镇界垭村等 7 个贫困村达到"九有"标准，顺利出列；全县 4745 户 13041 名建档立卡贫困人口达到"两不愁三保障"标准，顺利脱贫销号[①]。

2018 年 12 月 31 日，秭归县在全国扶贫信息管理系统库内人口共计 27082 户 71611 人，通过村自查、乡镇普查、县抽查复核、市级验收结果，2018 年度完成 12989 户 31715 人脱贫销号，17 个贫困村脱贫出列。秭归县 47 个建档立卡贫困村全部出列，全县存量贫困人口 133 户 286 人，综合贫困发生率下降到 0.09%。2018 年秭归县全县实现生产总值 136 亿元，完成一般公共预算收入 7.82 亿元。[②]2019 年前三季度农村常住居民可支配收入 7831 元，增长 9.89%，高于全省平均增幅。2019 年的数据显示：柑橘质优价涨，伦晚脐橙收购大宗价比前一年上涨 150%，秭归夏橙收购大宗价比前一年上涨 100%。茶叶增量增效，全市茶园产量比前一年同期增加 3621 吨；春茶芽茶鲜叶收购价比前一年上涨 10% 左右，干茶均价上涨 4.8%。2019

---

① 秭归县扶贫攻坚工作领导小组办公室：《2017 年度秭归县脱贫攻坚工作总结的通知》（秭扶组办〔2017〕72 号）。

② 秭归县扶贫攻坚工作领导小组办公室：《2018 年度秭归县脱贫攻坚工作总结的通知》（秭扶组办〔2018〕38 号）。

年，服务业增加值占生产总值的比重达到44.6%，比同期提高6.6个百分点。2019年前三季度，全县农林牧增加值增长率3.7%，高于全省3.5%的平均水平；发展特色产业带动贫困户的比率96.5%，新型经营主体带动贫困户的比率89.84%，"市场主体+"带动产业扶贫模式基本形成。全县186个村集体经济收入全部达到5万元，其中50个村集体经济收入突破10万元①。

秭归县全面落实教育扶贫、健康扶贫、社会兜底保障政策；2018年12月份顺利通过贫困县退出市级初审，2019年4月，湖北省政府正式发文批准秭归县退出贫困县。2020年，全县农村贫困人口脱贫清零，实现了"户脱贫、村出列、县摘帽"的脱贫目标。

（四）秭归县脱贫攻坚的成效

自脱贫攻坚战打响以来，秭归县坚持以脱贫攻坚统揽全县经济社会发展大局，把脱贫攻坚作为首要政治任务来抓，因地制宜发展经济，全面完成减贫任务，有效巩固脱贫成果，为决胜全面小康奠定了坚实基础。截至2020年8月底，利用光伏收益资金设置公益岗位1161个，吸纳贫困人口参与村级公益事业建设1027人，选聘生态护林员1500人。2020年，新发展中药材7329亩，新发展茶叶5064亩，新发展小水果7736亩，实施柑橘园综合改造1.8万亩，培育核桃示范园1.5万亩，扶持贫困户和边缘户实施春季补栏仔猪810头，认定重点扶贫产品供应商35家，重点扶贫产品663个，线上线下销售总额达5.86亿元。2020年以来，秭归县没有1例因疫情、灾情致贫和返贫的个案发生。

1.脱贫攻坚目标基本实现。秭归县先后完成27446户72825人脱贫销号，47个贫困村脱贫出列。2019年4月，省政府正式发文批准秭归县退出贫困

---

① 中共秭归县委、秭归县人民政府：《秭归县脱贫攻坚工作情况汇报》，2019年2月17日。

县。2020年，全县农村贫困人口脱贫清零，实现"户脱贫、村出列、县摘帽"目标。秭归县在农村基础设施、各类产业发展、农民收入水平、村民人居环境、乡村治理能力方面都有显著成效。

2.农村基础设施明显改变。秭归长江大桥建成通车，全县公路总里程5838公里，农村公路5500公里，全县234个撤并村、20户以上自然村全部通硬化路；解决了6.6万户21万人的饮水安全巩固提升。全县供电可靠率达99.8%，综合电压合格率达99.21%；全县固定宽带实现全光纤，通达所有乡镇、行政村和98.64%的村民小组，4G网络覆盖97.74%的村民小组，固定宽带人口普及率28.65%，移动宽带普及率63.26%。

3.产业发展后劲明显，特色农业提质增效，产业结构趋优。依据高山垂直海拔和土壤特点，全县除突出柑橘、茶叶两大主导产业以外，还发展核桃、蔬菜、生猪、小水果产业，开发休闲观光旅游农业；基本形成了"高山蔬菜、中山茶叶和干果、低山柑橘、全县发展生猪"的产业格局。全县现有特色产业种植面积133.8万亩。培育农业龙头企业283家、农民专业合作社731家，家庭农场542家，累计带动贫困户2.32万户。发展电商企业1620家，在阿里巴巴、京东等主流电商平台开设网店3300家，"秭归脐橙+快递"荣获全国快递服务现代农业金牌项目。培育8家市级以上休闲农业示范点，打造4条休闲农业旅游线路。

4.农民收入水平明显提高。2019年完成地区生产总值164亿元，一般公共预算收入8亿元，农村常住居民人均可支配收入从2014年的7336元增加到2019年的11596元，农村低保平均标准由2015年的2580元增加到现在的5760元，农村特困人员救助供养平均标准由3600元增加到现在的11520元。

5.村民人居环境明显改善。2016年以来秭归县完成易地扶贫搬迁4174户11294人，建成6户以上集中安置点180个；2017年以来实施农村危房改造27056户，其中"4类对象"12099户；累计实施退耕还林24.86万亩，1.64

万户贫困户享受生态公益林补偿资金 418 万元，575 名建档立卡贫困人口被选聘为生态护林员，全县森林覆盖率达到 72.21%；村镇文化中心建成率 100%，村农家书屋、文体广场覆盖率 100%；改扩建村卫生室 68 个，改造和新建党员群众服务中心 75 个、村级文化广场 81 个；完成农户改厕 5.47 万户，改造农村公厕 159 座；大力推进美丽乡村建设，人居环境干净整洁，村容村貌焕然一新。

6. 乡村治理能力明显提升。秭归县先后选派 588 名优秀干部驻村扶贫，为每村选聘一名扶贫专干。通过开展"四双"行动、推进"三在"工程，农村基层治理能力和治理水平显著提高，农村基层党组织凝聚力和战斗力明显增强，以"幸福村落"建设为主要内容的"村落自治"经验入选全国首批乡村治理 20 个典型案例，秭归入选全国乡村治理体系建设首批试点单位①。

三、秭归县光伏扶贫工作的基本情况

秭归是国家电网公司定点帮扶县。2016 年以来，秭归县抢抓国家电网"阳光扶贫行动"机遇，把光伏扶贫作为脱贫攻坚的重要举措来抓，先后在 47 个贫困村建成光伏扶贫电站 50 座（村级光伏扶贫电站 49 座、集中式光伏扶贫电站 1 座），项目平均覆盖 47 个贫困村，总装机容量 10.86 兆瓦，收益惠及 9200 多户 2.5 万多贫困人口。在光伏扶贫电站建设、管护、收益分配工作中，率先探索出了"市场化运维、规范化管护、精准化分配、综合化利用、持续化扶贫"的秭归模式，达到了贫困村集体经济稳定增收、贫困户收益稳定增加的双赢效果②。

---

① 中共秭归县委、秭归县人民政府：《秭归县决战脱贫攻坚工作情况汇报》，2020 年 10 月 18 日。

② 中共秭归县委、秭归县人民政府：《秭归县光伏扶贫情况汇报》，2020 年。

（一）秭归县光伏扶贫的历史机遇

1.太阳能资源丰富，地质条件稳定

根据湖北省1961—2004年平均太阳总辐射量分布图显示，秭归县太阳辐射量在3740—4060MJ/m² 之间。根据湖北省1961—2004年平均日照时数分布图显示，秭归县日照时数约为1450—1650小时。依据中华人民共和国气象行业标准《太阳能资源评估方法》（QX/T 89—2008）评估，秭归县属于太阳能资源丰富区。秭归县工程地质条件相对稳定区没有地质不良作用，适宜光伏电站的兴建。全县水文气象条件适宜，光伏场布置区在长江两岸的低山丘陵地区的山顶、岭及屋顶上，不需要考虑长江外洪内涝和小流域洪水的威胁。另外，场址区未发现具有开采价值的矿藏以及具有保护价值的文物，因此秭归县域内适宜建光伏电站 [①]。

2.政府大力扶持，实施绿色扶贫

2015年7月，习近平总书记评价"光伏发电扶贫、一举两得，既扶了贫，又发展了新能源，要加大支持力度"。把扶贫与新能源有机结合起来，消除贫困的同时，也为全球气候变化做贡献，是授"渔"的生动实践，是共享经济的模式创新，有助于削减贫困、缩小收入差距以及增加就业机会。利用贫困地区太阳能资源建设光伏发电项目，收益用于扶贫，可以兼顾"造血"与"输血"，既帮扶了贫困户，又发展了新能源，是精准扶贫的重要内容，也是产业扶贫的重要组成部分。具有稳定带动贫困群众致富脱贫、有效保护生态环境、积极推动能源领域供给侧改革"一举多得"的效果。

2016年3月23日，国家发展改革委、国务院扶贫办公室、国家能源局、国家开发银行、中国农业发展银行印发《关于实施光伏发电扶贫工作的意见》

---

① 湖北省电力勘测设计院：《国网阳光扶贫湖北秭归村级光伏电站工程可行性研究报告书》，2016年12月。

（发改能源〔2016〕621号）。《意见》指出，在光照资源条件较好的地区因地制宜开展光伏扶贫，既符合精准扶贫、精准脱贫战略，又符合国家清洁低碳能源发展战略；既有利于扩大光伏发电市场，又有利于促进贫困人口稳收增收，各地区应将光伏扶贫作为资产收益扶贫的重要方式，进一步加大工作力度，为打赢脱贫攻坚战增添新的力量[1]。

2016年10月17日，国家能源局、国务院扶贫办印发《关于下达第一批光伏扶贫项目的通知》（国能新能〔2016〕280号）。《通知》安排河北、河南、安徽、山西、山东、湖北、陕西、云南、甘肃、吉林、江西、江苏、湖南、辽宁省建设一批总规模516万千瓦，其中村级光伏电站（含户用）共计218万千瓦、集中式地面电站共计298万千瓦的光伏扶贫项目。湖北省秭归县成为第一批光伏扶贫项目的试点[2]。

2017年2月17日，国家能源局印发《2017年能源工作指导意见》。《意见》指出，要深入贯彻党的十八大和十八届三中、四中、五中、六中全会精神，牢固树立和落实"创新、协调、绿色、开放、共享"的新发展理念，遵循"四个革命、一个合作"的能源发展战略思想，落实中央经济工作会议战略部署，以推进能源供给侧结构性改革为主线，以提高供给质量和效益为中心，着力化解和防范过剩产能，着力推进能源清洁开发利用，着力补上能源发展短板，为经济社会发展提供坚强的能源保障。《意见》还指出，着力提高能源民生福祉要精准实施光伏扶贫工程；总结第一批光伏扶贫工程经验，组织实施第二批光伏扶贫工程。进一步优化光伏扶贫工程布局，优先支持村级扶贫电站建设，对于具备资金和电网接入条件的村级电站，装机规模不受限制。加强并网消纳、费用结算等统筹协调工作，确保项目建设运营落实

---

① 国家发展和改革委员会、国务院扶贫办、国家能源局、国家开发银行、中国农业发展银行：《关于实施光伏发电扶贫工作的意见》，2016年。

② 国家能源局、国务院扶贫办：《关于下达第一批光伏扶贫项目的通知》（国能新能〔2016〕280号）。

到位①。

2017 年 6 月 23 日，习近平总书记在深度贫困地区脱贫攻坚座谈会上强调"在具备光热条件的地方实施光伏扶贫，建设村级光伏电站，通过收益形成村集体经济，开展公益岗位扶贫、小型公益事业扶贫、奖励补助扶贫"，为做好光伏扶贫工作提供了遵循，指明了方向。

2018 年国家能源局、国务院扶贫办联合印发了《光伏扶贫电站管理办法》（国能发新能〔2018〕29 号），《办法》指出，光伏扶贫是资产收益扶贫的有效方式，是产业扶贫的有效途径②。

（二）秭归县光伏扶贫的历程

秭归县接受国家电网公司和社会捐赠共建成光伏扶贫电站 50 座，分布在全县 12 个乡镇 47 个贫困村（表 5-1）。

表 5-1 "十三五"时期 47 个贫困村及光伏电站分布名单

乡镇	村名
茅坪镇	溪口坪村、罗家村、泗溪村、庙河村
屈原镇	凤凰溪村、屈原村、天龙村
归州镇	贾家店村、香溪村
水田坝乡	良斗河村、郝家湾村、联营村、望柱村、草池坪村
泄滩乡	陈家坡村、万家村、桂花坪村、九条岭村
沙镇溪镇	倒座铺村、大浴池村、马家坝村、范家坪村
两河口镇	云盘村、天池垭村、高桥河村、中心观村
梅家河乡	尤家湾村、三掌坪村、鲁家湾村、王家坡村
磨坪乡	磨坪村、一篮村、三墩岩村、天井坪村
郭家坝镇	庙垭村、西坡村、熊家岭村、百日场村、柏杨坪村
九畹溪镇	峡口村、槐树坪村、界垭村、仙女村
杨林桥镇	凤凰岭村、白鹤洞村、响水洞村、白岩村

资料来源：秭归县农业局办公室《秭归县"十三五"产业精准扶贫规划》（秭农文〔2016〕68 号）。

---

① 国家能源局：《2017 年能源工作指导意见的通知》（国能规划〔2017〕46 号）。

② 国家能源局、国务院扶贫办：《光伏扶贫电站管理办法》（国能发新能〔2018〕29 号）。

集中式光伏扶贫电站位于茅坪镇建东村。2016年国家电网公司在秭归县茅坪镇建东村建设800千瓦集中式农光互补光伏电站一座。光伏电站2016年8月31日并网发电，占地27亩，总投资834.30万元。2018年2月14日国家电网公司将集中式光伏电站无偿捐赠给秭归县慈善协会，交付建东村管理①。2020年9月，累计发电量2084920度，合计收益2251713.6元②。

分散式村级光伏扶贫电站分散在秭归县47个建档立卡贫困村。2017年国家电网公司出资8299.85万元，在建档立卡贫困村建设光伏扶贫电站47座，每座光伏电站占地约6亩。电站于2017年3月7日正式开工建设，分为三个批次，第一、二批次各16座，第三批次15座，分别于2017年4月15日、5月15日与6月13日投运。其资产权属归电站所在村集体③。2017年5月26日在全国扶贫现场会上，秭归县把村级光伏电站的建设管理经验推向全国。2017年9月14日国家电网公司全部无偿捐赠给秭归县慈善协会，和建东村集中式光伏电站一样，秭归县慈善协会将资产无偿拨付给电站所在建档立卡贫困村村集体经济组织，并组织各村将电站运维工作同步移交给专业运维单位。

有2座光伏电站为社会资金定向捐建。2016年，宜昌人福药业捐赠资金80万元，在梅家河乡三掌坪村援建年发电量100千瓦时的光伏电站④。2017年县财政出资金40万元，地税局出资金8万元，在水田坝乡草池坪村建发电量60千瓦时的光伏电站。这两座光伏电站也分别归村集体所有⑤。

---

①　秭归县慈善协会：《湖北省秭归县集中式光伏扶贫电站资产接收确认书》，2018年。

②　茅坪镇建东村村民委员会：《建东村惠源光伏电站工作总结》，2020年。

③　中共秭归县委、秭归县人民政府：《秭归县光伏扶贫情况汇报》，2020年。

④　梅家河乡三掌坪村村民委员会：《三掌坪村方田垭及庙包光伏扶贫电站情况汇报》，2020年。

⑤　水田坝乡草池坪村村民委员会：《草池坪村级光伏电站建设方案》，2018年。

（三）秭归县光伏扶贫的效果

自实施"国网阳光扶贫行动"以来，国网公司发挥自身资源、技术、管理、服务优势，投资 9134.16 万元在秭归县建成 48 座光伏电站，总容量 10200 千瓦。2018 年 6 月 30 日，累计发电约 1300 万度，创收 1274 万元。2018—2019 分配年度，全县光伏电站发电收入 1297 万元，可分配资金 966 万元，实际分配 952 万元，其中建档立卡贫困户补助 335 万元，公益岗位支出 92 万元，小型公益事业建设 460 万元，临时救助和教育助学奖补 65 万元。截至 2020 年 9 月 30 日已累计发电 3776.55 万千瓦时，累计收益 3843.87 万元，实现了贫困村集体经济稳定增收、贫困户收益稳定增加的双赢效果，在脱贫攻坚中发挥了重要作用。

2017 年 5 月 26 日全国光伏扶贫现场观摩会在宜昌市召开，参会代表现场参观学习了秭归光伏扶贫电站建设管理经验。2018 年 3 月，在国网湖北省有限公司第一期综合评估中，专家们认为秭归光伏电站的发电效益及后期管理在"三县一区"中处于领先水平，电站年发电小时数为 1010 小时，远高于设计的 834.7 小时，电站实际年发电量超设计值 21%；达到了选址好、建设好、管护好、把好事办好的预期效果。2018 年 7 月，国网湖北省有限公司进行了第二期综合评估，评价秭归县电站管理制度健全，工作扎实，督导有力，效果突出。收益分配的 7 步流程落实到位，形成了闭环。电科院闫秉科博士、经研院陈熙博士检查郭家坝镇西坡村的收益分配台账、签字和指印以后，认为秭归高桥河的管理＋西坡村的扶贫及帮困相关支出完成最好，扶贫及帮困支出管理方式的亮点值得进行总结和推广[1]。截至 2020 年 9 月底，50 座光伏扶贫电站累计发电 4257.921 万千瓦时。产生上网电费 1769.41 万

---

[1] 国网湖北省电力有限公司农电工作部、国网湖北省电力有限公司电力科学研究院、国网湖北省电力有限公司经济技术研究院：《国网阳光扶贫电站捐赠后第二轮运营情况综合检查评估结果分析报告》，2018 年。

元，国家补贴 2391.86 万元，省补贴 423.75 万元。合计产生收益 4585.02 万元，全县 51 个村平均每年可获得近 27 万元的收益[①]。

秭归全县所有光伏发电站都由一个部门主管，一家公司托管，一套制度管理，一支队伍管护，一个标准考核。以茅坪镇建东村为例，村"两委"结合实际光伏扶贫收益情况，明确分配对象以有劳动能力的贫困户为主，重点关注收入骤减、支出骤增贫困户和全国扶贫开发信息系统中标注的脱贫不稳定户、边缘易致贫户。明确分配范围为公益岗位、小型公益事业和奖励补助。结合村情户情和实际需要，建东村选设了公路养护、环卫协管、安全巡逻、居民点管护、村内消杀、汛期巡查、殡葬改革协管、红白理事协管等公益岗位 38 个，分配公益岗位工资 13.7 万元，保障了贫困群众收入，夯实了脱贫基础。围绕村道路维修、工程除险加固、水利设施维修、环境卫生整治等开展小型公益事业建设 19 项，2018—2020 年共投入资金 26.21 万元。充分发挥光伏扶贫资金救急暖心、雪中送炭作用。对村内发展产业积极、品学兼优、孝老爱亲等充满正能量的贫困户进行奖补，对老弱病残等无劳动能力、突发意外急需关照的贫困户进行救助。奖励补助严格依照有关条件、标准和流程，建东村累计从扶贫电站收益中获得用于奖励补助资金共 18 万元，惠及 159 户次 272 人次贫困群众[②]。

四、秭归县光伏精准扶贫的特点

（一）光伏扶贫的秭归模式

光伏扶贫电站是造福贫困村、贫困群众的一项民生工程。自光伏电站建成以来，秭归县各级政府在光伏扶贫工作中开展了积极实践，探索出了"市

---

① 中共秭归县委、秭归县人民政府：《秭归县光伏扶贫情况汇报》，2020 年。
② 茅坪镇建东村村民委员会：《建东村惠源光伏电站工作总结》，2020 年。

场化运维、规范化管护、精准化分配、综合化利用、持续化扶贫"的秭归模式。

1. 市场化运维。为利用好宝贵的光伏扶贫电站，秭归县和各乡镇成立了光伏扶贫工作领导小组，县长兼任组长，分管副县长任副组长，扶贫办、发改局、供电公司、财政局、经管局、审计局、紫昕运维公司等单位负责人为成员。县政府指定县扶贫办为光伏电站行政监管主体，履行监管主体责任。面对这份沉甸甸的责任，县扶贫办克服攻坚期内各项工作任务异常繁重的实际，主动进位当主人，积极协调相关部门，共同做好光伏电站的管理和维护。县扶贫办设光伏管理办公室，配备主任1名、专管员1名，负责日常事务。各乡镇确定1名专管员，与供电、安全、财政、纪检、民政、公安、司法等部门组成电站监管工作专班。

为更好发挥光伏电站的效益，秭归县采取市场化运作方式，针对山高路远的实际、培养本土技术力量的需要和做大做强本县国有公司的考虑，县政府委托秭归县紫昕国投公司为运维主体，全权负责全县50个光伏电站的运营维护。按照出钱买服务的原则，对紫昕公司运维工作实行合同管理，当电站发电效率达到80%以上，可按照当年电费收入5%的标准支付运维管理费用。紫昕国投公司配备分管领导1名、业务主管1名、主管助理1名、专业运维人员5名，全面履行运维管理责任；实行运维管理费用与发电效益挂钩，管理得好，发电量高，公司的收益就好。秭归县光伏扶贫电站创造了较好的经济效益。

2. 规范化管护。秭归县率先从电站运维管理、电站收益分配、电站财务管理和会计核算、岗位职责、安全生产、日常看护、站长巡查、清扫看护、运维合同管理等方面建立一整套管理制度体系，制度建得早、想得全、订得细，务实管用、便于操作。在管理过程中，严格执行管理制度，从而保证了光伏电站的安全有序运行，提高了光伏电站的发电效益。2019年度，秭归县所有电站的发电效率均高于电站设计发电量的20%、年发电量达到1039

万度，实现收入1122万元。同时采用市场化的管理办法，降低了人、财、物管理成本，也降低了设备故障率，到目前为止，全县50座光伏扶贫电站中28个电站未出现任何设备故障。

3.精准化分配。根据村情户情，将收益分配与贫困村、贫困户实际需求精准对接，满足不同地方、不同群体、不同个人的"差异化"需求，有效避免"平均分配"，不仅合理合规，而且更符合基层实际和群众需要。如通过设置贫困村产业发展补助，建立了困难群众与市场主体的利益联结机制，调动了贫困群众发展产业的积极性；通过设置公路、沟渠、小型环卫设施等维护维修补助，解决了饮水安全、农村交通、小型水利等公益设施维修的资金难题；通过设置护路岗、护河（沟）岗、护学岗、卫生岗、绿化岗、保安岗、大病关爱岗、"三留守"服务岗、精神疾患护理岗等岗位，因事设岗、"因人"设岗，解决了村级公益事业无人管、无钱管的问题；通过合理设置岗位职责和管理办法，实现公益岗位与弱劳动力贫困户、特殊困难贫困户的精准对接，通过"有劳有获"，充分调动贫困户"做事挣钱"的积极性和"我要脱贫"的主动性。

4.综合化利用。光伏本身是一种绿色清洁能源，在一定范围内推动了能源领域供给侧结构性改革，是改善生态环境的重要举措，也是落实绿色发展理念的具体体现。秭归县一些贫困村因地制宜，将光伏扶贫与农业产业发展相结合，探索绿色资源综合开发新路子，实行"农光互补"，充分利用光伏板下土地资源，发展茶叶、食用菌、花卉以及矮植喜阴中药材等经济作物，既拓宽了贫困群众增收渠道，增加了经济收益，又美化了电站周边环境，产生了良好的生态效益、经济效益。茅坪镇积极探索发展"光伏＋经济作物"新型种植模式，在不影响光伏电站发电的同时，充分利用起光伏板下的闲置土地，该镇建东村在光伏板下种植羊肚菌7亩，年均收入达3万元，种植观赏性植物蚊母5亩，预计总收入可达20万元。溪口坪村在光伏板下种植茶叶5亩，充分发挥茶叶易管理、采摘期长的优势，经济效益明显，每年可助贫困群众增收 8000 元。

5.持续化扶贫。光伏扶贫电站作为村集体资产，能源源不断产生集体经济收入；在增加贫困户收入、维护农村道路畅通、保障饮水安全、农村卫生环境改善、增加就业、应对临时灾难家庭变故等方面发挥了重要作用。2017年以来，累计从光伏扶贫电站发电收益中分配公益岗位工资 449.17 万元，从光伏发电收益中用于农村小型公益事业建设 877.5 万元，维修公路 18.6 公里，整修沟渠 752 米，建设小型环境卫生设施 32 处。对疫情防控工作中表现突出和受疫情影响生活遭受困难的贫困户予以奖励和补助①。

（二）光伏扶贫的"六个精准"

秭归县在光伏扶贫中，实施"六个精准"，做到扶贫对象精准、因村派人精准、项目审批精准、资金使用精准、措施到位精准、脱贫成效精准。

1.扶贫对象精准。光伏扶贫项目要精准识别帮扶对象。将光伏电站看护、清扫村级公共道路等公益性岗位优先安排给贫困人口，增加工资性收入。对特别贫困人口发放兜底补贴，对突发意外或因病致贫人员实施救助，对贫困人口子女进行助学资助，增加保障性收入。在确定光伏扶贫帮扶对象时，通过调查摸清当地扶贫对象、贫困人口的具体情况，按照贫困户自愿、民主评议、村内初审公示、乡镇审核的程序选定符合条件的扶贫对象。

2.项目安排精准。县委、县政府将光伏电站建设作为全县一项重点工作，并纳入全县综合目标考核。县政府多次组织召开村级光伏电站项目建设专题办公会，切实解决项目推进中的困难和问题。选址严格坚持"三靠一不、一优一好"的原则，即靠近公路、靠近居民点、靠近主电网，少占或不占农田，优选荒山石山，光源好无遮挡。坚持以村内选址为主，村内确实无适宜的地方，实行镇内统筹、易地建设。根据秭归县山高坡陡、地势起伏不

---

① 中共秭归县委、秭归县人民政府：《秭归县光伏扶贫情况汇报》，2020 年。

平的地貌特点，在设计过程中坚持因地制宜、随坡就势、生态环保的原则，坚持电站工程设计与接网工程设计同步，坚持施工设计与地勘同步进行，现场确定用地面积、上网线路走向、接网工程配变、电杆位置，一次整体规划设计到位，使设计精度与现场相匹配，减少设计方案反复更改带来的投资浪费问题，这样不仅降低了施工难度，而且减少投资成本。秭归县的光伏电站具有运维单位、村集体、总包单位三级运维服务体系。通过政府购买服务的方式，由县政府集中招标委托运维单位，负责电站专业检修维护；村集体负责电站的日常看护和清扫、除草等；总包单位负责运维技术支撑，开展运维单位专业人员、村集体电站看护人员的培训；购买电站保险，为运行保驾护航。

3. 资金使用精准。秭归县光伏扶贫收益分配方案的制订和执行严格按照"三议两公开"议事制度，即电站收益分配方案由村集体经济组织提议、村"两委"会商议、村民代表会议决议，做到决议公开、实施结果公开。全过程严格坚持"七步工作流程"，一是村委会年初制订收益分配预算方案；二是村民代表大会表决，没有通过的，则重新修订，再提交大会审议，通过的预算方案在本村村委会、小组进行公示；三是村委会将表决通过的预算方案和公示报告提交乡镇财政所审核，审核不同意的需说明理由，提出修改建议；四是乡镇财政所审核同意后提交乡镇人民政府审批，乡镇人民政府既要审核程序是否合规合法，又要审核内容是否符合实际；五是批复文件及预算方案报县扶贫办、县农村经营管理中心等单位备案，预算方案存在原则性问题的责成乡镇撤销批复并予以整改；六是村委会对批复的收益分配预算方案在村组范围内进行公示；七是村委会按照批复的预算方案对年度收益进行分配使用，年终可结合实际按照以上程序进行适当调整，并于次年2月底前将收益分配执行和公示情况及时上报县扶贫办、县农村经营管理中心，抄送县供电公司。七步工作流程形成闭环，环环相扣。

4. 措施到户精准。将光伏扶贫电站收益列入村级集体经济收入，明确村委会为收益分配工作的实施主体。坚持以收定支、厉行节约的原则，把收益资金用在刀刃上。光伏扶贫收益分配以有劳动能力的贫困户为主要对象，重点关注未脱贫户和在全国扶贫开发信息系统标注的脱贫不稳定户、边缘易致贫户，特别是受 2020 年新冠疫情影响失去岗位或不能外出务工的贫困户和边缘易致贫户。明确分配范围为开展公益岗位扶贫、小型公益事业扶贫、奖励补助扶贫等①。

5.因村派人精准。秭归县成立了光伏扶贫工作领导小组，由县长担任组长，分管副县长任副组长，扶贫办、发改局、供电公司、财政局、农村经营管理中心、审计局、紫昕运维公司等单位负责人为成员。各乡镇也成立了村级光伏扶贫工作领导小组，确定 1 名专管员负责监管。县政府确定县扶贫办为光伏扶贫工作的主管部门，履行牵头抓总和行政监管责任。县扶贫办设立光伏管理办公室，负责具体工作，配备主任 1 名、专管员 1 名；牵头定期召开单位联席会议，协调相关部门共同做好光伏电站的管理和维护，组织相关部门指导乡镇人民政府依规进行电站收益分配管理，对各乡镇落实《秭归县村级光伏扶贫电站运维管理办法》《秭归县村级光伏扶贫电站收益分配实施细则》的情况进行考核；每年组织对全县各乡镇分管领导、扶贫办主任、专管员、电站站长、看护员、代理会计进行集中培训。

6.脱贫成效精准。根据村情户情，将收益分配与贫困村、贫困户实际需求精准对接，避免"平均分配"。如通过设置贫困村产业发展补助，建立了困难群众与市场主体的利益联结机制，调动了贫困群众发展产业的积极性；通过设置公路、沟渠、小型环卫设施等维护维修补助，解决了饮水安全、农村交通、小型水利等公益设施维修的资金难题；通过设置护路岗、护河（沟）岗、护学岗、卫生岗、绿化岗、保安岗、大病关爱岗、"三留守"服务岗、

---

① 秭归县人民政府办公室：《秭归县村级光伏扶贫电站运维管理办法》《秭归县村级光伏扶贫电站收益分配实施细则的通知》（秭政办发〔2020〕14 号）。

精神疾患护理岗等岗位，因事设岗、"因人"设岗，解决了村级公益事业无人管、无钱管的问题；通过合理设置岗位职责和管理办法，实现公益岗位与弱劳动力贫困户、特殊困难贫困户的精准对接，过程注重扶贫与扶志和扶智结合。通过"有劳有获"，充分调动贫困户"做事挣钱"的积极性和"我要脱贫"的主动性。

（三）光伏扶贫助力"五个一批"

秭归县在光伏扶贫中，坚持发展生产脱贫一批、易地搬迁脱贫一批、生态补偿脱贫一批、发展教育脱贫一批、社会保障兜底脱贫一批。

1.发展生产脱贫一批。秭归县一些贫困村因地制宜，将光伏扶贫与农业产业发展相结合，探索绿色资源综合开发新路子，实行"农光互补"，充分利用光伏板下土地资源，发展茶叶、食用菌、花卉以及矮植喜阴中药材等经济作物，既拓宽了贫困群众增收渠道，增加了经济收益，又美化了电站周边环境，产生了良好的生态效益、经济效益。茅坪镇积极探索发展"光伏＋经济作物"新型种植模式，在不影响光伏电站发电的同时，充分利用起光伏板下的闲置土地，该镇建东村在光伏板下种植羊肚菌7亩，年均收入达3万元，种植观赏性植物蚊母5亩，预计总收入可达20万元。溪口坪村在光伏板下种植茶叶5亩，充分发挥茶叶易管理、采摘期长的优势，经济效益明显，每年可助贫困群众增收8000元。

2.易地搬迁脱贫一批。一是以业带迁，为有条件的集中安置点落实生产生活"五个一"配套工程，即一份园田、一间生产用房、一个产业项目、一次技能培训、一个就业岗位，确保贫困户搬得出、稳得住、能致富。二是危房改造遵循应改尽改。三是推进美丽乡村建设，积极开展改厨改厕和生活垃圾综合治理。

3.生态补偿脱贫一批。秭归县位于三峡大坝库首，保护生态环境实施贫困户居住区生态扶贫。全县通过发展光伏产业，设置生态公益岗位1161个，累计从光伏扶贫电站发电收益中分配公益岗位工资 449.17 万元。保障贫困群众务工收入。

4.发展教育脱贫一批。秭归县全面落实国家政策性教育资助，为建档立卡贫困家庭学生发放国家各类教育补助资金，义务教育学校入学率、巩固率、九年义务教育完成率均达 100%，初升高比例达 98.05%，全县没有学生因贫失学、辍学。全面落实"雨露计划"补助 2465 人次。对 193 名"两后生"进行培训，做到应训尽训。

5.社会保障兜底脱贫一批。秭归县除了对农村低保、特困人员供养、临时救助提供保障性扶贫措施，落实建档立卡贫困人口兜底保障政策之外，还将光伏收益用于贫困对象奖励补助扶贫，特别是老弱病残等无劳动能力贫困户临时补助、突发意外贫困户临时救助等。今年上半年，部分光伏村通过奖励补助方式，对在 2020 年新冠疫情防控工作中表现突出的贫困户予以每户 800 元奖励，对受疫情影响生活陷入困境的贫困群众予以每户 1000 元补助。

第二节　秭归县光伏扶贫的做法与经验

一、秭归县实施光伏扶贫的基本思路

秭归是国家级贫困县、武陵山区片区县，也是国家电网公司的定点帮扶县。2016 年以来，秭归县充分抢抓国家电网在湖北省三县一区开展"阳光扶贫行动"的重大机遇，把光伏扶贫作为脱贫攻坚的重要举措来抓。秭归县结合当地的实际情况，在实践中不断摸索，立足光伏电站建设、管理和维护、收益分配等各个环节，从细处着手，严抓制度建设和落实，建立规范化管理的流程和方式，逐步形成了一套具有地方特色的光伏扶贫模式，当地政府将其简要概括为"市场化运维、规范化管护、精准化分配、综合化利用、持续化扶贫"，力求达成贫困村集体经济稳定增收、贫困户收益稳定增加的

双赢效果。

总体来看，自 2016 年兴建第一座光伏扶贫电站以来，截至 2020 年秭归县先后建成光伏扶贫电站 50 座，其中包含 1 座集中式光伏扶贫电站和 49 座村级光伏扶贫电站，总装机容量达 10.86 兆瓦，覆盖全县所有重点贫困村，收益惠及 9200 多户 2.5 万多贫困人口。截至 2020 年 9 月底，秭归县的 50 座光伏扶贫电站累计发电 4257.921 万千瓦时，合计产生收益 4585.02 万元，全县 51 个村平均每年可获得近 27 万元的收益。2017 年 5 月，全国光伏扶贫现场观摩会在宜昌市召开，参会代表现场参观学习了秭归光伏扶贫电站建设管理经验。

二、秭归县实施光伏扶贫的基本做法

（一）高质量建设

光伏扶贫的首要环节是扎实做好光伏电站建设，这是事关扶贫效果的重要基础。秭归县作为国家电网公司的定点扶贫县，紧紧抓住国家电网"阳光扶贫行动"的机遇，高度重视光伏电站的建设工作，和国家电网公司密切合作，相互配合，合力推进电站建设。一方面，秭归县委、县政府高度重视，成立县级指挥部，总体统筹和协调电站建设过程中涉及的建设用地、发电指标等各项问题，并指定县发改委、县扶贫办、县农业局等相关政府直属部门作为具体执行部门，负责具体问题的解决和落实；另一方面，国家电网公司作为光伏电站的主要建设方，负责资金筹措、站址选择、设施建设、技术把关等多个环节，确保电站建设质量。

1.科学谋划，合理布局

专班推进。为确保光伏扶贫项目在秭归有效落地，秭归县专门制订了光伏扶贫工作实施方案，成立秭归县村级光伏电站建设指挥部，由县长担任指挥长，县扶贫办、发改委、农业局等相关县直部门主要负责人为成员。县委、县政府将光伏电站建设作为全县一项重点工作，纳入全县综合目标考核。县政府多次组织召开村级光伏电站项目建设专题办公会，切实解决项目推进中的困难和问题。其中，县扶贫办作为光伏扶贫的主要管理部门，协调相关部门推进各项工作；县发改局主要负责电站建设指标的争取、建设用地的审批与协调、电价政策争取等具体工作；县农业局主要负责农村集体土地的协调等具体工作。

精细选址。项目选址直接关系到发电效益、生态环保。为最大程度保护村集体利益和群众利益，经过县政府和国家电网公司的反复磋商，秭归县在实践中确立了"三靠一不、一优一好"的原则，即靠近公路、靠近居民点、靠近主电网，少占或不占农田，优选荒山石山，光源好无遮挡，要求各电站的选址严格坚持这一原则。而且，在选址过程中，要坚持以村内选址为主，村内确实无适宜的地方，实行镇内统筹、易地建设。为了从源头上提高选址的精准度，往返五六趟来选定一个站址是比较常见的，其中有一座电站的选址前后经历了26趟来回。指挥部按照"选址合理、面积够用、方便接网、光照最好"的要求精选地块，加大用地的协调力度。在全县50座光伏电站建设过程中，经各相关村集体和县发改局、县农业局等政府部门的协调，共落实用地280亩。

优化设计。秭归县的地貌具有山高坡陡、地势起伏不平的特点，这增加了电站选址和设计的难度。为了做好电站选址和设计工作，秭归县坚持因地制宜、随坡就势、生态环保的原则，坚持电站工程设计与接网工程设计同步，坚持施工设计与地勘同步进行，现场确定用地面积、上网线路走向、接网工程配变、电杆位置，一次整体规划设计到位，使设计精度与现场相匹配，减少设计方案反复更改带来的投资浪费问题。实践证明，这不仅降低了施工难度，而且减少了投资成本。

2. 严格管控，保证建设质量

在解决电站选址、征地等问题后，光伏电站的建设成为重要问题。国家电网公司作为主要责任方，与秭归县政府相互配合，从三个方面做好严格管控工作，确保光伏电站的建设质量。

设备选型重品牌。国家电网公司严把质量关，在秭归县光伏扶贫电站建设中，通过招投标方式进行，总包由国电南瑞、许继电气等国内电器设备自动化控制做得最好的集团中标，在签订承包协议时，要求总包单位必须在国际十大品牌中采购逆变器及光伏组件，从源头上保障电站的设备质量。

建设管控重细节。在光伏扶贫电站建设过程中，国家电网公司严把施工关，在基础浇筑、支架组立、电缆铺设等施工关键环节，由秭归县电力公司项目业主、建设监理方、所在镇村人员同步到现场，进行现场监管施工。另外，严把设备设施安装关，确保每块光伏板朝向必须向南，光伏板安装的角度必须保持 21 度，以此来保障发电效益最大化。再者，严把验收关，建立了"总包自验、监理复验、专班再验、问题整改"等验收机制，严格做好各个环节的工作，确保建设质量。

以点带面重示范。秭归县在建设光伏扶贫电站的过程中，并没有一哄而上，而是采取了先建示范站再全面推开的办法，先期建设了建东、界垭两座示范站，注重总结其中存在的成功经验，继而以示范站为样本，进行评估分析，汲取其经验与教训，从而进一步优化建设方案，统筹安排，科学有序调配人员和原材料，既节约时间，又提高效率。

项目推进重服务。秭归县的光伏扶贫电站建设在整体上面临"点多面广、地形复杂、交通不便、雨季汛期、施工难度大"等特点，为了有效解决这些问题，县光伏建设指挥部成员单位主动承担责任，及时化解土地流转、环境评价、原材料供给、运输等困难和矛盾。严控施工进度节点，要求施工队每日上报进度。项目部建立周例会制度、重大事项一事一议专题会议制度，及时汇总工程建设情况，集中研判和解决施工过程中存在的困难和问题。

（二）市场化运维

自 2016 年建成并运营第一座光伏扶贫电站起，秭归县积极探索光伏扶贫电站的运维方式，形成了确权到村、市场化运维的主要方式。其大体的过程为：2016 年，首先建成建东村集中式光伏电站，在顺利投产并稳定运营后，国家电网公司将其捐赠给秭归县，明确电站产权归秭归县人民政府所有，由县政府委托建东村代为管理。此后，国家电网公司陆续建成的 47 座光伏扶贫电站和另外 2 座利用社会资金兴建的光伏扶贫电站都采取类似方式，整体捐赠给秭归县，县政府进一步确定这些电站的产权归电站所在村集体所有。在光伏电站进行确权后，秭归县建立起一系列管理制度，指导全县50 座光伏扶贫电站所在村集体有序参与，对光伏扶贫电站实行市场化运维。

1. 政府部门主管

在确权到村之后，为了更好维护和利用 50 座光伏电站，充分发挥它们在扶贫中的效果，秭归县在县和乡镇两个层面成立了光伏扶贫工作领导小组，负责对电站的管理与业务指导等工作。在县级层面，成立了光伏扶贫工作领导小组，由县长担任组长，分管副县长任副组长，扶贫办、发改局、供电公司、财政局、农村经营管理中心、审计局、紫昕运维公司等单位负责人为成员。在乡镇层面，各乡镇成立村级光伏扶贫工作领导小组，确定 1 名专管员负责监管。从具体分工和职责看，秭归县政府确定县扶贫办为光伏扶贫工作的主管部门，履行牵头抓总和行政监管责任。县扶贫办设立光伏管理办公室，负责具体工作，配备主任 1 名、专管员 1 名；牵头定期召开单位联席会议，协调相关部门共同做好光伏电站的管理和维护，组织相关部门指导乡镇人民政府依规进行电站收益分配管理，对各乡镇落实相关制度（见后文，主要包括《秭归县村级光伏扶贫电站运维管理办法》《秭归县村级光伏扶贫电站收益分配实施细则》）的情况进行考核；每年组织对全县各乡镇分管领导、扶贫办主任、专管员、电站站长、看护员、代理会计进行集中培训。

2. 公司托管

为更好发挥光伏电站的效益，秭归县采取市场化运作方式，委托第三方公司对全县50座光伏电站进行技术运维。具体做法是，结合秭归县山高路远的实际情况，以及培养本土技术力量和把县属国有公司做大做强的综合性考虑，秭归县政府委托秭归紫昕国有资本投资开发有限责任公司（简称"紫昕国投公司"）为运维主体，负责全县50个光伏电站的运营维护。

一方面，为了调动运维的积极性，秭归县按照出钱买服务的原则，对紫昕国投公司运维工作实行合同管理，电站发电效率达到80%以上的，按照当年电费收入5%的标准支付运维管理费用。另一方面，紫昕国投公司作为一家业务综合性强的国有企业，从政治上高度重视光伏扶贫电站的运维工作，积极承担和深入履行国有企业的社会责任，将其作为参与脱贫攻坚的重要举措，组织专门力量做好光伏电站的技术学习和日常维护工作。为此，紫昕国投公司配备了分管领导1名、业务主管1名、主管助理1名、专业运维人员5名，全面履行运维管理责任，做好定期巡查、故障排除、规范村日常看护、数据分析评估、运维培训等具体日常工作。

为了有效做好电站的管护工作，紫昕国投公司联合国家电网公司，在2019年为全县的光伏扶贫电站安装光伏扶贫在线监测设备，电站每天的发电数据能够自动上传至全国光伏扶贫信息监测系统，通过登录系统，开展"线上线下"一体化运维，可以实时查看电站发电量相关数据，对各电站的运行情况、发电功率、发电量实现在线监测，以数据为抓手，远程分析电站的"离线""故障""报警"原因，及时排除问题，以便缩短抢修时间，减少电站收益损失。

（三）规范化管护

在光伏电站的日常运行中，秭归县注重充分调动和发挥村集体的积极性，实行规范化管护，先后制定了一套管理制度，建立起一支管护队伍，并对相关人员实行较为严格的考核，确保管护到位。

1.制定完整的管理制度

为了做好光伏扶贫电站的管理和维护，秭归县在广泛调研、不断实践的基础上，在 2016 年到 2017 年期间先后制定了《秭归县村级光伏扶贫电站运维管理办法》《秭归县村级光伏扶贫电站收益分配实施细则》《秭归县村级光伏扶贫电站财务管理和会计核算办法》，作为规范化管护的指导性制度，并及时根据上级相关部门的要求对相关条款进行修订。

在具体落实中，各乡镇、村、电站进一步根据这些制度，逐级建立了村级光伏电站安全生产责任制，分别签订了村级清扫看护合同和运维管理合同。2018 年 4 月，根据前期积累的经验，秭归县制定了《秭归县村级光伏电站运维管理细则》，进一步明确了各部门的人员配备和职能职责，建立了数据分析与利用机制、联系沟通机制、考核追责机制等，将电站的运维管理关键细节责任到部门、到岗位、到具体人。截至 2020 年 9 月，秭归县已经形成了一套完整的村级光伏扶贫电站运维管理制度体系，为管好电站提供了制度支撑，光伏电站管理工作得到规范。

2.立足村集体建立一支管护队伍

在光伏电站的日常管护中，秭归县非常注重选好管护人，在实践中摸索出"站长＋看护员"的日常管护模式，实行站长负责制。通过明确电站站长和看护员的责、权、利，做到故障分析和排除、定期巡查和维护工作等都有专人负责，确保电站有效地利用起来。

"站长＋看护员"日常管护模式的具体方式为：首先，光伏电站所在村选择 1 名村"两委"班子成员（通常为村主任）担任电站站长，站长主要负责四方面的主要工作，分别是：1.监测电站日常运行，通过光伏云网在线监测和实地查看两种方式监测电站运行，发现异常及时与乡镇专管员、乡镇供电所、专业运维公司联系，及时协调解决日常管护与技术维护两方面的问题。2.维护设备安全，熟悉设备操作规程，熟知电站财产保险条款、理赔流程及注意事项，充分利用财产保险维护电站财产安全。3.加强成本管理，严格财务支出程序，防范将收益分配按照成本支出处理。4.协助做好收益分配，熟悉电站收入、分项支出及收益分配相关基本情况。其次，电站看护员按照"四有一就近"原则选聘，即有一定文化水平、有一定农电基础知识、有较强的责任心、有时间从事管护工作，就近居住，在同等条件下优先从建档立卡贫困户及在全国扶贫开发信息系统中标注的边缘易致贫户家庭中择优选用，先培训后上岗。

3.规范管护，确保电站安全运行

在具体的管护方式中，电站站长和管护员需要根据相关管理制度，重点做好故障排除和定期巡查工作。

在故障分析和排除工作方面，秭归县建立了一套故障处理流程，要求电站站长和看护员在发现异常情况时第一时间反馈至运维公司，由运维公司安排专人值班，对村级报告的异常信息认真做好登记，并在24小时内予以妥善处理。县供电公司每周2次对光伏扶贫电站发电量数据进行分析，并将分析结果及时反馈至运维公司，运维公司根据反馈问题的情况及时排除故障。县供电公司除例行巡查以外，增加夏季发电高峰期的特巡，增加低压开关等备用配件的储备量，以便随时更换；运维公司及时汇总相关数据，对多次出现异常情况的电站，实行定点监控，确保电站运行良好。

在光伏电站的日常巡查和管护中，一方面，要求看护员每周现场巡查不少于3次，将影响发电的灰尘、树叶、鸟粪和杂草及时清除。另一方面，要求紫昕国投公司每两个月对全县所有的光伏电站进行1次巡查，巡查做到"五看"，即一看逆变器工作是否正常，查看历史故障记录并分析原因；二看交、直流电压电流，分析电站运行情况；三看支架基础固定是否完好，及时排除安全隐患；四看组件有无破损，必要时用专业仪器检查组件是否有隐裂、热斑等；五看电站发电量，根据发电量综合分析电站运行情况。以上所有环节都需有巡查记录及故障处理记录。

4. 严格考核，确保管护到位

为了提高光伏电站的管护水平，将各项制度落到实处，秭归县非常重视相关的考核工作。

每年年底，作为主管部门的秭归县扶贫办联合县发改局、县农业农村局、县供电公司等相关部门，对各乡镇村级光伏电站管理工作进行考核，将考核结果直接运用到全县精准扶贫目标责任制考核。县扶贫办牵头对负责运维工作的紫昕国投公司进行年度绩效考核，考核结果按照合同约定直接和运维管理费用挂钩；镇村联合对站长和看护员进行年度考核，考核结果直接与劳务报酬挂钩。同时，对光伏电站实行"半年一自查整改、全年一考核整改、一年一审计整改"，自查整改由乡镇政府负责，考核整改由县扶贫办负责，审计整改由县审计局负责。通过利用这种考核，来促使相关部门和工作人员把责任落到实处，从而提高工作绩效。

（四）精准化分配

光伏电站产生的经济收益能否合理有效地分配，直接关系到光伏扶贫的效果。秭归县高度重视收益分配，按照上级部门的要求，并结合当地实际情况，在实践中不断探索，从分配范围、分配流程和过程监管等多个方面着手，形成了一些符合当地情况的做法。

1. 严格范围，确保分配合规

在光伏电站确权到村的基础上，秭归县将光伏扶贫电站收益列入村级集体经济收入，明确村委会为收益分配工作的实施主体。坚持以收定支、厉行节约的原则，把收益资金用在刀刃上。光伏扶贫收益分配以有劳动能力的贫困户为主要对象，重点关注未脱贫户和在全国扶贫开发信息系统标注的脱贫不稳定户、边缘易致贫户，特别是 2020 年受疫情影响失去岗位或不能外出务工的贫困户和边缘易致贫户。明确分配范围为开展公益岗位扶贫、小型公益事业扶贫、奖励补助扶贫等。

一是用于公益岗位扶贫。结合村情户情和实际需要选设公益岗位，使公益岗位与完成脱贫攻坚目标任务、巩固脱贫成果、村庄环境治理、公益设施管护等方面有机结合，同时明确每一类公益岗位的岗位职责和考核细则，确定岗位人员工资，签订用工协议，做到人岗相适，激发公益岗位人员工作积极性和内生动力，夯实稳定脱贫基础。2020年，结合疫情应对的需要，允许各村利用光伏扶贫资金设立一定公益岗位，全县共设置相应公益岗位1161个，保障贫困群众务工收入。实践表明，自2016年首座光伏电站投产运行至2020年9月，全县累计从光伏扶贫电站发电收益中分配公益岗位工资449.17万元，这在增加贫困户收入、维护农村道路畅通、保障饮水安全、改善农村卫生环境等方面发挥了重要作用。

二是用于小型公益事业建设。主要围绕收益村村内道路维修、小型工程除险加固、小型灌溉水渠维修、环境卫生整治、小型环卫设施建设等开展公益事业建设，切实帮助老百姓解决一些操心事、烦心事、揪心事。同时，秭归县还积极吸纳贫困人口参与村级公益事业建设，解决他们就地就近就业问题，增加临时务工收入。2016年以来，全县累计从光伏发电收益中用于农村小型公益事业建设877.5万元，维修公路18.6公里，整修沟渠752米，建设小型环境卫生设施32处。

三是用于贫困对象奖励补助扶贫。奖励补助主要用于产业发展、教育助学、道德示范奖补和老弱病残等无劳动能力贫困户临时补助、突发意外贫困户临时救助等。奖励补助设置了条件，明确了标准，规范了流程。奖励补助起到了救急、暖心、雪中送炭的作用，发挥了激励、奋进、扬善等正能量的效果。2020年上半年，部分光伏村通过奖励补助方式，对在疫情防控工作中表现突出的贫困户予以每户800元奖励，对受疫情影响生活陷入困境的贫困群众予以每户1000元补助。

2. 严格流程，确保分配公正

在秭归县，各村集体对光伏电站的收益分配按照"三议两公开"的议事制度进行，即电站收益分配方案由村集体经济组织提议、村"两委"会商议、村民代表会议决议，做到决议公开、实施结果公开。

全过程严格坚持"七步工作流程"：一是村委会年初制订收益分配预算方案；二是村民代表大会表决，没有通过的，则重新修订，再提交大会审议，通过的预算方案在本村村委会、小组进行公示；三是村委会将表决通过的预算方案和公示报告提交乡镇财政所审核，审核不同意的需说明理由，提出修改建议；四是乡镇财政所审核同意后提交乡镇人民政府审批，乡镇人民政府既要审核程序是否合规合法，又要审核内容是否符合实际，是否遵循了相关规定，乡镇审核后，由乡镇长签发批复文件，批复文件中提出执行的要求和注意事项；五是批复文件及预算方案报县扶贫办、县农村经营管理中心等单位备案，县扶贫办、县农村经营管理中心对备案的批复文件着重进行程序审核，预算方案存在原则性问题的责成乡镇撤销批复并予以整改；六是村委会对批复的收益分配预算方案在村组范围内进行公示；七是村委会按照批复的预算方案对年度收益进行分配使用，年终可结合实际按照以上程序进行适当调整，并于次年2月底前将收益分配执行和公示情况及时上报县扶贫办、县农村经营管理中心，抄送县供电公司。以上七步工作流程形成了完整的工作闭环，环环相扣。

3. 严格监管，确保分配透明

秭归县在实践中探索出3种主要监管方式，用来确保分配透明。

第一，强化乡镇监管。以村为单位设立统一的账簿和会计科目，实行专账管理，专款专用。乡镇人民政府负责具体监管责任，指导村级光伏电站收益资金财务管理工作，对资金使用实行全过程监督和检查。

第二，强化部门联合监管。县农村经营管理中心负责业务指导和监管，审计部门对财务进行年度审计。对未按照规定的收益分配对象及分配范围进行分配的、村干部优亲厚友的、简单直接打卡发钱发物的、未遵守"三议两公开"议事决策制度的、使资金闲置账上的等各种情形予以追责问责。

第三，强化网上监管。目前，秭归县已将各光伏扶贫电站自 2017 年以来的收益分配资金使用情况录入了全国光伏扶贫信息监测系统。通过系统可实时提取收益分配资金使用情况，测算分配比例，督促各乡镇各村按照要求及时分配。

（五）综合化利用

在前期探索的基础上，近年来秭归县积极探索光伏扶贫的综合化利用之路，尝试将光伏扶贫与农业产业发展相结合，实行"农光互补"，取得了初步成效。

自 2019 年起，秭归县的一些贫困村根据当地的实际情况，因地制宜，尝试探索充分利用光伏板下土地资源，发展茶叶、食用菌、花卉以及矮植喜阴中药材等经济作物，实行"农光互补"。比较典型的是，茅坪镇积极探索发展"光伏＋经济作物"新型种植模式，在不影响光伏电站发电的同时，充分利用起光伏板下的闲置土地，该镇建东村在光伏板下种植羊肚菌 7 亩，年均收入达 3 万元，并种植观赏性植物蚊母 5 亩，预计总收入可达 20 万元。另外，溪口坪村在光伏板下种植茶叶 5 亩，充分利用茶叶易管理、采摘期长的优势，每年帮助贫困群众增收 8000 元。通过这样的探索，不仅拓宽了贫困群众增收渠道，增加了经济收益，而且美化了电站周边环境，产生了良好的生态效益、经济效益。

目前，秭归县正计划结合各村实际情况来推广这种综合化利用方式，希望有效利用光伏扶贫电站这个重要的村集体资产，更加充分实现光伏扶贫电站的经济效益，也达到利用光伏扶贫资金不断帮扶贫困群众、实现持续化扶贫的社会效益。

三、秭归县光伏扶贫的主要经验与启示

光伏扶贫是国务院扶贫办、国家能源局倡导的脱贫方式之一，也是坚决

打赢全面脱贫攻坚战中出现的新生事物，从电站的建设到运维、管护，以及收益分配，都是全新的课题。结合近些年秭归在光伏扶贫工作中开展的实践和探索来看，要想充分发挥光伏扶贫的经济效益和社会效益，需要从思想上高度重视，在实践中扎实行动，全方位抓好电站建设与运维、日常管护以及收益分配等各项工作。

（一）政府重视确保光伏扶贫综合效果

思想是行动的向导，认识是行动的动力。光伏扶贫作为一项新生事物，在发展初期必然面临认识不足、无经验可循等现实问题。秭归县开展光伏扶贫的经历表明，政府高度重视是有效推进光伏电站建设、实现光伏扶贫整体效果的重要基础和坚实保障。实践证明，正是秭归县委、县政府在思想上高度重视，充分抓住国家电网公司开展"阳光扶贫行动"的重要机遇，积极有效地解决好建设指标争取、用地指标协调等具体问题，才能够及时有力地推进光伏电站建设。同样，在电站建成后，出于对电站的运维和管护等工作高度重视，当地才能够针对实际情况开展探索，提出符合实际情况、行之有效的运维方式和管理制度，从而达到光伏扶贫有效助力脱贫攻坚的综合性扶贫效果。

（二）市场化运维提升光伏电站运行效率

从实际效果看，光伏扶贫电站本身构成了一个经济实体，光伏电站经营自然也是重要的经济活动。要让电站发挥更好的经济效益，就必须尊重经济规律，用市场化的办法来管理经营电站。从秭归县的实践来看，把电站运维委托给国有公司，实行运维管理费用与发电效益挂钩，对于电站管理、提高发电量和公司收益具有良好效果，也能够降低人、财、物等方面的管理成本，同时降低了设备故障率。数据显示，秭归县的光伏扶贫电站创造了较好的经济效益，2019 年度全县所有电站的发电效率均高于电站设计发电量的 20%、年发电量达到 1039 万度，实现收入 1122 万元。与此同时，自建设至今，全县 50 座光伏扶贫电站中有 28 个电站从未出现任何设备故障。

（三）规范化管护提高光伏电站经济效益

制度建设是管理工作的核心要素，也是做好各项工作的重要依据和保障。在光伏扶贫过程中，秭归县非常重视制度建设，围绕电站运维管理、电站收益分配、电站财务管理和会计核算、岗位职责、安全生产、日常看护、站长巡查、清扫看护、运维合同管理等方面建立起一整套的管理制度体系，根据实际情况确保制度建得早、想得全、订得细，务实管用、便于操作。同时，在光伏电站的实际运行和管理过程中，督促协调各责任单位和个人，严格执行各项管理制度，把制度落到实处，以此保证光伏电站的安全有序运行，提高光伏电站的发电效益。

（四）精准化分配保证光伏扶贫社会效益

收益分配事关群众的切实利益，也关乎光伏扶贫的直接效果。秭归县在实践中采取多种方式，根据村情户情，将收益分配与贫困村、贫困户实际需求精准对接，以求满足不同地方、不同群体、不同个人的"差异化"需求，有效避免"平均分配"，不仅合理合规，而且更符合基层实际和群众需要，有力保证了光伏扶贫的社会效益。实践表明，利用光伏电站收益而设置的贫困村产业发展补助，建立了困难群众与市场主体的利益联结机制，有助于调动贫困群众发展产业的积极性；利用光伏扶贫收益设置公路、沟渠、小型环卫设施等维护维修补助，有助于解决饮水安全、农村交通、小型水利等公益设施维修的资金难题；通过设置护路岗、护河（沟）岗、护学岗、卫生岗、绿化岗等岗位，因事设岗、"因人"设岗，有助于解决村级公益事业无人管、无钱管的问题。总体上，通过合理设置岗位职责和管理办法，有利于实现公益岗位与弱劳动力贫困户、特殊困难贫困户的精准对接，通过"有劳有获"，充分调动贫困户"做事挣钱"的积极性和"我要脱贫"的主动性。

（五）综合化利用拓展光伏扶贫持续性效果

光伏本身是一种绿色清洁能源，在一定范围内推动了能源领域供给侧结构性改革，是改善生态环境的重要举措，也是落实绿色发展理念的具体体现。秭归县正在探索实施的光伏扶贫电站的综合化利用方式，主要立足于将光伏扶贫与农业产业发展相结合，实行"农光互补"，这既有利于探索绿色资源综合开发新路子，又有助于持续拓展光伏扶贫电站的经济收益，更好产生集体经济效益，不断产生扶贫资金，从而更好地持续性发挥扶贫效果。

第三节　秭归县光伏扶贫主要成效

实施精准扶贫方略以来，党中央、国务院为加快贫困地区的扶贫开发力度，密集发文要求各地方政府将扶贫开发和能源开发建设相结合，积极开展光伏扶贫建设，对服务农户和农业基础设施的光伏项目进行投资补偿和利息优惠。由于经济属性和可操作性较高，光伏扶贫被列为国务院扶贫办 2015 年"十大精准扶贫工程"，成为促进贫困群众收入增加、贫困村集体收入破零、全面实现小康的重要途径之一，在扶贫工作中发挥了重要作用。

秭归县在国家光伏扶贫政策引导和支持下，立足自身资源禀赋、地理环境状况和区域发展特点，牢牢把握发展契机，充分发挥主体优势，牢固树立新发展理念，行政化管理与市场化运维并行，分别在建设、管理、运维、效益分配和农光互补等环节创新举措，率先探索出了"市场化运维、规范化管护、精准化分配、综合化利用、持续化扶贫"的秭归方式，不仅提升了光伏产业的发电总量和经济效益，还完善利益分配机制，增强光伏资金益贫效应，达到了贫困村集体经济稳定增收、贫困户收益稳定增加的双赢效果。多措并举产生叠加效应，扩大光伏扶贫政策辐射范围，充分释放光伏扶贫政策红利，推进光伏扶贫社会效益、经济效益、生态效益同步发展。光伏扶贫的秭归模式是将市场化运营和制度化管理有效结合的有益探索，既发挥了市场机制资源挖掘的独特优势，也保障了光伏扶贫政策执行的力度和成效。

秭归县光伏扶贫产生了良好的经济效益和社会效益，2018 年 3 月，国网湖北省电力有限公司第一期综合评估，秭归县电站实际年发电量超设计值21%，发电效益及后期管理均处于领先水平。截至 2020 年 9 月底，秭归县50 座光伏扶贫电站累计发电 4257.921 万千瓦时。产生上网电费 1769.41 万元，国家补贴 2391.86 万元，省补贴 423.75 万元。合计产生收益 4585.02 万元，51 个村平均每年可获得近 27 万元的收益。2017 年 5 月全国光伏扶贫现场观摩会在宜昌市召开，参会代表现场参观学习了秭归光伏扶贫电站建设管理经验。

一、科学管理，提升光伏电站发电效益

秭归县以精准科学的理念、全过程管理的思维，通过科学化选址、示范化建设、专业化运维和规范化管护，提升发电效益的同时也降低了电站管理的物质资本和人力成本，实现了效率与质量的同时兼顾。2019 年秭归县所有电站的发电效率均高于电站设计发电量的 20%、年发电量达到 1039 万度，实现收入 1122 万元，全县 50 座光伏扶贫电站中 28 个电站从建成使用未出现任何设备故障。

（一）整体性规划实现了电站的优化建设

在建设初期以"三靠一不、一优一好"为原则，即靠近公路、靠近居民点、靠近主电网，少占或不占农田，优选荒山石山，光源好无遮挡。坚持因

地制宜、随坡就势优化设计，村内选址和易地建设统一，以源头性和整体性设计、管理的思维实现建设方案的最优化，有效避免了由选址不合理和设计与现场不匹配等情况带来的土地资源和投资成本的浪费。按照"选址合理、面积够用、方便接网、光照最好"的要求精选地块，加大用地的协调力度，电站建设用地由村集体无偿提供，落实用地280亩。

在设计过程中坚持因地制宜、随坡就势、生态环保的原则，坚持电站工程设计与接网工程设计同步、施工设计与地勘同步进行，现场确定用地面积、上网线路走向、接网工程配变、电杆位置，一次整体规划设计到位，使设计精度与现场相匹配，减少设计方案反复更改带来的投资浪费问题，不仅降低了施工难度，而且减少了投资成本。秭归县采取先建示范站后全面推开的办法，先期建设了建东、界垭等示范站。以示范站为样本进行评估分析，汲取其经验与教训，进一步优化建设方案，统筹安排，科学有序调配人员和原材料，既节约时间，又提高效率。

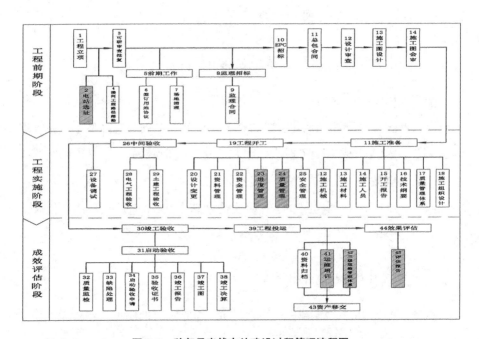

图 5-1　秭归县光伏电站建设过程管理流程图

（二）市场化运营提升了电站的经济效益

光伏电站建成后，秭归县引入市场机制，将电站的经营和维护委托县内的国有公司紫昕国投公司为运维主体，一定程度上缓解了光伏电站运维对专业技术高要求高质量的需要，为光伏电站从政策性扶持逐步转向市场化运营奠定了一定基础。紫昕国投公司全权负责全县 50 个光伏电站的运营维护。按照出钱买服务的原则，对紫昕国投公司运维工作实行合同管理，电站发电效率达到 80% 以上的，按照当年电费收入 5% 的标准支付运维管理费用。

同时，统一印制《秭归县村级光伏电站日常看护记录》《秭归县村级光伏电站故障上报、处理、维修记录表》《秭归县村级光伏电站巡查记录表》，建立规范的巡查、日常看护档案，每周二、五对村光伏电站发电情况进行分析评估，并上报县扶贫办（见图 5-2）。通过各发电站情况数据及时分析设备运行情况，对各电站运行情况进行分析评估，如有问题及时到站排除。运维公司每两月开展村级光伏电站全覆盖巡检、巡查工作，及时发现设备运行和日常看护工作中的问题，运行三年来，维修逆变器 20 次、更换 4 台，更换光伏板组件 37 片，更换交直流线 6 次 7 组，处理监控故障 17 次，并及时改进，排除故障，确保电站正常运行。

（三）制度化管理促进了电站的有序运行

由于光伏产业建设的公益性质和发展基础的薄弱，在管理上秭归县以完善制度、细化工作规范的方式来保障其有序运行，制定了《秭归县村级光伏扶贫电站运维管理办法》《秭归县村级光伏扶贫电站收益分配实施细则》《秭归县村级光伏扶贫电站财务管理和会计核算办法》，从运维管理、收益分配到财务管理和会计核算，率先从电站运维管理、电站收益分配、电站财务管理和会计核算、岗位职责、安全生产、日常看护、站长巡查、清扫看护、运维合同管理等方面均制定了权责明晰、步骤详细和内容翔实的操作办法和具

2020年10月份扶贫电站（部分）抄见电量（即9月1日—9月30日总电量）对比分析表

序号	发电客户名称	发电客户编号	并网时间	装机容量（千瓦）	本月电量（千瓦时）	同期	是否异常	异常原因
1	秭归县溪口坪村吴顺光伏发电站	6833561086	2017-4-21	200.00	15,048	18,082	否	
2	秭归县九畹溪镇界垭村老山光伏发	6833563040	2017-4-21	200.00	16,975	20,515	是	22号-24号07：00分至20：00分高压工程配合停电，每天影响发电13小时，共计39小时
3	秭归县白岩村金竹园光伏发电站	6834025602	2017-5-3	200.00	17,040	20,041	否	
4	秭归县白鹤洞河牛栏坪光伏发电站	6834040511	2017-5-3	200.00	16,996	19,810	否	
5	秭归县凤凰岭村祠堂坪光伏发电站	6834061907	2017-5-4	200.00	18,460	20,527	否	
6	秭归县响水洞村猴子口光伏发电站	6834071357	2017-5-4	200.00	18,055	21,239	否	
7	秭归县天池垭村枫橡岭光伏发电站	6834296002	2017-5-9	200.00	18,841	22,729	否	
8	秭归县中心观村白鹰观光伏发电站	6834305247	2017-5-9	200.00	15,899	22,400	是	3日-4日每天6：30分至18：30分高压网改停电，影响发电10小时左右。
9	秭归县高桥河村玉竹光伏发电站	6834311855	2017-5-9	200.00	17,737	21,391	是	24号12：56分至13：30分高压故障停电，影响发电35分钟。
10	秭归县九畹溪镇仙女村百名培光伏发	6834322543	2017-5-16	200.00	17,189	19,964	是	24号07：00分至20：00分高压工程配合停电，影响发电13小时
11	秭归县鲁家湾村寨岭光伏发电站	6834460586	2017-5-10	200.00	17,951	22,751	否	
12	秭归县尤家湾村顶上光伏发电站	6834519448	2017-5-11	200.00	18,337	22,880	否	
13	秭归县三掌坪村方田坦光伏发电站	6834528693	2017-5-11	200.00	19,177	22,618	否	
14	秭归县大浴池村月家岭光伏发电站	6834553284	2017-5-11	200.00	19,293	23,672	是	3日-6日、13号0电量，采集异常，无冻结数据，经过现场调试模块后恢复正常，13日采集漏电，电量不能计算导致9月14日0电量，经过现场调试模块恢复。24号-25号电量，采集漏报，电量不能计算，经过现场调试模块，26号恢复正常。
15	秭归县西坡村圆梦光伏发电站	6834561739	2017-5-11	200.00	18,368	22,639	是	21号西坡光伏电量为0，09：00分鲁海军与村村记王延军联系，要求村迅速与光伏运维联系处理电量异常原因，22号光伏运维处理完成恢复正常。（处理及时，发电影响不大）
16	秭归县王家坡村南坡光伏发电站	6834565555	2017-5-12	200.00	18,821	22,561	否	
17	秭归县罗家村拦门店光伏发电站	6834638727	2017-5-12	200.00	17,370	21,455	否	
18	秭归县磨坪村红岩子光伏发电站	6834682665	2017-5-14	200.00	17,666	21,407	否	
19	秭归县桂花坪村鑫光伏发电站	6834683147	2017-5-15	200.00	17,205	23,366	是	24号停电时间09：00分-16：10分濯滩变电站10kV濯04开关停电检修。影响发电7小时10分，约影响发电1000kwh。
20	秭归县三墩岩村王秀坪光伏发电站	6834684629	2017-5-16	200.00	18,077	22,016	是	24号8点45分至18点15分10kV三墩岩线路迁改停电，影响发电9小时30分，损失发电量约1000kWh。
21	秭归县一凳村阳坡光伏发电站	6834722369	2017-5-16	200.00	17,900	19,433	否	
22	秭归县云盘村岩洞湾光伏发电站	6834749362	2017-5-16	200.00	18,073	21,397	是	24号12：56分至13：30分高压故障停电，影响发电35分钟。
23	秭归县万家村光之褔光伏发电站	6834794072	2017-5-17	200.00	17,410	23,800	是	24号停电时间09：00分-16：10分濯滩变电站10kV濯04开关停电检修。影响发电7小时10分，约影响发电1000kwh。
24	秭归县陈家坡村阳嘉光伏发电站	6834797941	2017-5-17	200.00	16,712	22,577	是	24号停电时间09：00分-16：10分濯滩变电站10kV濯04开关停电检修。影响发电7小时10分，约影响发电1000kwh，另外两台逆变器开关故障跳闸，联系运维处理中。
25	秭归县峡口村学堂包光伏发电站	6834813380	2017-5-17	200.00	16,667	19,273	是	24号07：00分至20：00分高压工程配合停电，影响发电13小时
26	秭归县柏杨坪村双坪光伏发电站	6834818574	2017-5-17	200.00	17,552	19,498	是	24日07：00—18：30分10kV文07文家岩线更换开关停电影响发电11.5小时。
27	秭归县熊家岭村雄住光伏发电站	6834819900	2017-5-17	200.00	17,637	20,038	是	24日07：00—18：30分10kV文07文家岩线更换开关停电影响发电11.5小时。

图5-2 秭归县 2020 年 10 月份扶贫电站（部分）抄见电量对比分析表

体要求，秭归全县以一套制度统一规范，形成完整的管理制度体系，既保证了考核管理标准的公平，也能够为光伏电站的管理提供明晰的行动指南。2018 年 4 月建立的《秭归县村级光伏电站运维管理细则》是一套较早的村级光伏扶贫电站运维管理制度体系，为光伏电站的管理提供了制度支撑，也为其他地区光伏电站管理提供了可借鉴的制度模式。

（四）立体化监测减少了电站的故障损耗

秭归县推行线上线下监测相结合，提升监测的有效性。积极接网加强电站云监测，国家电网公司为秭归县光伏扶贫电站安装了光伏扶贫在线监测设备，电站每天的发电数据能够自动上传至全国光伏扶贫信息监测系统，通过登录系统，开展"线上线下"一体化运维，可以实时查看电站发电量相关数据，对各电站的运行情况、发电功率、发电量实现在线监测，以数据为抓手，远程分析电站的"离线""故障""报警"原因，及时排除问题，极大缩短抢修时间，减少电站收益损失。同时，在线下建立故障处理流程，电站站长和看护员发现异常情况第一时间反馈至运维公司。运维公司安排专人值班，对村级报告的异常信息认真做好登记，并在24小时内予以妥善处理。县供电公司除例行巡查以外，增加夏季发电高峰期的特巡，增加低压开关等备用配件的储备量，以便随时更换。运维公司及时汇总相关数据，对多次出现异常情况的电站，实行定点监控，确保电站运行良好。

二、富民强村，拓展多元增收渠道

光伏发电站多措并举，在多渠道丰富贫困户经济收入来源、增加其务工收入和生产性收入的同时，有效地扩充了村集体经济的实力，助推村集体产业和村集体经济组织的快速发展，为乡村基础设施建设和人居环境改善提供了物质支持，逐步向实现富民强村、农业农村现代化的发展目标迈进。

（一）贫困群众收入明显增加

秭归县光伏扶贫以光伏产业为平台，充分利用自然资源，通过国家电网公司和社会捐赠支持光伏固定基础设施建设，以市场化方式经营，并将收益落实到贫困户身上，通过设立公益岗位等多种形式为其带来可持续性的财产收入，从而达到稳定脱贫的目标。对于具有劳动能力的贫困农户，光伏扶贫在强调收入增长和收益稳定的基础上，致力于提高贫困农户的主体性和参与度，增强脱贫的内生动力和可持续发展能力。对于失能、弱能贫困人口，光伏扶贫着重于发挥"托底"效能，与社会保障制度相辅相成，合力使其摆脱贫困状况。光伏扶贫为贫困人口脱贫致富提供了一个新的政策选项，以光伏电站光伏收益资金为基础，以"光伏+"产业为载体，探索了岗位开发、以奖代补等多种形式，丰富了贫困群众的收入方式，也以此为基础拓宽了贫困户的收入渠道。

首先是岗位开发提升贫困群众就业收入。农村公益岗位的设置在增加贫困户收入、维护农村道路畅通、保障饮水安全、改善农村卫生环境等方面发挥了重要作用。秭归县鼓励各村结合村情户情和实际需要选设公益岗位，使公益岗位与完成脱贫攻坚目标任务、巩固脱贫成果、村庄环境治理、公益设施管护等方面有机结合，同时明确每一类公益岗位的岗位职责和考核细则，确定岗位人员工资，签订用工协议，做到人岗相适，激发公益岗位人员工作积极性和内生动力，夯实稳定脱贫基础。2020 年秭归县为积极应对疫情影响，设置公益岗位 1161 个，保障贫困群众务工收入，有效解决贫困户疫情过后就业难和稳固脱贫的问题。秭归县还积极吸纳贫困人口参与村级公益事业建设，比如村内道路维修、小型工程除险加固、小型灌溉水渠维修等，解决他们就地就近就业问题，增加临时务工收入。

其次是开发电站增加贫困群众多元收入。"光伏+"通过发展板下经济，将光伏发展与产业扶贫相结合，不仅能够增加光伏电站的收益，同时，部分电站还需要招收劳动力进行种植、加工等，为贫困群众提供了务工岗位。

（二）集体经济实力显著增强

村集体经济强弱事关农村现代化发展的能力，也是决定乡村振兴发展进程的重要基础，能够为乡村环境建设、乡村文化振兴、乡村治理提供经济保障。在光伏扶贫开展之前，很多村庄处于村集体经济为零或者村集体经济收入极其薄弱的状态。光伏扶贫电站建成以后，秭归县所有的村集体电站资产权属均归于所在村集体，其收益也成为村集体收入的重要组成部分甚至是主要部分。作为持续稳定的收入来源，集体经济被有效盘活。秭归县全县有51个村平均每年可获得近27万元的收益，实现了村集体经济的几何式增长，甚至部分村突破了零集体经济的状态，为村集体公共基础设施建设、村庄人居环境改善、村集体活动开展奠定了良好的物质基础和重要的经济基础。部分光伏收益村为了发挥光伏收益资金效益的最大化，提升光伏扶贫的可持续性，将光伏收益资金投入村集体产业当中，扩大村集体产业的生产和发展规模，既助力了村集体产业的规模化和持续性发展，提升光伏收益资金发展效益，又通过村集体产业的快速发展助推村集体经济组织的成长，构建相互带动的良性循环发展结构。

三、扶智扶志，激发贫困群众内生动力

光伏扶贫在强调直接收益分配的同时，鼓励有劳动能力的贫困人口积极参与生产和创收活动，以增强脱贫致富的主观能动性并提高贫困户的劳动能力和劳动技能。激发群众内生动力，鼓励贫困群众通过劳动换取务工收入，一方面可以避免一部分贫困农户坐享收益分配而形成负面激励，对扶贫政策和扶贫资金产生依赖，从而陷入"福利陷阱"，也能有效缓解直接收益分配带来的贫困村与非贫困村、贫困户与非贫困户之间的"悬崖效应"；另一方面有利于从直接收益分配和间接收益两方面推动弱能贫困家庭脱贫。

（一）贫困群众生计能力有效提升

首先是公益岗位激发贫困群众脱贫动力。光伏扶贫通过光伏收益设置公益性岗位，鼓励贫困群众参加公益性岗位增加就业收入，一方面能够帮助其

拓展收入渠道，持续稳定脱贫；另一方面通过就业获取收入，能够增加贫困群众的自信心和脱贫的积极性，鼓励贫困群众以劳动换取收入，增加其主体性和获得感。其次通过光伏收益资金支持开展就业技能培训和种养殖技术，提升贫困群众的就业竞争力和种养殖技术，发展能力得到增强。

秭归县建东村的谢新元 2015 年 8 月因残被纳入建档立卡贫困户，家庭成员 3 人，谢新元为肢体三级残，不能从事体力劳务，其女谢芳娅就读于秭归县一中，家中唯一经济收入靠其妻张洪在船上从事炊事员工作。为提高家庭经济收入，促使增收脱贫，2016 年 8 月光伏电站建成投产，安排谢新元参加光伏电站管护培训，成为光伏电站管护员，月工资 1280 元。为鼓励发展产业进行增收脱贫，2018 年至 2019 年享受光伏收益资金产业发展奖扶每年 1500 元共计 3000 元，在 2020 在收益资金中将其妻张洪纳入光伏电站公益性岗位（清洁员，500 元 / 月），其女谢芳娅进行教育奖扶 2000 元。通过光伏扶贫公益岗位的设置，为缺乏劳动力、无稳定收入来源的贫困户家庭提供了稳定的就业岗位，提升了其收入的可持续性。

（二）贫困群众精神面貌明显改善

光伏扶贫资金除了用于公益性岗位和小型公益事业外，还用于贫困对象奖励补助扶贫，包括产业发展、教育助学、道德示范奖补和老弱病残等无劳动能力贫困户临时补助、突发意外贫困户临时救助等。奖励补助设置了条件，明确了标准，规范了流程。奖励补助起到了救急、暖心、雪中送炭的作用，发挥了激励、奋进、扬善等正能量的效果。2020 年上半年，秭归县部分光伏村通过奖励补助方式，对在疫情防控工作中表现突出的贫困户予以每户 800 元奖励，对受疫情影响生活陷入困境的贫困群众予以每户 1000 元补助。

贫困的形成除了与个人的生计能力、发展能力密切相关，还与其所处的环境系统和文化氛围有关，这些因素造成贫困的再生产和代际传递。部分贫困户在所处贫困文化场域的影响下，与身边非贫困户的对比中，长期处于消极、迷茫和自卑的状态，也养成了懒惰、散漫的惯习。不仅经济收入上拮据，在精神状态方面也较为不佳，无明确的目标和奋斗的动力。而光伏扶贫通过产业上的以奖代补、教育助学和道德失范奖补，激发贫困群众在脱贫致富中"比学赶超"，脱贫积极性明显增强，精神面貌也有所改善。在调研中能够看到光伏扶贫对贫困群众特别是管护员的精神面貌带来了很大的改变。

  管护员：现在比以前好多咯，以前要什么都没有，现在生活条件也比以前好很多。

  访谈员：你每个月的工资是多少？除了管护员的工资，还有其他收入来源吗？

  管护员：还种了9亩多地，还有6亩就是直接转给村里做电站了，当时得了5万多块钱。今年还养了几头猪。每年粮食能收入千把块吧。

  村干部：对，他（管护员）这几年生活好了，50多岁谈上女朋友了，他做管护员认真得很，离得近就经常过去看，板子（光伏板）都擦得干干净净的，还是蛮有责任心的，以前不做管护员就是天天没有事情做，家里也不收拾，没有钱也不出去打工，一直没谈成朋友。现在房子也重新装修了，女朋友也找到了。

在访谈当中，通过管护员和村干部的交流，这名处于村落边缘和"弱势群体"的大龄"单身汉"在担任管护员后，工资虽然不高，但是有了"稳定"的工作，每天有了奋斗的动力，不仅增加了稳定性的工资收入，还以此为契机产生了主动脱贫的意愿和改善生活状态的意识，从而更有了为家庭奋斗的目标，脱贫的动力被不断激发。

（三）贫困群众主体意识有所增强

秭归县在光伏扶贫当中，重视对贫困群众主体性的发掘，通过合理设置公益岗位、开展奖补政策、实施以工代赈等多种方式，挖掘贫困群众的发展潜力和优势资源，帮助贫困群众找到稳定脱贫增收的持续性路径，逐渐克服"等靠要"的依赖心理和脱贫中"干部干、群众看"的无关意识，主动脱贫积极性增强，且逐渐对村庄包括脱贫攻坚工作在内的公共事务产生关注，并逐渐参与其中，在村庄治理中的话语意愿和话语能力都逐渐增强。

四、精准分配，增强光伏资金益贫效应

巩固拓展脱贫攻坚成果是今后一个时期的重要任务，解决相对贫困更是一项长期任务。光伏扶贫电站作为村集体资产，将源源不断产生集体经济收入，源源不断产生扶贫资金。扶贫电站要始终姓"扶"，如何让这笔集体经济在防致贫、防返贫和解决相对贫困方面持续发挥效益，是秭归县始终深入研究的课题。秭归县抓常抓长，在"分"字上再作文章，收益分配着眼长远，分配制度结合实际情况和发展需要及时调整，而不是"一定了之"，在坚持大原则基础上，因村、因户施策，因时、因势而变，不断完善收益分配机制，充分发挥光伏扶贫资金的帮扶作用，进一步巩固脱贫成果，提升脱贫质量，助力乡村振兴。

（一）精准对接实际需求

光伏电站扶贫作用发挥大小的关键在于其收益分配是否科学合理。秭归县坚持根据村情户情，把收益分配与贫困村、贫困户实际需求精准对接，分配过程中满足不同地方、不同群体、不同个人的"差异化"需求，有效避免"平均分配"，避免平均化和一刀切，不仅合理合规，而且更符合基层实际和群众需要。切实把每一笔资金用到刀刃上，雪中送炭，真正实现扶贫电站收

益分配效益的最大化。

秭归县将光伏扶贫电站收益列入村级集体经济收入，明确村委会为收益分配工作的实施主体。坚持以收定支、厉行节约的原则，以有劳动能力的贫困户为主要对象，重点关注未脱贫户和在全国扶贫开发信息系统标注的脱贫不稳定户、边缘易致贫户，特别是受疫情影响失去岗位或不能外出务工的贫困户和边缘易致贫户。明确分配范围为开展公益岗位扶贫、小型公益事业扶贫、奖励补助扶贫等，切实发挥了光伏扶贫的综合效应。如通过设置贫困村产业发展补助，建立了困难群众与市场主体的利益联结机制，调动了贫困群众发展产业的积极性；通过设置公路、沟渠、小型环卫设施等维护维修补助，解决了饮水安全、农村交通、小型水利等公益设施维修的资金难题；通过设置护路岗、护河（沟）岗、护学岗、卫生岗、绿化岗、保安岗、大病关爱岗、"三留守"服务岗、精神疾患护理岗等岗位，因事设岗、"因人"设岗，解决了村级公益事业无人管、无钱管的问题；通过对改房、改厕、建水池等设置具体条件进行奖补，改善村庄环境卫生条件；通过合理设置岗位职责和管理办法，实现公益岗位与弱劳动力贫困户、特殊困难贫困户的精准对接，通过"有劳有获"，充分调动贫困户"做事挣钱"、勤劳致富的积极性和"我要脱贫"的主动性。

秭归收益分配方案的制订和执行严格按照"三议两公开"议事制度，全过程严格坚持"七步工作流程"，形成闭环，环环相扣，提升收益分配方案制订的规范性、公开性和科学性。

以下是天龙村2018年7月1日至2019年6月30日光伏发电收益方案，该方案由村委会提议，"两委"会商议，乡镇财政所审核、村民代表大会审议，乡镇人民政府批准后组织实施。光伏发电可分配收益总额为159633.56元，包括本年可分配收益151401.22元、上年结余转本年分配8289.01元。一是建档立卡贫困户补助35150元，包括产业发展奖补1500元、厕所革命奖补16500元、生活环境改善奖补2500元、评先表模5000元、为自费

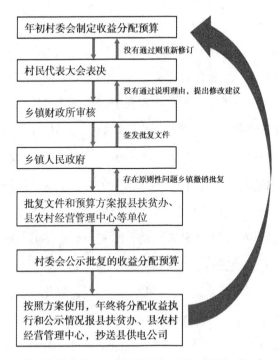

图5-3　秭归县光伏扶贫电站收益分配方案制订和执行"七步工作流程"

缴纳农村合作医疗的贫困户补助共计9650元。二是公益性岗位35600元，包括环境清理卫生岗5人8400元、留守老人服务岗3人1800元、人行道护路岗5人5600元、饮水安全护水岗2人4200元、硬化公路护路岗5人15000元、精神病护理岗1人600元。三是小型公益事业66924元，包括维修公路32434元、集中饮水管道27790元、小型文化体育设施6700元。四是临时救助和教育补助扶贫21400元，包括临时救助10400元、教育助学奖补11000元。

（二）有力推动产业发展

通过光伏扶贫，带动当地特色产业发展。例如屈原村从光伏扶贫电站收益中设立产业发展经费，通过聘请技术服务专家团队、奖励先进示范户、组织考察学习，大力推动本村柑橘产业发展，截止到2019年底，全村的柑橘面积从 2900 亩发展到 4200 亩，优质柑橘面积伦晚 800 亩、九月红 1300 亩、长虹和元红系列 1000 亩；2019 年至今，密集进行柑橘技术管理现场实际操作培训 60 余场次，培育村级示范户 8 户，发展村落示范户 40 户，带动周边农户 80 户，全村的中心示范户达到 128 户，可实现全村柑橘管理技术服务的全覆盖，进一步坚定了发展柑橘产业的信心、提升了柑橘产业化发展水平。

此外，秭归县还根据光伏电站所处的地貌、气候及光照资源等特点，结合先进的光伏技术与农业生产技术，形成"光伏＋农业"的复合系统，构建了绿色能源支持的光伏社会效益应用体系。充分利用光伏板下土地资源，发展茶叶、食用菌、花卉以及矮植喜阴中药材等经济作物，既拓宽了贫困群众增收渠道，增加了经济收益，又美化了电站周边环境，产生了良好的生态效益、经济效益。茅坪镇积极探索发展"光伏＋经济作物"的新型种植模式，在不影响光伏电站发电的同时，充分利用起光伏板下的闲置土地，该镇建东村在光伏板下种植羊肚菌 7 亩，年均收入达 3 万元，种植观赏性植物蚊母 5 亩，预计总收入可达 20 万元。溪口坪村在光伏板下种植茶叶 5 亩，充分发挥茶叶易管理、采摘期长的优势，经济效益明显，每年可助贫困群众增收 8000 元。通过推动光伏扶贫与产业发展结合，将"农光互补"的产业链条增粗拉长，以"一村一品"建设为契机，通过"农光互补"的发展实现产业振兴，提高土地综合利用率，增加农业和相关产业收益。

（三）有效巩固拓展脱贫攻坚成果

结合各村实际，光伏扶贫收益分配以有劳动能力的贫困户为主要对象，重点关注收入骤减、支出骤增贫困户和全国扶贫开发信息系统中标注的脱贫不稳定户、边缘易致贫户。保障了贫困群众收入，夯实了脱贫攻坚基础，充分发挥光伏扶贫资金救急暖心、雪中送炭作用，对本村发展产业积极、品学兼优、孝老爱亲等充满正能量的贫困户进行奖补，对老弱病残等无劳动能力、突发意外急需关照的贫困户进行救助。有效巩固拓展脱贫攻坚成果，进一步增强了抵御防贫和新增贫困风险的能力。

五、绿色减贫，促进能源经济良性发展

我国太阳能资源很丰富，适合发展光伏发电的地区约占全国总面积的九成以上。光伏发电清洁高效、技术可靠、建设期短、收益稳定，可保证贫困户持续稳定获得发电收益，政府投资具有放大效应，相对一般性的产业扶贫手段优势明显。秭归县光伏扶贫充分利用荒坡等地，因地制宜建设光伏电站，拓展光伏应用市场，改善农村用能条件，增加当地农民收益，是绿色减贫的新途径，极大提升了扶贫的生态效应。

（一）践行绿色发展理念

光伏本身是一种绿色清洁能源，在一定范围内推动了能源领域供给侧结构性改革，是改善生态环境的重要举措，也是落实绿色发展理念的具体体现。实施光伏扶贫是实现绿色发展、促进产业升级的重要抓手。发展光伏发电将太阳能直接转变为电能，同时大多利用的是荒山荒坡，环保节能，既加快贫困地区的脱贫速度，又体现了绿色发展理念，充分体现了扶贫过程中"生态就是资源、生态就是生产力"。大力推广光伏扶贫，可以有效推动光伏产业的发展，能有效延伸产业链，是促进经济社会高质量发展的重要举措。同时，利用太阳能光电转化技术，开发利用绿色、清洁、丰富的太阳能资源，可提高再生能源应用比重，促进能源结构调整，助推节能减排，有利于促进保护和改善环境，真正实现绿色发展。

（二）坚持生态管护原则

秭归县充分利用农光互补，在提升经济效益的同时，也增强了生态效

益。秭归县三掌坪村坚持绿色发展理念，落实生态管护。落实光伏电站站长每月定期巡查，管护员每周 3 次到电站进行维护。从经营收入中列支管护费，配齐割草机、拖把、水枪等管护设备。在光伏电站空闲处种植药材——麦冬，可以防治电站水土流失、有效减少扬尘，为电站光伏面板的清洗提供了便利，同时保护电站绿色生态环境，争取让发电效益最大化。

（三）提升农村能源安全

新能源是未来发展的重要新方向，其中太阳能光伏产业以其特有的优越性成为许多国家和地区重点发展的对象。太阳能源发展具有低碳、绿色、可持续的特点，因其资源分布广泛、安全性高、可靠性高等优点而被列为能源战略的重中之重，光伏产业业已成为中国新兴的战略性产业之一，并广泛应用于工业扶贫项目中。秭归县结合光伏扶贫电站建设，推动实施农村电网改造，有利于农村能源安全。

六、社区营造，奠定乡村振兴坚实基础

党的十九届五中全会提出，"走中国特色社会主义乡村振兴道路，全面实施乡村振兴战略，强化以工补农、以城带乡，推动形成工农互促、城乡互补、协调发展、共同繁荣的新型工农城乡关系，加快农业农村现代化。实施乡村建设行动，深化农村改革，实现巩固拓展脱贫攻坚成果同乡村振兴有效衔接"。精准扶贫战略和乡村振兴战略都是我国实现"两个一百年"奋斗目标的重要战略，是化解发展不平衡不充分突出问题、不断满足人民日益增长的美好生活需要的重要途径。2020 年我国打赢脱贫攻坚战后，工作的重点将进一步向乡村振兴转移，而定点扶贫的工作重心也要逐步向乡村振兴的目标发展。

实施光伏扶贫为社区营造提供了良好的物质保障，也为乡村振兴奠定了坚实的基础。光伏扶贫电站从建设到运行维护乃至收益的分配，各个环节都

有群众的参与，促使群众不断坚定脱贫内生动力，主动参与到脱贫攻坚战中，物质生活水平和精神文明程度都得到提高；村集体经济收入不断增加，村容村貌发生了巨大变化，为全面实施乡村振兴奠定了坚实的物质基础、人才基础等，正在朝向乡村振兴战略提出的"产业兴旺、生态宜居、乡风文明、治理有效、生活富裕"20字方针总要求逐步前进。

（一）村庄人居环境明显改善

光伏扶贫通过公益岗位设置加强农村公共基础设施维护、清洁和美化村庄整体环境、提升村庄公共卫生水平。同时，秭归围绕光伏收益村内道路维修、小型工程除险加固、小型灌溉水渠维修、环境卫生整治、小型环卫设施建设等开展公益事业建设，在帮助群众解决困难的同时，也推动了村庄人居环境的改善。截至2020年，秭归县累计从光伏发电收益中用于农村小型公益事业建设877.5万元，维修公路18.6公里，整修沟渠752米，建设小型环境卫生设施32处。

（二）乡风文明建设稳步推进

秭归县将光伏扶贫收益不仅用于帮助贫困村和贫困群众增加收入，还通过奖补稳步推进乡风文明建设。屈原村利用光伏电站收益设立幸福村落创建经费，通过村规民约入户、组织关爱"三留守"、幸福村落创建等活动，着力推动幸福村落创建；利用光伏扶贫电站收益设立乡风文明经费，着力开展教育助学、丰富文化生活、表彰先进典型等活动促进乡风文明。严格按照光伏扶贫电站收益分配管理办法并结合本地实际，将光伏扶贫电站的收益作用充分发挥，为巩固拓展脱贫攻坚成果注入了强大动力，营造了文明的文化氛围，为实施乡村振兴战略奠定了强有力的文明基础。

（三）乡村治理能力明显提升

秭归县农村基层治理能力和治理水平显著提高，基层党组织凝聚力和战斗力明显增强，以"幸福村落"建设为主要内容的"村落自治"经验入选全国首批乡村治理20个典型案例，秭归县入选全国乡村治理体系建设首批试点单位。

首先是村"两委"凝聚力显著增强。光伏收益村通过完善村内小型公益事业和基础设施建设，有效解决群众关注、关切的问题。硬化路的基础建设、阳坡缺水地区的入户管网与分散用水的引水管、阳坡硬化公路培塌方修复等等均得到及时有效的解决，切实帮助百姓解决一些操心事、烦心事和揪心事，进一步提升了村"两委"的号召力、向心力、凝聚力，巩固了户脱贫、村出列的成果。

其次是村民参与自治的积极性增强。光伏扶贫的每个环节都需要群众的积极参与，收益分配方案的制订和执行严格按照"三议两公开"议事制度，即电站收益分配方案由村集体经济组织提议、村"两委"会商议、村民代表会议决议，做到决议公开、实施结果公开。全过程严格坚持"七步工作流程"来进行，都需要村民的监督和参与，这些都培养了村民参与村庄公共事务的意识和惯习，有效提升乡村的自治能力。村级光伏扶贫电站发电收益形成的村集体经济，可调动村民参与乡村自治的积极性，激发内生动力，鼓励广大群众积极参与乡村建设，也有效增强了村"两委"的动员力和号召力，培养了村民参与村庄公共事务的积极性，村民之间的向心力和凝聚力有效增强，人际网络联结日益密切，村庄集体行动能力有效提升，贫困村的治理水平也不断增强，为构建"党委领导、政府负责、社会协同、公众参与、法治保障、科技支撑"的社会治理体系以及"人人有责、人人尽责、人人享有"的社会治理共同体奠定坚实基础。

第四节　秭归县光伏扶贫的问题及挑战

一、光伏技术层面的问题及挑战

秭归地处湖北省西部，三峡工程坝上库首，是国家扶贫开发工作重点县、武陵山扶贫攻坚片区县，也是国家电网公司定点帮扶县。近年来，秭归县抢抓国家电网"阳光扶贫行动"机遇，把光伏扶贫作为脱贫攻坚的重要举措。但在调研过程中据工作人员反映，秭归的50座光伏电站目前在实践技术层面仍存在一定的问题与不足，具体有以下几点。

（一）板下土地利用率不足

充分利用光伏板下的土地进行农业种植和水产养殖，可以大幅提高光伏产业带来的综合效益。秭归县目前的50座光伏电站板下用地中，除茅坪镇建东村的集中式光伏电站用地种植了7亩羊肚菌和5亩观赏性植物蚊母外，49座村级光伏电站用地只有溪口坪村种植了5亩茶叶，而另外48座光伏电站板下用地均未开发利用。究其原因主要有三个方面：一是受地理位置影响，农作物正常生长所需的光照条件无法保证。秭归位于我国三类光照资源地域，太阳能全年辐射量在4200—5400MJ/m^2，光照条件属于国内一般水平，农作物生长在光伏板之下，光照条件更是只能达到正常水平的30%。二是光伏板建设的限制。秭归的49座村级光伏电站大多采用第一代光伏板建设支架，光伏板平均建设高度低于1米。这个高度，严重限制了农作物的生长空间。另外，国家电网公司为增加光伏发电板数量，提高各村光伏电站经济效益，在保证安全的情况下，缩短了每列光伏板之间的建设距离，并在每列光伏板之间安装了监测设备和逆变设备，导致板下土地和板间无法开发利用。

（二）设备维修更新能力弱

秭归县具有山高坡陡、地势起伏不平的地貌特点。在光伏电站初期的设计过程中，国网公司与县政府相互统筹，坚持因地制宜、随坡就势和生态环保的原则，将光伏电站工程设计与接网并网工程设计同时进行，坚持施工设计与地面勘测同步，在建设现场确定光伏用地面积、上网线路走向、接网工程配变以及电杆选点位置，努力促进一次整体规划设计到位，使设计精度与现场相匹配。但在具体的操作过程中，由于秭归县"点多面广、地形复杂、交通不便、雨季汛期、施工难度大"的特点，国网公司与县政府对设计方案仍做出了数次调整，才保证工程保质保量完成，但同时投资的成本也相应增加。

在光伏电站运营过程中，设备的维修更新问题面临着不小的挑战。第一，受光照时间分布不均衡和气象变化条件的影响，光伏电源输出具有间歇、波动、随机等特点。秭归县的扶贫光伏电源多集中在偏远薄弱的农网末端，对功率平衡、继电保护、供电可靠性、用电规划等会产生较大影响。另外，光伏渗透率、谐波传输和放大特性、母线节点电压波动和闪变值等电能质量问题，目前业已成为备受专家关注的技术要点。秭归县针对光伏电站的维修工作主要由第三方紫昕国投公司进行，该公司配备了 5 名工作人员负责全县 50 个光伏电站的维修工作，这对于地形复杂的秭归县而言，维修的及时性面临挑战。同时，由于光伏板维修的专业性要求高，故光伏板发生重大问题时，仍需反馈到生产厂家或专业维修公司，自身难以解决。第二，受制于光照条件，光伏发电存在发电量不稳定的特点，光伏发电并网运行存在一定风险。秭归县光伏电站建设采用的是光伏电站工程设计与接网并网工程设计同时进行的方式，这种方式对于后期光伏设备更新换代随之而来的接网并网问题会带来新的挑战。

（三）缺乏专业技术人才保障

影响光伏发电效果的关键性因素是太阳能电池板。光伏发电装置由电池板、控制器和逆变器三大部分组成，这些装置都是电子类元件。因此，光伏发电专业技术性较强，无论是设备的运行还是后期的维护，都需要有经验的专业技术人员全程跟进。

光伏电站建设前期，需要专业技术人才负责考察选点，对自然资源及相关数据进行整理、统计、评估，最终确定电站建设位置。在光伏电站运营期，需要专业人员对各类光伏电池和光伏设备进行定期的检查、维修、处理，对在建的和运行中的项目进行监督和管理，对光伏发电项目运营中遇到的技术问题及时上报。当前秭归县外出青年务工人员多，农村空心化现象严重，留守老人文化水平普遍偏低，电站看护员缺少且文化水平低、专业知识欠缺，一旦设备出现事故无法及时处理。

二、光伏收益分配的问题及挑战

秭归县将光伏扶贫电站收益列入村级集体经济收入，坚持因地制宜、精准分配、以收定支、厉行节约，严格控制分配范围，将直接受益对象锁定为电站关联的建档立卡贫困户，严格按照"三议两公开"议事制度，制订和执行收益分配方案，方案由村委会提议、村"两委"商议、村民代表大会议定，做到决策公开、结果公开，把电站收益精准分配到每一个贫困户、每一项村级公益事业上。明确分配范围为开展公益岗位扶贫、小型公益事业扶贫、奖励补助扶贫等。上述收益分配模式与分配方法在秭归县光伏扶贫工作中发挥了重要作用，但在具体的实践过程中也存在如下问题与挑战。

（一）光伏收益使用政策的弹性

根据秭归县人民政府办公室 2020 年 14 号文件要求，秭归县村集中式农光互补光伏电站和村集体式光伏扶贫电站产生的收益，80%必须用于贫困人口承担公益岗位任务的工资和参加村级公益事业建设的劳务费用支出，余下20%中的10%计提维修基金，按照县农村经营管理中心统一要求做账，另外10%作为扶贫奖励。秭归县光伏扶贫收益分配以有劳动能力的贫困户为主要对象，重点关注未脱贫户和在全国扶贫开发信息系统标注的脱贫不稳定户、边缘易致贫户，特别是受疫情影响失去岗位或不能外出务工的贫困户和边缘易致贫户。这项政策对助力建档立卡贫困户保障基本生活起到了至关重要的作用。

但在调研过程中，县、乡、村各级领导干部和光伏电站负责人均反映了光伏收益资金使用分配比例缺乏弹性的问题。为帮助贫困人口减轻新冠疫情带来的经济压力与生活压力，政府将对贫困人口专项使用的光伏收益资金比例从70%提升到了80%，同时规定了除维修专项资金外，余下的10%也将主要用于贫困对象的奖励补助。在调研中，一些村干部表达出了将部分光伏扶贫资金作为村集体产业发展资金来源的想法。此外，在贫困村稳定脱贫后，光伏产业带来的村集体收入将如何分配，尚需要进一步探讨和明确。

（二）非贫困户与贫困户的矛盾

2017年以来，秭归县累计从光伏扶贫电站发电收益中分配公益性岗位工资449.17万元。2020年，秭归县为积极应对疫情影响，各乡镇行政村结合村情户情和实际需要，共设置了以护路员、清洁员、电站看护员、管水员等岗位为主的公益性岗位1161个，用来保障贫困群众的务工收入。同时，秭归县积极吸纳贫困人口参与村级小型公益事业建设，2017—2020年累计从光伏发电收益中提取877.5万元解决他们的就地就近就业问题，帮助增加临时务工收入。此外，秭归县针对贫困户产业发展、教育助学、道德示范奖补和老弱病残等无劳动能力贫困户临时补助、突发意外贫困户临时救助等设置了专项奖励补助资金。奖励补助设置了条件，明确了标准，规范了流程，对贫困户起到了救急、暖心、雪中送炭的作用，发挥了激励、奋进、扬善等正能量的效果。2020年上半年，秭归县部分光伏村通过奖励补助方式，对在疫情防控工作中表现突出的贫困户予以每户800元奖励，对受疫情影响生活陷入困境的贫困户予以每户1000元补助。

上述针对贫困户的三种帮扶模式，在有效帮助贫困户建立基本生活保障机制的同时，逐步改善了贫困户群体的生活质量。但与此同时，非贫困户与贫困户之间出现了矛盾。一是各类奖补政策大多只涵盖贫困户，非贫困户在日常家庭生活、子女教育、就近务工方面得到政策扶持有限，逐渐产生心理落差。二是个别子女在外务工的非贫困户认为，与贫困户家庭相比，自家的基础生活条件也很差，仅由于子女在外务工的缘故，就无法享受各项贫困户家庭能享有的奖补政策，对贫困户家庭和村级干部产生不满情绪。

（三）非贫困户对光伏政策认同感、参与度低

为规范村级光伏扶贫电站收益分配，壮大贫困村集体经济收入，促进贫困户增收脱贫，在收益分配方面，秭归县根据国务院扶贫办文件要求并结合本县实际，制定了《秭归县村级光伏收益分配管理办法及实施细则》。该文件规定了秭归县的组织机构职责、电站收益核算、收益分配原则以及收益资金适用对象和适用范围等要求，为带动贫困人口脱贫致富，帮助贫困人口提高生活水平、改善生活质量，促进精准扶贫目标的实现提供了重要抓手。然而，由于光伏收益分配中针对贫困户的倾斜政策，导致了非贫困户在对光伏扶贫政策的认同与参与中出现一些问题，主要体现在两个方面。一是部分非贫困户对光伏发电带来的收益存在怀疑。由于非贫困户无法享受电站收益带来的红利，缺乏对光伏扶贫政策的主动了解，产生了对光伏政策的错误解读和错误理解，对政策的认同感不高。二是村级公益性岗位、小型公益事业以及奖励补助都只针对贫困户，导致非贫困户在参与村务治理方面的积极性越

发减弱。调研过程中据村有关干部反映，实施光伏扶贫政策后，在召开村民大会、组织村民活动时，贫困户群体与非贫困户群体积极性呈现两极分化的状态，个别非贫困户甚至产生"去参与村务治理和村民活动也得不到任何好处，有贫困户去就够了"的想法。

三、光伏可持续发展的问题及挑战

秭归县抢抓国家电网"阳光扶贫行动"机遇，结合秭归实际，响应国家清洁能源发展战略，大力发展光伏发电产业，达到了贫困村集体经济稳定增收、贫困户收益稳定增加的双赢效果。但脱贫攻坚工作已进入收官阶段，结合秭归县光伏扶贫产业的发展现状来看，该产业未来在可持续发展方面还面临如下问题及挑战。

（一）缺乏电站建设运维资金

秭归县已有的50座光伏扶贫电站的建设及运维主要依赖政府投资，如果离开政府出资，光伏电站很难持续性发展。首先，光伏扶贫项目属于一次性投入工程，户用式的光伏电站建设一般需要每户出资3万—5万元，而秭归县的村级光伏电站、集中式地面光伏电站和光伏农业项目的投入成本则相对更高，共计达1亿元左右。如果秭归想扩大电站规模，持续稳定发展，就会面临贫困户因自身缺乏资金，无法集资建设；企业因投资回收期长、收益低等原因不愿直接大量垫付资金；银行等金融机构因出于风险管控考虑，在没有地方政府担保的情况下对相关贷款持谨慎态度等问题。因此，在秭归目前的光伏扶贫实施办法中，依靠中央或地方扶贫资金支持尚有可行性；但若要保证光伏产业持续性发展，建设资金不足将成为主要制约因素。此外，光伏电站的运维缺乏后续资金。当前秭归县的光伏电站运维工作是政府从光伏收益资金中抽取10%，全权交予第三方紫昕国投公司进行。当进入后脱贫时代，政府缩减定价范围，降低对光伏电价的补贴力度，光伏收益资金规模大幅缩小的情况下，电站每年高额的运维费用能否继续保障成为普遍疑问。

（二）依赖政府补贴电费

由于目前光伏发电技术尚未完全成熟，导致其发电成本相对于传统能源行业仍然处于较高的水平，因此光伏电站的稳定收益除了依赖气象条件的稳定和光伏组件的正常运转，同时更需要依托于国家财政持续性的高额补贴和高标准的上网电价，但这种脱离市场的盈利手段并不具有经济上的可持续性。以秭归县规模最大的建东村惠源光伏扶贫电站为例，2020年经营收入共计828705.6元。其中上网电量767320度，发电收入396013.85元，政策性电价补贴收入432691.75元。政府的补贴收入占全年总收入的比重超过50%，而这一比重在罗家村拦门店、天龙村瓦屋坪、三掌坪村方田垭、庙包等光伏扶贫电站中系数更高。由此可见，目前光伏扶贫的收益仍然主要依赖国家财政补贴，而非光伏发电系统。因此，在国家价格改革的逐步深化、政府定价范围大幅缩减、光伏上网电价退坡已成定局的背景下，秭归县光伏扶贫产业的可持续发展面临巨大挑战。

（三）规模效益较差，市场竞争力不足

秭归县现有集中式农光互补光伏扶贫电站1座，村级光伏扶贫电站49座。截至2020年9月底，秭归50座光伏扶贫电站累计发电4257.921万千瓦时，产生上网电费1769.41万元，国家补贴2391.86万元，省补贴423.75万元。合计产生收益4585.02万元，全县51个贫困村平均每年可获得近27万元的收益，能基本带动贫困人口稳步脱贫。但与新疆、内蒙古、甘肃、山西等光伏产业领先省份相比，秭归县的集中式光伏扶贫电站规模较小，村级光伏电站规模处于一般水平，户用式电站则尚未起步建设，故从规模效益来看，秭归的光伏产业市场竞争力相对较弱。

2019年4月，湖北省政府正式发文批准秭归退出贫困县行列。2020年，

秭归县全县农村贫困人口脱贫清零,实现"户脱贫、村出列、县摘帽"目标。在秭归稳定脱贫的背景下,光伏电站的性质也将更多地由扶贫性转为商业性。但目前秭归的光伏价格仍过度依赖政府补贴,光伏电站的并网电价为每度电 0.98 元,其中中央财政每度电补贴 0.5 元,省财政每度电补贴 0.1 元,当政府后期把补贴比例降低至完全收回,光伏电站的收益将入不敷出,更谈不上与风力发电、火力发电等传统电力资源相比而言的市场竞争力。这一问题在调研过程中,也得到了很多领导干部和电站工作人员的一致反馈。而要扩大收益,提高秭归的集中式电站建设规模,又面临上述的贫困户、企业、金融机构三方因多种因素制约导致的资金缺乏问题。因此,受限于规模效益与政策依赖,秭归光伏电站未来的市场竞争力不足问题仍有待重视。

(四)缺乏废弃光伏板处理机制

秭归县抢抓国家电网"阳光扶贫行动"机遇,依托中央和地方政府大量的优惠政策和财政补贴,以光伏发电收益减贫带贫的形式,在脱贫攻坚工作中取得了显著成效。光伏扶贫也发挥了增加贫困村集体收入,带动贫困户群体稳定脱贫的巨大作用。但是光伏扶贫对秭归而言,是属于地方政府按部就班,贯彻落实国家脱贫攻坚战略的产物。光伏电站是由国家电网公司直接建好转交给秭归县地方政府,地方政府再转交到村集体进行管理,县村两级政府工作重心以发电收益来助力脱贫攻坚,缺乏对光伏电板后续处置的具体认识,因此目前尚未建立废弃光伏板后续处理机制。

一般而言,光伏板的使用寿命为 20—25 年,去掉自然灾害、极端天气等不可控因素影响外,实际使用年限大多低于 20 年,这代表秭归县的电站光伏板最迟将在 15 年后就面临需要全部更换的问题。同时,随着科技水平提高,光伏板的发电转化率也在不断提升,秭归的 50 座光伏电站若要提高转化效率,增加发电收益,则同样面临需要及时更换光伏板的问题。但在调研过程中发现,秭归目前对废弃光伏板的处置方式较为粗放,同时尚未做长期规划，形成专项处理机制。而若以目前的处理方式持续进行，不寻求解决方案，大量废弃光伏板对秭归未来生态环境而言，存在重大污染隐患。

第五节 光伏扶贫的总结、展望与政策建议

光伏扶贫是国务院扶贫办提出的"十项精准扶贫工程之一"，是资产收益扶贫的有效方式，也是产业扶贫的有效途径。近年来，秭归县抢抓国家电网"阳光扶贫行动"机遇，将光伏扶贫作为脱贫攻坚的重要举措来抓，建好接好管好用好光伏电站，并从建设、运维、收益分配、可持续发展等多方面创新光伏扶贫体制机制，挖掘光伏扶贫综合效应，为巩固脱贫成果，衔接乡村振兴提供了可参考、可复制的有益经验。

一、总体经验："五化五效益"的秭归方式

秭归县光伏扶贫的总体经验可基本概括为"五化五效益"的秭归模式。在光伏扶贫电站建设、管护、收益分配工作中，秭归县率先探索出了"市场化运维、规范化管护、精准化分配、综合化利用、持续化扶贫"的秭归方式，激发光伏扶贫的"经济效益、社会效益、精神效益、综合效益及可持续效益"，达到了贫困村集体经济稳定增收、贫困户收益稳定增加的双赢效果。

（一）规范化运维，管出经济效益

光伏电站不能"一建了之"，要规范运维以便发挥更好的经济效益。光伏扶贫是一项新生事物，前期国家、省均未出台相应的运营维护和收益分配管理办法。在上级政策出台的"空白期"，电站怎么运维、怎么管护、收益如何分配成为光伏扶贫亟待突破的首要瓶颈。秭归始终强调光伏电站不能"一建了之"，在光伏建设阶段即着手整体性的运维管理体制机制设计。"国网建光伏、县里建机制"，经过数年探索，秭归逐步建立了覆盖光伏扶贫运

行维护、站点管护、收益分配及考核监督全过程的规范化、精细化、市场化、易操作的运维管理体系。秭归县制度建得早、想得全、订得细，务实管用、便于操作。在管护过程中，严格执行管护制度，定时观察、定点监控，"盯"得紧、"盯"得细、"盯"得好，保证了光伏电站的安全有序运行，提高了光伏电站的发电效益。

（二）精准化分配，分出社会效益

光伏收益不能"一分了之"，要精准分配发挥更好的社会效益。秭归在县级层面出台《秭归县村级光伏扶贫电站收益分配管理办法》及《秭归县村级光伏扶贫电站收益分配实施细则》，全面规范化、流程化地将光伏收益分配纳入统一的收益核算及分配管理体系，并确保光伏收益使用的动态管理和公开透明性质。秭归县也按照村情户情，推动收益分配与贫困户家庭精准对接，满足不同地方、不同群体的"差异化需求"，有效避免"平均分配"。探索多种形式的收益分配，针对贫困户设立各类公益性岗位，针对贫困村公共设施维护进行补助，针对贫困户产业发展进行奖补，针对贫困户突发灾害事件进行救助等。

（三）个性化帮扶，帮出精神效益

光伏岗位不能"一设了之"，要发挥公益事业的脱贫激励精神效益。秭归充分考虑公益岗位与贫困户的精准对接，通过精确的岗位设置将公益岗位与脱贫激励、内生动力激发结合，更好地发挥光伏扶贫的精神效益。一方面，秭归根据各贫困村实际情况，因村设岗、"因人"设岗、因事设岗，做好公益岗位与弱劳动力贫困户及特殊困难贫困户的精准对接，并综合化、合理化地设置岗位职责及考核目标；另一方面，秭归通过制度激励调动贫困户"做事挣钱"的积极性与主动性，实现"有劳而获"，推动从"要我脱贫"到"我要脱贫"的转变。

（四）综合化利用，用出生态效益

光伏利用不能"一光了之"，要采取"农光互补"发挥更好的综合效应。光伏本身是一种绿色清洁能源，在一定范围内推动了能源领域供给侧结构性改革。秭归县因地制宜开展光伏扶贫综合发展的探索，将光伏扶贫与农业产业发展相结合，探索绿色资源综合开发新路子。秭归县一些贫困村在探索农光互补、发展板下经济方面做出了有益探索，如茅坪镇溪口坪村在光伏板下种植茶叶、建东村在光伏板下种植羊肚菌、高桥河村在光伏板下种植黑麦草等，通过农光互补，既增加了经济收益，又产生了良好的生态效应。

（五）持续化扶贫，扶出长久效益

光伏扶贫机制不能"一定了之"，要因时而变，发挥更好的持续效应。秭归坚持将光伏扶贫作为建立脱贫长效机制、解决相对贫困、衔接乡村振兴的关键举措。扶贫电站要始终姓"扶"，如何让这笔集体经济在防致贫、防返贫和解决相对贫困方面持续发挥效益，是秭归坚持深入研究的课题。秭归在光伏扶贫运维管理、收益分配、后续发展上，始终强调着眼长远，光伏扶贫机制不能"一定了之"，而是不断探索完善光伏收益分配机制、电站运维管理机制、农光互补的综合发展模式，充分发挥光伏扶贫及光伏收益的帮扶作用，进一步巩固脱贫成果，提升脱贫质量，助力乡村振兴。

二、探索价值：秭归光伏扶贫的启示

"五化五效益"的表述概括性地展示了光伏扶贫秭归模式的总体经验。此外，秭归在光伏发展模式、光伏确权模式、运维管理模式，以及"光伏+"探索等方面也为我们提供了几点经验启示及理论启示，为整体上认识、思考光伏产业及光伏扶贫的未来发展提供了可参考、可借鉴的有益探索。

（一）村级光伏模式的相对优势

秭归实践印证了村级光伏作为主要建设模式的相对优势。早期光伏扶贫鼓励各地根据实际情况，探索户用光伏、村级光伏、集中式光伏扶贫电站等多种建设模式。按照脱贫攻坚决策部署，在总结前期光伏扶贫工作实施的基础上，当前国家层面明确以村级光伏扶贫电站为主要建设模式。中共中央、国务院《关于打赢脱贫攻坚战三年行动的指导意见》中要求"在条件适宜地区，以贫困村村级光伏电站建设为重点，有序推进光伏扶贫"。秭归光伏实践的探索，应该说也从地方经验性探索的层面，证明了村级光伏相对于户用式、集中式的发展优势，探索了村级光伏扶贫的可持续模式并提供了可资借鉴的范例。秭归实践证明，相比于户用式光伏，村级光伏的优势在于：其一，农村地区电网系统较为薄弱。相比于户用分布式光伏，以村为单位建立光伏电站更易解决电网承载和电网消纳上的挑战，无须面临家户分散式的复杂电网整体改造问题。其二，村级电站便于村集体统一管理、规范养护，收益更为稳定且有保证；户用式则在统一管理维护、电量上网等方面面临一系列挑战，收益更不稳定。其三，村级光伏归属村集体，所产生的光伏收益不直接与特定受益农户绑定，本质上更契合扶贫的公平性、精确性。相比于集中式光伏，秭归村级光伏也具有相对优势：其一，村级光伏占用土地规模更小，在土地整合和利用方面压力更小，光伏与农地耕地方面冲突的可能性更低；其二，村级光伏投资规模、运营管护规模相对适中，更适合土地较为分散、地形复杂的山区贫困县，但相对应在规模效益上可能不及集中式光伏。

（二）光伏确权到村的相对优势

在光伏扶贫的确权上，不论是理论层面抑或是各地经验探索层面均存在一定争议。将光伏电站确权到县级层面、乡镇层面还是村级层面、个人层面。不同的光伏确权模式，也必然带来光伏扶贫整体运行模式、收益分配模式、效益与效果上的一系列差别。秭归持续探索了光伏确权到村的发展道路，也在一定程度上证实了确权到村模式的优越性。首先，秭归将所有光伏电站全部确权到村集体，村集体得到光伏扶贫的收益保障，在充实村集体的同时，也进一步增强了基层组织的凝聚力、向心力及战斗力，使得秭归在充实村集体经济的同时，也能持续强化基层治理、建设美丽乡村、推动村落公共性重建并最终促进村域整体层面发展。其次，秭归在光伏收益分配方面也全面确权到村，由村级层面通过民主程序确定光伏的具体使用及分配，确立了村级层面"公"的地位，避免光伏收益与特定收益户的永久绑定，从而更好地保证光伏扶贫的公平性、精准性。

（三）"光伏＋村集体经济＋村级基层治理"方式

秭归"光伏＋村集体经济＋村级基层治理"的模式显现出光伏扶贫的综合性优势，为光伏扶贫的综合化、多元化发展提供了经验。光伏扶贫相比于传统产业扶贫手段优势明显。光伏能源清洁高效、建设期短、收益稳定，可为贫困村贫困户提供较为稳定的发电收益。秭归有前瞻性地打通了光伏扶贫与全领域扶贫的联系，将光伏扶贫工程与农业产业扶贫、电商扶贫、党建扶贫、基层治理创新、美丽乡村建设等脱贫攻坚、乡村振兴举措有机结合，为巩固脱贫攻坚成果、衔接乡村振兴奠定了初步基础。其一，释放光伏扶贫的经济效益。秭归通过一套覆盖运维、监督、站务及收益分配全过程的体制机制，管好光伏发电、做好运营维护、分好光伏收益，切实发挥了光伏带动贫困村、贫困户经济发展的效果。其二，打通光伏扶贫与特色产业扶贫，开展农光互补的"光伏＋"探索，进一步推动经济效益的多元化。其三，通过光伏扶贫充实村集体经济，强化村集体的凝聚力、号召力，开展基层党建、助力移风易俗、建设幸福村落、探索基层治理创新，在用好光伏收益推进乡村产业振兴、组织振兴、文化与生态振兴方面均作出了初步尝试，形成了可资借鉴的发展经验。

（四）国有化建设与市场化运营

光伏站点的国有化建设模式为秭归光伏发展打下稳定基础。在光伏站点的建设上，秭归基本上所有站点由国企、国有资本捐建。在光伏运维上选择县级国企以市场化的方式承担日常运营管理。国有资本建设大型基建及能源项目的优势在于，可有效规避市场主体借助光伏等扶贫项目的投机、套利行为。在光伏发展上，国资背景的企业同时讲求"政治账"和"经济账"，有效避免光伏发展的短视行为。秭归在县级层面光伏机制上也积极与国有化建设、市场化运营相对接，坚持规划先行、统一建设、一套模式、全县推广。国有化建设与市场化运营相结合，秭归通过光伏站点的统一建设、统一管理、统一模式，使得光伏扶贫从建设到运营到收益更具规范性和整体性。但在考虑国家、体制内力量优势的同时，也要考虑到可能存在的潜在风险。秭归光伏扶贫带有鲜明的国有化建设及运维的特征。在脱贫攻坚责任制及政策驱动下，国有资本的建设及运维是不计成本的。换言之，将光伏交给"公"来管时，也面临"私"的效率问题。在全面打赢脱贫攻坚战、消除绝对贫困之后，既需要逐渐推动光伏发展的市场化，也应持续保持国企、国有资本在光伏维护及发展指导上的参与度。

三、展望与建议：光伏扶贫衔接乡村振兴

光伏产业是新生产业、新兴业态，光伏扶贫也是一项新生事物。光伏电站如何运维管护、收益如何分配、光伏产业如何发展，对于秭归而言也是一项全新的挑战。光伏扶贫能源清洁、见效快、风险小，是发挥贫困地区资源禀赋优势的有效选择，是充实村集体经济带动贫困村贫困户发展的有效路径。要发挥光伏扶贫持续性的发展带动效应，建立稳定长效的脱贫发展机制，则需要进一步管好用好维护好光伏站点，并稳步推进村级光伏发展走向

自主化、市场化、多元化，将"光伏扶贫"进一步升级为"光伏振兴"，助推乡村全面发展。

（一）保持光伏政策相对稳定性

光伏扶贫最初是国家消化新能源产能以及推动乡村产业扶贫的综合产物。在新兴能源及新兴业态发展初试阶段，政府的政策支持及收益补贴通常构成行业发展的核心驱动力。现阶段，光伏发展仍然处于政策驱动型的初步发展阶段。包括秭归在内，各地光伏扶贫模式尚不够稳固，收益尚不够稳定，产业基础尚不够扎实。在脱贫攻坚转向乡村振兴的阶段，应进一步保持相关政策的稳定性和延续性。其一，整体扶持政策需要进一步加码，重点鼓励村级光伏规划化建设管理、光伏农业探索发展以及光伏收益精准使用。其二，补贴政策分步骤、分阶段地逐步稳定退坡，并给予其他渠道的相应支持与补充。光伏发电的补贴不可能始终保持国家给予大量补贴的高位运行模式，但补贴政策的退出应相对稳定，有计划、有步骤，给予地方调整和推动光伏收益多元化的成长时间，并在补贴退坡的同时适度给予其他政策支持以帮助贫困村光伏产业稳定完成调整和升级。其三，做好新老政策衔接。新人新办法，老人老办法，有区别、灵活性地针对不同地区、不同光伏模式和发展阶段的特点，给予相对软化的政策空间。

（二）完善光伏收益分配机制

要进一步完善收益分配使用机制，确保光伏扶贫政策红利更多惠及贫困人口。其一，进一步规范落实村级收益分配程序，避免形式化、走过场。村级电站归属村集体所有，要进一步完善村级收益分配的科学民主决策过程，通过"四议两公开"提升村民在光伏收益分配中的主体参与感，并在民主监督过程中处理好群众矛盾。其二，要根据村情户情，把收益分配与村集体发展需要、贫困户实际需求精准对接，满足不同地方、不同群体、不同个人的差异化需求，分配过程中避免平均化和一刀切，并避免单纯发钱发物，切实把每一笔资金用到刀刃上。其三，进一步强化公益岗位设置的激励属性，既注重"差异化需求"而因户施策，也注重内生动力培育，变"输血扶贫"为"造血扶贫"，切实壮大村集体经济，助力贫困群众稳定增收。

（三）拓展光伏收益使用渠道

为确保如期脱贫，现阶段光伏收益的80%按规定应用于公益岗位，可用于促进村级公共设施建设、产业发展的使用空间小，限制了光伏帮扶发展效果的进一步发挥。此外，现阶段光伏收益必须用于贫困户的刚性要求也在一定程度上激化贫困户与非贫困户之间的矛盾。适度软化宽松光伏收益使用范围限制，对于进一步释放光伏扶贫经济社会效益，普惠光伏发展成果具有重要意义。首先，可对光伏扶贫实施分类管理，针对光伏扶贫较为规范成熟的地区，可适度允许光伏收益运用于村级产业发展，以"试点—推广"的方式进一步探索光伏扶贫在促进村级产业发展方面的作用。其次，逐步扩大光伏受益面，对于有条件的光伏村可按照"四议两公开"的法定程序，统筹考虑将非贫困户纳入光伏直接收益范围，使得边缘贫困户、一般农户也能更多地从光伏发展中受益。最后，进一步完善光伏收益分配管理考核制度，既要便于操作又能确保发挥效果，降低基层技术治理负担。

（四）深化光伏扶贫综合效应

单纯依靠政策驱动及政府补贴难以保证光伏扶贫的可持续性。地方应利用"光伏+"发展策略，逐步降低光伏对政策补助的依赖性，推动光伏收益的多元化，最大限度地发挥光伏在村集体经济发展、社会建设、环境改善等方面的综合效应。其一，持续探索"农光互补"，发展板下经济。要进一步鼓励光伏村结合生态治理、设施农业、渔业养殖、扶贫开发合理配置项目，最大效率地发挥光伏扶贫的经济效益。其二，深化光伏产业协作联动，提供光伏产业附加值。要进一步推动光伏与其他村级集体经济的互动协作，推动村村互动、村际协作，推动基于光伏的一二三产业融合，拓展光伏扶贫的产业发展链条，提高产业附加值。其三，进一步发挥光伏扶贫的社会效益。要进一步将光伏扶贫与充实村级集体经济，推动村级基础设施改善，完善村级公共服务，推动乡村移风易俗，深化乡村基层治理，强化村落共同体联系起来，建立和谐美丽幸福村落，进一步发挥光伏综合效应。其四，光伏扶贫衔接乡村振兴，核心理念是实现从"帮扶"到"发展"的转型。要在政策层面将光伏的福利性、兜底性政策安排及实践举措，逐步转型为促进乡村全面振兴的发展性政策和发展性探索，以"产业兴旺、生态宜居、乡风文明、治理有效、生活富裕"为实践目标，深入推进乡村产业振兴、组织振兴、文化振兴、人才振兴及生态振兴。

参考文献

1.[美] 迈克尔·谢若登:《资产与穷人——一项新的美国福利政策》,商务印书馆 2007 年版。

2.[孟] 穆罕默德·尤努斯:《穷人的银行家》,吴士宏译,生活·读书·新知三联书店 2006 年版。

3.陈自立:《基于秩序维度视角下光伏精准扶贫的解构、冲突与治理之道》,《华北电力大学学报(社会科学版)》2020 年第 2 期。

4.程向文、詹雄铿、李钙:《不同运营模式下光伏发电经济效益》,《广东电力》2017 年第 8 期。

5.昌敦虎等:《基于 LCOE 模型的光伏发电经济效益分析:以宜昌农村地区光伏扶贫电站项目为例》,《环境科学研究》2020 年第 10 期。

6.高富锋、董经圣:《光伏扶贫产业多元化演变路径研究》,《华北电力大学学报(社会科学版)》2020 年第 4 期。

7.冯希莹:《社会福利政策范式新走向:实施以资产为本的社会福利政策——对谢若登的〈资产与穷人:一项新的美国福利政策〉的解读》,《社会学研究》2009 年第 2 期。

8.郭建宇、白婷:《产业扶贫的可持续性探讨——以光伏扶贫为例》,《经济纵横》2018 年第 7 期。

9.国家能源局新能源和可再生能源司、国务院扶贫办开发指导司:《光伏扶贫工作百问百答》，2020 年。

10.国家发展改革委：《可再生能源发展"十三五"规划》，2016 年。

11.国家发展改革委、国家能源局：《清洁能源消纳行动计划（2018—2020 年)》，2018 年。

12.国家能源局、国务院扶贫办：《光伏扶贫电站管理办法》，2018 年。

13.国家发展和改革委员会、国务院扶贫办、国家能源局、国家开发银行、中国农业发展银行：《关于实施光伏发电扶贫工作的意见》，2016 年。

14.国务院扶贫办：《村级光伏扶贫电站收益分配管理办法》，2017 年。

15.原国土资源部、国务院扶贫办、国家能源局：《关于支持光伏扶贫和规范光伏发产业用地的意见》，2017 年。

16.国家发展改革委：《关于 2018 年光伏发电项目价格政策的通知》，2017 年。

17.国家能源局、国务院扶贫办：《关于印发实施光伏扶贫工程工作方案的通知》，2014 年。

18.国务院扶贫办：《国务院扶贫办 2015 年工作要点》，2015 年。

19.国家发展改革委：《关于完善光伏发电上网电价机制有关问题的通知》，2019 年。

20.韩永奇：《关于我国发展农村分布式光伏的思考》，《新材料产业》2015 年第 1 期。

21.何振锋：《资产建设理论形成、实践及启示》，《社会福利（理论版）》2019 年第 9 期。

22.姜安印、刘博：《精准扶贫背景下光伏扶贫问题研究》，《农林经济管理学报》2017 年第 6 期。

23.蒋和胜、李小瑜、田永：《阻断返贫的长效机制研究》，《吉林大学社会科学学报》2020 年第 6 期。

24.李世祥、闫浩然：《我国光伏扶贫筹资模式及可持续发展研究》，《社会政策研究》2019 年第 3 期。

25.李雪梅：《乡村振兴背景下公民参与乡村治理的问题研究》，《湖北开放职业学院学报》2020 年第 16 期。

26.李淑敏、张临阳:《浅析山西省实施光伏扶贫项目的成效、问题及对策》，《山西农经》2019 年第 1 期。

27.刘渊:《光伏扶贫项目可行性评估方法及其应用》，《北京理工大学学报（社会科学版）》2017 年第 5 期。

28.罗必良:《科斯定理:反思与拓展——兼论中国农地流转制度改革与选择》，《经济研究》2017 年第 11 期。

29.梁启超、乔芬、杨健等:《太阳能电池的研究现状与进展》，《中国材料进展》2019 年第 5 期。

30.马春兰:《试析扶贫光伏发电典型接入方式及经济效益评估》，《能源与节能》2020 年第 1 期。

31.蒲实:《产业扶贫是实现稳定脱贫的根本之策》，《光明日报》2020 年 6 月 11 日。

32.钱平凡、钱鹏展:《基于平台与分享经济的我国屋顶光伏革命模式及政策建议》，《重庆理工大学学报（社会科学版）》2018 年第 3 期。

33.钱宁:《资产建设理论与中国的反贫困》，《社会建设》2019 年第 2 期。

34.任广友:《基层农村集体经济发展面临的障碍及对策》，《中国乡镇企业会计》2020 年第 8 期。

35.沈飞、梁雪春:《大力支持太阳能产业的可行性分析》，《生态经济》2006 年第 11 期。

36.施海波等:《精准扶贫背景下产业扶贫资产管理与收益分配优化研究》，《农业经济问题》2019 年第 3 期。

37.涂青宇等:《分布式发电市场化环境下基于价格型需求响应的农村光伏交易模式研究》，《电工技术学报》2020 年第 22 期。

38.檀江林、项银霞:《安徽金寨"光伏扶贫"的历程、经验及政策支持》，《皖西学院学报》2017 年第 4 期。

39.天镇县:《脱贫路上"种太阳"小康生活指"日"待——天镇县实施光伏扶

贫的探索与实践》。

40.天镇县光伏扶贫领导小组：《关于黑石梁 10MW 光伏扶贫电站年发电小时的分析》。

41.王思斌：《后脱贫攻坚中贫困群体经济—社会韧性的建构》，《重庆工商大学学报（社会科学版）》2020 年第 1 期。

42.王文祥、史言信：《我国光伏产业困境的形成：路径、机理与政策反思》，《当代财经》2014 年第 1 期。

43.王峥、任毅：《我国太阳能资源的利用现状与产业发展》，《资源与产业》2010 年第 2 期。

44.王晟嫣、周鹏程、陈威成：《扶贫地区光伏消纳能力分析及措施综述》，《山东电力技术》2020 年第 5 期。

45.吴素华：《精准扶贫背景下光伏扶贫高质量发展研究》，《中国特色社会主义研究》2018 年第 5 期。

46.魏晓波：《分布式光伏发电在扶贫工作中大有可为》，《北方经济》2016 年第 3 期。

47.许源源：《中国农村扶贫：对象、过程与变革》，中南大学出版社 2007 年版。

48.中共中央、国务院：《关于打赢脱贫攻坚战三年行动的指导意见》，2018 年。

49.《中共中央、国务院关于打赢脱贫攻坚战的决定》，2015 年。

50.邹乐乐等：《光伏扶贫项目的问题分析与路径优化——基于安徽阜阳及山西左权的田野调查》，《中国软科学》2019 年第 10 期。

51.郑杭生、黄家亮：《从社会成员"无感增长"转向"有感发展"——中国社会转型新命题及其破解》，《社会科学家》2012 年第 1 期。

52.周雪光：《"关系产权"：产权制度的一个社会学解释》，《社会学研究》2005 年第 2 期。

53.周雪光：《权威体制与有效治理：当代中国国家治理的制度逻辑》，《开放时代》2011 年第 10 期。

后 记

2020 年是脱贫攻坚收官之年。开展精准扶贫案例总结，旨在为中央层面的全面总结提供鲜活的案例支撑，为各地各部门开展总结提供指导和示范，为脱贫攻坚宣传和对外交流提供信息储备，为讲好中国脱贫攻坚故事提供生动素材。

光伏扶贫案例专题总结是精准扶贫案例总结的重要组成部分。梳理总结光伏扶贫工作的顶层设计和决策部署，研究分析具有典型意义的地方实践样本，形成高质量的光伏扶贫典型案例，为脱贫攻坚全面总结提供典型案例支撑，具有重要的理论和实践意义。

在国务院扶贫办的领导、统筹下，在中国扶贫发展中心指导和支持下，华中科技大学社会学院、华中科技大学减贫发展研究中心承担了光伏扶贫案例总结工作，在对山西天镇、甘肃渭源、安徽金寨、湖北秭归进行实地调研基础上，对光伏扶贫工作的顶层设计、政策部署、创新实践、经验做法等进行深度调研、总结和研究。

2020 年 10 月 10 日—11 月 23 日，向德平教授、王茂福教授、陈文超副教授及"光伏扶贫案例总结"项目组成员共 21 人深入安徽金寨、山西天镇、甘肃渭源、湖北秭归开展驻扎式调研。调研组主要采取召开座谈会、深度访谈、实地走访、入户调研与驻扎式调研的方式开展工作。一是召开了省、县级座谈会，与政府分管扶贫的领导及扶贫办、发改委等相关部门负责人座谈，了解当地光伏扶贫的情况；二是对相关部门负责人进行了深度访谈，具体了解各部门参与光伏扶贫的主要做法和经验；三是实地走访光伏扶贫点，了解光伏扶贫的实施状况及实践效果；四是入户调研，深入当地贫困户家中，收集典型案例资料。在深入调研的基础上，项目组撰写光伏扶贫案例研究总报告 1 份、案例总报告提炼浓缩版 1 份、四省地方实践报告 4 份，制作视频 1 份。

本书是集体智慧的结晶。总报告撰稿人员：第一章，陈文超、邓佳欣；第二章，罗珍珍、向德平；第三章，王茂福、管竹笋、江雪、李晓桐；第四章，向凯；第五章，陈文超、刁玲敏；安徽金寨光伏扶贫调研报告撰写人员：王茂福、管竹笋、王连生、王钰文、张祎、江雪、李晓桐；山西天镇光伏扶贫调研报告撰稿人员：陈文超、刁玲敏、熊南叶；甘肃渭源光伏扶贫调研报告撰稿人员：陈文超、邓佳欣、林源聪；湖北秭归光伏扶贫调研报告撰写人员：向德平、苗大雷、罗珍珍、向凯、汪希贤、张文思。

感谢原国务院扶贫办刘永富主任、欧青平副主任；国家乡村振兴局洪天云副局长；国家乡村振兴局开发指导司左常升司长；中国扶贫发展中心黄承伟主任、曾佑志副主任、罗朝立副主任对项目的指导，感谢中国扶贫发展中心产业处李慧处长、马俊茹副处长、刘一、萧子扬，国家乡村振兴局开发指导司翁冬凤对项目的支持！

感谢山西、甘肃、安徽、湖北四省扶贫办对调研工作的支持，感谢山西天镇、甘肃渭源、安徽金寨、湖北秭归扶贫系统的领导和工作人员！

本书也是教育部哲学社会科学研究重大攻关课题《中国特色反贫困理论与脱贫攻坚精神研究》（21JZD015）的成果。

向德平

2022 年 3 月 1 日

责任编辑：赵圣涛

装帧设计：胡欣欣

图书在版编目（CIP）数据

光伏照亮扶贫路：光伏扶贫案例研究／向德平 等著 . — 北京：

人民出版社，2024.4

（中国脱贫攻坚典型案例丛书）

ISBN 978 - 7 - 01 - 026380 - 9

I. ①光… II. ①向… III. ①农村 - 太阳能光伏发电 - 扶贫 - 研究 - 中国

IV. ① F426.61

中国国家版本馆 CIP 数据核字（2024）第 049338 号

光伏照亮扶贫路

GUANGFU ZHAOLIANG FUPIN LU

——光伏扶贫案例研究

中国扶贫发展中心　组织编写

向德平　等　著

人 民 出 版 社 出版发行

（100706　北京市东城区隆福寺街 99 号）

北京九州迅驰传媒文化有限公司印刷　新华书店经销

2024 年 4 月第 1 版　2024 年 4 月北京第 1 次印刷

开本：710 毫米 ×1000 毫米 1/16　印张：25.75

字数：420 千字

ISBN 978 - 7 - 01 - 026380 - 9　定价：119.00 元

邮购地址 100706　北京市东城区隆福寺街 99 号

人民东方图书销售中心　电话（010）65250042　65289539